讲故事学地理

主 编：钟天平

编 委：卜科凯　左伟力　王永存
　　　　朱有来　郑春艳　潘方平
　　　　李昌碧　韦 勇　王志华
　　　　黄静儿　丁旭媛　张亮良
　　　　曹立彬　杨 青　杨 波
　　　　黄 萍　尹柱利　吴建国
　　　　李 炜　李学鹏　陈会策
　　　　王 俊

审 读：贺 佳　罗 琳　陈梦涵
　　　　邓晓珂　庞 新　成 凤
　　　　刘光猛　王锦虹　贾宇林
　　　　龚书敏　杨 斌　马洪涛
　　　　阳金秀　何 滔　胡齐玲

中国地图出版社
北京

内 容 简 介

　　这是一本有关地理的故事集，全部由一线地理教师，根据初中地理教材、高中地理教材的学生认知顺序，将平时在工作和学习中常用的一些地理故事串联起来，形成一本厚厚的故事集，用以启发学习地理的兴趣和热情。本书也可作为一本关于地理学科的科普读物。

　　本书适合中学生、大学生、学生家长等群体阅读。

图书在版编目（CIP）数据

讲故事学地理 ／ 钟天平主编. —— 北京 ：中国地图
出版社，2016.1
　　ISBN 978-7-5031-8871-8

　　Ⅰ．①讲… Ⅱ．①钟… Ⅲ．①中学地理课－课外读物
Ⅳ．①G634.553

中国版本图书馆CIP数据核字(2015)第272468号

主　　编	钟天平		
出版发行	中国地图出版社	邮政编码	100054
社　　址	北京市西城区白纸坊西街3号	网　　址	www.sinomaps.com
电　　话	010－83543902 83543949	经　　销	新华书店
印　　刷	北京洲际印刷有限责任公司	印　　张	15.5
成品规格	210mm×297mm		
版　　次	2016年1月第1版	印　　次	2019年7月北京第4次印刷
定　　价	35.00元		

书　　号　ISBN 978-7-5031-8871-8

审图号　GS（2015）2679号

本书中国国界线系按照中国地图出版社1989年出版的1∶400万《中华人民共和国地形图》绘制

如有印装质量问题，请与我社发行部联系调换

目 录

目　录

探索与发现

无数探险家的不懈追求以及殖民者的贪婪，使"割裂"的世界开始相互联结，不同的文明开始相互碰撞。

本初子午线的确定

一位中国小学生手拿国旗在格林尼治天文台原址前留影

1884年，国际天文学家代表会议作出决定：以经过格林尼治天文台的经线作为本初子午线，也就是计算地理经度的起点线，也是世界标准"时区"时刻的基准线。于是，格林尼治子午线成了标准的0°经线，格林尼治时间也正式被采用为国际标准时间。

格林尼治标准时间的制定，与英国一件争执案有关：1858年11月24日，英国多塞特郡的时钟指在上午10时6分，该郡一位法官判决一名提请土地诉讼的人败诉，原因是这位提请人在上午10点开庭时没有准时到庭。两分钟后，那人到庭，他向法官指出，按照他家乡肯柏兰郡喀来耳镇火车站的时钟，他是准时到达的。该案因此重审。由于各地经度不一样，造成英国各地时间有一些细微的不同，火车站与法庭的时间存在差异。这个事件，促使英国政府决定统一全国各地的时间。

英国是一个航海事业非常发达的国家，对航海者来说，能否准确计时，是生死攸关的事。因为没有准确的计时工具，就无法知道船只在海洋中航行的位置和时间。船只在海上是通过经度和纬度来推算自身位置的。长期以来，航海者只是凭航海经验推测经度，确定航向。如果推测出错，船只就会走错航线，甚至会发生搁浅或触礁这样的事故，这种情况在航海史上屡见不鲜。1707年，一支由克劳斯利爵士率领的英国舰队，因测错了经度而失事，4艘舰船被毁，两千多人葬身鱼腹。

为解决航海经度测定问题，早在1675年，英国查理二世下令在伦敦东南泰晤士河畔的格林尼治村兴建天文台，这就是英国皇家天文台。天文学家经过百余年的努力，终于研究出了一套科学的计时法，并把确定0°经线的这个天文台所在的子午线，作为地理经度测量和计时系统的起点。全世界的航海者只要以格林尼治天文台的子午线为起点，便可以在航行中准确地测出自己船只的正确位置和当时的时间。格林尼治天文台的科学研究，为繁荣海上航运事业、避免航海事故作出了贡献。

当格林尼治天文台确定自己的子午线时，世界上有些国家根据本国的地理条件，也确定了自己的子午线，这样就容易造成混乱。为了解决这个问题，1884年10月13日，20多个国家的代表在美国华盛顿召开会议，就使用统一的国际标准时间和统一的子午线问题作出决议："将通过格林尼治天文台子午仪中心的子午线规定为经度的本初子午线。"

当然，这项决议的通过也很不容易，因为在会议前许多国家都有自己的0°经线，所以会议上出现了众多的声音：有人主张以意大利罗马为标准，有人主张以圣城耶路撒冷为标准，还有人主张以最古老的埃及金字塔作为本初子午线的起点，等等。而更多的人希望以本国首都作为经度起点：如美国代表希望以华盛顿为标准，法国代表希望以巴黎（埃菲尔铁塔）为标准，俄国代表希望以圣彼得堡（普尔可夫天文台）为标准。我国在康熙年间开始测量大地，绘制全国地图，当时是以紫禁城南北中轴线作为0°经线的。

>> 知识窗

曾经的本初子午线

1634年4月，红衣主教里舍利厄在巴黎召开了一次国际性会议，邀请当时欧洲最杰出的数学家和天文学家参加，目的在于确定一条为世界各国所认可的本初子午线。会议结果选中了托勒密所定的幸运岛，更严格地说来，就是非洲加纳利群岛最西边的耶鲁岛。后人把这个起算点称为里舍利厄本初子午线。

巴黎子午线是一条经过法国巴黎的经线（现为2°20′14.025″E）。在确定本初子午线的历史里，巴黎子午线一直都是格林尼治子午线的竞争对手。在1884年华盛顿子午线大会上，表决格林尼治子午线时，法国代表弃权，并坚持使用巴黎子午线作为经线起点。直到1911年以后才以格林尼治子午线作为授时及导航标准。时至今日，仍有法国的制图学家在地图上标示巴黎本初子午线。

踩在本初子午线上留影的游客

代表世界时的格林尼治天文台

率先放弃本国意见的是美国，美国倒向了英国一边，赞成以经过伦敦的格林尼治天文台为标准。英国和美国这两个当时世界上最强大的国家统一了意见，其他声音就逐渐小了。美国和英国的意见一致是有渊源的，美国人大部分是英国移民的后代，当初位于阿巴拉契亚山脉以东的13块英国殖民地独立以后才有了美国。虽然成为了相对独立的两个国家，但不少美国人还是很亲近英国人，怀旧的情绪还是挺浓的。

1884年10月23日，也就是大会进行10天后，以22票赞成，1票（多米尼加）反对，2票（法国、巴西）弃权，通过决议，向全世界各国政府正式建议，采用经过格林尼治天文台子午仪中心的子午线，作为计算经度起点的本初子午线。强大的大英帝国首都的格林尼治天文台拿到了这个非常具有象征意义的荣誉。

通过英国格林尼治天文台的本初子午线确定后，0°经线就被世界所公认，把它作为计算地理经度的起点和世界"时区"的标准，格林尼治国际标准时间从此诞生。

第二次世界大战前夕，伦敦市已发展成为世界著名的工业城市。战后，格林尼治地区人口剧增，工厂增加，空气污染日趋严重，尤其是夜间灯光的干扰，对星空观测极为不利。于是天文台有了搬迁的想法，加之第二次世界大战期间德国飞机对英国的空袭也使天文台破坏严重。二战后的1948年，天文台迁往英国东南沿海的苏塞克斯郡的赫斯特蒙苏堡。这里环境优美，空气清新，观测条件好。迁到新址后的天文台仍叫英国皇家格林尼治天文台。

0°经线经过的8个国家

但是，格林尼治天文台迁址后，天文台并不在0°经线上了，地球上的0°经线通过的是格林尼治天文台旧址。格林尼治天文台旧址后来成为英国航海部和全国海洋博物馆天文站，里面陈列着早期使用的天文仪器，尤其是子午馆里镶嵌在地面上的铜线——0°经线，吸引着世界各地的参观者。到这里的游人都喜欢双脚跨在0°经线的两侧摄影留念，象征着自己同时脚踏在东西两半球。（注：世界上大多数国家采用0°和180°经线作为东西两半球分界线，我国采用20°W和160°E经线划分东西两半球。）

腓尼基人环航非洲

环绕非洲，航行3万多千米，即便是在今天，即便使用现代化的船舶，面对波涛汹涌的大西洋，也是一件望而生畏的事情。而首次环航非洲的，却是距今2600年前的腓尼基人。

腓尼基人就是《圣经》中所说的塞姆人中的迦南人，属于闪族。大约公元前2000年，定居于黎巴嫩和叙利亚沿地中海一带，建立了西顿和推罗两个城市。

在腓尼基人发展的早期，南有埃及，北有巴比伦两大强国，其只有东西方向的海洋发展，即向西经地中海，向东经波斯湾。于是，腓尼基就处在了欧洲南部、非洲北部和亚洲西部的贸易通道上。为了增加贸易，腓尼基人将贸易点扩展到更远的地方。地中海中的各岛屿和北非沿海地区都有腓尼基人活动的印迹。

腓尼基人与染业有密切关系。因为"腓尼基"一词在希腊语中，是一种红色的染料。这种染料原产于叙利亚海岸，是波尔拉海贝所喷出的御敌汁液。腓尼基人发现，用这种汁液染出的衣料，颜色鲜艳夺目，而且不容易褪色，这不禁让腓尼基人大喜过望。

当时各国贵族和僧侣穿着染色的袍子，但多穿几次就褪色了。而腓尼基人有了鲜艳夺目的衣料，关键是不容易褪色，人们便争相购买，并把他们称为"腓尼基人"。

腓尼基人把几乎全部的力量都投入到了贸易和航海，使其经济繁荣，航海事业迅速发展。他们把贸易和殖民扩展到了地中海的许多岛屿，非洲北部沿海的许多地方也逐渐成为他们的殖民地，其中，迦太基（今突尼斯境内）是最大的殖民地。

公元前800年前后，位于美索不达米亚平原北部的亚述人开始攻击腓尼基人。贸易和航海发达的腓尼基人忽略了军事的发展，在战争中屡战屡败。公元前668年，腓尼基人向亚述人投降。

之后，腓尼基人把迦太基作为新首都和活动中心，继续控制着地中海的贸易活动。

公元前600年前后，埃及国王为了开辟红海通往地中海的航路，扩大贸易，雇佣腓尼基人为探险队。红海和地中海之间隔着苏伊士地峡，埃及国王希望通过探险找到一条连接红海和地中海的水道。

腓尼基人制造了用以远航的双层桨船，船头尖尖，船尾上翘，还准备了大量的食品、淡水和生长期短的小麦种子，于11月（具体年份不详）底出发，从红海向东前进。

船行40多天后，经过一个村庄。一群皮肤黝黑，赤裸着上身的居民纷纷出来观看。腓尼基人见他们态度友善，便把船驶近岸边。居民热情地把他们领进村子，腓尼基人把鲜艳的布匹、金银做的杯子、琥珀项圈等物品陈列在地上。当地居民惊奇不已，他们用驯服的猴子、猎犬等动物来交换腓尼基人的货物，腓尼基人一样也不要，只要了当地生产的一种香气扑鼻的树脂。

告别了这里的居民，腓尼基人开始沿着非洲海岸向南航行。随着纬度越来越低，气温也越来越高。船队连续航行了几个月，粮食和淡水也快用完了。

有一天，船队上岸补充淡水，发现海滩上摆放着整齐的象牙和美丽的豹皮，感到非常疑惑。想了一会儿，大家明白了，这是当地居民想和他们交换商品，但是又害怕他们，于是就把货物摆在海滩上，人藏在暗处观察。于是，腓尼基人把廉价的串珠、衣料等物品放在地上，把象牙和豹皮搬上了船。

船队继续向南航行，气温越来越高。突然有一天，船员发现正午的太阳不再是从南边照过来，而是从北边照过来，他们认为这是上帝对他们的远航行为发怒了，船员们都拜倒在船上向上帝祷告，祈求上帝宽恕。好在上帝没有采取进一步的行动，船员们也渐渐忘了这事，继续向南航行。

探险队逐渐接近了非洲南端，进入了危险的水域，经常遇上风暴。然而腓尼基人以无畏的勇气和娴熟的航海技术，操纵着古老而原始的帆船，采用斜行逆风的方式，缓缓地绕过了好望角。

漫长的非洲海岸线开始向北延伸，船员们明白了自己开始走向回家的路。第二年5月，在西南部非洲沿海的圣赫勒拿湾登上海岸。为了补充粮食，他们在这里播下了出发时带上的生长期较短的小麦种子。利用这段时间，腓尼基人修理船只和补充装备，并饱览了西南非洲沿海的风光。小麦种子在播种后三个月就成熟了，这时已经到了11月份，从出发到现在，船员们知道一年过去了。

腓尼基人又上船扬帆起航，继续向北沿着非洲海岸前进。向北行进一个多月后，他们发现了一个林木茂盛的小岛，便决定上岸寻找淡水。腓尼基人在这里遭遇了满身长满黑毛的人，这些"毛人"在岩石和森林中行动迅速自如。腓尼基人费了九牛二虎之力抓住并打死了两个毛人。今天这种动物叫黑猩猩，也叫黑猿。

腓尼基人环航非洲示意图

从这个岛向北继续沿海岸前进。几个月后，船员们发现正午的太阳又重新从南方照过来了。这时他们不再向上帝祷告，而是知道了自己距家越来越近了，腓尼基人不禁欢呼起来。

船过几内亚湾时，经常遭到逆风和洋流的干扰，有时却无风，船们不得不划桨前进，速度极慢。

探险队到达塞内加尔海岸，粮食吃完了。腓尼基人只好又一次登上海岸，再次播种小麦种子，并在岸上休整。

三个月后，小麦成熟了，腓尼基人收获了小麦，再次整装出发。这时他们发现海岸线开始向东北延伸，他们明白了，他们已经绕过了非洲最西端，回家的路越来越近了。不久，探险队穿过了直布罗陀海峡。

探险队很快进入了腓尼基人熟悉的水域，回家的路越走越快。沿着北非海岸，探险队到达了尼罗河口，埃及就在眼前。

经过3年的航行，腓尼基人终于完成了环航非洲的远洋探险。这次航海探险，共航行3万多千米，是世界航海史上的一个创举。

自腓尼基人环航非洲后，这个航海民族逐渐走向衰亡，2000多年间无人再敢问津波涛汹涌的大西洋。直到中世纪后期，欧洲人才重新跨进大西洋。

>> 知识窗

非洲大陆四至点

最东端：索马里的哈丰角（51°24′E）

最南端：南非的厄加勒斯角（34°51′S）

最西端：塞内加尔的佛得角（17°33′W）

最北端：突尼斯的本·塞卡角（37°21′N）

唐朝一行和尚首测子午线

今天，我们知道在北半球可以用地平高度来测定当地的纬度，而且，沿着子午线，从赤道向北极，每往北前进110.6千米，北极星的地平高度便升高1°。但在历史上，是谁首测子午线的呢？这个人就是我国唐朝的张遂，即唐朝高僧一行和尚。

唐代是我国古代文化高度发展与繁荣的一个朝代。这不仅体现在政治、经济上，还体现在自然科学方面。医学、数学，尤其是天文学在唐代都很发达，这一时期涌现了不少杰出的天文学家，其中一行的成就最高。

一行和尚画像

一行，俗名张遂，巨鹿(今河北巨鹿北)人。他出生于一个富裕人家，家里有大量的藏书。他从小刻苦好学，博览群书。他喜欢观察思考，尤其对于天象，有时一看就是整晚。至于天文、历法方面的书他更是大量阅读，日积月累，在这方面他有了很深的造诣。

张遂年轻时来到长安，听说京城玄都观藏书很多，主持道长尹崇又是远近闻名的大学问家，他便去向尹崇请教，还向尹崇借了汉代扬雄的著作《太玄》。没过几天，张遂来还书，尹崇见他这么短的时间就来还书，很不高兴，严肃地对他说："这本书道理很深奥，我已看了几年，但还没有完全弄懂，你还是拿回去再仔细读读吧！"

张遂十分郑重地回答："这本书我的确已经读完了。"

然后，他取出自己读了这本书后写出的心得体会《大衍玄图》《义诀》等交给尹崇。尹崇看后赞叹不已，从此到处向人介绍张遂，称他为神童，张遂博学聪慧的名声就这样传开了。

那时，正值武则天执政，梁王武三思听说张遂的名气，就想把他召到府中。他派人向张遂传话，表示要和他交朋友。

张遂本来就厌恶武三思，又怕拒绝了会惹祸上身，就去了嵩山。在嵩山会善寺，他遇到高僧普寂，张遂佩服普寂渊博的学问，对佛学深邃的经义也产生了深厚的兴趣，于是就剃度出家，拜普寂为师，取法名一行。寺院生活环境安静，他便利用空闲时间钻研数学、天文学。不久，他对天文学的精通就远近闻名了。

公元717年，唐玄宗召一行入京，令一行制定新历法。一行对工作严肃认真，为了观测天象，使历法与实际天象相符合，他与机械制造师梁令瓒合作，创制出了黄道游仪和水运浑天仪，改进了观测仪器。水运浑天仪内部还装有自动报时器，这在天文仪器的制造和机械史上是一大创造。

在一行制作的仪器中有一种叫做"复矩"的仪器，结构非常简单巧妙，可用来测量北极星的地平高度。

复矩的主要骨架是一直角拐尺，在拐尺角间有一弧形刻度，角顶有丝线，系一铜锤。使用时，只需将拐尺举起，长边对准眼睛，同时指向北极星，铜锤自然下垂，丝线在弧形刻度上的角度值自然就能读出来。这个角度值就是北极星的地平高度。而北半球北极星的地平高度就是当地纬度值，所以这个复矩测出的值就是当地所在北半球的纬度。在北极点，复矩举起，北极星正在头顶，这个值就是90°；如果在赤道，北极星则在地平线上，这个值就是0°。

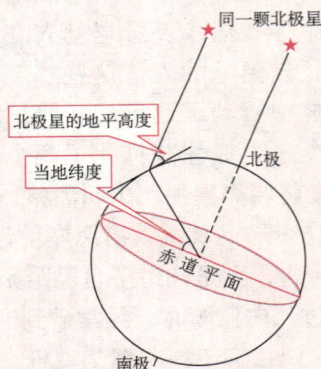
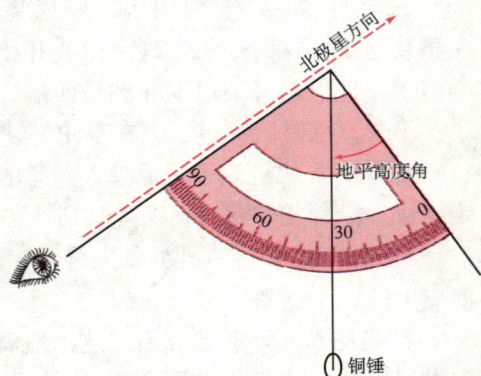

复矩的工作原理

在掌握大量天文实测资料的基础上，一行发现古籍上记载的有些恒星位置与实际不符，他重新测定了大约150颗恒星的位置，提高了新历法的精度。他从天文学的历史发展和自己的实践中认识到日月星辰运动的规律性。

为了使新编的历法适用于全国各地，一行还组织领导了规模宏大的天文地理测量，开展的实地测量相当于今天的子午线勘测工作。子午线是近代人们假设的一条通过地球南北两极的经线，测定子午线的长度，就能获知地球的大小。一行一共选了十三个观测地点，其中最北端的观测点在今天蒙古的乌兰巴托西南，最南端的观测点则在今天的越南中部。

通过实测，一行推翻了过去一直沿用的"日影千里差一寸"的谬论，得出"三百五十一里八十步，而极差一度"的结果。这实际上是世界上第一次对子午线的长度进行实地测量的结果。如果将这一结果换算成现代的表示方法，就是子午线的每一度为123.7千米，而现代用精密仪器测量出的长度是110.6千米。

一行领导的这次大地测量，无论规模、方法的科学性，还是取得的实际成果，都是前所未有的。公元前3世纪埃拉托色尼测量地球周长，那只是一种推算，并不是实测地球子午线得到的。在一行之后90年，即公元814年，阿拉伯人才在幼发拉底河沿岸的平原上进行了一次子午线的测量。所以，英国著名的科学家李约瑟后来高度评价说"这是科学史上划时代的创举"。

经过近十年的辛勤努力，公元727年，一行终于制成新的历法《大衍历》，这部历法是对我国千余年来天文学研究的总结和发展，它的完成标志着我国古代历法体系的成熟。

此外，一行还编写了《七政长历》《易论》《心机算术》《宿曜仪轨》《七曜星辰别行法》《北斗七星护摩法》等书。后人为了纪念他在天文学上的贡献，将小行星1972命名为一行小行星。

>> 地理小故事

人类第一次测量地球周长

埃拉托色尼（约前275年—前194年），古希腊地理学家、天文学家、数学家和诗人。曾任亚历山大城图书馆馆长，在西方最早使用"地理学"一词，被称为"地理学之父"。

公元前3世纪的埃拉托色尼，利用太阳光线与地面建筑物的夹角在地球不同地点的变化，第一次根据实测数据计算了地球的周长。

首先，他听说在阿斯旺附近的塞恩有一口深井，在每年夏至的时候，太阳光可以直接照射到这个井的底部，这说明太阳光在当地是垂直入射的。

然后，在他生活的埃及北方的城市亚历山大港，夏至的那一天正午，他测量了斜入射的太阳光与垂直于当地地面的方尖塔之间的角度是7.2°，约相当于圆周角360°的1/50。这样从阿斯旺的塞恩到亚历山大港的距离，也就相当于地球周长的1/50。

接着，他知道了从塞恩到亚历山大的南北距离约为5 000斯塔迪姆（埃及长度计算单位），乘以50就是地球的周长，为25万斯塔迪姆，相当于39 000多千米，这一结果与我们现在知道的40 000千米几乎相差无几。

埃拉托色尼去世1800年后，仍然有人为地球是圆的还是方的而争论不休，可见埃拉托色尼高超的计算能力和惊人的智慧。

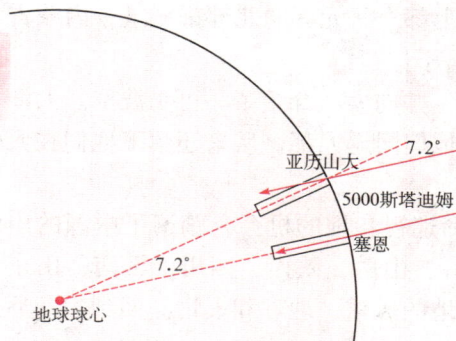

埃拉托色尼测地球周长原理

马可·波罗与中国

马可·波罗是意大利旅行家，1254年生于意大利威尼斯一个商人家庭。17岁时跟随父亲和叔叔途径中东，历时4年多来到中国，在中国游历了17年。回国后出了一本《马可·波罗游记》，盛赞东方的富庶，激起了西方人对东方无限的向往，对后来新航路的开辟有着重要的影响。

小时候的马可·波罗经常听父亲和叔叔讲到中国经商的事情，这些事情使马可·波罗从小就对东方产生了浓厚的兴趣。他下决心要跟随父亲和叔叔亲自到中国去。

1271年，马可·波罗17岁时，父亲和叔叔从中国带回了蒙古皇帝写给罗马教皇的信。也就在这一年，父亲和叔叔拿着教皇的回信和礼品，带领马可·波罗与十几位旅伴一起向东方进发了。

他们一行从威尼斯进入地中海，然后横渡黑海，经过两河流域来到中东古城巴格达，从这里到波斯湾的出海口霍尔木兹海峡就可以乘船直驶中国了。然而，这时却发生了意外事件。当他们在一个镇上掏钱买东西时，被强盗盯上了，这伙强盗乘他们晚上睡觉时抓住了他们，并把他们分别关押起来。半夜里，马可·波罗和父亲逃了出来。当他们找来救兵时，强盗早已离开，除了叔叔之外，别的旅伴都不知去向。

浙江杭州的马可·波罗雕像
底座上马可·波罗语：杭州是世界上最美丽华贵之天城。

马可·波罗和父亲、叔叔来到霍尔木兹海峡，一直等了两个月，也没遇上去中国的船只，只好改走陆路。这是一条充满艰难险阻的路，是让最有雄心的旅行家也望而却步的路。他们从霍尔木兹海峡向东，越过荒凉恐怖的伊朗沙漠，跨过险峻寒冷的帕米尔高原，一路上跋山涉水，克服了疾病、饥渴的困扰，躲开了强盗、猛兽的侵袭，终于从新疆进入了中国。

一到这里，马可·波罗的眼睛便被吸引住了。美丽繁华的喀什、盛产美玉的和田，还有处处花香扑鼻的果园，马可·波罗他们继续向东，穿过塔克拉玛干沙漠，来到古城敦煌，瞻仰了举世闻名的佛像雕刻和壁画。接着，他们经玉门关见到了万里长城。最后穿过河西走廊，终于到达了上都——元朝的北部都城（今内蒙古多伦县西北）。这时已是1275年的夏天，距他们离开祖国已经过了四个寒暑了！

马可·波罗的父亲和叔叔向忽必烈大汗呈上了教皇的信件和礼物，并向大汗介绍了马可·波罗。大汗非常赏识年轻聪明的马可·波罗，特意请他们进宫讲述沿途的见闻，并携他们同返大都，后来还留下他们在元朝当官任职。

聪明的马可·波罗很快就学会了蒙古语和汉语。他借奉大汗之命巡视各地的机会，踏遍了中国的山山水水，中国的辽阔与富有让他惊呆了。他先后到过新疆、甘肃、内蒙古、山西、陕西、四川、云南、山东、江苏、浙江、福建等地，还到过缅甸。每到一处，他总要详细地考察当地的风俗、地理和人情。回到大都后，他详细地向忽必烈大汗进行了汇报。

1292年春天，马可·波罗和父亲、叔叔受忽必烈大汗委托，护送一位蒙古公主到波斯成婚。他们借此向大汗提出回国的请求，大汗答应他们在完成使命后，可以转路回国。于是他们从泉州起航，经苏门答腊、印度等地到达波斯。1295年回到威尼斯，回到了阔别二十四载的亲人身边。他们从中国回来的消息迅速传遍了整个威尼斯，他们的见闻引起了人们的极大兴趣。他们从中国带回的无数奇珍异宝，一夜之间使他们成为威尼斯的巨富。

1298年，马可·波罗参加了威尼斯与热那亚的战争，在战争中被俘。在狱中他遇到了一位作家狱友鲁思梯谦，枯燥的牢狱生活使马可·波罗开始讲述东方见闻解闷。马可·波罗的见闻震撼了鲁思梯谦，这位作家便着手把马可·波罗的见闻记录下来。于是便有了马可·波罗口述、鲁思梯谦记录的《马可·波罗游记》。马可·波罗口述的中国见闻是狱中慷慨激昂的随意讲述，一些地方可能有夸张的成分，鲁思梯谦是一位浪漫的小说家，在书中也有可能对素材进行了部分艺术加工。

1299年，马可·波罗获释后返回了威尼斯。《马可·波罗游记》开始在欧洲广泛流传，马可·波罗在书中盛赞中国的繁盛昌盛：发达的工商业、繁华热闹的集市、华美廉价的丝绸锦缎、宏伟壮观的都城、完美便捷的驿道交通、普遍流通的纸币等等。

1324年，马可·波罗70多岁了，年老多病，身体日益虚

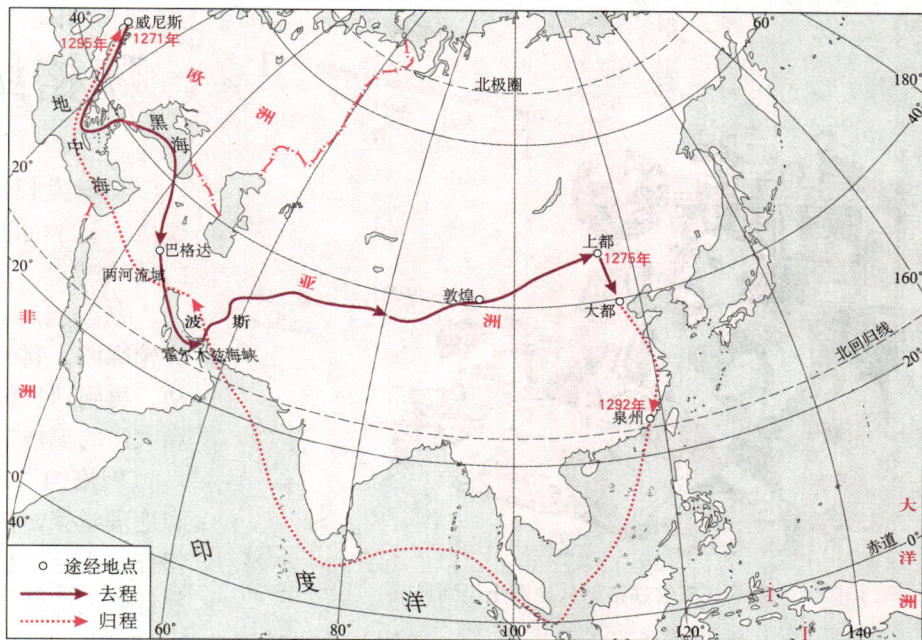

马可·波罗到中国往返线路图

弱，终于卧床不起了。在马可·波罗最后的日子里，有人到他的病床前询问："书中所记的内容是否属实？"马可·波罗回答说："不仅属实，而且我还没有说到我经历的一半呢！"

关于马可·波罗是否来过中国，中外史学界一直有两种不同的看法。20世纪90年代初，英国学者弗朗西斯·伍德博士提出马可·波罗并未到过中国，书中的记载是通过来往于中国与欧洲之间的商人之口听来的。还有一些学者认为马可·波罗可能只是到过中亚，然后从过往的商人那里听来的。怀疑者指出马可·波罗没有说到长城，支持者说现在的长城主要是明朝修的；怀疑者说马可·波罗提到的襄阳破城之战的时间有误，支持者说过了那么久回家的马可·波罗可能把时间搞错了。

《马可·波罗游记》中记载的某些内容相当的详细和具体，这些材料，在当时的历史背景下是不可能通过道听途说得到的。在《马可·波罗游记》里，关于杭州的记载，说杭州当时称行在，是世界上最美的城市，商业兴隆，有12种行业，每种行业有12 000户，城中有一个大湖（即西湖），风景优美。这些记载在《乾道临安志》和《梦粱录》等古籍中得到了印证。其他如苏州的桥很多，杭州的人多，还有卢沟桥等等，另外还有很多篇幅对当时的汗八里（元大都）作了详细的记述。所以，中国史学界根据史料研究，认为马可·波罗到过中国。

马可·波罗在狱中只有一年左右的时间即获释，洋洋洒洒四卷《马可·波罗游记》是不可能慢慢胡编乱造的，而且内容具体、详细而生动，应该是亲身经历的。如果说他只到了中亚，没有到过中国，那些在中国见闻是从商人那里听来的，就更荒唐。因为中国的事情那么吸引他，作为旅行家和商人，在欲望和好奇心的驱使下，他到了中亚就一定会进入中国。只是在讲述这些故事时，添枝加叶，偏离实际是有可能的，甚至把别人的英雄壮举"嫁接"到自己身上也不是没有可能。

但不管怎么说，《马可·波罗游记》激起了欧洲人对中国文明与财富的倾慕，最终引发了新航路的开辟和新大陆的发现。

魏格纳大陆漂移学说

科学发现需要灵感，灵感有时来得很突然，魏格纳创立大陆漂移学说就源于一张世界地图给他的灵感。

从公元2世纪，地图学家托勒密绘出第一张世界轮廓图，到公元16世纪初麦哲伦船队环球航行成功，再到19世纪初，其间上千年的历史，世界大洲和大洋的模样在成千上万人的头脑里固定了下来。

魏格纳（1880-1930）是德国著名的气象学家和地理学家，1905年获得柏林大学博士学位，先后担任过观象台研究部主任、大学教授等职，因提出和证明大陆漂移假说而声名远扬。

卧病在床的魏格纳从地图上得到灵感

事情发生得太偶然，也太突然。1910年，魏格纳因病住进医院，修养期间，他躺在病床上百无聊赖，只有对面墙上挂着的一幅世界地图与之为伴，一天到晚，他就跟这张地图对视着，由于距离较远，他也只能看清大陆、大洋的轮廓而已。久而久之，他发现非洲西海岸凹进的几内亚湾与南美洲东部的凸出部分惊人地吻合，可以想象，若没有大西洋，这两块大陆可以完全拼接在一起，其他大陆与大陆的边缘轮廓也有类似性质。想到这，他为之一震，病痛都减轻了三分。

这里需要交代一下，欧洲使用的世界地图是把0°经线放在中央，这样大西洋就很完整，而太平洋被分成两半置于地图的左右，这称为大西洋版世界地图，与我国使用的太平洋版世界地图有很大不同。我国使用的太平洋版世界地图是把东经150°经线放在地图中间，地图中部位置是亚洲东部到广阔完整的太平洋，而大西洋则被分成两半放在地图的左右两侧。

待出院后，魏格纳继续研究这一问题。他设想，也许远古时代世界上只有一块大陆，这块大陆由于受到某种力的作用而四分五裂，破碎后的小块陆地则沿着不同的方向移动，从而形成今天的海陆分布格局。为了证实这一设想，魏格纳在大西洋两岸之间往返奔波，考察两地的地质、生物科系、古地磁、古气象等特征，而这些特征无一例外地佐证了自己的地理假说。

1915年1月，魏格纳将这一结论初步整理成《大陆和大洋的形成》一文，把自己的观点公布于众。但当时他的这一学说尚不成熟，难以令人信服。有的专家甚至讥笑他，说"他得了地壳移动症和颠倒地极妄想症，而且已病入膏肓"。魏格纳却不以为然，仍不厌其烦地向公众解释他的学说。他曾打比方说，只有把同一张报纸撕成几片后，这几片才能按照原来参差的裂痕重新拼接起来，同时保证上面的图画和文字衔接得准确无误。具体来讲，他提到北美洲纽芬兰地区的褶皱山系与欧洲西北的斯堪的那维亚半岛的褶皱山系相呼应；美国的阿巴拉契亚褶皱的东北端延伸至大西洋岸边骤然消失，而在中欧地区和英国西南，类似的褶皱又陡然出现……

这时，突然有人诘问魏格纳，是谁竟把如此一张硕大、厚实的"报纸"撕裂的呢？他对这一问题的解答是：大陆由较轻的钢质硅铝层组成，漂浮在很重的黏性硅镁层上面。几亿年以前，地球上只有一个海即泛古洋，一块陆地即泛古陆，泛古陆处于泛古洋的包围之中，后来由于地球自转产生的自赤道向两极的自转力和太阳月球产生的自东向西的潮汐力，泛古陆逐渐地分裂为几个

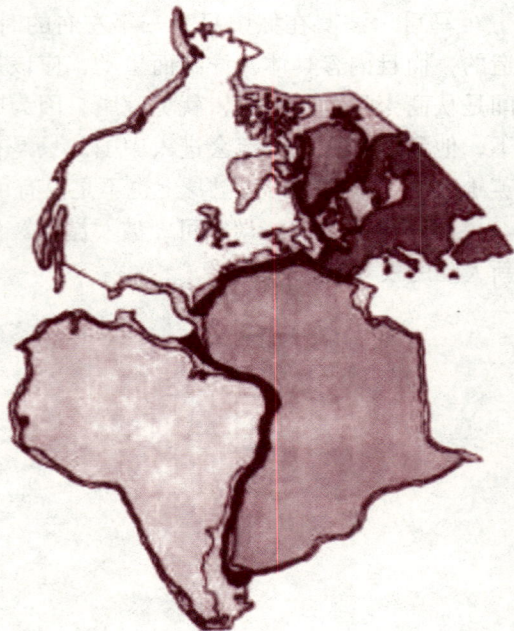

大西洋两岸陆地拼合图

部分，又慢慢分离，在黏性硅镁层底的泛古洋上向各自的方向漂移。经过几亿年的漫长岁月，终于形成今天海洋和大陆的格局。

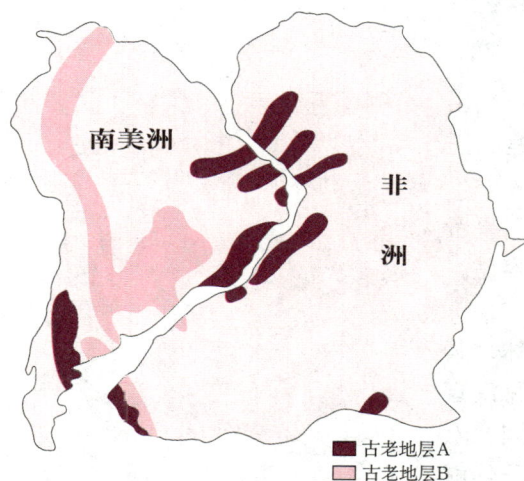

两块大陆在几种古老地层上呈现出的相似性

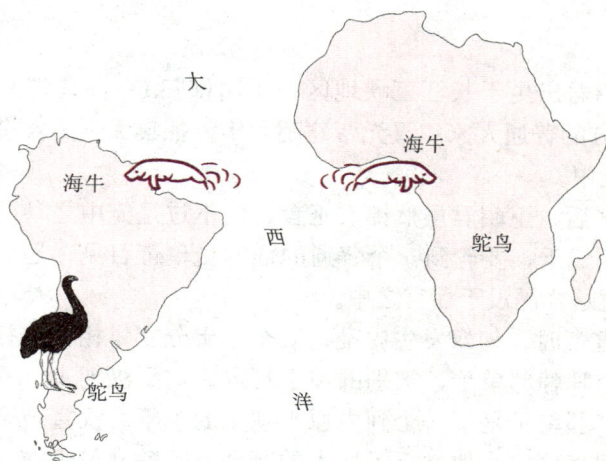

海牛、鸵鸟在非洲和南美洲的分布

这样的答案看似天衣无缝，可仔细推敲还是有点漏洞。根据当时的技术测定，潮汐力和地球自转离心力都不足以使上万亿吨的大陆撕裂、漂移。因此，人们仍然难以相信他的学说。但执著的魏格纳没有放弃，直至生命的最后一刻。

1929-1930年，魏格纳数次带队到格陵兰岛考察，以证明大陆漂移学说。为此，他经常和队员们顶着零下50~60℃的严寒，测量该岛的经纬度和漂移的速度。1930年11月1日是他50岁生日，这一天他像往常一样与队员一起赴野外考察作业，由于积劳成疾，零下54℃的严寒使他突感不适，不一会儿工夫竟猝死在格陵兰狂暴的风雪之中。

魏格纳的逝世使他的大陆漂移学说几乎无人问津，到了20世纪50年代，人们对自己居住的地球的观测和研究又有了很大的发展。随着对海底、地球内部状况以及对地震原因的进一步研究，快被人们遗忘的大陆漂移说又复活了。20世纪60年代板块理论提出后，大陆漂移说又获得新生，为世人所重视。

那么今天的人们是怎样解释大陆漂移动力的呢？

按照现在的板块运动理论，地球由表及里分为地壳、地幔和地核。地核源源不断地发出热量，它的温度高达3 000~5 000℃，随着热量向外传递，温度逐渐下降，到了地幔上层、地壳下层只有约875℃。这样地幔的深层和上层出现了温差，所以地幔出现了对流运动。可以想象空气的对流层，下层空气受热膨胀上升，上层空气温度下降收缩下沉，不断循环，在地幔里也有着类似的运动。对流运动形成了一个个竖直的对流圈，它与地表接触的部分，对地表形成了推动力，热岩浆上浮的地区是板块张裂区，比如大西洋洋中脊，冷岩浆下沉的地区，则是板块消亡区，比如海沟和造山带。也就是说，地幔的冷热物质交换形成的对流运动，是大陆漂移的根本动力，这种运动已经不间歇地进行了数十亿年。

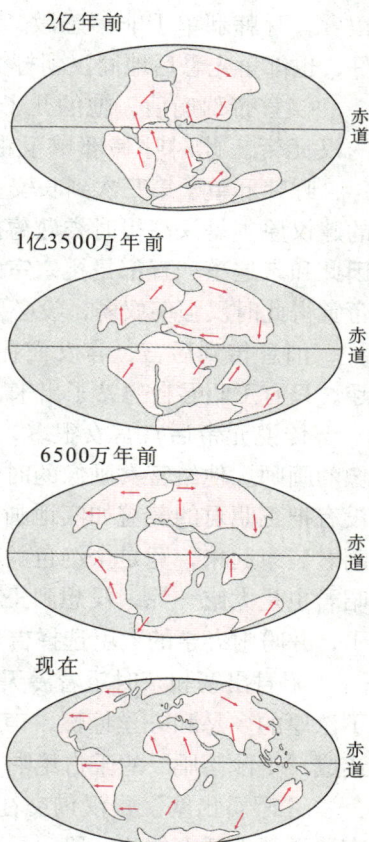

2亿年前

1亿3500万年前

6500万年前

现在

—— 移动方向

大陆漂移示意图

昭君出塞

王昭君出生于长江三峡地区一个叫秭归（今湖北省宜昌市兴山县）的地方的普通人家。汉元帝建昭元年，征集天下美女进后宫，王昭君被选中。

入宫后，王昭君虽然锦衣玉食，但不过是笼中之鸟而已。皇帝后宫佳丽三千，要轮到一个普通的佳丽受皇帝召见，还真不容易。王昭君就这样湮没于后宫之中。

汉宣帝时，匈奴发生内乱，五个单于分立，相互攻打不休。其中有一个呼韩邪单于，被别的单于打败，逃到汉朝来，并朝见汉宣帝。呼韩邪单于是第一个到中原来朝见的单于，汉宣帝亲自到长安郊外去迎接他，为他举行了盛大的宴会。呼韩邪单于在长安一住就是一个多月。等到他回去的时候，汉宣帝派了两个将军带领一万人护送他到漠南。这时候，匈奴正缺粮食，汉宣帝送去了三万四千担粮食，呼韩邪单于非常感激。西域各国看见汉朝对呼韩邪单于这么好，也都争先恐后地同汉朝打交道。

汉宣帝驾崩后，他的儿子刘奭（shì）即位，也就是召王昭君入宫的汉元帝。此时呼韩邪单于跟汉朝的关系已经很好了。公元前33年，呼韩邪单于第三次到长安，这次他提出了和亲的要求。"和亲"的建议原本是汉高祖时娄敬德提出的，当时的形势是匈奴强而汉室弱。吕后只有一女，不忍心将她远嫁番邦，因此和亲这事一直都是挑宗室的女儿假做公主嫁出去的。不过这回，汉元帝决定挑一个宫女远嫁，原因是汉元帝觉得此时汉强匈奴弱，没必要一定挑皇亲国戚的女儿。

消息传到后宫，宫女们在皇宫犹如鸟儿在樊笼，都争着想出去，但一听是去遥远的匈奴，就都没有了兴趣。只有王昭君自愿站了出来，她是个明大义而又有远见的姑娘，毅然请命，自愿去匈奴。

传说元帝后宫宫女很多，不能经常见到，就让画工画像，元帝按图召幸宫女。毛延寿就是专门给宫女画像的画师。他给宫女画像的时候，宫女们送点礼物给他，他就画得美一点。王昭君不愿意送礼物，所以毛延寿没有把王昭君的美貌如实地画出来，而在她的画像上点上丧夫落泪痣，王昭君自然就一直被冷落在后宫。等王昭君装束起来，竟是个绝色的姑娘。呼韩邪单于在五位供选择的姑娘中，一下就看中了她。这时汉元帝看到王昭君也是大吃一惊，没想到王昭君这么漂亮，想把她留下，但是又怕失信于匈奴，于是只好狠下心给了匈奴单于，并吩咐办事的大臣选择吉日，让呼韩邪单于和王昭君在长安成亲。

昭君出塞和亲时望着漫天黄沙，孤雁南飞，不觉幽思自叹，无限感伤，便弹起琵琶，一首《出塞曲》寄托了浓厚的乡愁和一丝憧憬，声声催人泪下，而南飞大雁望着惊艳的女子，听着凄婉的琴声而扑落于平沙之上，遂成"平沙落雁"的千古绝唱。人们多用"沉鱼落雁"来形容美女，其中"落雁"一词即指王昭君。

"昭君出塞"是汉匈交往上的大事，《汉书·匈奴传》和《后汉书·南匈奴传》都记载了这件事。但其中有关画师毛延寿的这一段，是传说，史书上没有，应该不是真的。

公元前33年，在汉朝和匈奴官员的护送下，王昭君离开了长安，千里迢迢地来到了匈奴单于的领地。呼韩邪单于得到了这样一个年轻貌美的妻子，又是高兴又是感激。王昭君抵达匈奴后，呼韩邪单于封王昭君为"宁胡阏氏"（王后），意思是说王昭君嫁给匈奴，会带来和平和安宁。

呼韩邪单于娶了王昭君很满意，他上书汉元帝表示愿意为汉朝守卫边疆，让汉天子和百姓永享和平和幸福。

王昭君出塞的时候带去了很多礼物，她在塞外同匈奴人民和睦相处，爱护百姓，教给当地妇女织布、缝衣和农业生产技术，受到匈奴人民的爱戴。

王昭君在匈奴生下一儿两女，这些子女长大后，也致力于汉匈两族的友好。自从王昭君出嫁匈奴，匈奴和

矗立在陕西榆林神木县的王昭君雕像

汉朝和睦相处，友好往来，有50多年没有发生过战争。

王昭君的兄弟被朝廷封为侯爵，多次奉命出使匈奴，与妹妹见面。王昭君的两个女儿曾到长安皇宫侍候过太皇太后，这位太皇太后即汉元帝的皇后王政君，她有个侄子王莽，先谦恭下士博取虚名，后玩了一套所谓尧、舜、禹时代的"禅让制"，夺取西汉政权，建立"新朝"。但匈奴单于认为"非刘氏子孙，何以可为中国皇帝？"于是边疆纷乱迭起，祸乱无穷。

眼看自己创造的和平岁月毁于一旦，王昭君在幽怨凄清中绝望死去，葬在大黑河南岸（今内蒙古呼和浩特市旧城南大黑河畔），墓地至今尚在，据说入秋以后塞外草色枯黄，唯王昭君墓上青葱一片，所以叫"青冢"。

王昭君的历史功绩，不仅仅在于她主动出塞和亲，更主要在于她出塞之后，使汉朝与匈奴和好，边塞的烽烟熄灭了50多年，增强了汉族与匈奴民族之间的团结，有利于汉族和匈奴族人民之间的友好往来。她与她的子女后孙以及姻亲们对胡汉两族人民和睦亲善与经济文化交流作出了巨大贡献。元代诗人赵介认为王昭君的功劳，不亚于汉朝抗击匈奴的名将李广、卫青、霍去病等。昭君出塞的故事，成为我国历史上经传不衰的民族团结佳话。

>> 知识窗

汉匈和亲与匈奴的变迁

汉匈和亲是中国古代西汉政府对北方游牧民族势力匈奴的最主要策略，影响深远。汉初的和亲是汉王朝向匈奴求和亲，意在以暂时的屈辱，换取宝贵的休养生息时间，是一种被动的、迫不得已的措施。而后期的和亲则是匈奴在自身虚弱，慑于汉王朝强大的政治、经济、军事实力的情况下，主动向汉王朝臣服和求婚的，此时汉王朝和亲的目的是要在其恩威下，使匈奴永远臣服于汉朝。所以，汉匈和亲基本上可以说是处理汉朝和匈奴之间关系的一种政策。

汉高祖七年（公元前200年），刘邦亲率大军北击匈奴，结果反被围困在白登山。刘邦和将士们无计可施，最后陈平施美人计，欲献美人给匈奴单于，匈奴阏氏怕汉美女与之争宠，遂劝冒顿单于撤兵，"白登之围"于是得以解脱。

但是，强大的匈奴与虚弱的西汉力量鲜明的对比，让西汉统治者的威胁感并未减轻多少。在这种社会背景下，娄敬德鉴于美人计的效用，便向刘邦提出与匈奴和亲的主张。他解释说：把汉朝公主嫁给匈奴的冒顿单于，并多多陪送嫁妆，匈奴必然慕汉钱财而立汉公主为阏氏。这样，生子必为太子，接替单于。冒顿单于只要活着，则即为汉女婿，冒顿死，则外孙为单于，还没听说过外孙敢与外公分庭抗礼的。刘邦听从了娄敬德的建议，遂派娄敬德为使者，与匈奴缔结和亲，并每年送给匈奴许多絮、缯、酒、米和食物等物品，这就是西汉与匈奴的第一次和亲。后来的惠帝、文帝、景帝继续执行这一政策，先后向匈奴单于冒顿、老上、军臣遣送公主，并奉送大批财物。

汉武帝时期，经过汉初70余年的休养生息，社会经济获得了很大发展，人民富足，国库充盈，社会安定。汉武帝加强了中央专制权力，军事力量也强大起来，已有足够的力量与匈奴抗衡，于是，汉武帝废除和亲政策，转而集中力量对匈奴进行军事打击，这意味着汉匈关系开始发生新的转变。

公元前1世纪时，汉武帝使匈奴遭受重创，部分匈奴或内服或西迁西域，并终使匈奴后来分裂为南匈奴与北匈奴。至公元89—91年，北匈奴在南匈奴和汉朝军队的共同打击下接连大败，受北匈奴控制和奴役的部族或部落也纷纷乘机而起，北匈奴主力便远走伊犁河流域、中亚、顿河以东及伏尔加河等地。其后，中国北方的鲜卑族强大起来，逐步占有匈奴故地，五六十万匈奴人遂"皆自号鲜卑"，成了鲜卑人。鲜卑族主体后来在南北朝北魏孝文帝改革时期融入中原各民族，融入汉族的最多。

西迁的匈奴人在公元374年击灭位于顿河以东的阿兰国后，便开始扮演着推动欧洲民族大迁徙的主要角色，对欧洲历史产生了很大影响。虽然如昙花般的匈奴王国在欧洲消失了，但是许多匈奴人很可能留了下来，许多学者认为匈牙利人大部分就是匈奴的后裔。

"不教胡马度阴山"

　　高大山脉在古代往往成为国家之间的天然屏障。高大山脉对于中原的统治者来说，虽然可以不惜人力物力作短期或者一次性的攻占，但要对这些山脉地区维持长期的统治是很难的，环绕中原的高大山脉便长时期成为各民族之间争斗的主要战场。

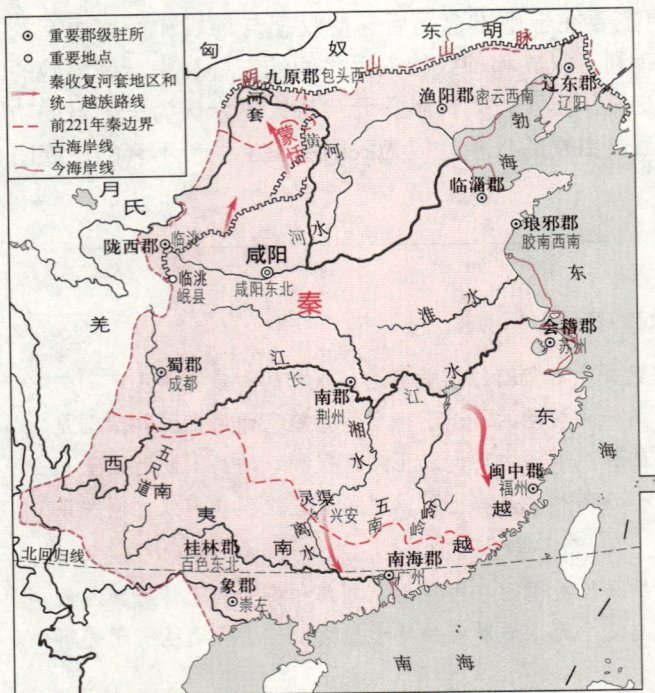

秦朝疆域图

　　由于特殊的地理位置，阴山情况更为突出，阴山以北的少数民族总是越过阴山，南下入侵中原。

　　公元前221年，秦统一六国，建立了一个以咸阳为中心的幅员辽阔的统一帝国，史载其时疆域"东至海暨朝鲜，西至临洮、羌中，南至北向户（北回归线以南），北据为塞，并阴山至辽东"。作为北方游牧民族的代表，匈奴从春秋时期就频繁地南下中原，掠夺生活必需品。秦始皇对南方疆域的开拓扮演了一个征服者的角色，对北方草原上的游牧部落，却扮演不了英雄，其中阴山等高大山脉的天然屏障作用是重要原因之一。秦统一中国后，只能在原有长城的基础上，将各部分长城连接起来，以此减轻匈奴对中原地区的骚扰。

　　到了汉朝，北方匈奴对汉朝封建政权构成了严重威胁，匈奴经常侵犯汉朝边境。汉高祖刘邦在公元前200年曾亲率三十万大军打击匈奴，却被匈奴四十万军队围困在白登山（今山西大同市东南）7天7夜。此后，刘邦为了全力对付内部封建割据势力，对匈奴暂时采取了和亲政策。公元前141年，16岁的汉武帝即位。这时汉朝已建立60多年，封建政权巩固，经济上也有了实力。因而，他有条件与匈奴进行抗衡，从根本上解除匈奴对中原的威胁。从公元前133-前119年，汉武帝派兵与匈奴进行了多次作战，其间涌现出很多著名的将领，其中李广人称"飞将军"，精通箭术，善骑射，在汉文帝时就做了将军，在历次战斗中，勇猛杀敌，屡立战功。

　　李广在成年后被派到边境对抗匈奴，一次李广带100多骑兵追杀3个匈奴兵，他射杀2个、活捉1个，正当他们准备撤退时，3 000匈奴人突然出现。李广临危不乱，不退反而命令卸下马鞍，席地休息。匈奴茫然不敢前进，只有几个大胆的匈奴头领想前进探个虚实，只见他们没走出几步，李广的箭已射来，箭箭封喉，匈奴人害怕，便逃走了，故而得这一外号"飞将军"。最终，汉武帝成功地以武力驱逐了入侵的匈奴。东汉初年，匈奴人乘中原内乱，又纷纷南下，但仍然被击败，匈奴政权最终被瓦解。西汉、东汉在取得军事胜利后又都退回了阴山一线，原因主要还是受到了地理环境的制约。

　　到了唐代，北方民族突厥人兴起，南下骚扰唐朝北部边境。著名的"阴山之战"是唐与突厥战争中一次关键性的战役。贞观四年（630年），由于担心唐朝的强大和继续打击，东突厥颉利可汗派使者执失思力到唐朝交好，表示准备依附唐朝，可汗本人也同意在唐朝任职。唐太宗李世民派使者唐俭等人回访突厥进行安抚，唐朝统帅李靖认为颉利虽然战败，但部下兵马仍然很多，之后一定会撤往沙漠，保存突厥的实力。唐军北击道路险阻且遥远，如果等到那个时候再追击突厥会十分困难。如今朝廷派使节前往突厥，突厥军必定松懈，以为唐军不会继续攻击。如果这时

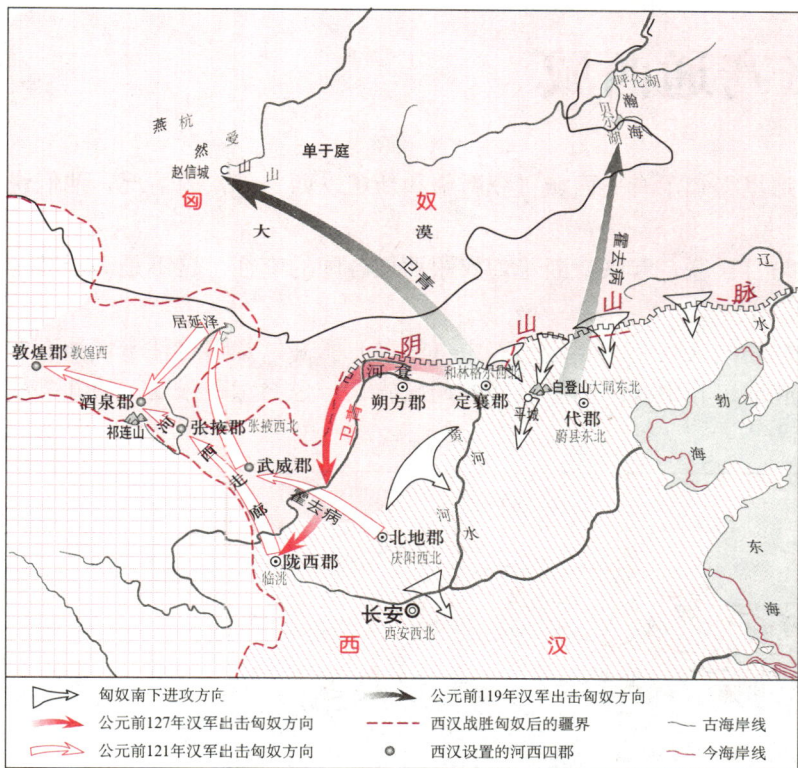

西汉与匈奴的战争

候挑选一万精兵，携带20天的粮草，不需要战斗就可以将突厥可汗擒获。于是同将领张公谨商议进兵，张公谨表示反对："皇帝的诏书已经同意突厥投降，而且使者唐俭等还在突厥处，怎么能在这个时候发兵攻击呢？"李靖回答说："这其实是当年韩信用来击败齐国的计策，唐俭之辈没有什么可惜的！"于是趁夜袭击阴山东突厥驻地，此事也叫做"李靖夜袭阴山"。唐朝在这次战役中彻底击败了东突厥汗国，消灭突厥数万人，俘虏十余万人，获得牲畜数十万头。唐朝打败东突厥后，原附属东突厥的各国各部落都归顺唐朝，并称唐太宗李世民为"天可汗"。东突厥颉利可汗后被俘虏，东突厥从此灭亡，唐军平定了自阴山至戈壁沙漠一带的局势。太上皇李渊听说颉利被擒获，感叹道："当年汉高祖被匈奴困在白登山，之后没有能够报仇成功，而今我儿子能灭突厥，我没有选错人，还有什么好忧愁的呢！"于是设宴庆贺，并亲自弹奏琵琶，唐太宗则亲自舞蹈。

然而，这一局面只维持了几十年，北方突厥再次兴起，唐王朝的势力不得不又退回阴山一线。虽然突厥最终被唐所灭，但秦汉以来在漫长边防线上的边塞战争，一直没有停止过。著名唐朝边塞诗人王昌龄写下了千古绝唱《出塞》："秦时明月汉时关，万里长征人未还。但使龙城飞将在，不教胡马度阴山。"诗人慨叹此地汉关、明月秦时、历史变换、征战未断、征人未还。千百年来人民一直期望有"龙城飞将"出现，平息胡乱，安定边防，过上和平安定的生活。

本文提供：宁波滨海国际合作学校　潘方平

>> 知识窗

突厥

突厥是中国古代北方的游牧民族，公元6—8世纪在中国北方建立了突厥汗国，突厥人以狼为图腾，是我国古代北方少数民族中第一个创造了自己文字的民族。强盛而骄横的突厥人时常闯入内地劫掠财富和人口。势力向东发展到漠北漠南和渤海沿岸，向西至里海进入中亚并同波斯发生联系，极盛时"东西万里，南北五六千里"。公元581年，突厥因内讧而分裂为东西两部。

后来，唐朝军队连续发动对东突厥的军事行动，最终将其灭亡，其余部逐步融入华夏民族。西突厥在唐初时占据了西域，不仅堵塞了向西的丝绸之路，而且在军事上对唐王朝构成严重威胁。在灭东突厥之后，唐朝军队开始对西突厥用兵，击败了西突厥。西突厥随后余众大举西迁，后崛起于小亚细亚半岛。今天的土耳其，正是突厥的不同译法。

>> 知识窗

卫青和霍去病

卫青为西汉名将，河东平阳人，是汉武帝第二任皇后卫子夫的弟弟，被汉武帝重用，官至大将军，封至长平侯。西汉初年起，匈奴不断攻扰北方诸郡。公元前127年，卫青首次出征奇袭龙城，揭开汉匈战争反败为胜的序幕。曾七战七胜，收复河朔、河套地区。

霍去病是卫青的外甥，官至骠骑将军，封冠军侯。霍去病善骑射，用兵灵活，注重方略，不拘古法，勇猛果断，善于长途奔袭、闪电战和大迂回、大穿插作战。公元前121年，两次大胜匈奴，控制河西地区，打开通往西域的通路。

卫青和霍云病都是汉武帝时期抗击匈奴的名将，多次打败匈奴，解除了匈奴对汉王朝的威胁。

张骞通西域

汉武帝初年，汉武帝从投降过来的匈奴人那里得知了有关西域（今新疆和新疆以西一带）的情况。他们说有一个被匈奴打败的月氏国，向西迁移到西域一带。

汉武帝想，月氏在匈奴西边，如果汉朝能与月氏联合起来，断绝匈奴跟西域各国的交往，这不是等于断了匈奴的右臂吗？再南北夹击匈奴，匈奴不就败了吗？

于是，他下了一道诏书，征求能到月氏去联络的人。有个年轻的郎中（官名）张骞，觉得这件事情很有意义，便自告奋勇应征。随后又有一百多名勇士应征，其中有个叫堂邑父的匈奴族人，也愿意跟张骞一块儿去找月氏国。

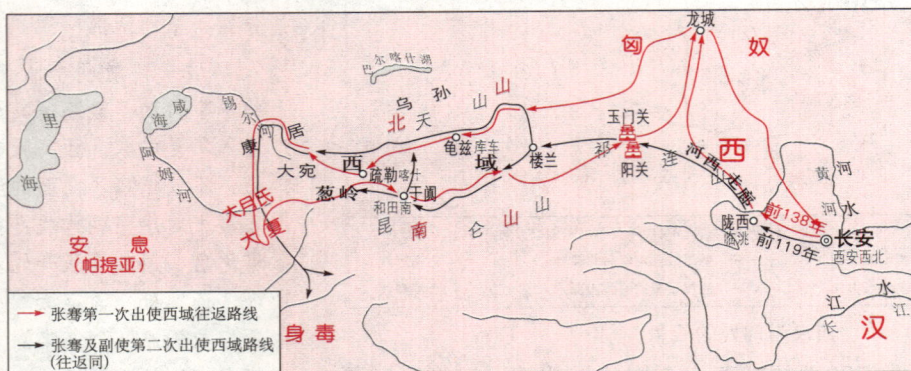

张骞出使西域路线图

公元前138年，汉武帝派张骞带着应征的一百多人出发了。但是要到达月氏，中途必须经过匈奴占领的河西走廊。张骞他们小心地走了几天，还是被匈奴兵发现了，全都做了俘虏。

张骞一行被抓后，被带到了匈奴王庭，即今天的呼和浩特附近，去见匈奴的首领军臣单于。军臣单于没有杀掉这些俘虏，他们希望从张骞一行人的口中套取更多汉朝的情报，并试图说服他们为匈奴效力。张骞拒绝了，他的不合作和不妥协使他失去了自由，长期被匈奴软禁。

匈奴军臣单于并没有失去对这个来自中原王朝官员情感瓦解的努力。经由单于撮合，张骞娶了一个善良的匈奴女子为妻。也许正是这一段婚姻和爱情使张骞怀揣汉朝的使命能够在匈奴坚持生活十多年。

被扣押的日子久了，监管也就不那么严了。张骞偷偷找到堂邑父，两人商量了一下，趁匈奴人不防备，骑上两匹快马逃走了。

他们没有选择返回汉朝，而是一直向西跑了几十天，历尽千辛万苦，逃出了匈奴地界，进入了一个叫大宛（今位于中亚）的国家。

大宛和匈奴是近邻，当地人能听懂匈奴话。张骞和堂邑父便用匈奴话与大宛人交谈起来。大宛人给他们引见了大宛王，大宛王早就听说汉朝是个富饶强盛的大国，听说汉朝的使者到了，非常高兴，后来，又派人护送他们到康居（大约在今巴尔喀什湖和咸海之间），再由康居到了月氏。

月氏被匈奴打败以后，迁到大夏（今阿富汗北部）附近，在那里建立了大月氏国。大月氏国王听了张骞的来意，不感兴趣，因为他们不想再跟匈奴结仇。但是张骞毕竟是汉朝的使者，大月氏国王还是很有礼貌地接待了他。

知识窗

西域

西域是汉以后对玉门关、阳关以西地区的总称，有狭义、广义之分。狭义专指阳关、玉门关以西，葱岭（今帕米尔高原）以东，天山南北的广大区域；广义则指通过狭义西域能够到达的地区。

汉武帝派张骞初通西域时，西域内属诸城国和游牧部落小国林立，称西域三十六国。西汉末有五十余国，东汉并为十余国，三国时仅存鄯善、于阗、焉耆、龟兹、疏勒和车师。

汉宣帝始置西域都护，唐在西域置安西、北庭二都护。以后各代，中原与西域也均在政治、经济、文化上有着不可分割的密切联系。

在亚欧海运航线畅通前，横贯西域的大路长期是东西往来的要道，便利了东西方经济、文化的交流。

张骞和堂邑父在大月氏住了一年多，没能说服大月氏国共同对付匈奴。但是，张骞也觉得不虚此行，他向返回长安的方向飞奔，想着尽快回到汉朝，向汉武帝报告了解到的匈奴、西域各国情况。

　　回程的张骞为了避开匈奴地界，以免遭到匈奴人的拦截，选择了通过青海羌人地区。意外的是，此时羌人也已沦为匈奴的附庸，张骞和堂邑父再次成为匈奴骑兵的俘虏。这一次，匈奴首领还是没有杀这两个汉朝使者，而且，几经周折，还让张骞回到了那位匈奴妻子身边。

　　不久，匈奴首领军臣单于病逝，张骞抓住机会，与堂邑父再次出逃。这一次，张骞义无反顾地带着那位匈奴妻子一起返回了长安。

　　公元前126年，张骞在外面过了整整13年后，像穿越时空一样地回来了。汉武帝认为他立了大功，封他为太中大夫。

　　张骞带回来的情报，使汉朝对匈奴的战争不再是盲目的复仇，而是有针对性的出击。到了卫青、霍去病这些抗击匈奴的名将一个个出现，汉朝对匈奴的战争形势发生了根本性的逆转。匈奴兵主力被消灭，匈奴逃往大沙漠北面。这以后，河西走廊并入了汉朝版图，汉武帝再次派张骞去结交西域诸国。

　　公元前119年，张骞和他的几个副手，拿着汉朝的旄节，带着300名勇士，还有一万多头牛羊和黄金、绸缎、布帛等礼物，很顺利地经河西走廊到达西域，与西域各国建立了友好关系。

　　张骞到了乌孙（在新疆境内），送给乌孙王一份厚礼，两国同意结为亲戚，共同抵御匈奴。

　　过了几天，张骞又派他的副手们带着礼物，分别去联络大宛、大月氏、于阗（在今新疆和田一带）等国。乌孙王派了几个翻译做他们的助手。但这些副手去了好久没有回来。张骞决定不再等下去，便回到了长安。一年后，张骞病逝。

　　张骞派到西域各国去的副手后来陆续回到长安，副手们把到过的地方合起来一算，总共到过36个国家。

　　从那以后，汉朝和西域各国建立了友好交往的关系，汉武帝每年都派使节去访问西域各国。西域派来的使节和商人也络绎不绝。中国的丝织品经过西域运到西亚，再转运到欧洲，后来人们把这条路线称作"丝绸之路"。

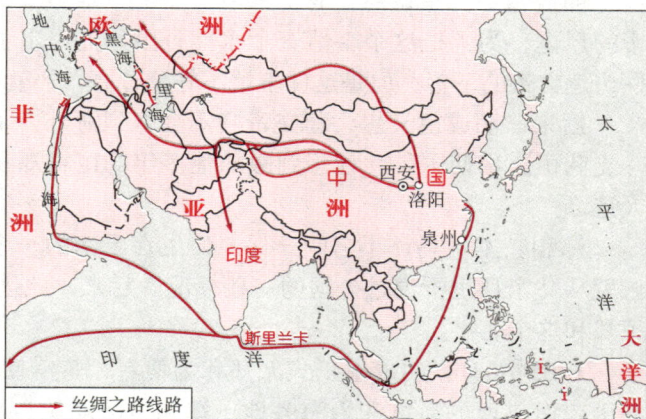

丝绸之路三大干线

>> 加油站

丝绸之路三大干线

　　丝绸之路是古代以中国为起点，向亚洲中部、西部及非洲、欧洲等地运送丝绸的通道总称。

　　通常认为，丝绸之路有两支，即陆上丝绸之路和海上丝绸之路。可分为三大干线：①草原之路，主要由古代游牧民族开辟和使用，大致从黄河流域以北通往蒙古高原，西经西伯利亚大草原，抵达咸海、里海、黑海沿岸，乃至东欧地区；②绿洲之路，主要通过亚欧大陆中部，始于华北、西经河西走廊、塔里木盆地，再赴西亚、小亚细亚等地，并南下今阿富汗、巴基斯坦、印度等地。③海上丝绸之路，开辟时间晚于陆路，始于中国沿海地区，经东南亚、斯里兰卡、印度等地，抵达红海、地中海以及非洲东海岸等地。

郑和七下西洋

朱元璋病逝前，把皇位传给了16岁的皇孙朱允炆。朱元璋死后，朱允炆继位，史称建文帝。可是，建文帝在皇帝位上屁股还没有坐热，他的叔叔燕王朱棣就以帮助建文帝除掉奸臣为由，起兵反叛，历史上叫做"靖难之变"。这场战乱差不多打了三年，燕王朱棣攻下了南京，带兵进城，只见皇宫火光冲天。待扑灭了大火，没有找到建文帝。随后，燕王朱棣即了位，这就是明成祖。

明成祖夺得皇位后，有一件事总使他心里不安稳，那就是没有找到建文帝的尸体。为了把这个事情查个水落石出，他派出了心腹大臣，去各地秘密探访建文帝的下落。但是这件事情不好公开宣布，就借口说是求神问仙。

郑和像

后来，明成祖又想，建文帝会不会跑到海外去了呢？于是，他就决定派一支队伍，出使国外，他想到跟随他多年的宦官郑和，认为郑和是最合适的人选。

郑和，本姓马，小名叫三保，出生在云南的一个回族家庭里。郑和小时候就从父亲那里听说过外国的一些情况。后来，他进宫当了太监，明成祖见他聪明能干，很信任他，还给他起了郑和这个名字。

1405年6月，明成祖正式派郑和为使者，带一支船队出使"西洋"。那时候，人们叫的"西洋"，指的是我国南海以西的海域和沿海各地。郑和带的船队，除了兵士和水手外，还有技术人员、翻译、医生等。他们驾驶62艘大船，从苏州刘家港（今江苏太仓东浏河镇）出发，经过福建沿海，浩浩荡荡，扬帆南下。

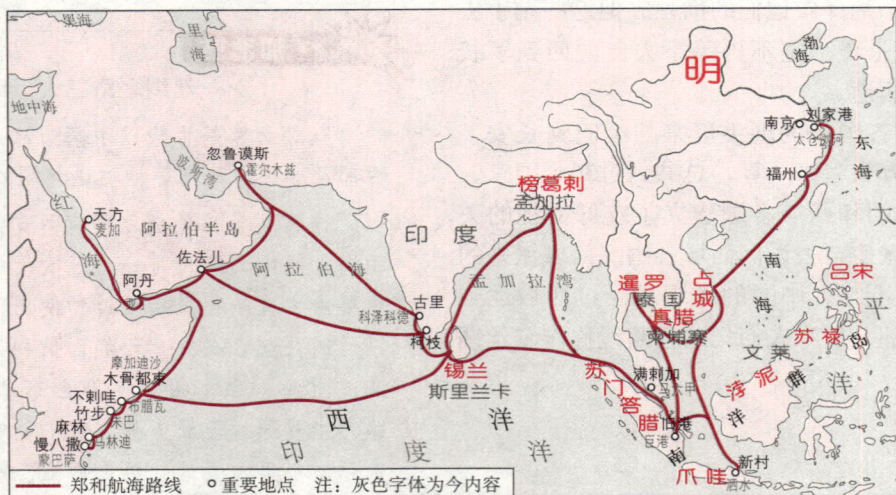

郑和下西洋图

郑和第一次出海，到了占城（今越南南方）、爪哇、旧港（今印度尼西亚苏门答腊岛东南岸）、苏门答腊、满刺加、古里、锡兰等国家。他每到一个国家，先把明成祖的信递交给国王，并且把带来的礼物送给他们。许多国家见郑和带了那么大的船队，而且态度友好，都热情地接待他。

郑和这一次出使，一直到第三年九月才回来。西洋各国国王见郑和回国，也都派了使者带着礼物跟着他一起回访。各国的使者见了明成祖，送上了大批珍贵的礼物。明成祖见郑和把出使的任务完成得如此出色，非常高兴。

后来，明成祖觉得没有必要再去寻找建文帝了，但是出使海外的事，既能提高明朝的威望，又能促进与各国的贸易往来，有很多好处。所以从那以后，明成祖一次又一次派郑和带领船队下西洋。从1405年到1433年的将近30年里，郑和出海七次，先后一共到过印度洋沿岸30多个国家和地区，最远曾到达非洲东岸、红海沿岸。所乘的船，据载最大者长四十四丈四尺（约150米），宽十八丈（约60米），可容一千人。

在郑和第六次出使西洋后回国的那年，明成祖得病去世了。当他第七次出使回来后，大臣们认为郑和出使花费太大，便把出海航行的事业停了下来。

郑和七下西洋比西方哥伦布、达·伽马等的航行早半个世纪以上，船队规模与船只之大，都超过他们几倍。郑和每到一地，都以瓷器、丝绸、铜铁器和金银等物，换取当地特产，与亚非各国加强联系。世界各地至今仍保留不少有关郑和的遗迹。

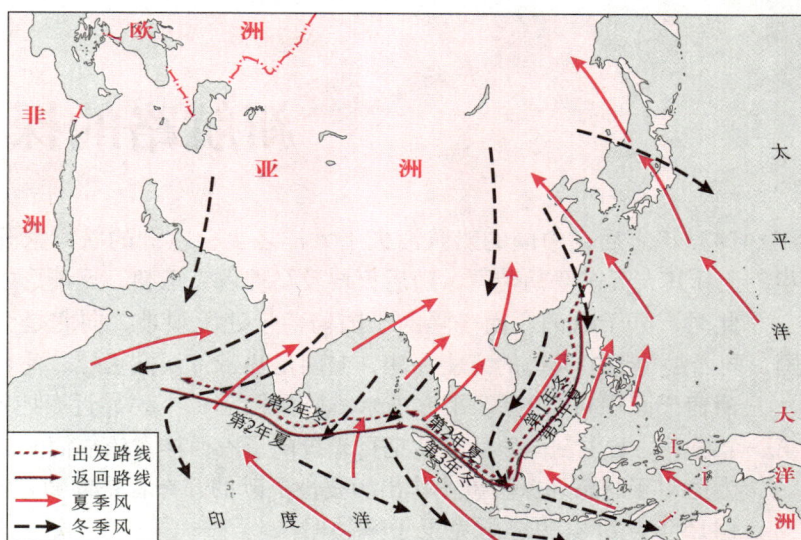

郑和下西洋利用的风向示意图

郑和下西洋时间表

次序	1	2	3	4	5	6	7
出发时间	1405年6月	1407年10月	1409年10月	1412年12月	1416年12月	1421年3月	1430年6月
返回时间	1407年10月	1409年6月	1411年7月	1415年8月	1419年8月	1422年9月	1433年7月

郑和船队队伍之庞大、航行距离之遥远、航行时间之长，体现了明朝中国造船技术的发达。主要体现在：①船舱的水密隔舱设计。即船舱不是一个舱，而是8个到13个相对独立的隔舱。独立的隔舱可以保证即使一两个舱破损进水也不会漫进其他的隔舱，船不致沉没，有足够的时间修补破损处，不影响船舶继续航行。水密隔舱还可使舱板起到加固船体的作用，增加了船体的横向强度。②船舶的船板不再使用平接，而是采用搭接，即人们常说的"鱼鳞式"搭接，其优点是船壳板连接更加紧密严实，整体强度高，不易漏水。③船舶的内部设计上，中国工匠们很注意为客商的海上生活着想，为他们创造了比较舒适的生活条件。船舶上设有可以携带家属的客房，备有充足的食物。④郑和船队除了利用风帆提供动力外，在两舷和艉部，设有长橹。这种长橹入水深，多人摇摆，橹在水下半旋转的动作类似今天的螺旋桨，推进效率较高。在无风的时候也可以保持相当航速，而且橹在船外的涉水面积小，适应在狭窄港湾拥挤水域航行。

郑和船队七下西洋充分体现了我国明朝先进的航海技术。具体表现在：①航海者已经能够熟练地掌握和运用季风。以七下西洋的出发和返回的时间看，船队尽可能采用去程依靠冬季偏北风，归程依靠夏季的偏南风，即北风航海南风回。②海上天气瞬息万变，风向随时可能发生偏转。此时的航海者已经能够根据经验判断和预测天气，洞察风向。③依靠各种不同风向的风进行航行。当然，风向不总是以航海者的意志为转移，此时的航海已经能够通过制作独特风帆，让风帆或降或转支的平式梯形斜帆，根据风向和风力进行调节，使船能够适应各种方向的风，保证不论在何种风向下，都能利用风力航行。其中，遭遇顶头风时，自宋代起就已经有船走"之"形的调帆方式，能逆风行船。④在定向定位方面，除了应用指南针外，明朝已经能够比较熟练地掌握航海天文学，应用方位星的位置和高度来确定船队的位置和航向。

我们从郑和船队下西洋的每次时间跨度看，到达印度洋来回需要三年的时间，即单程需要一年半。从我国沿海到东南亚使用偏北风，在东南亚等偏南风时再穿过马六甲海峡，在马六甲海峡西北端那里等偏北风的到来后再向西。

新航路的探索

1433年之后，中国的船队消失于大洋之上，欧洲的航海家开始在地中海独享航海贸易的美好时光。1453年，土耳其人灭东罗马帝国，随后灭埃及马穆鲁克王朝，逐渐形成了地跨亚、欧、非三洲的奥斯曼大帝国。

此时，处于欧洲西南一隅的小国葡萄牙处境艰难。向北是天寒地冻的不毛之地，向东是强大的奥斯曼帝国，向西是传说中天边的万丈深渊，向南是热带荒漠撒哈拉。葡萄牙的生路究竟在哪里？

葡萄牙面积只有9万多平方千米，资源匮乏，主要靠近海捕捞维持生存。当它实现了国家独立，成为欧洲第一个统一的君主制国家后，便把目光投向了大西洋。依靠简陋的帆船挑战万丈深渊的大西洋。

为葡萄牙的海外探险事业作出历史性贡献的开拓者是葡萄牙国王约翰一世的王子恩里克。

1415年，21岁的恩里克王子率领船队远征北非摩洛哥，一举攻下休达港。为了巩固这个殖民地，葡萄牙开始建立强大的海军。在随后的几十年里，葡萄牙成了海上强国。尝到甜头的恩里克便把国家变成世界海上强国作为一生的愿望。

在雄才大略的恩里克王子的推动下，葡萄牙航海技术迅速发展。为了开辟海上航路，他亲自钻研造船技术，学习航海知识，并办起了国立航海学校，建起了为航海而建的图书馆和天文台。最为关键的是，在恩里克王子的感召下，一大批意大利人、阿拉伯人、犹太人、摩尔人等航海家集中到了恩里克王子麾下。

航海技术突飞猛进的葡萄牙人，在恩里克王子的指挥下，不断派船沿非洲西岸南下，一次次地突破欧洲人航行的生理和心理极限。

1434年，葡萄牙船队冲过了西撒哈拉的博哈多尔角的风浪。在以前，这是欧洲人到达的最南点。船长带领船员登上了非洲海岸，在这里烧毁森林，开发居住地，开始建造新的殖民地。之后，恩里克王子不断派出更多的船只沿非洲海岸向南挺进，不断登上非洲陆地，捕捉奴隶，并依靠贩卖奴隶大发横财。

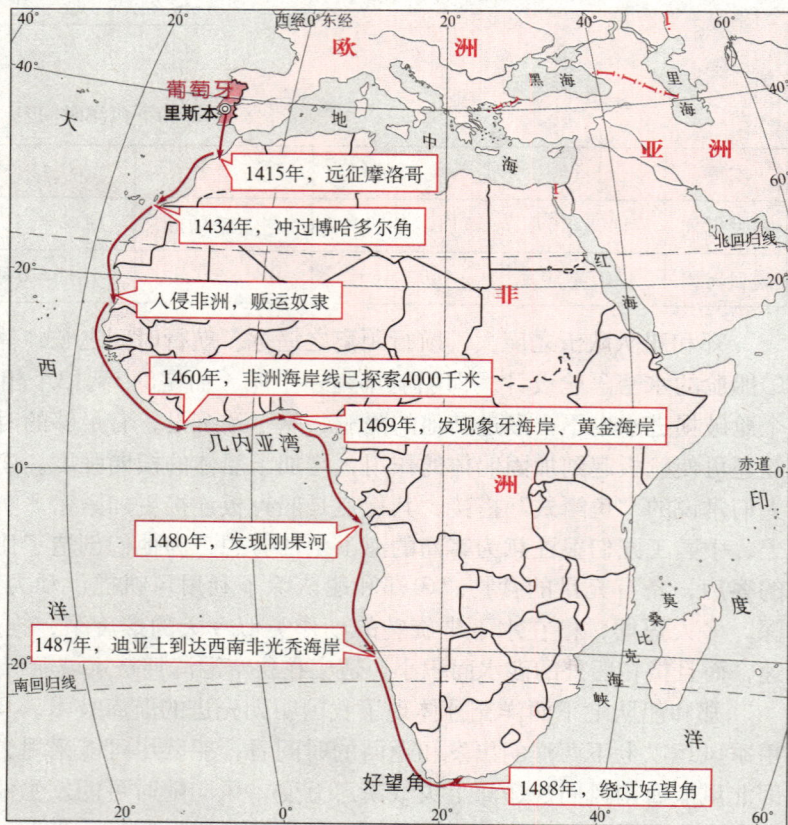

葡萄牙对新航路的探索

15世纪40年代，《马可·波罗游记》在欧洲传播，恩里克王子希望南下的船队能够找到一条通往印度、中国的航路。然而，非洲的海岸线是如此的漫长，以至于没有一个船长敢冒险无限制地向南推进。

1460年，恩里克王子去世。但是，被标注在地图上的非洲西部海岸线已经达到了4 000千米。而且，有一点让船员们非常兴奋的是，非洲西部海岸线开始向东延伸，前往印度、中国的希望大增。

恩里克去世后，若昂二世国王继续奉行恩里克王子的政策，继续大张旗鼓地支持探险队沿非洲西海岸南下。在恩里克去世后的15年中，葡萄牙人通过政府、个人等形式组织了多次探险，对非洲海岸进行了越来越多的袭击，疯狂地进行奴隶贸易。奴隶贸易给葡萄牙带来了巨额的利润，使葡萄牙一跃成为欧洲首富。

1469年，里斯本富商科米斯在政府的支持下沿几内亚湾探索，在几内亚湾北岸发现了象牙海岸和黄金海岸。但是就在他们满以为很快到达印度洋时，发现非洲海岸又向南延伸了，他们前往印度洋的希望又破灭了。于是葡萄牙人在这里大量收买象牙，开发黄金，贩卖奴隶。丰厚的利润源源不断地流回了本国。

由于开采金矿需要越来越多的劳动力，葡萄牙人派出一些船只继续向南前进，寻找新的捕捉奴隶的地区。他们在南纬6°附近发现了入海的刚果河，于是在这里上岸竖起了石碑，标注了这里是葡萄牙的殖民地。葡萄牙人继续往南，从几内亚湾南进又探索了2 000多千米，从而到达了南纬20°的西南非洲海岸。

1487年，葡萄牙人迪亚士率领船队沿海岸到达西南非洲海岸。在这里，葡萄牙人惊奇地发现这里的景色与热带非洲截然不同：光秃秃的海岸常常被浓雾笼罩，色彩暗淡模糊。

从这里出发，迪亚士沿着荒芜的非洲海岸继续南行，遭遇海上大风。迪亚士担心船被大风吹向岸边碰到礁石而损坏，命令把船驶入大海。暴风多日不停，变成了一场大风暴，迪亚士的船被远远地吹离了海岸。航行几天后，当风暴变得平静时，迪亚士命令船队重新向东寻找海岸线，但是，消失的海岸线怎么也找不到了。

迪亚士推断，可能是船队已经绕过了非洲最南端。为了证实这一点，迪亚士命令船队向北航行，两天后，它们终于又看到了久违的海岸线。令他们的高兴的是，据测量，这里的海岸线开始向东北方向延伸了。这一天是1488年2月3日。

迪亚士带领船员登上了海岸，看到山丘上一大群乳牛和赤身裸体的牧牛人。当牧牛人看到他们时，立即招呼自己的同伴过来，不断地大喊大叫。迪亚士向他们射了一箭，一个牧牛人中箭倒下，其他人吓得逃走了。迪亚士走到被射死的黑人面前，发现这里黑人的肤色明显比原来见到的非洲黑人肤色浅。

就这样，殖民者一箭射死了第一次见面的非洲东岸黑人，标志着欧洲人与这个新的世界、新的民族的第一次相见。

由于害怕这里的黑人报复，迪亚士率领船员回到船上，并商议是否继续前进。由于长期的航行，船员们都感到疲惫不堪，要求返航回国。迪亚士同意了船员们的要求，开始返航。

沿着南部非洲海岸向西，迪亚士发现了一个突出于海洋的岬角，为了纪念这次九死一生的惊险经历，迪亚士把这个岬角取名叫风暴角。1488年12月，迪亚士回到了葡萄牙，若昂二世听取了迪亚士的报告，将风暴角改名为好望角。

迪亚士的这次航行还让欧洲人搞清楚了一个问题，以为印度洋是一个与其他海洋不相通的封闭海洋，原来印度洋与大西洋是连在一起的，绕过非洲南端就能到达印度洋，到达印度的新航路即将打通。

但是，葡萄牙政府并没有立即把这条新航路打通，因为从葡萄牙到好望角有一万多千米，好望角终年盛行强大的西风，风大浪高，很难通过，而从好望角到印度可能还有很长的路程。事情就这样搁置下来。10年后，西班牙派出的哥伦布船队向西越过大西洋发现了新大陆，这才重新刺激葡萄牙人开辟这条新航路。

达·伽马远征印度

1488年，葡萄牙迪亚士绕过了好望角，但因政府的意愿没有立即打通前往印度的航路。

约10年后，西班牙人哥伦布向西越过大西洋发现了新大陆，刺激葡萄牙人重新下定决心开辟通往印度的新航路。

1495年，葡萄牙新国王曼纽尔继位，立即开始了打通好望角航路的准备，任命28岁的贵族达·伽马为探险队总指挥，率领船队经好望角开辟到达印度的新航路。1497年7月8日，达·伽马率领4艘船只、160名船员从葡萄牙首都里斯本出发，开始了具有历史意义的航程。

船队在波涛汹涌的大西洋航行了三个多月，终于到达了当年迪亚士到过的好望角。船员们兴奋地升起了国旗，鸣放礼炮。1497年12月，船队绕过好望角，到达迪亚士当年到达的最远地方。再往前，就是欧洲人从来没有到达过的未知世界了。

1498年1月11日，船队在一条河的河口停泊下来，水手们登上海岸，一群黑人向他们走来。船队里一位在刚果待过的水手会班图语，便用班图语与黑人交谈，果然能够对上话，这里就是班图黑人的聚居地。这里人口稠密，处于较高的文化发展阶段，能冶炼铁器和其他有色金属。黑人对葡萄牙人也十分友好，邀请他们到家中作客。

1498年1月25日，船队继续北行，来到又一个河口，这里的班图黑人热情地接待了葡萄牙人，两个土著首领到岸边向达·伽马献上了许多当地特产和一些亚洲出产的印花布。达·伽马看到这些亚洲的印花布，就知道这里离印度已经不远了，于是他命人在岸上竖起了一块石碑作纪念。由于长期的航行，许多船员患上了坏血病，达·伽马只好在这里停留一个多月进行休整。

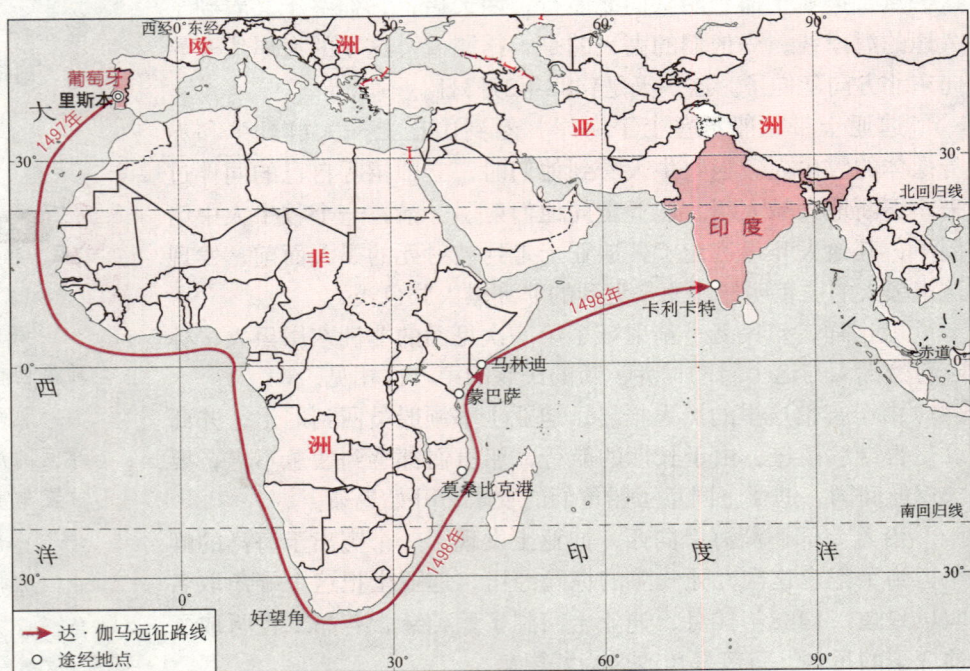

达·伽马远征印度示意图

1498年2月末，船队继续北上，到达莫桑比克海峡边的莫桑比克港。这个港口非常繁华，阿拉伯商人每年都乘船到这里进行贸易，运走黑人奴隶、黄金、象牙和琥珀。这里的居民主要由班图黑人、阿拉伯人，以及班图人和阿拉伯人的混血后裔组成，这些人信奉伊斯兰教。也许是阿拉伯人意识到了葡萄牙人是他们未来的竞争者，所以对达·伽马船队怀有深深的敌意。

达·伽马不愿在这里与阿拉伯人引起争端，继续北上，到达肯尼亚的蒙巴萨港。统治这里的是一个势力强大的酋长，得知葡萄牙的来意后，他表面友好地派了两个领航员给达·伽马领航，但是第二天这两名领航员就跳水逃走了。1498年4月14日，北上的船队到达肯尼亚的另一港口马林迪，马林迪的酋长与蒙巴萨的酋长不和，于是想与葡萄牙人结盟。他亲自带人划船前来迎接达·伽马的船队。酋长把达·伽马迎入宫殿设宴款待，并专门派人为达·伽马领航前往印度。

1498年4月24日，经验丰富的领航员带领达·伽马的船队向东北航行，利用印度洋的西南季风横跨印度洋。5月20日，前方出现一个高耸的海角，领航员说："这就是你们向往的国家。"

1498年5月28日，葡萄牙船队到达印度西南海岸的卡利卡特港。卡利卡特的藩王命人上船检查，并询问这些外国人从哪里来。卡利卡特当时是世界上非常著名的大商港，在这里，中国的瓷器、斯里兰卡的烟草、印度尼西亚的香料都先集中在这里，再由阿拉伯商人运往欧洲销售。阿拉伯商人垄断了这里的贸易。

所以，葡萄牙人的到来，阿拉伯商人立即预感到这对他们极为不利，这会影响到他们垄断了近千年的东方贸易，因此极力地劝说卡利卡特藩王反对葡萄牙人来到这里。

但是，卡利卡特藩王对几艘船和百余名船员的到来并没有放在心上，他还是彬彬有礼地接待了达·伽马一行，并允许他们在这里采购货物。葡萄牙人在这里采购了大量的胡椒、肉桂、象牙和宝石。然而，在达·伽马准备返航时，卡利卡特藩王要求他们按照惯例交纳关税，但达·伽马断然拒绝了这个合理的要求。

卡利卡特藩王立即下令扣留了葡萄牙使者，下令查封葡萄牙人的所有货物。达·伽马得到这个消息毫不示弱，立即下令抓了十几名印度人作为人质，并派人通知了藩王，只有归还扣留的葡萄牙人和货物，才释放人质。双方僵持了几天，达·伽马威胁要杀死人质，藩王才归还了扣留的葡萄牙人和财物。达·伽马释放了印度人质，立即于1498年8月29日离开卡利卡特，踏上了归途。

1499年8月底，达·伽马率领船队回到了葡萄牙首都里斯本。这次远航用时两年多，160名船员只有55人活着回到里斯本。但是打通了印度的新航线，其经济价值是无可比拟的，葡萄牙举国上下欢欣鼓舞，葡萄牙国王为达·伽马举行了盛大的宴会，并加封他为海军提督。

新航路的开辟极大地鼓舞了葡萄牙向外扩张的野心。葡萄牙国王采纳了达·伽马的建议，决心以武力驱逐在印度的阿拉伯人，在印度建立永久性的贸易根据地。

1500年3月9日，葡萄牙国王派卡布拉尔为舰队司令，率领13艘船、1 500人的庞大船队远征印度。由于途中遭遇风暴，耽误了不少时间，还损失了一些船，卡布拉尔于9月13日带领6艘船到达卡利卡特港。卡布拉尔与卡利卡特藩王订立了通商条约，允许葡萄牙在卡利卡特设立贸易基地。

阿拉伯商人见到葡萄牙人再次到来，百般阻挠葡萄牙人的贸易活动。在阿拉伯商人和宗教势力的影响下，当地居民拒绝和葡萄牙做生意，并不断袭击葡萄牙人。最后，卡布拉尔率领葡萄牙船员与当地人暴发冲突，势单力薄的葡萄牙人没有在冲突中占到便宜，于1501年7月底回到葡萄牙。卡布拉尔的印度之行，没有完成驱逐阿拉伯商人的使命，反而损兵折船，最后狼狈地折回。

1502年3月，葡萄牙国王再次派达·伽马为司令，统率20艘战舰组成远征军远征印度。1502年10月，达·伽马依仗兵力上的优势，攻打卡利卡特港。由于阿拉伯人和卡利卡特人的严密防守，葡萄牙人攻打了几次都没有攻下卡利卡特。但达·伽马封锁了卡利卡特港，并同附近的港口签订了经商条约。1503年10月，达·伽马顺利回到了首都里斯本，从而完成了他的探险活动。

1504年4月，葡萄牙又派出远征队远征印度，在卡利卡特同阿拉伯人展开了一场血战，俘获了17艘阿拉伯船只，杀死了近2 000名阿拉伯人，推翻了阿拉伯人统治近千年的印度洋贸易霸主地位。从此，印度洋贸易的霸主转移到葡萄牙头上。百年后，大英帝国后来居上，葡萄牙才不得不让出霸主地位。

哥伦布发现新大陆

1451年10月29日，克里斯托弗·哥伦布在意大利的热那亚出生。从小，哥伦布就没有受过多少正规的教育。他父亲是个羊毛商人，但他却对海洋和往返地中海的快速商船产生了兴趣。

在那时，欧洲对外界的商业贸易蓬勃发展，对黄金的追求越来越强烈。然而，由于土耳其的征战活动，从欧洲到南亚和东亚的陆上丝绸之路和海上丝绸之路都越来越难行。此时，地中海的贸易繁荣而昌盛，葡萄牙人一次次地向南寻找通往东方的海路。

1476年，身材高大、满头红发的哥伦布作为热那亚一家商号的代理人，取道地中海，从意大利来到葡萄牙。他在葡萄牙度过几年后，结了婚，也有了孩子。在此期间，他多次参加远航，成为一名有经验的海员。

在当时的欧洲，《马可·波罗游记》甚为流传，其发行量仅次于《圣经》。《马可·波罗游记》吸引了无数富于幻想和探险精神的人们，这其中就包括哥伦布。此时地圆说在欧洲也逐渐流行开来，当葡萄牙的恩里克王子一次次地向南寻找进入印度洋的通道时，哥伦布就想，如果一直向西，是有可能到达中国、印度的。

对于向西前往中国、印度，哥伦布只是有这种想法，并没有多大把握。于是，他便给意大利有名的地理学家托斯康内里写了封信，请教关于去中国和印度的最短航线。

地理学家很快就给哥伦布回了信。在信中，地理学家说："这条路是存在的，可以拿地球是圆的这个道理来证明。"地理学家还计算了向西到达中国、日本的距离，大约为5 000千米。地理学家的回信坚定了哥伦布的信心——向西、向西、再向西，就能够到达那个出产各种香料和宝石最多的国家。

而实际的距离大约有3万千米，地理学家错误的计算结论，使哥伦布信心大增。但是，正是这个错误的结论，导致了一次极其伟大的地理大发现。

哥伦布有了远大的理想和抱负，但是缺乏实现这种理想和抱负的物质财富。于是，哥伦布把希望寄托在葡萄牙王室身上，他把自己的航行计划呈送给了葡萄牙国王，请求支持。

然而，恩里克王子发起的沿非洲西海岸向南的航行已经越走越远。国王的顾问团对国王说，恩里克王子的航行很快就能到达非洲南部的尽头，进而找到通往中国、印度的航路。哥伦布的计划有个巨大漏洞，向西到达中国、印度的实际距离将比哥伦布计划里的距离远得多。

正是葡萄牙人的正确判断，让葡萄牙国王拒绝了哥伦布的计划。也正是葡萄牙人的这次正确判断，让葡萄牙错过了一次发现新大陆的机会。哥伦布怀着失望的心情离开葡萄牙，来到西班牙寻找机会。此时的西班牙正与葡萄牙在全球争夺势力范围。

1486年5月，西班牙国王斐迪南和女王伊莎贝拉接见了哥伦布。哥伦布忠厚、自信和丰富的地理知识给国王和女王留下了良好的印象。国王和女王责成一个由学者和海员组成的委员会进行研究。

哥伦布的计划同样被西班牙审查委员会认为缺乏依据，理论十分浅薄。国王和女王于是兴趣大减。但是哥伦布非常坚持，经过多方斡旋和努力，终于争取到了一部分王室成员的支持。一直拖到1491年，西班牙国王才又将哥伦布的航海计划重新提上议事日程，由西班牙专家会议审查哥伦布的计划。在会上，哥伦布提出了封他为海军上将和让他担任将来所发现岛屿和大陆的总督的要求，大臣们和王室成员都认为哥伦布提出的要求太过分，坚决反对他的申请，国王于是否决了哥伦布的计划。

哥伦布再次失望了。不久，他启程从西班牙前往法国，寻找法国的支持。就在这时，西班牙女王对国王说，可以答应哥伦布的计划，这个事情未必成功，我们仅仅是赌一把，也赌得起。国王被女王说服了，派人把哥伦布从前往法国的途中追了回来。

1492年4月17日，西班牙国王和哥伦布签订了协议，委任他为新发现海岛和大陆的上将司令和总督。

但是，哥伦布西行计划从一开始就不顺利。国王虽然同意了哥伦布的计划，但是对这个计划能否成功仍然表示怀疑，所以对这件事也不太上心，只给哥伦布提供了两艘船，第三艘船是哥伦布自己装备的，最大的圣玛利亚号不过130吨。招募水手也十分困难，茫茫大海和遥遥无期的远航，使许多人望而却步。哥伦布没有办法，只得建议国王和女王，强迫征集了一批刑事罪犯，勉强拼凑了88人的队伍。

1492年8月3日早，西班牙巴罗士港熙熙攘攘、人头攒动，人们前来为哥伦布的船队送行。三艘船缓缓离开码头，水手们对送行者挥泪告别。

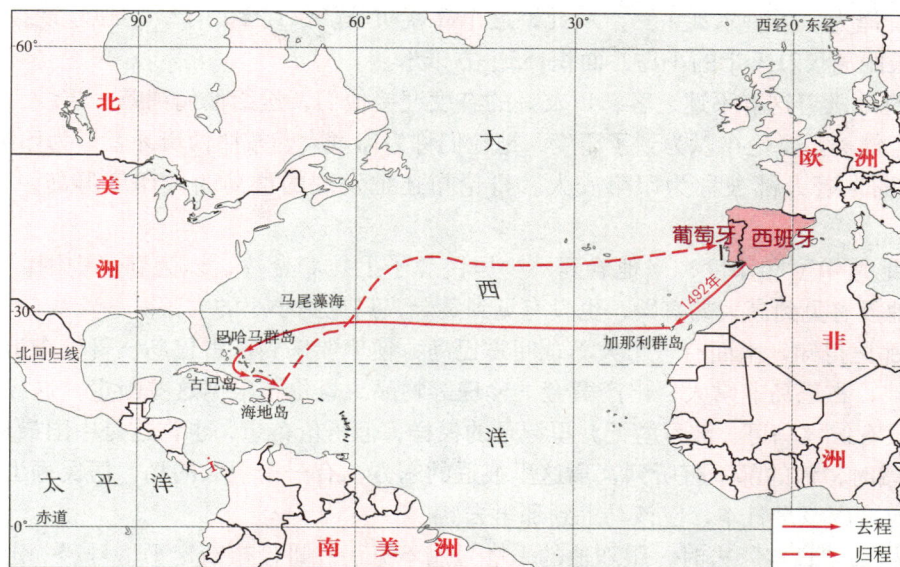

哥伦布发现新大陆线路图

哥伦布站在船头，向西望着茫茫的大海，既高兴又担心。高兴的是，年轻时代的梦想终于要实现了；担心的是，此行能否成功实在难料。因为在那时，地圆说刚刚开始流行，天圆地方在许多人头脑中还有相当的分量。按照天圆地方，地位于中心，地往外是海洋，海洋外是什么，大家都不知道，都没有去过，传说那里是天边，那里是万丈深渊，到达那里将死无葬身之地。

航行最初的几天，一路上风平浪静，非常顺利。阳光照到海面上，波光粼粼。有时，大胆的水手们还跳下海里洗澡。

几天后，船队到达非洲西北岛屿的加那利群岛，在那里补充了供应品。9月6日，船队离开加那利群岛，向大西洋腹地挺进。

没过几天，海面上出现海草，而且越往西，海草越多、越密。这里是大西洋中部由大量漂浮的马尾藻覆盖的马尾藻海。海草一望无际，好像茫茫的大草原。船队在海草中艰难前行，几天几夜都没有驶出这片海区。

三周后，船队终于驶出了马尾藻海，但是前面仍然海天茫茫。水手们开始出现不满的情绪，许多人开始抱怨。最后，不满的情绪集中爆发，坚决要求哥伦布改变航向，有几个船员甚至酝酿把哥伦布扔到海里后掉头返航。

为了避免暴动，哥伦布屈服了，他答应再走三天，如果还看不到陆地就掉头返航。三天后，船员们看到海浪漂来了一棵有树叶的枝条和一块似乎是经过人工砍凿过的木头，临近陆地的迹象越来越明显了。哥伦布趁机领着船员唱起了古老的祝福歌，他提醒大家，国王答应过给第一个发现陆地的人以巨额奖金作报酬，希望大家坚持仔细观察，争取第一个发现陆地。

这时，船员们都不吵着返航了。入夜，船队破浪前进。各船的船长紧张地在甲板上搜索着远方的海面。

1492年10月12日凌晨，瞭望塔上的水手嘶哑着高喊："陆地、陆地……"。他向其他船只发出了几颗信号弹，通知其他船只。船队的船员都醒了，都集中在甲板上跳起了欢快的舞蹈，庆祝这振奋的好消息。

这样，历时37天，哥伦布带着船员从非洲加那利群岛横渡大西洋，来到了大洋的另一岸。这是哥伦布一生中最重要的时刻，他从探险家一下变成了新大陆的发现者。他目光炯炯，站在船头带领船队向陆地驶去。很快，一个绿树成荫的岛屿展现在人们面前。哥伦布身穿红色礼服，手拿西班牙国旗，登上小艇，指挥船员向岸边划去。

在船员们的欢呼声中，哥伦布第一个登上美洲的陆地。哥伦布上岸后，喜极而泣，跪在地上热吻这片新发现的土地，双手合十，向上帝祈祷。然后，哥伦布从腰间拔出佩剑，高举手中的西班牙国旗，宣布："奉西班牙国王陛下之命，此岛自今日起为西班牙王国的领地！"当然，哥伦布还想说："我哥伦布，是这片新发现土地的总督。"他虽然没有说，但是他想到了，心里乐滋滋的。

哥伦布觉得脚下这块土地象征着救世主赐予他最真的恩典，于是，他把这块刚刚踏上的土地命名为"救世主岛"，西班牙语音译为"圣萨尔瓦多"。从此，这个岛就叫圣萨尔瓦多岛了，它位于现在北美洲巴哈马群岛东部边缘，一个最长距离仅21千米的小岛，面积155平方千米。

岛上的居民好奇地瞧着这群不速之客，以友好的态度迎接他们，送给他们鹦鹉、棉纱、标枪等物品。这些居民全身赤裸，体态健美。哥伦布以为到了印度，把他们称为印度人，按照西班牙音译为印第安人。

从此，所有美洲土著人都被称为印第安人。哥伦布还把发现的群岛叫做印度群岛，现在人们改称为西印度群岛。

哥伦布的目的地是中国和印度，当他看到不少居民鼻子上挂着金片，以为到了中国。可他在岛上转了一圈，又疑惑起来。他没有见到高大的宫殿，也没有见到黄金，只见到小小的村落。

他从印第安人那里得知，南面有一个大岛，叫古巴岛，便率船来到了古巴岛。哥伦布迫不及待地登上古巴岛打探。岛民告诉他，古巴岛非常大，出产黄金、珍珠等物品。哥伦布根据这些断定，这应该是中国附近的一个岛屿。但是这里没有像《马可·波罗游记》里记录的模样，但哥伦布想，也许这是中国最贫穷的地方。

正当哥伦布疑惑时，他的部下打听到，离这里很远的东方，有一个很大的岛，居民颈上挂着金项链，垂着金耳环。哥伦布断定这应该是日本，应该马上到那里去。

正当哥伦布启程到"日本"去时，跟随他的平塔号船不见了。哥伦布断定平塔号船一定是抢先到"日本"找黄金去了，实事也的确如此。哥伦布率领圣玛利亚号和宁雅号火速驶往"日本"。没有几天，他们到达了那里，果然见到了不少黄金，哥伦布更加肯定这就是"日本"。而这个岛，实际是现在的海地岛。

在海地岛上，哥伦布一行获取到了许多黄金。可是不幸的是，圣玛利亚号在这里搁浅了。于是，三艘船一艘跑了，一艘搁浅了，再想航行已不可能。哥伦布决定返回西班牙。

由于一艘船不能装载所有的船员和贵重物品，哥伦布决定留下一些人在此建立一个堡垒，便把自愿留下的39人在此安顿下来。为了避免印第安人袭击船员，哥伦布在堡垒上安装了大炮和火炮等武器，并在此进行了一场军事演习，演习的目的是向印第安人示威，让他们对西班牙人不敢轻举妄动。

1493年1月4日，哥伦布起航返回西班牙，随身带回大量黄金饰品、岛上的各种特产和六个印第安人，作为他这次伟大地理发现的见证物。

在返回西班牙之前，哥伦布还故意先到达葡萄牙的里斯本，葡萄牙国王若昂二世亲自接见了他。国王在看了哥伦布带回的东西后，心里暗暗捶胸顿足，心说：短见的人啊，怎么让这种机会从我身边溜走了呢？

1493年3月16日，哥伦布率宁雅号返回西班牙，他带着六个印第安人，笑容满面，手里高举着一只美洲鹦鹉，趾高气扬地走在最前面，向欢迎的人群频频招手致意。

国王和女王热情地接见了哥伦布，兑现了协议上的所有承诺，哥伦布一下子从平民变成了西班牙的贵族，他也开始成为海洋将军和新领地的总督，他笑纳了发现殖民地收入的10%，一下变得富有了。

哥伦布发现新大陆，开创了在新大陆开发和殖民的新纪元。当时欧洲人口正在膨胀，有了这一发现，欧洲人就有了可以定居的新大陆，就有了能使欧洲经济发生改观的矿产资源和原材料。这一发现，也导致了美洲印第安人文明的毁灭。从长远的观点来看，还致使西半球上出现了一些新的国家。这些国家与曾在该地区定居的各个印第安部落截然不同，他们极大地影响着旧大陆的各个国家。新大陆的发现使海外贸易的路线由地中海转移到大西洋沿岸。从那以后，西方终于走出了中世纪的黑暗，开始以不可阻挡之势崛起于世界，并在之后的几个世纪里成就了海上霸业。

（后续请阅读113页《哥伦布与风向》）

麦哲伦船队环游地球

费尔南多·麦哲伦，世界著名的航海家，出身于葡萄牙贵族。10岁左右被父亲送入王宫服役，1492年成为王后的侍从。16岁时，他进入葡萄牙国际航海事务厅，因而熟悉了航海事务的各项工作。1505年，麦哲伦参加了一支前往印度探险的远征队，不久因心理素质好、组织能力突出被推举为船长。此后，麦哲伦带领船员多次到东南亚探险和游历，积累了丰富的航海知识和航海经验。他深信古希腊人提出的地圆学说，当他站在菲律宾群岛东岸望着浩瀚的大洋时，他坚信这个大洋就是在欧洲向西越过美洲大陆看到的那个大洋。于是，他决定做一次环球航行来证明这一点。

麦哲伦兴冲冲地请求葡萄牙国王资助他带领船队进行环球探险。国王对麦哲伦也有所耳闻，对他也很赏识，但听说要环球探险，国王就觉得他是疯子。

麦哲伦没有死心，他随即请求西班牙女王。西班牙女王正在考虑怎样同葡萄牙进行海上争霸，现在麦哲伦主动找她，女王同意了，并与他签署了远洋探航协定。按照协定，麦哲伦被任命为探险队的首领，所率船队的船只和航海费用由国家负担。但探险过程发现的任何土地，全部归国王所有，新发现土地的全部收入的二十分之一算是给麦哲伦的回扣。就这样，麦哲伦终于找到了远洋探险的赞助者。

麦哲伦像

1519年9月，麦哲伦率领一支由270名水手、5艘船只组成的船队，从西班牙塞维利亚港口出发，开始了史无前例、生死未卜的环球探险。他计算了一下，向西越过大西洋也就两个月的时间，然后越过菲律宾东边那个大洋，再花两个月，最后是他多次跨越过的印度洋，再花三个月，这样算下来，不到一年，最多不会超过两年，环球航行就将成功。

航程开始非常顺利，两个月就越过大西洋到达了巴西海岸，然后沿着巴西海岸往南，寻找向西的通道。又过了两个月，到达了今天被称为拉普拉塔河河口的地方。

1520年3月的一天，风雪交加，航行极其困难。船队不得不在附近岸上休整。休整期间大家无所事事，想家的情绪越来越浓。有三个想家的船长还带头发动叛乱，但麦哲伦凭着经验和胆识平息了这次叛乱。

船队一直休整了5个月，于1520年8月，又向前继续探险。

又过了两个月，船队在南美洲南部发现了一个海峡口。这个海峡弯弯曲曲，忽窄忽宽，港汉交错，波涛汹涌。在这像迷宫一样的海峡里航行了一个月，他们终于到达海峡西口，见到了浩瀚的大海。只是一艘船悄悄地落在后面打了退堂鼓回去了，另外损坏了一艘船，这时的船队只有三艘船了。

后人为了纪念麦哲伦这次探航的功绩，将这个海峡命名为麦哲伦海峡。向来以沉着、坚定著称的麦哲伦站在海峡西口，面向大海激动得掉下了眼泪，全体船员也非常激动。麦哲伦告诉船员：越过这个大洋就可以到达菲律宾群岛，而越过大西洋只花了两个月，估计再花两个月，环球探险就实现了。

船队在这片大洋中航行，海面一直风平浪静，心旷神怡的船员给这片大洋取了个名字叫"太平洋"。可是接下来的事情却让他们怎么也没有估计到。原来预计两个月就能越过这个太平洋，可3个月过去了，4个月过去了，5个月也过去了，基本上没有见到任何陆地的影子。船员先是恐慌：是不是要到天边的万丈深渊

知识窗

麦哲伦海峡

麦哲伦海峡位于南美洲大陆南端同火地岛之间，长约600千米，宽3～33千米，航道最小深度30多米。海峡内峡湾曲折，东段两岸地势低平，中段和西段海岸曲折。1520年葡萄牙航海家麦哲伦首先由此进入太平洋而得名。

麦哲伦海峡地处西风带，强劲而饱含水汽的西风不仅给海峡地区带来低温、多雨和浓雾，而且造成大风、急浪，是世界闻名的猛烈风浪海峡，不利于航运发展，但在巴拿马运河开通前，麦哲伦海峡是南大西洋和南太平洋间的重要航道。

了？后来他们连恐慌的力气都没有了，因为粮食吃光了，淡水也喝尽了，海水又实在咽不下去，全体船员连同麦哲伦就躺在船上只做一件事，那就是——等死。

天无绝人之路！6个月过去后的1521年3月，航队发现了远方梦寐以求的陆地——现在的马里亚那群岛。在马里亚那群岛，他们受到当地居民的热情款待，有效地补充了给养，从有气无力的死亡边缘又回到了精力充沛的现实世界。

3月底，船队继续向西来到另一个群岛。在这里发生了一件惊喜的事，让大家欢欣鼓舞。原来是麦哲伦的马来西亚仆人亨利居然听懂了当地人说的话——马来语，这里就是亨利的家乡——菲律宾，这里就是大家一直梦寐以求想到达的菲律宾群岛！

对于整个船队来说，意味着什么呢？意味着曾经往东到达的菲律宾，现在向西绕了一圈抵达了。这一切都预示着环球探险已经走过最艰难的未知路段，剩下的路都是曾经走过的，也就是说，环球航行即将大功告成。铁的事实证明，地球的的确确是圆的。任何语言都难以描述船员兴奋的心情。

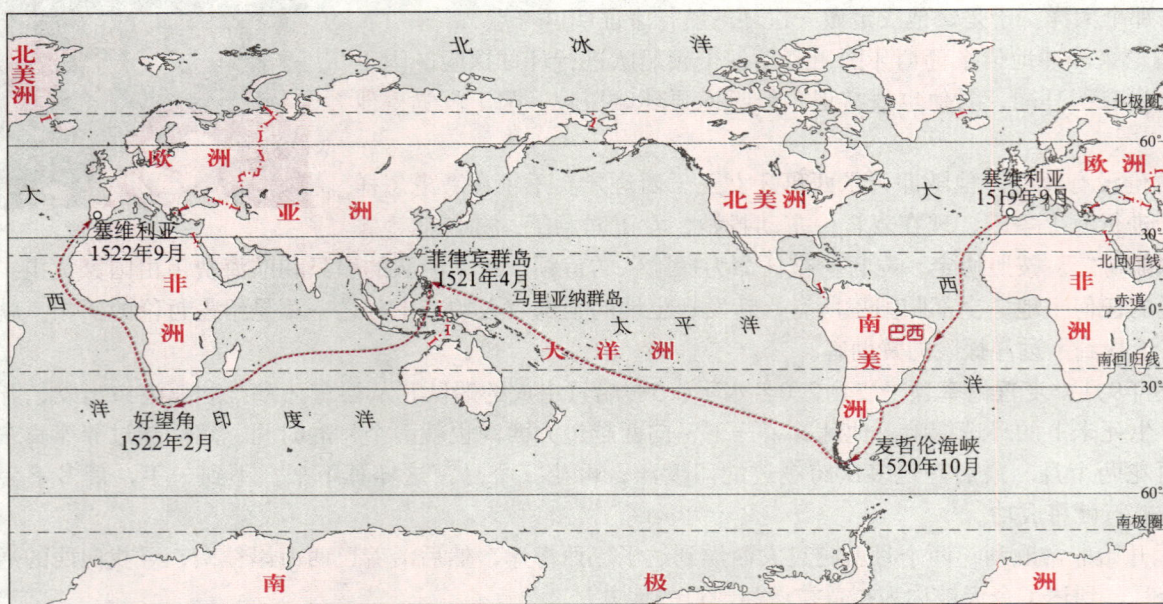

麦哲伦船队环球航行线路示意图

此时的麦哲伦就不急着赶路了，因为他还没有得到什么财富，也拿不到什么回扣。既然环球航行眼看就要成功了，现在就该准备多捞点好处，麦哲伦生出了满怀的野心，企图利用当地部族间的矛盾来达到征服这块土地的目的。不幸的是，在干预当地部族的冲突中，满怀野心的麦哲伦却被杀害了。麦哲伦的助手带领两条船满载香料和少数船员落荒而逃。后经印度洋、过好望角，又辗转一年多，终于在1522年9月回到了朝思暮想的西班牙。

整整三年过去了，这时的船队仅仅剩下一条"维多利亚"号和18名船员。

环球探险的成功震惊了整个欧洲，也极大地提升了西班牙的声望。回来的18名船员都发了财，满船的香料和土特产换到了不计其数的钞票，西班牙女王也慷慨地给每人发了丰厚奖金。

探索大西洋西北航道

公元14-15世纪，《马可·波罗游记》在欧洲广泛传播，激发欧洲人对东方的中国、印度产生了无尽的向往。由于地圆说的流行，东行的丝绸之路太远、太难，令人望而却步，前往中国、印度的其他途径不断有人在探索，南行、西行、北行之路不断有人在尝试。葡萄牙人向南，西班牙人向西，谁向北呢？在探索北行航线的国家中，英国成了主角。

达·伽马带领船队绕过好望角，从非洲大陆南端，进入印度洋，到达印度，打通了欧洲到东方的海上航线。麦哲伦船队从麦哲伦海峡绕过南美洲大陆南端进入太平洋，到达了东方。

但是，这两条航线都绕了很大的弯，航程太长，航海家们都不满意，都想找到一条更便捷的航线。地球是圆的，一些航海家便把目光投向北方，特别是投向了大西洋的西北通道。

首次对西北通道探险的英国人是卡博特。1497年，在哥伦布发现新大陆的鼓舞下，卡博特向英国政府申请，愿意组织一次通过西北航道进入太平洋前往中国的探险。他的计划很快得到了英国国王的批准。

1497年5月，卡博特准备了一艘不大的航船，离开英国向大西洋西北航行。经过一个多月，卡博特到达一个气候寒冷的不毛之地，他把这里称为"新发现的陆地"。卡博特到达的最远地方是越过纽芬兰岛，到达了北美洲东北的拉布拉多半岛。

返航途中，卡博特在他发现陆地的东南方看到了大群的鱼，这便是现在世界四大渔场之一的纽芬兰渔场。从此，英国人就经常到纽芬兰渔场捕鱼了。

卡博特之后，寻找绕过美洲北部沿海到中国大陆的西北通道一直支配着英国人的思想和行动，英国人一而再、再而三地派出船队向西北航道探险。

1576年7月，英国海军军官弗罗比舍率领三艘船向大西洋西北航行，发现了格陵兰岛。船队从格陵兰岛西侧北行，发现了巴芬岛。船员航行在格陵兰岛与巴芬岛之间的海峡时热血沸腾，认为这个海峡可能就是绕过美洲北端进入太平洋的通道，相当于美洲南端的麦哲伦海峡。

弗罗比舍带领船员上岸，遇到了因纽特人，这是欧洲人第一次遇到因纽特人。船员们在岸上找到一种黑色而又有金属光泽的石块，他们认为这种岩石是金矿。随后，船员与因纽特人进行了以物易物的交易。后来，五名船员驾一艘小船去与因纽特人进行这种交易，结果全部失踪了。恐怖的气氛随即笼罩了整个船队，弗罗比舍不敢再向北行进。于是，弗罗比舍抓了一名因纽特人起航返回英国，准备报告他们的两项伟大的发现——找到了通往太平洋的海峡和发现了金矿石。

弗罗比舍的报告轰动了伦敦，伊丽莎白女王授予弗罗比舍以新发现地区总司令的头衔，准备了一艘大船，命他再次探察他所发现的海峡。弗罗比舍率领船队再次到达巴芬岛，但是，由于坚冰的阻拦，弗罗比舍没能对那条海峡进行进一步的考察，而是装满矿石回到了英国。

第二年，英国政府又准备了15艘船只，命弗罗比舍再次探险，沿着那条海峡航行到中国。然而，船队刚入海峡就遭遇暴风雪。暴风雪把船队吹到了南方，弗罗比舍带领船队在这一带海区徘徊了一段时间，也没有找到通道。后来，船队驶进了一个海湾，弗罗比舍这才发现巴芬岛是一个岛屿，不是北美大陆，他原来认为能够到达中国的海峡，其尽头是一个海湾，这个海湾现在叫巴芬湾。船队再次满载矿石回到英国。但是，经检测，矿石里不含黄金。这样，弗罗比舍的探险以全面失败而告终。

探险的失败并没有让英国政府丧失信心，打通西北通道继续支配着英国人的思想和行动。为了打破葡萄牙、西班牙的海上霸权，英国政府装备了一些船只继续探险西北通道。

1585年8月，英国任命翰·戴维斯为探险队船长，率队探寻西北通道。戴维斯率领船队穿过格陵兰岛南端，穿过后来以他名字命名的戴维斯海峡。戴维斯率领船队沿着巴芬岛弯曲的东海岸进入了一个宽阔的海湾。这个海湾位于巴芬岛东南部沿海，现在叫坎伯兰湾。戴维斯以为找到了西北通道的关键地段，急忙把这个令人振奋的消息带回英国。

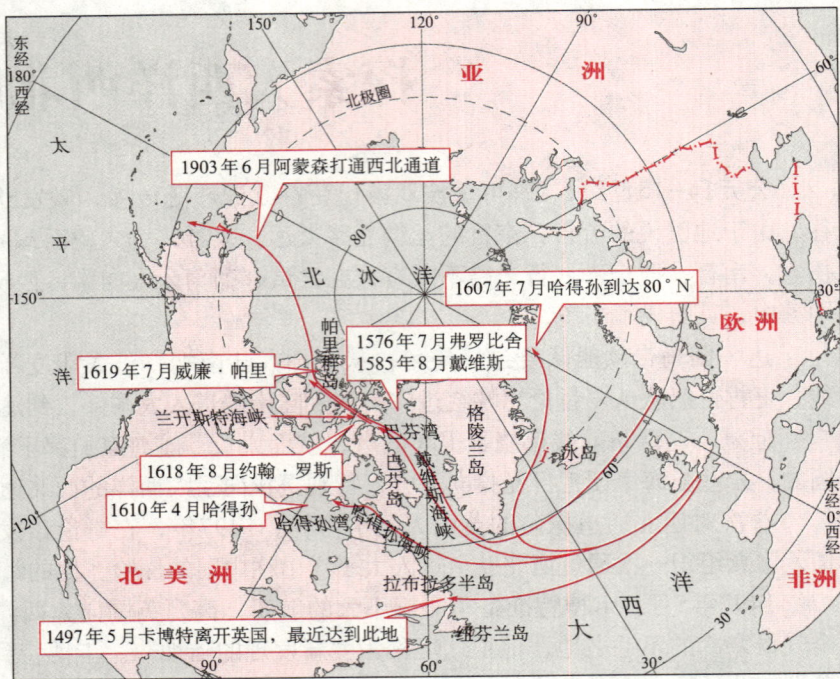

探索西北通道的主要线路图

但是在这个海湾，戴维斯始终找不到出口，而且还被坚冰所阻，逐渐进入了死胡同。戴维斯试图在这里登陆，但在这里与因纽特人发生冲突，几名船员在冲突中丧生。时值9月，气温开始下降，戴维斯率领探险队失望地返航了。后来，戴维斯又进行了在这里的探险，前后共三次，都是无功而返。

戴维斯之后，率领船队对西北通道进行进一步探险的是亨利·哈得孙船长。1607年5月，英国政府派哈得孙出发前往西北航道。哈得孙出发时雄心勃勃，准备沿西北通道穿越北极，直达日本。

哈得孙吸取了前人失败的教训，把航向向东移，经过格陵兰岛东岸向北，进入北冰洋。往北的步伐最后被坚冰所阻。但是哈得孙到达了80°N以北，算是创造了人类航行记录的最北位置。

哈得孙船队的这次航行最让人心动的成就是发现了可供捕捞的巨鲸和海兽。不久，英国政府便开始在哈得孙发现的这一片海域进行大规模的商业捕捞。

1610年4月，哈得孙再次受命探索西北通道，这次他不再沿格陵兰东岸北上，而是沿西南角向西航行，比当年弗罗比舍的路线偏南，绕过巴芬岛南端。1610年7月，哈得孙驶入了一条真正的海峡，这条海峡现在叫哈得孙海峡。哈得孙沿着海峡北岸小心翼翼地前进。

哈得孙带领船队穿过海峡进入了宽广的水域，他们认为这应该就是他们希望到达的太平洋。但船队向南航行1 200千米后，发现这就是海湾。沿着海湾向北行进，船队被冰块包围，哈得孙决定就地越冬。

第二年夏天，哈得孙带领船队继续在哈得孙湾北方的众多岛屿中摸索，仍然进展不大。几天后，心怀不满的船员发动了暴动，抓住了哈得孙和他的儿子，以及忠于哈得孙的几个船员，把他们抛弃在没有食物的小船上听天由命。就这样，哈得孙葬身在后来以他名字命名的哈得孙湾。

继哈得孙之后，英国探险家巴顿、伯劳芬和巴芬又连续前往北冰洋探索西北通道。虽然他们都失败了，但却发现了北磁极和

>> 知识窗

巴芬岛和巴芬湾

巴芬岛为加拿大最大岛屿，世界第五大岛，面积约50万平方千米，属于加拿大北极群岛的组成部分，东隔巴芬湾和戴维斯海峡与格陵兰岛相望。

巴芬岛上大部分为山地和高原，冰川广布，最高点海拔2 591米。巴芬岛海岸曲折，多海湾和深长的峡湾，气候严寒，以苔原景观为主。

巴芬岛居民以因纽特人为主，以渔猎为生，居民总数约7 000人。

巴芬湾为西北大西洋的半封闭海湾，有海峡与大西洋、北冰洋相通，面积近69万平方千米，水深一般不到1 000米，盐度30‰～32‰，北极圈经过海湾南部，全年大部分时间封冻，仅8、9月可完全通航。湾内产鳕鱼、鲱鱼。

格陵兰岛西部的众多岛屿及海峡，从而为后来的探险提供了便利。

1818年8月，约翰·罗斯率领两艘船进入巴芬湾的北部水域，发现了宽阔的兰开斯特海峡。后来的探险家正是沿着这条海峡打通了西北通道。

1819年7月，威廉·帕里率两艘船沿着罗斯经过的兰开斯特海峡向西探险，发现了北极群岛西北部的一个群岛，后来这个群岛被命名为帕里群岛。

帕里这时已经穿过了西北通道的大部分路程，离这条通道的终点只有几百千米。威廉·帕里算是自探索西北通道以来航行最远的探险家了。

经过几代探险家前赴后继的努力，大西洋向北到达东方的西北通道眼看就要打通了。1845年，英国政府任命极地探险家约翰·富兰克林率领138人的探险队再次探索西北通道。

沿着前人的足迹，庞大的探险队穿过巴芬湾、兰开斯特海峡，却在70°N附近被海面上的冰冻结住了。富兰克林没有办法，只好下令就地越冬。但是，不少船员在越冬期间得了坏血病，一下死去了几十人。剩下的船员忍着悲痛，登上岛屿，在岛上留下一封信，写下了他们遭遇的所有灾难。但是，剩下的船员也没有摆脱苦难，也陆续得了坏血病，只能留下遗书向后人诉说他们的不幸。他们遇难的地方是威廉王子岛，这个岛位于巴芬岛以西，他们还远远没有走到20多年前帕里率领探险队走到的最远处。

历史上探索西北通道最大的探险队，满怀信心浩浩荡荡而来，就这样在酷寒和浮冰的围困下悲惨地全军覆没了。

不幸和困难并没有阻止人们继续探索西北通道。20世纪初，一个年轻人率领一支小小的探险队，真正第一次打通了西北通道，他就是挪威探险家阿蒙森。

挪威国土一半位于北极圈以内，阿蒙森从小对极地探险充满了好奇。1903—1906年，阿蒙森首次完成了从大西洋西北经北冰洋到达太平洋的航行，完成了西北航线的首次突破。1926年他从斯瓦尔巴群岛乘飞艇第一次飞越北极上空，最后着陆于阿拉斯加西岸。

西北通道的成功穿越，最终使人们认识到这条曾使人们付出巨大代价的航线，其实并没有什么商业价值。因为北美洲北边太宽，岛屿众多，像个迷宫，加上纬度高、气温低，冰冻严重，通行并不方便。而南美洲南端的麦哲伦海峡东西不算宽，仅有一条海峡，没有更多的汊道，纬度也只有50多度，不算很冷。所以现在北美到亚洲的航线是北太平洋航线，即从北美西岸经北太平洋到达亚洲北部沿海，从北美东岸到西岸是经过巴拿马运河。这样，绕道北美北边的大西洋西北通道就彻底废弃了。即使如此，这些葬身在西北通道的探险家们的坚韧和勇气，仍然值得人们钦佩。

探索大西洋东北航道

地球是圆的，在欧洲要想到达东方，除了向东、向西、向南，还可以向北。

东行的丝绸之路是最早开通的，但是太远，途中还有几处战火不断的地方，东行的风险太大。葡萄牙开辟的南行航线绕过非洲南端进入了印度洋。西班牙开辟的西行航线绕过南美洲南端，从麦哲伦海峡进入了太平洋。但是从大西洋出发向东南方绕过好望角和向西南方穿过麦哲伦海峡的路线都太绕了，航海家们不满意。

欲望无止尽，欧洲人在探索大西洋向西北方的西北通道的同时，又继续不断地向东北方探索到达东方的东北通道。

探索西北通道的主角是英国，而这个国家也在一批又一批地把探险队送往东北通道去探险。不过，探索东北通道的主角当属位置更加便利的俄国。

1553年春天，英国的3艘船满怀豪情、信心满满地踏上了征途，举国上下盛情欢送。然而，船队到达北欧海域，就被北极严寒的冬天所困，除一艘船得以返回外，其余两艘船和70多名船员全部因饥寒而丧命，他们的遗体和船只第二年才被俄国渔民发现。事实表明，他们才刚刚到达俄国的西北部地区，距离中国还远着呢。1580年，英国又一次派出了两艘探索船，但是又有一艘船失踪，30多人死于非命。

英国人在东北通道屡屡受挫，荷兰人威廉·巴伦支却对东北航线产生了浓厚兴趣，因为他听说英国因探险与俄国建立了贸易联系。巴伦支的目的是想与俄国北冰洋沿岸狩猎者建立直接的贸易联系。

巴伦支进行了3次探险航行，虽然每次都进入了北冰洋，但是前两次都没有什么收获。1596年，巴伦支指挥3艘船开始了第3次探险。在这次具有历史意义的航行中，他发现了斯匹次卑尔根群岛，而且到达了北纬79°49′的地方，是继哈得孙之后第二位刷新了人类北进的新纪录者。后来，巴伦支继续东进，直到被冰封冻住，他和船员们成了第一批在北极越冬的欧洲人。他们克服了难以想象的困难，顽强地生存下来。直到第二年夏季来到，才挣脱了坚冰的围困，回到了自由的水域。不幸的是，这时的巴伦支已经病入膏肓。临死之前，他写了3封信，把其中一封放在了他们越冬住房的烟囱里，另外两封分开交给同伴，以备万一遭到不测，还能有一点文字记录留下来。1597年6月20日，巴伦支长眠在北冰洋一块漂浮的冰块上，时年37岁。

两个多世纪后，一位挪威航海家又来到了巴伦支当年越冬的地方，并从烟囱里找出了那封信。信中不仅有详细的文字记载，还有绘制准确的海图，这为后来的探险家提供了重要的依据。为了纪念巴伦支，人们把北欧以北他航行过的海域的一部分称为巴伦支海。

对于东北通道，最有条件进行探险的应该是在北冰洋沿岸拥有漫长海岸线的俄国。所以，其他国家在东北通道上屡屡受挫无功而返时，真正的主角俄国上场了。

1638年，作为礼物，俄国沙皇从蒙古人那里得到了328磅茶叶。自那以后，茶叶成了俄国人必不可少的日用品，从沙皇到平民，都养成了喝茶的习惯。为了得到茶叶，只能拿毛皮交换。从此，俄国和蒙古、中国之间的易货贸易成了俄蒙、中俄间一项大宗的贸易。为了满足皮货的供给，俄国由南向北拓展到了北冰洋沿岸，自西向东进入了西伯利亚。

1648年，俄国人德兹涅夫率领90人，分乘6条平底小船在俄国远东地区沿科累马河顺流而下，进入北冰洋，沿岸收集珍贵皮毛，绕过亚洲的东北角，穿过白令海峡，直下太平洋。德兹涅夫向沙皇政府报告了他了不起的成就，但是他的报告87年后才到达莫斯科，而且被束之高阁，少人知晓。

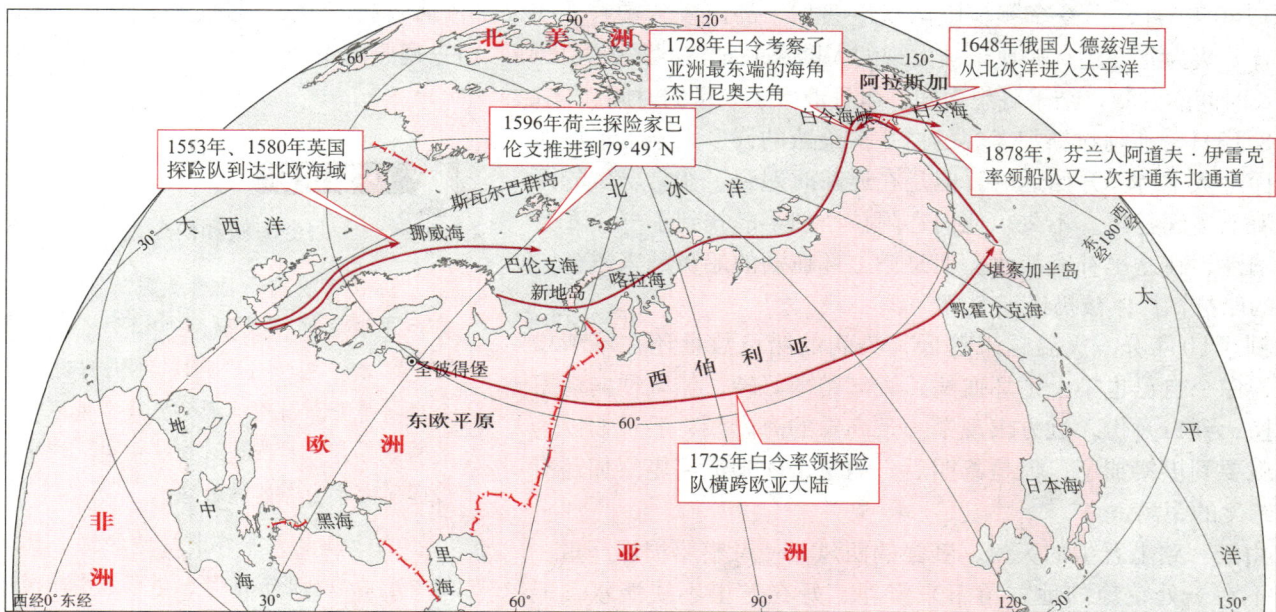

东北通道探索示意图

1697—1698年，俄国彼得大帝化装成普通人，遍访了西欧多国。开阔了眼界的彼得大帝感觉应该把眼光放得更远一些，胃口也应该更大一些。于是，他拟订了一个雄心勃勃的扩张计划。当他知道了英国、荷兰等国在不断地探索东北通道时，彼得大帝对群臣说："对这件事，我已经想了很久，我认为穿过冰海前往中国、印度的航线，我们应该比英国人、荷兰人干得更好。"

但是，彼得大帝怎么也想不到，在他说这话50年前，自己的臣民德兹涅夫就已经把东北通道走通了。他的确说对了，俄国人比英国人、荷兰人在这件事情上干得更好。因为大西洋东北通道不同于西北通道。西北通道沿北美洲北岸纬度更高，最北处超过了80°N，绝大部分处在永久冰冻区，而且北极群岛像迷宫一样，想要走通很不容易，这是西北通道难以走通的主要原因。而东北通道就不一样了，沿欧亚大陆北部沿海，纬度不算特别高，大部分在70~80°N之间，有不少沿岸还不是永久冰冻区，加之沿海岛屿较少，只要有足够的耐心，顺着海岸线完全能够向东航行到太平洋。

1724年，彼得大帝下令进行探险，任命白令为探险队队长，全权负责探险。白令是丹麦人，在俄国海军中服役20年，具有超人的胆识和能力，曾两次接受命令对西伯利亚和俄国太平洋沿岸进行考察。可以说，在俄国，白令是东北通道探险的最佳人选。

探险队成立后不久，彼得大帝病重，但在去世前三周还亲笔为探险队定下一道训令。他让白令必须在堪察加或别的什么地方建造两艘帆船，靠近向北延伸的海岸向前航行，以期寻找与美洲接壤的陆地。

1725年，白令率领70人组成的探险队从波罗的海岸边的圣彼得堡出发，骑马、步行、行船，穿过辽阔的东欧平原、西伯利亚地区，用了两年时间横跨了欧亚大陆，并渡过鄂霍次克海，到达堪察加半岛东岸。

1728年7月，白令率领探险队从堪察加河河口进入，驾驶探险队在此制造的航船，沿海岸向东北方向探险。经过一个多月，探险队终于沿着海岸向北到达了海岸向西的地方，这便是欧亚大陆最东端的杰日尼奥夫角。探险队向东、向北望去，海天茫茫。在这里考察几天后，探险队决定返航。由于大雾弥漫，他们未能在亚洲东端望见远方的北美洲大陆。

第二年夏天，探险队在堪察加半岛东岸又进行了详细的考察。考察后，于1730年返回圣彼得堡。此时彼得大帝已经去世，执政的是安娜女皇。安娜女皇对探险队取得的成绩给予了高度的评价和赞扬，白令向女皇建议再进行一次更远的北方探险，考察北美沿岸，和那里建立贸易联系，再开辟一条同日本进行海上贸易的航线。此时正雄心勃勃的女皇很快批准了白令的建议。

之后的探险，许多大臣想从探险中捞到一些好处，所以探险队成员增加到600多人，考察内容也增加到包括地理、气候、河流、森林、山脉、海岸等众多项目。

这样的探险持续了10多年，成员逐渐增加到2 000多人，在艰苦的环境中取得了巨大的成果。

1740年6月，白令率领探险队从堪察加半岛出发，前往北美北部沿海进行考察。根据当时地理学家的猜想，有人认为北方还有一块未被发现的大陆，并把它叫做伽马大陆。白令遵照海军部的指令，在这一片海域进行了长时间的考察，结果可想而知，而且浪费了大量的时间。

8月3日，在阿拉斯加考察的白令探险队的许多人染上了坏血病，探险队不得不开始返航。但是在返航时遇到了非常恶劣的天气，海上屡起狂风。不久，他们在阿拉斯加半岛找到了一个安全的停泊港，在这里补充淡水。但是染上坏血病的船员越来越多，死亡的船员，尸体被扔进了大海。

到了10月份，气温越来越低，染病的船员数量还在不断增加，连白令自己也染上了坏血病。天气稍微好转，船队便向堪察加回撤。到11月份，远方出现了一条高耸的海岸线，船员们以为马上就要到堪察加了，但是黎明后一测量，才知道离堪察加还有两个纬度的距离。

由于一路上恶劣的天气，狂暴的西风，使考察船损坏严重，不得不在一处荒凉的地方留下来修理。好在这里不缺淡水，船员们勉强维持生存。但是不断有船员死去，前后100多人献出了生命。

1741年12月8日，白令也因为坏血病去世。船员们为他进行了海葬。航海探险英雄白令最终把大海作为了自己最后的归宿。

九死一生的船员在第二年8月才回到堪察加半岛。而这时的俄国政府已经对探险考察失去了兴趣，考察队以生命为代价获得的考察成果，政府也不屑一顾。探险队考察报告几十年后才被欧洲科学家发现，白令终于在探险史上获得了应有的地位。

由于白令的贡献，人们后来把亚洲和北美洲之间的海峡命名为白令海峡，白令考察过的北美洲阿拉斯加得以承认为俄国领土，阿拉斯加正式纳入俄国版图，俄国也因此成了一个地跨欧洲、亚洲、北美洲三大洲的国家。

白令之后，又一次打通东北通道的是芬兰人阿道夫·伊雷克。1858年，作为一名地质学家的他随队到了斯匹次卑尔根岛进行第一次北极考察。1864年他又两次考察该群岛。后来由于新地岛和喀拉海附近的捕鲸活动越来越多，他对广阔的西伯利亚海岸产生了浓厚兴趣，他想沿着西伯利亚海岸开辟一条到达欧洲的航线，把西伯利亚的资源运到欧洲市场。1878年7月18日他率领4艘舰艇，与来自瑞典、俄国、丹麦、意大利和挪威的海军和陆军军官以及科学家、医生、工程技术人员和水手组成的30多人的国际性队伍，浩浩荡荡进发东北通道。1879年7月20日，他们终于经过白令海峡进入太平洋，成功开辟了探险家苦苦求索几百年，付出惨重代价的东北航道。

>> 知识窗

白令海峡和白令海

白令海峡位于亚洲大陆东北端与北美西北端之间，最窄处约85千米，水深30～50米。从10月份到次年4月结冰。白令海峡是亚洲与北美洲分界线、俄罗斯与美国分界、日界线通过海峡中央。海峡以俄国航海家白令的姓命名。

白令海是太平洋北端边缘海，位于俄罗斯西伯利亚东北部、堪察加半岛同美国阿拉斯加之间。白令海以白令海峡同北冰洋楚科奇海相通，南界阿留申群岛。

白令海面积230多万平方千米，平均水深1 640米，西部较深，最深处可达5 500米。

白令海多风暴和雾，9月开始结冰，结冰期长达6～7个月。盐度30‰～33‰。鱼类约300种以上，多鲑鱼、比目鱼、鲸、海狗和海豹。

向北极点挺进

大西洋西北通道和东北通道相继被打通后，北极点随即成为北极探险家们征服的目标。然而，北极点周围被大洋所包围，征服海洋中的北极点难度甚至超过了征服陆地上的南极点。

1711年，俄国雅库茨克总督命令瓦金率领一个10人探险队去探索北冰洋中的岛屿。

1712年3月，瓦金率领探险队乘狗拉雪橇穿过冰冻的海峡冰面，向北推进，到达新西伯利亚群岛南部的一个海岛，岛上栖息着各种野鹿、狼和北极狐。由于夏季即将来临，冰冻的海面即将融化，靠狗拉雪橇前进的探险队粮食也将用尽，所以，瓦金决定返回南方的西伯利亚大陆。

瓦金在当年冬天决定再次探寻这个岛屿，但是其手下的一部分人不愿再跟随前往北冰洋冒险，他们制订了一个阴谋的计划，杀死了瓦金和他的追随者。

瓦金之后，俄国商人利亚霍夫沿着瓦金走过的路线再次到达新西伯利亚群岛，并详细考察了这个群岛。根据利亚霍夫的考察记录，俄国人把新西伯利亚群岛标注在地图上。

在18世纪的后半期，一些探险家陆续把考察和发现的新地岛、北地群岛、弗兰格尔岛等岛屿陆续标注在地图上。

1879年，美国海军上尉乔治·德朗指挥珍妮特号航船，从美国旧金山出发前往北冰洋，开始向北极点挺进。进入北冰洋冰区不久便被冻住，船只进退两难。珍妮特号随冰漂流21个月，在此期间，船员们遭受了难以想象的折磨，死亡人数也不断增加。

1881年6月，珍妮特号被冰层挤压而破裂，德朗和船员们逃到了冰块上，随冰漂流到了西伯利亚的勒拿河三角洲。但这里荒无人烟，最后，德朗和大多数船员因挨饿受冻而死，只有两名队员被当地的通古斯人救出，避免了全军覆没。三年之后，有人在格陵兰西南海岸发现了珍妮特号的漂浮物，其中有船的残骸和一些器具。

这个消息在报上公布后，引起了挪威探险家弗里蒂奥夫·南森的高度关注。南森推想，在西伯利亚和格陵兰之间，必定有一条通往北极点的路线，而且，那可能是浮冰移动的路线。根据这个推断，南森制订了一个利用洋流进行北极探险的计划——专门建造一条船，让其在西伯利亚海面上冻结，让其自动向北漂越北极，利用这个机会弄清北极地区的秘密，整个航程大约需要2~5年。

这个计划一开始遭到了一些业内人士的讥讽，但广大公众对这个新颖的办法却寄予厚望，认为它也许能为挪威赢得最早到达北极点的荣誉。在这种民族荣誉感的驱使下，挪威公民纷纷捐助资金。在解决资金问题后，南森设计了一条粗短而坚固的船，能经受坚冰挤压，取名"前进号"。

1893年6月24日，前进号载着南森为首的13名船员，带上了足够五年用的粮食和燃料离开挪威海岸向北航行探险。7月底，前进号绕过挪威最北端进入北冰洋，然后在浮冰中沿俄国北冰洋沿岸向东前进，一年半后，驶过西伯利亚沿海，然后调头向北，勇猛地向北极点这个目标冲刺。

当前进号穿过浮冰群，进入冰堆便逐渐被冰层冻结。南森命令关掉动力，让船随冰逐流，以观动静。只见前进号周围没有了任何海水，只有一望无际高低不平的冰原。船员们一面等待浮冰缓慢漂向北极，一面在冰上打猎，捕捉北极熊。在船被冰封期间，船员们还进行了各项科学考察项目，他们测量海洋的温度、含盐量、深度和洋流速度，从海底挖取样品，仔细测绘前进号的航线。

经过探测，南森及队员才知道，实际的洋流速度要比他们预想的慢许多，虽然船一直在向西北方向漂流，但是移动的速度比预想的慢，设想的远航时间很可能比估计的要长。

南森不愿在船上消极地等待，在度过了第二个冬天之后，他建议由他带一个助手乘狗拉雪橇从冰上向北极点挺进，然后取道北冰洋中的岛屿向南回到西伯利亚。大家听了南森的计划都表示赞同。

1895年3月14日，南森和助手约翰森乘三辆狗拉雪橇出发了。这时前进号离北极点只有500千米左右，以前还没有任何船只如此接近北极点。

一开始，在冰上行进还是挺顺利的，在南森面前是一望无际的冰原，似乎可以一直平坦地通行。可是，后来的平坦冰原逐渐被崎岖高耸的冰脊所替代，雪橇经常翻车，他们频繁下车帮狗一起拉雪橇，以便雪橇能够越过冰脊。

到了4月初，冰情越来越严峻，南森开始对是否能够到达北极产生了怀疑。同时，通过测量，发现他们好像并没有向北极靠近。他推测，应该是冰原向南漂流的速度抵消了他向北前进的速度。4月8日，南森终于放弃了北进计划，他在86°N多的冰原度过了最后一夜，然后掉头向南方法兰士约瑟夫地群岛进发。这次探险，南森到达了距离北极280千米的地方，刷新了人类北进的纪录。

1895年7月24日，南森到达法兰士约瑟夫地群岛，但这里的夏天已过，冰已包围海岛，他们在这里盖了一座石头房子，准备就地过冬。1896年8月，南森终于回到了挪威北部的瓦尔德城，受到当地群众热烈欢迎。南森回到挪威后一周，前进号也安然回到了挪威。正如南森所料，前进号继续在北冰洋中漂流，尽管最后偏离了北极点，但还是安全地越过了北冰洋。

南森向北极点冲刺失败后，不断有探险家尝试到达北极点，最早到达北极点这个荣誉最后被美国工程师罗伯特·皮里获得。

从1900年开始，皮里曾两次向北极冲刺，但都没有成功。但皮里发现了格陵兰岛最北端的莫里斯·杰塞普角，这是地球陆地的最北角。1905年7月，皮里再次率领探险队，乘坐新建造的罗斯福号船从纽约出发，开始了第三次北极探险。探险队共有36名成员，其中包括对北极生活了如指掌的因纽特人。皮里从莫里斯·杰塞普角向北开拓冰原航线和建立食物补给站，以保证突击北极点的物资供应。但这次突击北极点仍然因为食物不够，未能到达北极点，皮里突击到了87°N多，刷新了南森的北进纪录。

1908年，皮里率领的探险队乘坐罗斯福号到达格陵兰岛西侧埃尔斯米尔岛最北端的哥伦比亚角，这里距离北极点有766千米，皮里在这里进行了一系列的准备工作，并制订了新的探险计划。

1909年3月1日，皮里率领24人和19部狗拉雪橇组成的突击队，开始向北挺进。皮里在沿途建立了一个又一个补给站，待沿途的补给站全部建成后，皮里只留下一部分强壮的队员，其余的人返回哥伦比亚角。在到达87°47′N后，皮里带着4个因纽特人和黑人仆人组成的突击队向北冲刺北极点。

经过5天的艰难突击，皮里一行穿越了240千米的冰原，途中没有看见任何一块陆地，于1909年4月6日中午到达了梦寐以求的北极点。皮里抑制不住内心的激动，把美国国旗插在了北极点上，拍下照片后，皮里剪下国旗的一部分埋进雪里，并在国旗上写下了"1909年4月6日抵达90°"字样。皮里在日记中写道：北冰洋洋面真是十足惊人，而且从格陵兰岛到北极之间的洋面，至少十分之九由破碎的冰块组成。皮里在北极点探测了附近的海区，查明这里的水深为2 705米。

皮里的北极之行完成了一系列的重大地理发现，证明了北极点位于北冰洋中间的坚冰之上，周围是被冰雪覆盖的大海，这里没有陆地。

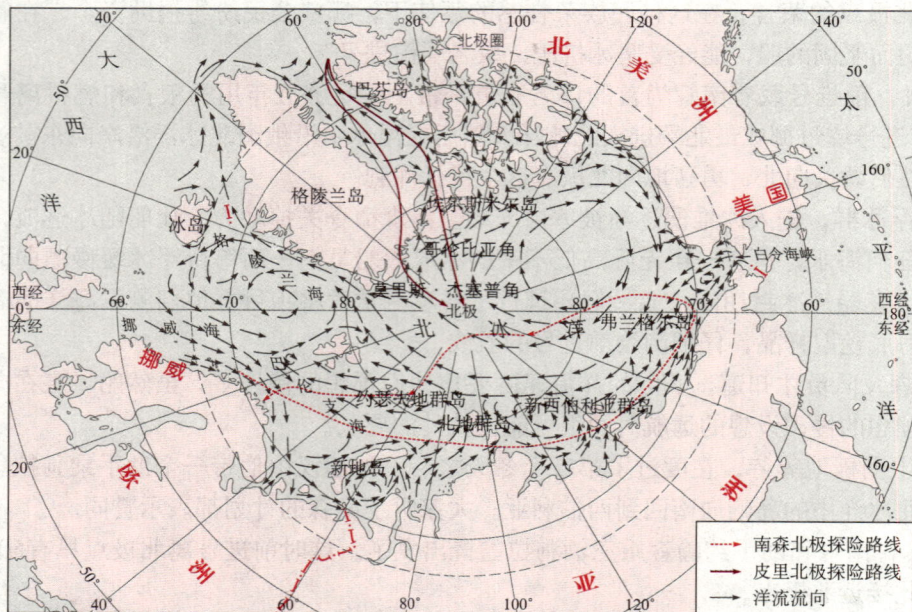

北冰洋洋流和南森、皮里北极探险路线示意图

冰岛不冰，绿岛不绿

8世纪末，居生于北欧，今天的挪威、丹麦和瑞典的斯堪的纳维亚人，不善农业，而擅长航海。他们经常到大海上冒险寻找生存的机会，他们航海远征，对一个个地区进行袭击掠夺，寻找战利品。同时，他们渴望寻找新的迁徙地以过上安居乐业的生活。

斯堪的纳维亚人把这些海上勇士称作维京人。维京人造船技艺高超，他们的船大多身形窄长，雕刻精美，船首呈弓形，可载50人。由于掌握了造船和航海技术，他们可在海上和欧洲各条河流中航行，沿途袭击各地区，当时欧洲信仰基督教的民族更多地将他们称为北欧海盗。

维京人在长达数百年的航海历史中，也曾出现过许多杰出的航海探险家。

最早登上冰岛的是挪威海盗纳特多德。大约在公元860年左右的一年冬天，有一次，纳特多德一行在返回的途中被巨大的风暴刮得远离了航线，而到达大西洋西北方向的一座岛，他们登上海岸，满目是凄冷的原野和荒凉的山峦，这是一座荒无人烟的岛。他们被这恐怖的景象吓坏了，这时天空还飘起了鹅毛大雪，于是纳特多德就把这座岛取名为"雪岛"，然后他们就急匆匆返回船上返航了。

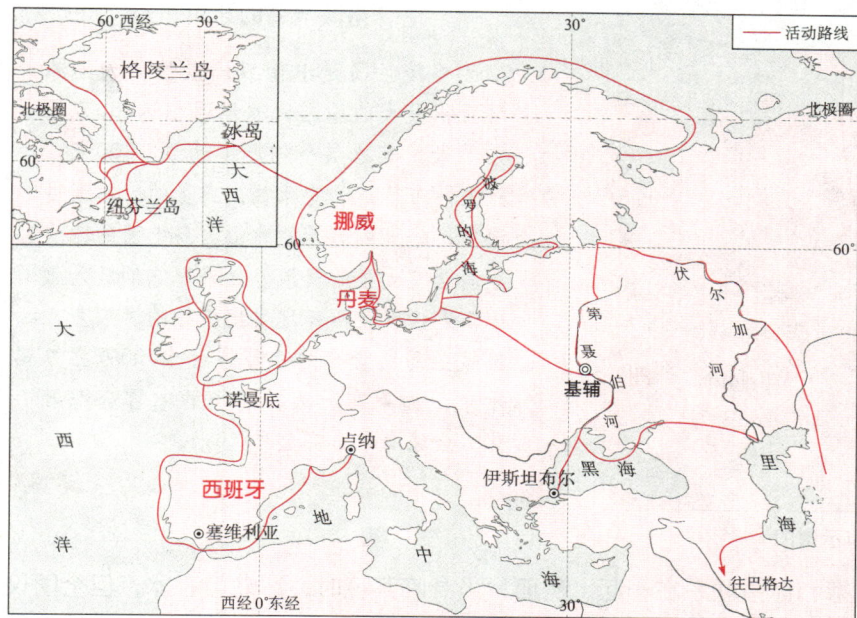
维京人海外活动图

无独有偶，几乎在同时，另一位叫加达·斯拉瓦松的瑞典人也因风暴被吹到这座岛上。但他并没有立即返航，而是带着全船人员紧贴海岸航行，他们绕过一堵极高的冰墙和一条延伸数千米的大冰川，来到了一个火山区。在沿岸的礁石上，栖息着很多海鸟。他们搭了棚子，度过了冬天，期间他们乘船环绕这个岛航行了一圈，发现这是一座大岛。一直到第二年春他们才从此岛驾船返回。

这些海盗的冒险经历流传很广，引起了一位叫费洛基·维尔格达松海盗的注意。大约在公元872年，他率他的全家人连同家具、牲畜驶向雪岛，打算在雪岛定居。维尔格达松对雪岛进行了一次环岛航行，最后在一个大海湾边上安顿下来。海滩上长满了青草，他放开牲口，任其随意吃草，自己则一心一意地捕起鱼来，但他忘记了储备牲畜过冬的干草。当漫长的冬天来临时，牲畜纷纷死去，他自己也因为这里的茫茫冰雪和漫漫长夜而终日苦恼。第二年开春后，历经千辛万苦，他才回到故乡，这时他已经一贫如洗了。出于对该岛的诅咒，维尔格达松愤怒地将这座岛改称为"冰岛"，这名字一直沿用至今。

格陵兰岛的发现者则是另一名挪威海盗，由于他有一把火一般的红胡子，所以都称他为红胡子埃力克。他在冰岛（当时已属挪威管辖）连续两次杀人之后，被驱逐出境。公元980年，埃力克在无路可走的情况下，只好把一家老小和所有的东西都装进一个无篷船里，硬着头皮往西划去。他们在海上漂泊，经过了一段相当艰苦的航行之后，终于看到了一片陆地。经过两个夏季的考察，他沿着海岸转了一大圈，确定这是个巨大的岛屿，就登陆上岸，在该岛西南沿海找到了几片平坦之地。这几片平坦的土地在北极短暂的夏季还长满青嫩的植被。埃力克在这里住了3年，觉得这里是一块很好的土地，于是决定回冰岛招募移民过来。面对四周一片冰天雪地的荒原，埃里克情有独钟地将这片长满绿色植被的地段命名为"格陵兰"，意为"绿色的土地"。埃里克企图以这个"令人亲切的、充满生机的称谓"诱惑人们迁徙过来。正如他在探险日记中所写到的：假如这个地方有个动人的名字，一定会吸引许多人到这里来。果然，一批又一批移民携带着他们的家财和牲畜渡海而来。有一天，埃力克突然发现了一些不速之客，这些人具有青铜色的皮肤，个子矮小，穿着兽皮，原来他们是居住在北极地区的因纽特人，很显然，他们才是格陵兰的最早居民。

到了15世纪初，格陵兰岛上的居民似乎销声匿迹了。究其原因可能是因为埃力克发现格陵兰岛时，当时的气候正处于全球小温暖期的最佳气候阶段（欧洲人称作"中世纪暖期"），使得像格陵兰岛那样的高纬度地区也变成适于生命的环境。而到了1500年前后，随着世界气候的又一次波动（进入小冰期），那里的天气变得寒冷起来，冰盖的面积越来越大，这个曾经繁盛一时的世外桃源，渐渐进入沉寂状态，全部拓荒者因无法适应而死亡。另据越来越多的考古发现，拓荒者的遗骸上有明显杀戮的痕迹，因此北欧的移民者与土著因纽特人之间的战争很可能也是他们消失的重要原因。

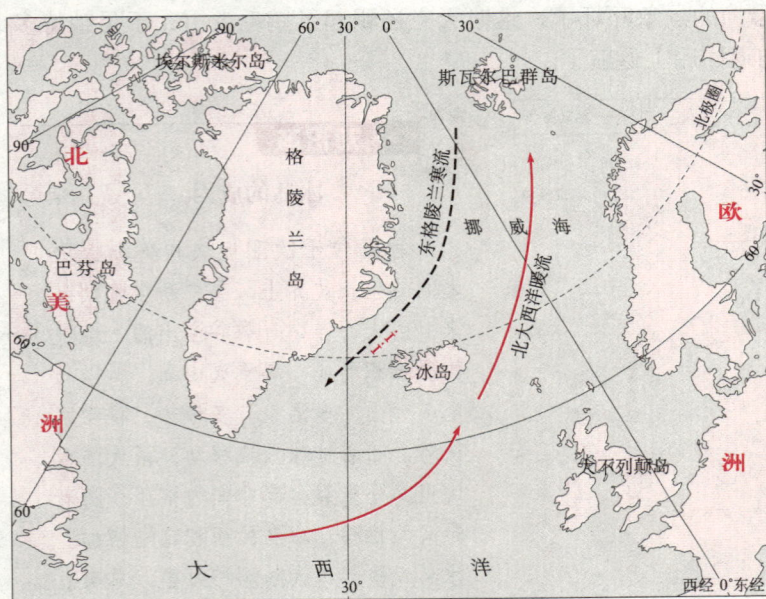

冰岛和格陵兰岛位置及洋流分布示意图

现在人们提起冰岛，通常会把它与严寒和冰雪联系在一起。然而，当身临其境时，冰岛虽有冰，但全国仅有10%左右的面积为冰川所覆盖，到处触摸到的却是"火"——火山、热泉、间歇泉在这里比比皆是。"地球的热泪"遍地流淌、热气腾腾，冰岛是世界温泉最多的国家。冰岛属寒温带海洋性气候。由于受北大西洋暖流的影响，冰岛气候相对比较温和湿润，夏季凉爽宜人，冬季比较暖和，较同纬度的其他地方温暖。当地居民充分利用温泉热水发展温室生产，在温室里种植西红柿、黄瓜、辣椒等新鲜蔬菜，甚至热带、亚热带出产的香蕉、葡萄等水果，在冰岛都能发现，此外还有多种艳丽芬芳的鲜花在这里培育。由此可见，在冰雪茫茫的北极地区，得天独厚的冰岛就成了一块罕见的"热洲"。

格陵兰语意为"绿色的土地"，而实际上，白色才是这个岛屿的基本色调。由于比冰岛纬度高，而且还受到东格陵兰寒流的影响，格陵兰岛气候十分严寒，年平均温度低于0℃，夏季温度也很少超过10℃，在这个小岛的最北端，历史上最低温度是-70℃，岛屿表面约四分之三被冰雪覆盖。

看来，"冰岛不冰"，冰岛才是真正的"绿岛"，"绿岛不绿"，格陵兰岛才是真正的"冰"岛。

本文提供：浙江省宁波滨海国际合作学校 潘方平

探寻神秘的"南方大陆"

詹姆斯·库克，著名探险家，1728年出生在英国北部的一个村庄，是英国皇家海军的一名航海和制图专家。

库克成长的年代，正是西方探险高潮迭起的时期。1767年，发现了塔希提岛（位于太平洋中部）的沃利斯探险队宣称，他们曾在太平洋的落日余晖中瞥见过南边大陆的群山。接着，英国极负盛名的空想探险家亚历山大·达尔林普尔又很快计算出这个大陆的人口为5 000万。这一发现，震动了整个欧洲，因为很早以来，甚至远在古希腊，所谓"南方大陆"问题一直是学者们讨论的焦点。有一种理论认为，北半球大陆较多，由此，从平衡地球重量的角度看，南半球也应该有一块大的陆地，否则，地球将由于失去均衡，自转必然出现左右摇晃的现象。而事实上，地球自转一直很稳定，所以人们猜想，一定存在一块"南方大陆"。另一种理论，则进一步发挥了这个猜想，认为以南极为中心的地区，还有一块更大的土地。而当时一些人则认为，所谓的"南方大陆"，就是当时已发现的澳大利亚、塔斯马尼亚与新西兰的综合体。英国政府对沃利斯探险队这一发现表示了极大兴趣，为在别国之前抢先发现和占有这块大陆，扩大英帝国的版图，英国政府选派库克出海远航，寻找这个带有神秘色彩的"南方大陆"。

航海家库克

1768年8月25日，库克乘坐远航船"努力"号从英国起航。这艘船重达386吨，是曾经在北海使用过4年的运煤船。因此，"努力"号稍显陈旧，装备也不令人满意，库克没有计较这些，仍对此次远航充满了信心。"努力"号通过英吉利海峡，驶向大西洋，穿过南美洲南端的合恩角，最后抵达塔希提岛，但这已是他们从英国出发后11个月的事情了。临行前，海军部曾给他指示，要他去执行一项更为重要的使命，当他打开了密封的文件，一行清晰的文字呈现在眼前：鉴于沃利斯上校最近发现的一块土地，此块土地以南还可能存在一个大陆……你应一直向南航行，直到40°S，找到这块大陆……如在航行中未能发现该大陆，你应继续向西搜索。库克看完后，陷入了久久的沉思。

1769年10月13日，库克下令起航向南驶去，他们花了一个月时间通过了一群岛屿，过了11月初，"努力"号已经通过南纬40°S，然而，"南方大陆"依然毫无踪影。这时天气越来越坏，海上风浪也越来越大，这对"努力"号形成了很大的威胁。库克心里很清楚，如果继续南行，后果不堪设想。于是他下令，改为向西航行，又过了一个月，他们看到洋面上飘浮着海草和木头，海鸟也成群地在天空中飞翔，显然，他们前方即将出现一片陆地。库克根据地理位置很快判断出，这就是荷兰探险家在一个世纪前发现的新西兰。库克在岸上只作了短暂的停留，并做了几天考察，他发现这里不大可能是"南方大陆"的延伸部分，所以决定继续南行。这样，"努力"号又一次驶过了南纬40°，然而，仍未发现这里有什么"南方大陆"，于是库克下令改为向北航行，最后驶到了新西兰北角。在新西兰北角，探险队稍作休整，补足淡水后继续前进，并于12月下旬绕过了北角。

1770年1月14日，"努力"号掉头向东完成了一个圆形航线。库克突然发现了一个很宽很深的海峡，并有一片碧绿多山的陆地，在向南边延伸。他很惊讶：这显然表明新西兰不是单一的岛，而是两个岛。但不久，"努力"号就遇到一个小障碍，船上的帆具坏了些，船速也慢了下来，库克下令把"努力"号开进一个被他命名为夏洛特皇后湾的小港内停泊修整。这个避风港内到处鸟语花香，清泉淙淙，遍地长满了野芹和抗坏血病的草药，库克见了满心欢喜，他立刻把夏洛特皇后湾宣布为英国所有。在夏洛特皇后湾修整几天后，"努力"号又扬帆向东，接着，又穿过一个

知识窗

如何测量纬度

库克船长所处的年代，对船只所在位置的确定要比今天困难得多。为了不在海上迷失方向，库克之前的航海者，通常使用一种简单的方法，大家只要沿着同一纬度航行，自然就可以开拓出固定的航道，因为纬度是相对容易测量的。赤道的纬度是零，而北极星近似位于地球自转轴延长线上，可以看作处于无限远处。只要通过六分仪测量出当地的地平高度，就可以认为这一数值等于当地的纬度。

狭长的大海峡，这个海峡就是现在的库克海峡，位于新西兰北岛和南岛之间。"努力"号朝南绕顺时针方向沿新西兰的其余部分航行，库克想弄清楚新西兰的确切形状，结果，他完成了一个"8"字形的海岸航行。1770年3月底，库克再次回到了夏洛特皇后湾，他画出了第一张清晰的新西兰群岛图，这张图线条明朗，极为准确，为后来许多航海家所称道。库克感到遗憾的是，整个航行过程中，始终未找到"南方大陆"，他自己也渐渐怀疑这个"南方大陆"是否存在。库克不像哥伦布那样爱好想象，他更多地相信探险的结果，他想向东航行，从南太平洋回英国，以证实这个长期争论不休的"南方大陆"纯属臆想，而且，他自己也这么看。

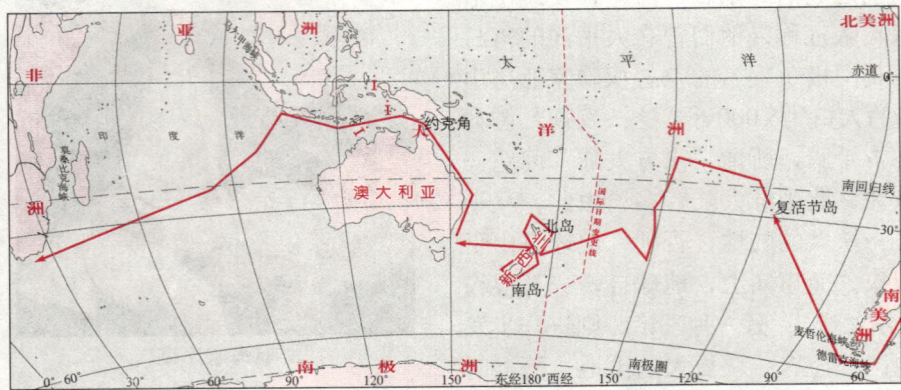
库克航行线路示意图

当时，南半球冬季即将来临，手下的海员也希望返航回家，库克权衡再三，还是决定返航。在返航中，库克有了新的想法，他知道他们会很快遇到澳大利亚这个未经绘制的大陆。他很想先去看看澳大利亚这个未知大陆的情况，因为当时还没有一个欧洲人看过澳大利亚东海岸。经过11天航行之后，海平面上隐约露出了陆地的阴影，船员们顿时激动起来，因为他们又来到了一块新的大陆。为了找到一个好的海湾停泊"努力"号，库克下令继续沿澳大利亚海岸向北航行，他们欣喜地看到陆上翠色宜人，显然这个新大陆是块富饶的土地，而并不像荷兰人所说的那样荒凉。1770年4月28日，探险队终于找到一个风平浪静的海湾，"努力"号便在这里停泊下来，库克在海岸上升起英国国旗，以表示这个地方归英国所有，后来他又宣布整个澳大利亚东海岸为英国所有。为了纪念"努力"号第一次抵达澳大利亚大陆，他把这天的日期刻在一棵橡胶树上。到了5月下旬，"努力"号进入了太平洋最大的暗礁区——大堡礁，这里的暗礁星罗棋布，随处可见浅滩和刀山式的珊瑚群，不久之后，"努力"号终于在一个巨大的珊瑚礁上搁浅了，库克想尽一切办法让"努力"号靠岸，在一个河口，船员们对"努力"号进行了修理。8月6日，"努力"号整修完毕，又开始出海航行了，这次库克吸取了教训，小心谨慎地避开了道道暗礁，终于在1770年8月21日，他们抵达了澳大利亚的北端——约克角，库克高超的航海技术在这里得到了出色的发挥。约克角已很接近东南亚了，库克决定由这里通过托里斯海峡到东印度群岛去。很快，他们便抵达了荷属港口巴达维亚（即今雅加达）。库克下令再次整修"努力"号，"努力"号经过两年多的远航，多处损坏。然而，船员们很不适应这里潮热的气候，一场瘟疫在船员中流行起来，一下子便死去了73人，库克悲痛不已，赶快返航回国。1771年7月13日，"努力"号经过三年的远航，终于回到了英国。这次航海，他们给世界地图增加了五千余英里的海岸线，这个成绩是辉煌的。

从1768年起的10年间，库克带领英国皇家太平洋考察队，进行了3次史诗般的航行，足迹遍及未知的太平洋，揭开了地球上最大水域的地理秘密，被称为"太平洋之王"。库克访问过塔布坦、澳大利亚、新西兰、马克萨斯群岛、夏威夷、复活节岛和威廉王子湾等，并为这些地方绘制了地图。狂风暴雨、惊涛骇浪、冰山、珊瑚礁、热带酷暑、极地严寒和坏血病等艰难险阻不断地向库克袭来，都被他一一克服，直到1779年惨死在夏威夷岛居民手中。当库克的死讯传到英国，举国上下沉浸在一片悲痛之中，英王乔治三世失声痛哭，为失去这样一位为大英帝国立下汗马功劳的伟大探险家悲痛不已。在探险史上，还没有哪个人可以与他的成就相媲美，世界地图将永远带着他的印迹，库克，这位杰出的探险家以他辉煌的业绩永垂青史。

本文提供：重庆市万盛经开区教师进修学校　王志华

"极"之所在的南极大陆

公元前6世纪的希腊天文学家毕达哥拉斯认为：世界上最美的形状是圆形，人类居住的大地是球形的。根据对称之美，他认定北半球有欧亚大陆，南半球一定有相同的大陆存在，以保持地球的平衡。这便是西方传统地理学中"南方大陆"的由来。

公元前2世纪的希腊地理学家埃拉托色尼算出了赤道的周长，并用经纬网绘制出地图，可惜没能传世，否则，人们就能看到北半球的先哲怎样描绘想象中的"南方大陆"了。

公元2世纪的希腊地理学家托勒密写出了影响世界的《地理学》，他再次认定：在赤道与南极之间，有一块巨大的未知的"南方大陆"，与北半球的大陆保持平衡。并绘出了表达这一理论的托勒密世界地图。虽然，托勒密的地图原本后来散失，但中世纪有其抄本传录下来。在这类抄本中，非洲大陆的南端是与南极洲相连的。

托勒密世界地图

1409年，湮没了1000多年的托勒密《地理学》被译为拉丁文，此书在当时仍是对已知世界总的地理情况的最佳指南，所以很快流行起来。1488年迪亚士发现好望角、1585年德雷克绕过火地岛，证明了非洲与美洲大陆都不与"南方大陆"相连。

18世纪，在经营海盗事业中壮大了队伍的英国皇家海军，在航海活动中，已有了更加明确的目标与科学主张。1768年8月，英国航海家詹姆斯·库克运送一批天文学家到南太平洋的塔希提岛观测天文现象，更为重要的目的是搜索神秘的"南方大陆"，但他们到达澳大利亚、新西兰便返回了。1772年7月再次远行，历时3年之久，行程近10万千米，绕南极洲一周。1773年1月首次进入南极圈内，成为人类历史上首次进入南极圈的航行。因浮冰阻隔，未到南极洲，但发现了一系列岛屿，南至71°11′S，是当时的最南纪录。库克在他的航行报告中写道："我在高纬度上仔细搜索了南半球的海洋，绝对证明南半球内，除非在南极附近，是没有任何大陆的，即使有也是寒冷的不毛之地，没有任何经济价值。"

库克的航行证明，太平洋南温带地区根本不存在所谓的"未知大陆"。但是他在探险报告中涉及了南极圈附近的生物群，特别提到在该水域存在大量的海豹和鲸鱼，因此，英国和美国的捕猎船纷纷冒着严寒前往南方以猎取这些哺乳动物。在这种经济活动中，新的发现随之而来。1819年10月，英国的捕鲸船船长威廉·史密斯在捕一条逆戟鲸的时候，他的船不幸触礁搁浅。他到了位于火地岛正南方的南设得兰群岛。在当时，这是人们发现的最南的一块陆地，这个群岛的最南部为此而称为史密斯岛，位于63°S。但史密斯满脑子都是卖鲸鱼赚钱的念头，对探险及发现新大陆并无兴趣，所以他修好船后又去寻捕鲸鱼了。相反，美国的海豹捕猎者纳撒尼尔·帕尔默船长却有一颗充满幻想的头脑。他离开美国时以高价买了一份世界地图，仔细端详南方的一片未知地方，并且相当自信地告诉别人那里不仅有海豹，而且还有黄金。遗憾的是帕尔默的"英雄"号在茫茫的大洋中徒劳地游弋了几个月后几乎一无所获，但却意外地遇到了俄国海军的船队。原来，在1819年，沙皇的海军船只开始在世界各地游弋了。7月16日，沙皇派出的费边·戈特利布·别林斯高晋船长，率领"沃斯土克"号和"米尼"号首次前往南极探险。别林斯高晋是位雄心勃勃的年轻人，他发誓要在新大陆立足。他根据库克的航线，选择最佳路径向南挺进。从1819年12月到1820年3月和从1820年11月到1821年2月的两个南半球夏天，他完成了继库克之后的第二次人类环南极旅行，航行绝大部分处于60°S之南，并6次穿越南极圈。但是，整个航程除了发现彼得一世岛和亚历山大一世岛外，并没有发现任何南极大陆的踪影。

尽管南极海域航行艰难，但每年仍然有100余艘捕猎船活动在那片海域。捕猎船的船长大都身强体壮，他们凭借长期在海上航行的经验，在变幻莫测的大洋上来去自如。英国的猎海豹船"珍妮"号船长詹姆斯·威德尔就是这样一个人。1822年，他再度驶向南方，希望能有更大的收获。南大洋的劲风冷得让人难以忍受，但威德尔胸有成竹，因为这一带海域对他来说真是驾轻就熟。只是，南半球的冬季已经逼近，原海豹捕猎场除了密布的流冰之外，见不到一只海豹。船只越往南行，流冰越多。"珍妮"号在大风雪中开开停停，远处传来大冰山爆裂的巨响声，让人听了不寒而栗，就在船员们快要彻底失去了信心时，船员休斯林在船上宣读了假诏书："兹命令威德尔率'珍妮'号驶向南极，以完成大不列颠王国的光荣使命。"船员们顿时意气风发，各就各位，将船从水道中向南驶去，直到被巨大的冰架挡住才返航。返航前，他们挂起了英国国旗，以庆祝他们的新纪录：74°15′S，这次比库克的那次航行更接近南极点380千米。

20年后，为探索地磁理论，自然科学家鼓动了新的南极扬帆活动，仅1840年就有3次重要远航。美国探险家威尔克斯率4艘军舰组成的探险队，到达了原以为南磁极所在的区域附近，其中一军舰连船带人俱毁。几个星期后来到一个海湾，他命名为皮纳尔湾，看到了"非常长的海岸线"，并沿岸线航行了2 500千米。所以威尔克斯才称得上第一个真正发现南极大陆的人。法国人杜威尔在澳大利亚正南方向发现了一个裸露的岩岸，用他妻子的名字命名为阿德雷地。英国人詹姆斯·罗斯率队深入到南极大陆的海湾，后来被命名为罗斯海，发现了罗斯岛，用船队里的一艘船"埃里伯斯"号命名了岛上正在喷烟吐雾的活火山，并将罗斯海一侧的陆地命名为维多利亚地。次年到达78°9′S，创造了这一时期的最南纬度纪录。测出了南磁极位置，看到了几十米高、800多千米长的冰墙，即罗斯冰障，也因无法穿越此冰障，只得退了回来。

19世纪末西欧探险家博赫格列文克率领的9人探险队在维多利亚地附近，因航船陷入浮冰群，随冰块整体移动着，而成为历史上人类第一次在南极大陆越冬，人类暗淡的烛光才首次闪烁在南极漫长的极夜中。低温使各种机件收缩变形，金属材料变脆；几个月不见阳光，队员们纷纷病倒，只能靠海豹和企鹅肉来维持生活，但这证实了南极洲的冬天并不是很恐怖，为南极科学考察积累了经验。南极大陆茫茫冰原，虽然荒寂而单调，但也常有奇妙的景象出现。当美丽的极光出现在天空中，冰原上就会映出各种变幻的色彩，绚丽而动人。

美国南极阿蒙森—斯科特站

20世纪初，探险家们开始进入南极洲内陆，冒险抢先向南极点冲击。1902年英国人斯科特率队到达82°17′S，无功而返，但建立了第一个科学考察站。1911年挪威人阿蒙森及4名伙伴，得益于耐寒的52只极地犬，于12月14日到达南极点，考察4天后顺利凯旋。同时斯科特再度向南极点进军，于1912年1月18日到达，因动力问题和工作疏忽，返回途中五人全部遇难，但其勇于献身的科学探索态度成为了人类宝贵的精神财富，为示纪念，后美国南极科考站命名为阿蒙森—斯科特站。

本文提供：浙江省宁波滨海国际合作学校　黄静儿

向着南极点挺进

1773年1月，英国探险家库克首次进入南极圈以内，发现了一些岛屿，但是没有发现南极大陆。回到英国，库克说："我在高纬度绕过南半球海洋，证明在南半球内没有存在大陆的可能性。即使有大陆，那也是在临近南极点附近无法到达的地方。"

库克是探险界的权威人物，人们迷信库克的权威。此后半个世纪里，没有人前往南极地区。而实际上，库克在南极周围的海洋上探险，距大陆海岸线仅仅250千米。

第一个发现南极大陆的人是俄国探险家别林斯高晋，他在1819年到1921年间，航行751天，行程9万多千米，准确无误地发现了南极大陆的一些海岸线。现在南极半岛西侧的海域就是别林斯高晋海，这是为了纪念他在南极探险史上杰出的贡献而命名的。现在，在南极洲，还有一些岛、山、角、站等是以"别森斯高晋"命名的。

1840年1月，美国探险家查尔斯·维尔克斯从澳大利亚东海岸南下，一直到达南极大陆岸边，由西向东沿着一条巨冰的边缘航行2 700千米。为了纪念他，人们把南极大陆面向澳大利亚一侧称为威尔克斯地。

1840年11月，英国探险家詹姆斯·罗斯率领探险队前往威尔克斯地。然而，南极大陆周围海洋上强烈的西风把探险队的船向东吹去，船队到达170°E的南极大陆边缘。而这里，南极大陆最大的内海就从这里凹陷进去。阴差阳错，罗斯找到了一条更加深入南极的水域。罗斯率领探险队向南航行，很快就打破了库克、别林斯高晋、维尔克斯等前人创造的最南航行纪录。这个凹陷进去的南极大陆边缘海以罗斯名字命名，现在就叫罗斯海。为了纪念当时的维多利亚女王，罗斯和船员们把这个边缘海西侧的南极大陆称为维多利亚地。

罗斯在南极探险中作出了许多卓越的贡献，他从罗斯海南侧登上南极大陆，测量了这里的海岸和山脉，并把它画在自己的海图上。现在人们在地图上看到的从太平洋沿岸到大西洋沿岸、横贯南极大陆的山脉就是罗斯探险队最早标注在图上的。这条山脉绵延3 000多千米，平均海拔3 000多米，现称横贯南极山脉。通过测量，罗斯把当时的地磁南极标注在维多利亚地上。

1843年9月，罗斯率领探险队回到英国，受到热烈欢迎。罗斯探险队是当时最成功的南极探险队，他们找到了一条通往南极点最理想、最便捷的道路，从而为后人到达南极点奠定了基础。

在罗斯南极探险之后，南极沉寂了约半个世纪。半个世纪后，英国皇家地理学会决定组织一次大规模的南极探险，目标是把英国国旗插到地球的最南端——南极点上。这个消息引起了英国探险家斯科特的极大兴趣。个人兴趣和国家荣誉召唤着斯科特，他决定到南极去。于是，年轻有为、意志坚强的斯科特被任命为这支探险队的总指挥。

为了嘉奖斯科特敢于去南极探险的勇敢精神，海军部把斯科特从原来的海军上尉破格升为中校，英国国王爱德华七世和王后还亲自接见了探险队，鼓励他们勇往直前，为国争光。

1901年8月，在充分准备后，斯科特率领探险队乘发现号探险船选择罗斯当年的线路，从新西兰直接航向罗斯海，并在第二年到达罗斯海东侧的罗斯岛，并把罗斯海东侧南极大陆上的半岛命名为爱德华七世半岛。

斯科特率领探险队在这里登上了南极大陆，在这里建立了基地，度过了一个漫长难熬的冬天。等到第二年夏天到来时，斯科特和探险队员赶着狗拉雪橇一次又一次地向南布置途中仓库，运去食物和必需物品。

做好了充足的准备工作，斯科特和探险队员日夜兼程向南推进，前进了700多千米，到达82°S，创造了当时人类最接近南极点的最近纪录。这时，天气变坏，暴风雪越来越大，再也无法前进。这里距南极点还有约880千米。

1904年9月，斯科特探险队回到了英国。这次探险虽然没有到达南极点，但是斯科特却被当成英雄受到欢迎，并被提升为海军上校。

1907年7月，曾是斯科特探险队队员的沙克尔顿率领一支探险队再赴南极，于1908年1月在维多利亚地登陆南极大陆，沙克尔顿吸取了上次的经验教训，用马驮着行李物品，人坐在马拉雪橇上，并在后面准备了救援队。开始很顺利，不到一个月就到达了跟随斯科特到达过的地方。

然而，从85°S起，道路开始艰险起来，只见冰川沟壑密布，裂缝纵横，行走极为困难。1909年1月9日，沙克尔顿到达了88°S以南，距离南极只有178千米了，再有几天就到达了。可是这时干粮用尽，加上体力不支和暴风雪的袭击，沙克尔顿带领队员带着遗憾和痛苦踏上了归途。沙克尔顿虽然没有抵达南极点，但是知道了南极点在海拔3 000多米的高原上。

沙克尔顿的探险振奋了斯科特，他决定再次组织探险队挺进南极。在准备期间，他收到了著名探险家阿蒙森发来的一封电报，电报上写："谨通知您，我已前往南极，阿蒙森。"

1910年8月，挪威探险家阿蒙森从挪威出发。10月20日，阿蒙森率领4名队员，向南极内陆挺进。

得到阿蒙森已前往南极的消息，斯科特焦急万分，生怕南极点被别人抢先到达。斯科特于1910年11月1日登陆南极大陆，比阿蒙森迟了10天。这样，在南极大陆上，阿蒙森、斯科特两支探险队不约而同地在南极广阔的内陆冰原上展开了一场南极点冲刺的竞赛。

阿蒙森一行沿162°W线笔直地向南进发，由于他们幸运地选择了一条平坦的道路，所以前进速度很快，很顺利地来到设在80°S的最后一个仓库。从这里到南极点，1 000多千米，不再有仓库了。

从这里往南，只见南极高原上巍峨的南极高山，冰川顺着山间一条条向下延伸，景象奇特而壮观。但是，前面的道路却越来越难走。为了控制粮食的消耗，那些有用的狗也被忍痛分批杀掉用作食物储备。

正当准备启程时，天气突然恶劣起来，暴风雪铺天盖地而来，一连五天没有停息的样子。阿蒙森怕斯科特抢在自己前面到达南极点，便不顾危险，率领队员冒着风雪向南挺进。

经过千辛万苦，阿蒙森他们到达了沙克尔顿到达的88°S，再往前，就是前人没有涉足的区域。阿蒙森激动地把挪威国旗挂在雪橇上。从这里往南，道路开始变得平坦了，天气也好转了。尽管脸部被冻伤并且开始溃烂，但是阿蒙森和队员把疲劳和痛苦抛在了脑后，继续向极点冲刺。

1911年12月14日下午3时，阿蒙森一行终于到达了南纬90°的南极点。这里的南极冰原冰雪茫茫，平坦开阔，空无一物，阿蒙森估计斯科特还没有到达，于是在这里欢呼，在这里垒起了一座小的雪山，并在此升起了挪威国旗。阿蒙森一行在这里停留了三天，进行了科学考察，离开前写了两封信埋在这里，并做了标识。一封信写给斯科特，一封信写给挪威国王。信中都介绍了他们到达这里的情况，如果他们在途中遇难，请斯科特把他们最早到达南极极点的消息转达给挪威国王。

1911年12月17日，阿蒙森一行5人恋恋不舍地告别了南极点，按原路返回。1912年1月25日，阿蒙森一行离开南极大陆，登上了在海上等待他们的救援船。载着5位征服南极点的英雄，挪威探险队开始返航，安全离开了危机四伏的南极大陆。

在阿蒙森返回之际，斯科特一行还在向南极点前进。与阿蒙森他们不同，斯科特一行带着矮种马拉着的雪橇在暴风雪中艰难前进。不久，许多马陆续死去。几个星期后，斯科特不得不把剩下的马全杀了，作为食物充饥。而且，由于频繁的暴风雪，探险队几乎无法前进，只好躲在小小的帐篷里等待好天气。这不仅浪费了宝贵的时间，也消耗了数量有限的食物和燃料。

1912年1月4日，在离南极点200多千米的地方，斯科特把最后一个保障小队打发回去，只挑选了4名队员和自己一起向极点做最后的冲刺。这样，一行5人徒步拉着雪橇，冒着凛冽的寒风，跌跌撞撞向南极点前进。

1912年1月18日，在阿蒙森到达南极点35天后，斯科特的5人探险小组也到达了南极点。望着阿蒙森一行垒起的雪山、帐篷和挪威国旗，斯科特难过得快要哭出来了。他们走入帐篷，找到了阿蒙森写给自己的信，知道了这个对手已经于一个月前率先到达了南极点。斯科特在日记中写道："上帝啊，我们付出了艰苦的努力，却得不到优先的奖赏，我一生的幻想破灭了。这太残忍了！"斯科特在阿蒙森留下的帐篷旁边也搭起了帐篷，也升起了英国国旗，并拍照留念。

第二天，斯科特一行就离开南极点，踏上了归程。由于耽误了时间，南极一年中温度最高的季节逐渐过去，严寒和暴风雪开始越来越厉害，不断袭击队员。2月17日，队员埃文斯因修雪橇划伤手指，手冻得又红又肿，脸上也出现了严重的冻伤，终于长眠在南极大陆的冰雪中。另一名探险队员奥茨双脚被冻伤，无法继续跟随队伍前进，他怕拖累整个探险队，在一天夜里悄悄走出帐篷，消失在暴风雪中，再也没有回来。斯科特在日记中写道："可怜的奥茨自愿走向死亡，这是一个勇敢者和英国男子汉的举动。我们都准备以同样的精神迎接这个结局，而这个结局肯定为期不远了。"

1912年3月20日，探险队只剩下斯科特、威尔逊和鲍尔斯三人，他们在离第一个仓库只有20千米的地方被强烈的暴风雪阻挡，三人的脚都被严重冻伤。暴风雪把他们困在帐篷里，无法向仓库方向前进。这时，他们还剩下两天的食品和一天的燃料，生还还有一线希望。但是暴风雪越来越大，极度虚弱的队员只好留在帐篷里听天由命。

1912年3月29日，饥寒交迫的队员们悲壮地结束了自己的生命。等到第二年10月，英国搜索队才在冰原上找到他们三人的帐篷和遗体。人们还在帐篷旁边的雪橇上找到了15千克队员采集的岩石标本。斯科特一行在极端艰苦的条件下，用虚弱的身体拉着这些标本走了遥远的行程，把它保存到自己生命的最后一息。还有那探险过程的日记，一直记录到生命的最后时刻。

英国搜索队把斯科特三人的遗体埋葬在茫茫的南极冰原，并按照基督教的习俗在旁边立了一个高高的十字架，上面题道："去奋斗，去探索，不要屈服。"在与阿蒙森的竞赛中，斯科特虽然失败了，但他与阿蒙森都将名垂青史。

阿蒙森顺利地回到了挪威，挪威人民把他当成民族英雄来欢迎，挪威国王奖赏了这位勇士和他的队员。

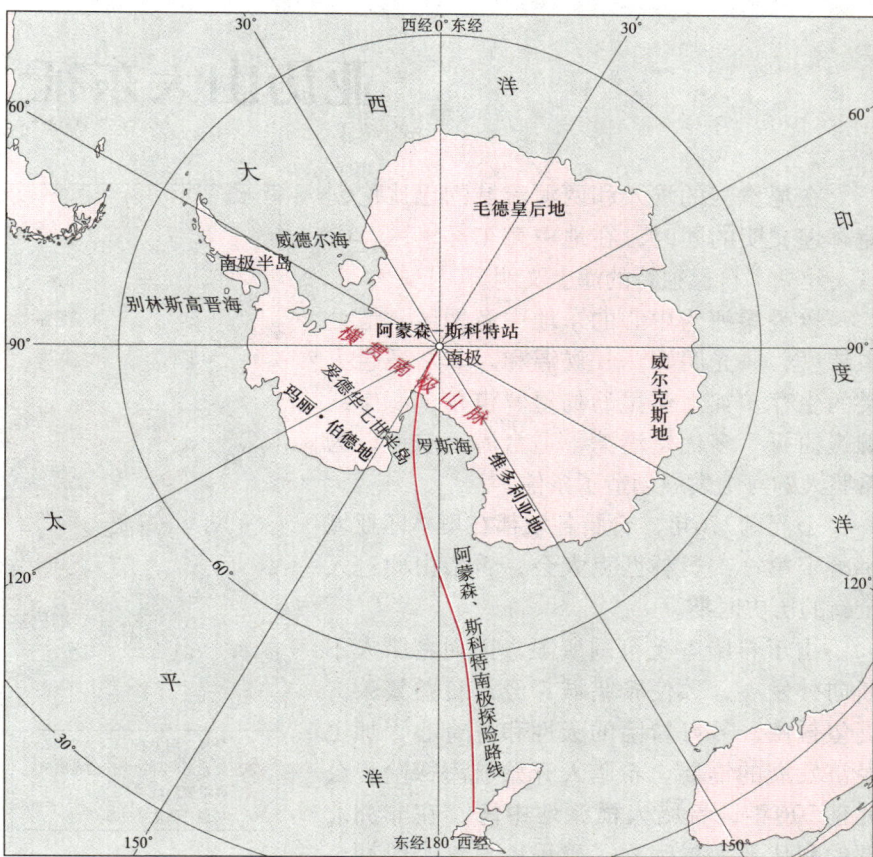

阿蒙森、斯科特南极探险示意图

1928年5月28日，阿蒙森在一次用飞机飞越北极的试验中，驾机去救援一位失事的同事，不幸在北极失事身亡。这位在极地探险中作出了卓越贡献的探险家，最终还是像斯科特一样长眠在茫茫冰雪世界里。

1957年1月23日，美国南极科考站——阿蒙森-斯科特站在南极冰原海拔2 900米的地方建成，科考站就建在南极极点，以最早到达南极点的两位著名探险家阿蒙森、斯科特的姓氏为科考站命名，每年约有30人在这里越冬。阿蒙森-斯科特站是世界最南的科考站，可以从事高空大气物理学、气象学、地球科学、冰川学和生物学等方面的研究。

由于冰层以每年平均10米的速度向南美洲方向移动，所以该科考站的实际位置已偏离了南极点的准确位置。为此美国制订科考站重建计划，预定将科考站重新建在准确的南极点上。

>> 链接

斯科特收集的岩石标本

1912年3月，英国斯科特南极探险队一行三人在南极大陆遇难。1913年10月三位遇难者的遗体被找到。英国搜索队发现斯科特探险队在生命的最后时刻还带着15千克的岩石标本，后被英国搜索队带回国内。

1915年1月，德国科学家魏格纳发布他的"大陆漂移假说"，受到广泛质疑。不久，从斯科特临死都带在身边的15千克岩石发挥了作用。在这些岩石中，发现一块岩石是舌羊齿蕨的化石。这块化石有力地证明了原始大陆是连在一起的。

这块舌羊齿蕨化石出现在了最不可思议的南极大陆，与在印度、非洲和澳大利亚发现的化石标本一致。这一发现让"大陆漂移"从假说成为大众接受的科学，为现代板块构造学说铺平了道路。

亚历山大东征

在尼罗河的埃及和两河流域的巴比伦创建辉煌文明的同时，在地中海东部地区，希腊人建立了自己独特的海上文明。

以爱琴海为中心的东地中海地区，地处中纬度，风光明媚，气候温和，非常适合人类的生存，加上这里岛屿星罗棋布，海岸线蜿蜒曲折，多优良港湾，适合海上航运，为希腊人的海上发展创造了条件。

公元前776年，希腊各城邦在奥林匹亚城举行了第一次奥林匹克大会，希腊由此进入全新的历史时期。

由于希腊本土范围所限，因而希腊人不断向外发展，致使希腊城邦经济日益繁荣。渴望自由、爱好冒险的天性和好奇心，加上经济发展的需要，希腊人开始航海探险。公元前500年，希腊人横渡地中海，在非洲北部的利比亚海岸建立了殖民地。这个时期，希腊人把他们的势力范围向东扩展到黑海东岸，向西扩展到西班牙的直布罗陀海峡边。一时间，希腊成为显赫一时的国家。

公元前5世纪到前4世纪，在希腊本土最北部，崛起了马其顿王国。公元前359年，24岁的腓力二世登基，开始了统一希腊的伟大事业。腓力二世从小志存高远，不仅想成为希腊的霸主，而且想征服全世界。他一即位，就对内进行政治军事改革，对外进行侵略扩张。公元前338年，腓力二世统率马其顿军队大败希腊联军，从而成为希腊各城邦的霸主。公元前336年，腓力二世在远征波斯出征前遇刺身亡，时年47岁。

腓力二世匆匆离世，年仅20岁的王子亚历山大登上了王位，称为亚历山大三世，后世尊称他为亚历山大大帝。亚历山大大帝继位之初就对朝臣宣布："我继承先王遗志，平定希腊内乱，远征亚洲大陆。"

亚历山大果然不同凡响，果断地镇压了王室内部的异己分子，很快平定了希腊各地的叛乱，紧接着，拟订了远征波斯的计划。公元前334年春天，亚历山大在出征前，在宫中举行了宴会，并把王室的私产和王宫金银财宝全部分给出征的将士，将士们个个感激涕零。

公元前334年5月1日，亚历山大率领由3万多步兵、5千多骑兵组成的希腊联军从马其顿出发，向东出征，锋芒直指波斯。

此时的波斯帝国是个没落的军事奴隶制国家，在大流士三世统治下，内政腐败，政局不稳，国势日衰。波斯帝国小亚细亚总督闻报希腊联军压境，立即调集4万大军在马尔马拉海南岸迎击希腊联军。

波斯军队沿河东岸展开，以骑兵为第一线、步兵为第二线，凭岸固守，阻敌渡河。希腊远征军则置步兵方

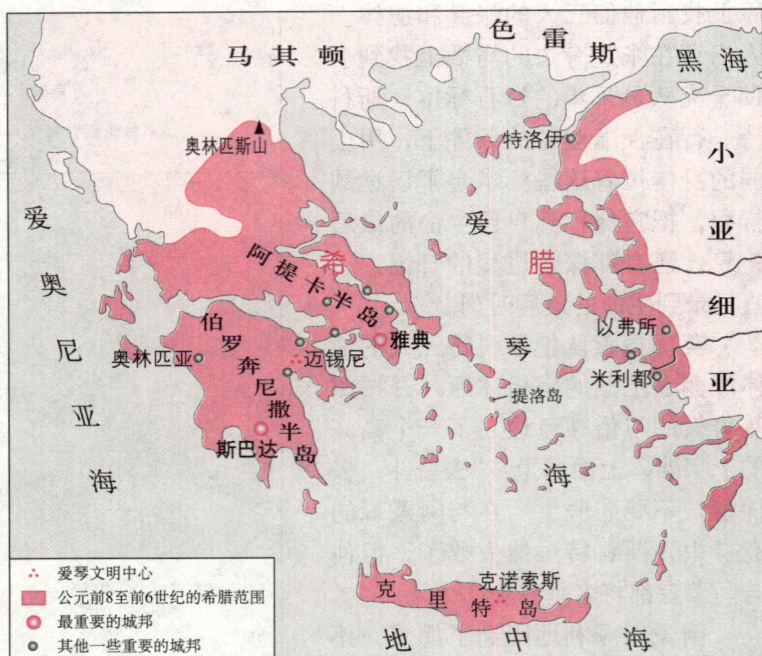

古希腊

>> 知识窗

西方历史的开源——古希腊

古希腊是西方历史的开源，持续了约650年（公元前800年-公元前146年）。位于欧洲南部、地中海的东北部，包括今巴尔干半岛南部、小亚细亚半岛西岸和爱琴海中的许多小岛。

公元前5、6世纪，特别是希波战争以后，经济生活高度繁荣，产生了光辉灿烂的希腊文化，对后世有深远的影响。古希腊人在哲学、历史、建筑、科学、文学、戏剧、雕塑等诸多方面有很深的造诣。这一文明遗产在古希腊灭亡后，被古罗马人延续下去，从而成为整个西方文明的精神源泉。

阵于中央，两翼为骑兵。亚历山大命令先头部队佯动，诱使敌军向左移动，待其队形出现间隙，乘机率右翼主力渡河，猛扑敌阵中央。激战中，希腊联军发挥长矛优势大量杀伤敌人。波斯骑兵伤亡千余人，其步兵遭希腊联军四面打击，迅即溃败，2 000余人被俘。希腊远征军仅亡百余人。

亚历山大乘胜率远征军沿小亚细亚西海岸南下，先后占领吕底亚、卡里亚、吕基亚等地，随后北上安卡拉，东进卡帕多细亚，再南下奇里乞亚。公元前333年10月，远征军在西利西亚东部的伊苏斯之战中击败大流士三世所率的十多万大军，打开了通往叙利亚、腓尼基的门户。大流士逃过幼发拉底河收拾残部，同时派出使者求和，但遭到拒绝。

亚历山大率军继续南下腓尼基，拔除波斯海军据点，从而确保了远征军与希腊之间的交通线。公元前332年初，远征军抵达滨海要塞提尔（今黎巴嫩的苏尔），遭坚决抵抗，经7个月陆海夹攻，终于攻破该城。此役，8 000多提尔人战死，3万多人被俘。此后，亚历山大又用两个月时间攻占了加沙。至此，远征军彻底摧毁了波斯海军基地，切断了波斯人的陆海联系，夺取了地中海制海权。11月，亚历山大进军埃及，兵不血刃，占领埃及。

公元前331年春，亚历山大率步兵4万、骑兵7 000从埃及出发，经巴勒斯坦、腓尼基插入两河流域北部，向波斯腹地巴比伦尼亚与伊朗高原进军。大流士三世亲率60万大军从首都苏撒出发，在叙利亚的伊苏斯城严阵以待，准备与希腊军决一死战。

亚历山大率希腊联军来到战场，见波斯大军战车遍野，旌旗蔽空，阵容之强大史无前例。亚历山大对希腊联军发表气势雄壮的阵前演说，激起战士们胜利的勇气和信心。演说完毕，亚历山大率领骑兵一马当先，在一片喊杀声中，4万希腊士兵向60万波斯大军展开攻击。

战斗进行得异常激烈，一时难分胜负。大流士没有料到希腊联军如此突然地发动猛攻，而且对希腊军队的战斗力心存恐惧。战斗开始后，大流士没有根据战况发挥自己兵力上的优势，而亚历山大再次显示了他高超的统帅才能，他敏锐地发现对方步兵和骑兵之间出现的配合不协调。待波斯军队中间出现了一道缺口，亚历山大抓住这个有利时机，立即带领身边的精锐骑兵直冲敌阵，直捣大流士的指挥阵地。

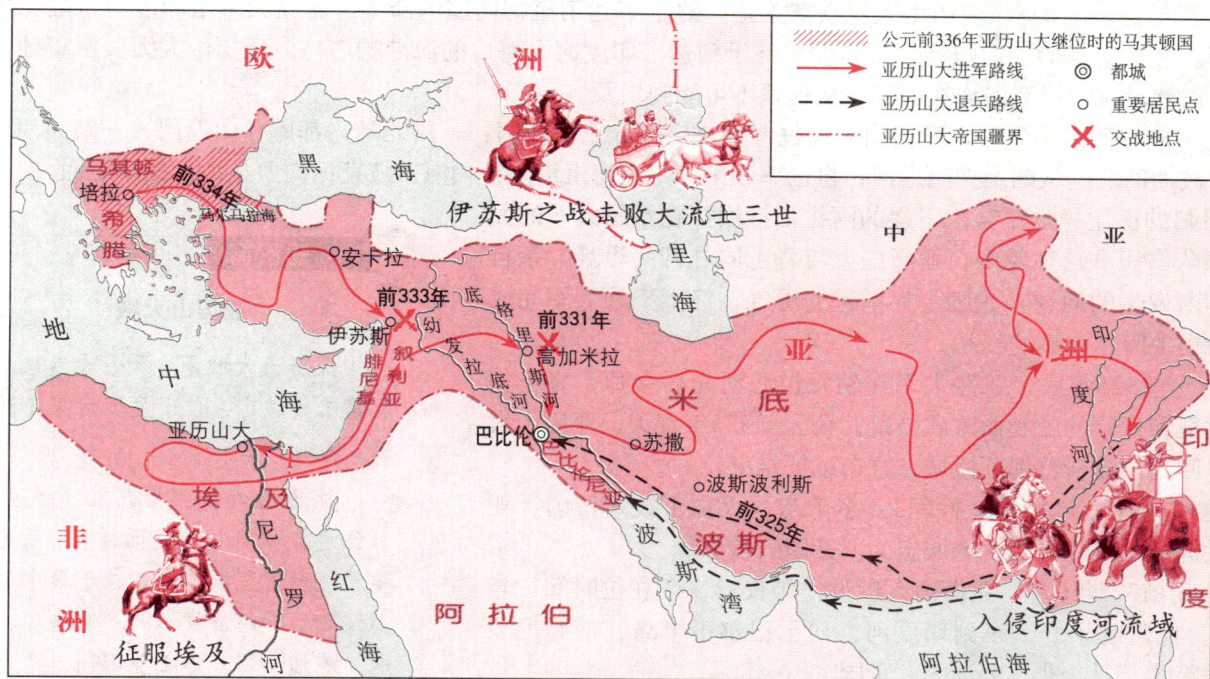

亚历山大东征示意图

大流士站在一辆黄金顶的战车上，挥舞波斯王的军旗，在禁卫军的保护下指挥作战。希腊骑兵在亚历山大带领下，很快冲到了大流士面前。经过一场激战，大流士战车的马受伤倒地，大流士的指挥一下就瘫痪了。亚历山大也受了伤，但他仍坚持冲锋，要俘虏大流士。大流士在禁卫军的保护下，杀出一条血路逃走了。失去了指挥的波斯大军，出现了全面溃退之势，先是骑兵放弃战斗退出战场，随后是步兵纷纷逃散。

希腊联军大获全胜，大流士逃往米底，远征军乘胜南下，轻取巴比伦，占领波斯都城苏撒，随后进入伊朗高原，洗劫波斯古都波斯波利斯。公元前330年夏，大流士被下属大夏总督所杀，古波斯帝国灭亡，亚历山大成为波斯统治者。

波斯帝国灭亡后，亚历山大继续领兵东进。公元前329年春，亚历山大率军翻越兴都库什山，进入阿姆河谷。继续北上，一直到达波斯帝国东北方国境的锡尔河。

至此，西起马尔马拉海，东到帕米尔高原，南到利比亚大沙漠，所有这些古亚述和巴比伦的属地，都纳入了亚历山大帝国的版图。

为了确保波斯东部边疆的安定，公元前327年夏天，亚历山大率步兵12万，骑兵1.5万，从位于锡尔河流域的大夏出发远征印度。翻过兴都库什山，正式进入印度境内。

大军开到印度河上游，兵士们看到了水，都兴高采烈地下河洗澡、游泳，玩得正高兴，发现河中居然有不少鳄鱼，不禁大吃一惊。在希腊人印象中，只有尼罗河中才有鳄鱼。于是，亚历山大由此认为，印度河可能是尼罗河的上源，因而想到顺印度河可能会到达尼罗河。

亚历山大率大军沿印度河南下，沿途部族望风归顺，向亚历山大投诚。这一地区势力最强的波鲁斯国王不愿降服亚历山大，他骁勇善战，将全部兵力集结起来，决心在希达斯佩斯河东岸阻击亚历山大的进军。

亚历山大听说波鲁斯国王不愿归顺，立即率领大军到达希达斯佩斯河西岸扎下营寨，立马在河岸高处观察，见对方凭河据守，易守难攻。但是亚历山大随机应变，根据地形制定了从上游偷渡，从后面包抄敌人，前后夹击的军事策略。最后，波鲁斯军队抵挡不住希腊大军的攻势，全线崩溃。波鲁斯国王十分勇猛，战斗到最后，直到自己被俘。

亚历山大亲自审问波鲁斯国王："你现在已成为我的阶下囚，我怎么对待你呢？"波鲁斯国王昂然道："你当然应以王者之礼对待我。"亚历山大听他出语豪迈，反而十分敬佩，立即将他释放，并且归还了全部俘虏，仍旧让他当波鲁斯国王。波鲁斯国王十分感动，当即表示："愿做亚历山大大帝国东方的屏藩。"

自从与波鲁斯军队会战后，希腊将士就有了厌战之心，人人萌生了思乡之念。亚历山大召集全体将士，慷慨陈词，想再次激起他们前进的勇气，但是将士们默默无语，不为所动。

公元前326年10月，亚历山大见众意难违，终于下达了班师回国的命令。希腊大军沿印度河水陆并进，南下回国。经过半年的长途跋涉，希腊大军终于到达了印度河入海口的海港帕塔拉。亚历山大大失所望地发现，印度河居然没有和尼罗河连在一起，从这里不可能到埃及。

为了确定回国的线路，亚历山大经过考察决定兵分三路回国：一路北越兴都库什山返回；一路向西经阿拉伯海、波斯湾北岸从陆地探险返回；自己率领第三路从海上沿阿拉伯海、波斯湾向西从海上探险返回。

回归的征途异常艰苦，干燥的阿拉伯沙漠挡在希腊大军的面前，部队伤病员越来越多，亚历山大与将士同甘苦共患难，亲自处理不断发生的问题，激励士兵前进的勇气，终于率领大军完成了探险史上跨越沙漠的壮举。

公元前325年底，三路大军在幼发拉底河先后会师，将士们都为远征和探险的胜利而欢欣鼓舞。公元前324年春天，亚历山大率大军回到原波斯首都苏撒城，宣布远征结束。

这次远征历时10年，行程3万多千米，灭亡了波斯帝国。亚历山大远征归来，将巴比伦城定为新帝国的首都。

公元前323年6月，亚历山大逝世，年仅33岁，在位时间12年8个月，他建立了一个东到印度河、西至巴尔干半岛、南到尼罗河，横跨欧、亚、非三大洲的大帝国。

蒙古西征

铁木真，是古代蒙古首领，也是一位军事家和政治家。12世纪末到13世纪初，先后统一了蒙古草原各部。1206年被推为大汗，称成吉思汗（蒙古语为"强大"之意）。统一了草原各部的成吉思汗接下来的任务是向南入主中原，统治中国。

统一后的蒙古西边有一个花剌子模国，其位置大约相当于现在的中亚一带，对蒙古有不小的威胁。1210年，花剌子模大汗摩诃末大胜西辽，想继续向东扩张。1215年，摩诃末派遣使团到达中都，觐见成吉思汗，受到成吉思汗的优惠礼遇。成吉思汗随后还派使团回访了花剌子模，向摩诃末表达了愿意和平共处相互支援，共同保障正常商业往来的信息。但是，随后的蒙古商队遭到了花剌子模国的扣押，并以他们是间谍为借口处死了商队人员。一名驮夫侥幸逃脱，回到中都向成吉思汗报信。成吉思汗得到消息后，派出三名使者前往花剌子模，据理责问摩诃末。摩诃末无言以对，竟把三名使者也处死了。

消息传回中都，成吉思汗大怒，亲率20万大军，征讨摩诃末。1219年，成吉思汗带着四个儿子术赤、察合台、窝阔台、拖雷，以及大将速不台、哲别开始了西征。蒙古20万大军长驱直入，采用惯用的远距离包抄迂回，分进合击，在额尔齐斯河流域先后攻占布哈拉、花剌子模新都撒马尔罕、讹答剌和毡的城。花剌子模国王摩诃末被打得毫无还手之力，一路狂奔西逃。成吉思汗令速不台、哲别穷追不舍。后来，摩诃末逃到里海的一个小岛上，又气又急，病死于此，他的儿子札阑丁在呼罗珊一带（今乌兹别克斯坦以东）继续抵抗。

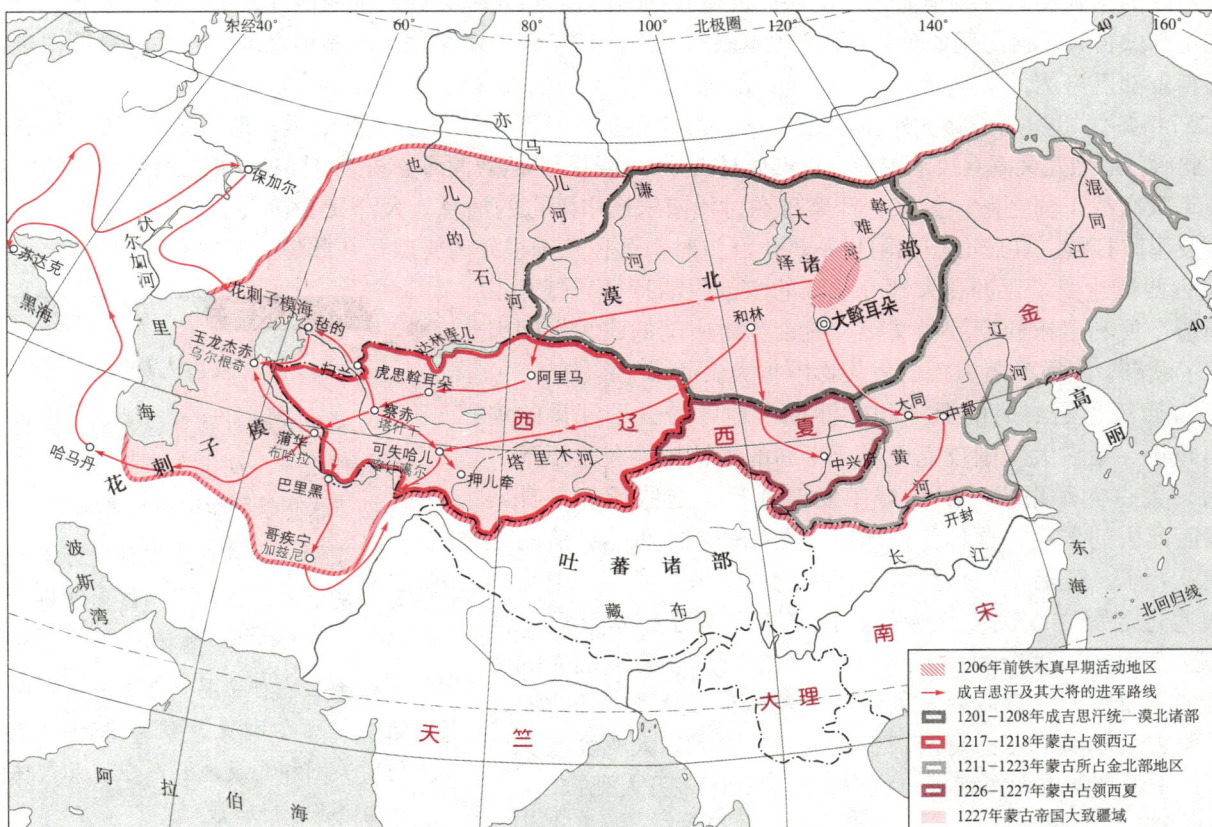

蒙古西征进攻路线图

图例：
- 1206年前铁木真早期活动地区
- 成吉思汗及其大将的进军路线
- 1201—1208年成吉思汗统一漠北诸部
- 1217—1218年蒙古占领西辽
- 1211—1223年蒙古所占金北部地区
- 1226—1227年蒙古占领西夏
- 1227年蒙古帝国大致疆域

为了剿灭札阑丁，1221年，成吉思汗大军渡过阿姆河，越过大高加索，深入俄罗斯，于1223年打败了札阑丁请来的俄罗斯军队。成吉思汗挥军追击札阑丁，在印度河流域（今巴基斯坦）将其击败。1225年，成吉思汗凯旋东归，将本土及征服的西域地方分封给四个儿子，后来成了四大汗国。

1227年，成吉思汗去世，三子窝阔台继任汗位。蒙古国传位不是嫡长继承制，而是谁抢到汗位谁就是大汗。所以，成吉思汗死后，第三个儿子窝阔台抢到了汗位。1234年，大汗窝阔台集结诸王大臣召开会议，商讨西征大事。窝阔台这次派出的主要是术赤汗的儿子拔都，察合台的儿子哈剌旭烈，也就是成吉思汗的两个长孙出兵西征。两个长孙共带兵50万，分别攻打波斯（今伊朗）和钦察、不里阿耳等部，基本上征服了波斯全境。西征军一路势如破竹，很快就彻底消灭了花剌子模，杀死了札阑丁。1237年底，拔都又率大军继续西进，大举进攻俄罗斯，相继攻陷莫斯科、基辅诸城。

1240年，拔都分数路向欧洲腹地推进，大举进攻孛烈儿（今波兰）、马扎尔（今匈牙利）。1241年北路蒙军在波兰西南部的利格尼兹，大破波兰与日耳曼的联军；中路蒙军主力由拔都亲自率领，进击匈牙利，打到多瑙河流域，大获全胜，其前锋向南直指意大利威尼斯。全欧震惊，西方各国惶惶不可终日，称为"黄祸"。1241年底，窝阔台驾崩的消息传到军中，西征的成吉思汗长孙们想着汗位和接下来的形势变化，心思一下就起了变化，无心恋战。拔都率军从巴尔干撤回到伏尔加河流域，以萨莱为都城，在伏尔加河畔建立了钦察汗国。窝阔台大汗驾崩救了欧洲，要不欧洲差不多全完了。

1251年，蒙哥抢到了大汗位。1253年，蒙哥派弟弟旭烈兀率军发起了第三次西征。这次西征的目标是消灭西南亚地区的木剌夷国（今里海南岸的伊朗北部）。10月，旭烈兀率兵侵入伊朗西部，进抵两河流域。1256年，旭烈兀统帅蒙古大军渡过阿姆河，6月到达木剌夷境内。1257年，蒙军荡平木剌夷之地，并挥师继续西进，直指黑衣大食首都巴格达。

1257年冬，旭烈兀三路大军围攻巴格达，第二年初，三军合围，攻陷巴格达，消灭了有500年历史的黑衣大食。此后，旭烈兀又率兵攻陷麦加，攻占大马士革，其前锋部队曾渡海登塞浦路斯岛。正当势如破竹的蒙古军队与埃及军队激战正酣之际，传来大汗蒙哥在讨伐南宋途中阵亡的消息，大汗又要换人了！心不在焉的旭烈兀终于被埃及军队打败。在忽必烈和阿里不哥抢汗位时，远在几千里外的旭烈兀在此建立了伊儿汗国。

蒙古西征改变了亚洲和大部分欧洲的政治生活特征，打开了中西交通，便利了东西商旅和文化交流，当时中国的四大发明因此传到了欧洲，对欧洲各方面的发展影响很大。

蒙古西征也给当时的亚洲和欧洲许多地区带去了深重的灾难。1345年，蒙古大军围攻克里米亚半岛的卡法城，久攻不下。一年后，蒙古大军用投石机向城中发射死尸。这些死尸是身染传染病而死去的士兵，这种传染病叫"黑死病"。得这种病的人三五天就死了，死后皮肤呈黑紫色，因此叫"黑死病"。很快，这种病通过老鼠在欧洲广泛传播。由于当时医疗技术落后，据估计，这种病在14世纪的100年中，共夺去2 500多万欧洲人的生命，再加上蒙古大军攻城后大量屠城，大约有三分之二的欧洲人死亡。蒙古大军南征辽、南宋，也使当时中国人口大幅度减少。据估计，中国在蒙古大军南征过程中，约有2000多万人死亡。

文化与传播

　　智慧的光辉，如阳光雨露撒向大地，文化由一个又一个智者向世界的各个角落传播和扩散，使世人享受到多种文化的润泽和滋养。

耶稣的传说

公元前1世纪左右，巴勒斯坦的犹太人在罗马帝国的统治下过着悲惨的生活。为了摆脱被奴役、被压迫的现状，犹太人多次举行起义，但都遭到了残酷的镇压。起义的失败，使犹太人变得悲观、失望，陷入了苦闷之中。他们感到前途渺茫，非常渴望有一个救世主降临。犹太人有自己的宗教——犹太教，信奉上帝耶和华。许多犹太人坚信当上帝看到他创造的人类所受的苦难太多时，就会派他的儿子——救世主耶稣降临人间，把人类拯救出苦海，将他们带到幸福快乐的天堂。

巴勒斯坦有一个少女叫玛利亚，她和木匠约瑟已经订婚，但是还没有出嫁就怀孕了，约瑟非常生气，嫌玛利亚不守妇道，决定解除婚约。一天晚上，约瑟做了一个梦，梦见一个天使对他说，不要解除婚约，玛利亚是受上帝的圣灵感动而怀孕的。她怀的是上帝的儿子，名叫耶稣，他是人类的救世主，将来会拯救人类的。约瑟于是改变主意，娶玛利亚为妻。

后来，罗马帝国皇帝下令所有的人必须回到原籍办理户口登记，约瑟是伯利恒人，所以他带着怀孕的玛利亚赶回故乡。一天夜里，他们回到伯利恒，但所有的客店都住满了人，天气非常寒冷，他们只好来到一处马厩避寒。就在这里，玛利亚生下了一个男婴，约瑟给他起名叫耶稣。耶稣出生的那天夜里，天上有颗明亮的星星落了下来，几个东方的博士看到后，高兴地说："救世主降临到人间了。"

不料这件事被罗马的巴勒斯坦总督知道了，他认为这件事是有人在故意蛊惑人心，制造混乱，于是下令将全巴勒斯坦地区两岁以下的男孩全部杀死。约瑟和玛利亚得知这个消息后，抱着耶稣逃到了埃及。

很多年过去了，耶稣长大成人，开始在西亚地区漫游。一天，他走到约旦河边，遇见了约翰，约翰给耶稣进行了洗礼。据说接受了洗礼，就是接受了上帝的圣

耶稣受难雕像

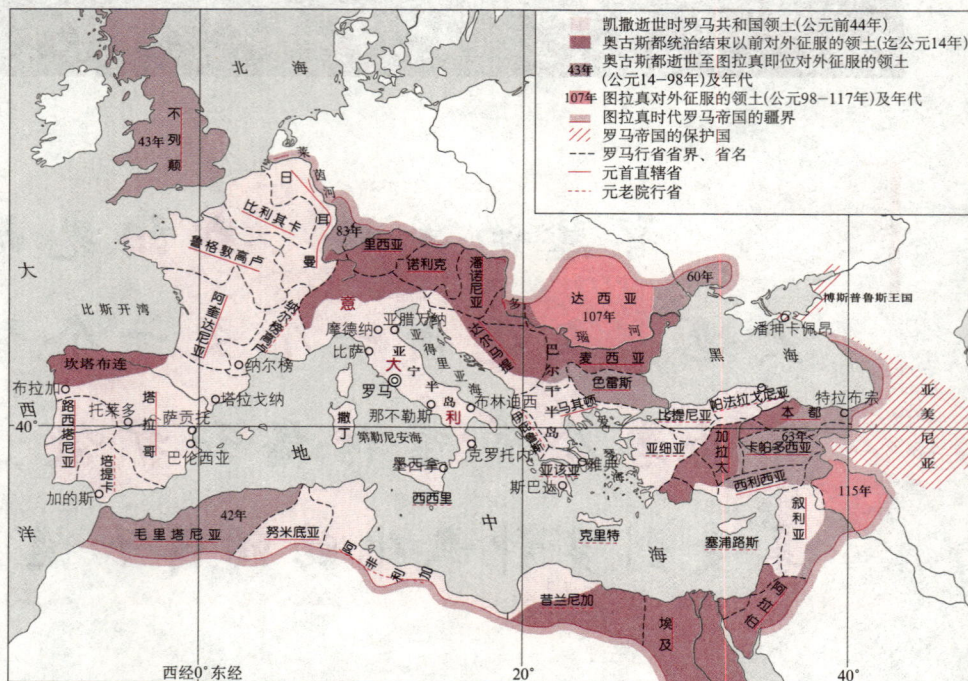
公元117年的罗马帝国

灵。约翰专门宣讲忏悔的洗礼，而且在约旦河为众人施洗，因他曾为耶稣施洗，后人称之为施洗约翰。

耶稣接受了种种常人无法忍受的考验，终于，他的头顶出现了一个巨大的光环，这样，人们在夜里很远的地方都可以看见他。从此，耶稣自称是上帝的儿子，到处传教，免费给百姓治病，不断地为百姓做好事。渐渐地，崇拜他的人越来越多，他就从信仰者中招收了12个门徒。

耶稣带着12个门徒四处传教。一次，他们乘船出海，遇上了大风暴，船颠簸得很厉害，眼看就要翻了，12个门徒都非常害怕。可是耶稣却面无惧色，安慰门徒们说："不要怕。"耶稣走到船头，对大海说："快平静吧。"话音刚落，大海就风平浪静了，大家转危为安。

一天，耶稣和门徒们来到一座城市。这座城里的人们饱受疾病和饥饿的折磨，耶稣就开始给他们治病。令人吃惊的是，耶稣也不问病人得了什么病，用手一摸病人就痊愈了。耶稣用手摸了一个哑巴，哑巴竟然能开口说话了。给人们治完病后，耶稣让门徒们拿东西给人们吃。他的门徒只有5个饼和两条鱼，而要吃饭的却有5 000人。耶稣接过饼和鱼，用手一掰，一个就变成两个。耶稣不停地掰，门徒们不停地分给人们吃。等5 000人都吃饱了，剩下的饼和鱼还装了12个大篮子。

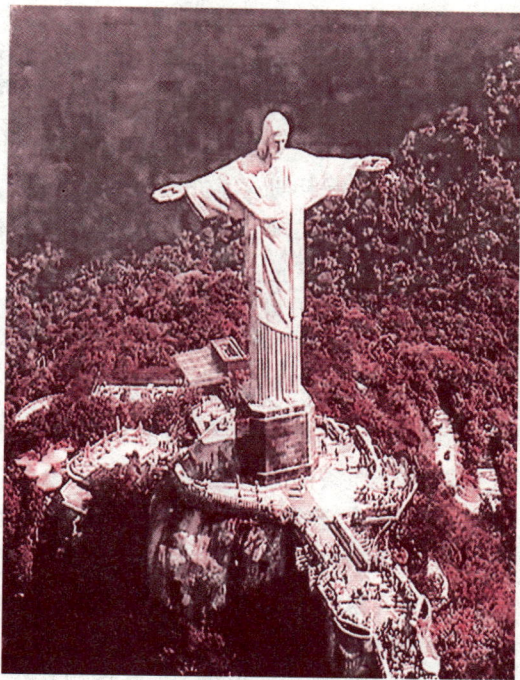

巴西里约热内卢的耶稣雕像

由于信仰耶稣的人越来越多，遭到了官吏和祭司的嫉恨。他们用30块银币收买了耶稣的门徒犹大，准备逮捕耶稣。那天耶稣和门徒们吃晚饭时，耶稣平静地说："你们当中有人出卖了我。"门徒们都十分惊慌，做贼心虚的犹大故意问："您说的是我吗？"耶稣说："是的。"犹大低下头，一声不吭。

第二天，耶稣和12个门徒一起出去，官吏和祭司带着很多人拿着刀枪围了上来。犹大向他们使了个眼色，然后跪在耶稣面前，由此打手们认出了谁是耶稣，就一拥而上，将他带走了。

耶稣被捕后，受尽了打骂和侮辱，被钉死在十字架上。

三天后，耶稣复活升天。后来基督教把过了春分月圆后的第一个星期日定为"复活节"，又把耶稣的生日（12月25日）定为"圣诞节"。

>> 知识窗

基督教的流派和分布

1054年，基督教分裂为东西两派，史称"东西教会大分裂"，形成了东正教和罗马公教（即天主教）。欧洲中世纪时，基督教神学成为封建社会的精神支柱，教会也成为欧洲最大的封建主，教会和世俗封建主之间曾长期进行"教权"与"主权"之争。

16世纪，天主教内发生一些脱离天主教的新宗派，称"新教"。15至16世纪地理大发现后，基督教借助殖民扩张，由殖民国家教会传播到亚非拉，成为世界上传播最广的宗教，现在主要分布于欧洲、美洲、大洋洲，教徒总数超过20亿。

>> 知识窗

基督教的一些习俗

礼拜：基督教主要的宗教活动，一般星期日在教堂或礼拜堂做礼拜。有祈祷、唱诗、读经、讲道等项目。

教堂：是基督教神职人员工作的场所，也是善男信女们进行宗教活动的场所。现在的教堂，除了宗教意义外，还是精美的古代建筑的珍品，也是各国旅游者参观游览的主要景点。

教士和修女：基督教神职人员，男的称教士，天主教、东正教的称神父，新教称牧师；女神职人员称修女。年长或负责的修女称嬷嬷。主教是基督教的高级神职人员。

节日：①复活节。是为纪念耶稣复活的节日，具体日期常为4月4日。②耶稣受难日。具体日期为复活节前的星期五，通常为4月1日左右。③圣诞节。12月25日，是信奉新教和天主教国家最为盛大的节日。

穆罕默德和阿拉伯帝国

穆罕默德是伊斯兰教的创传者,出身于西亚阿拉伯半岛麦加城古来氏部落哈希姆家族。

西亚的阿拉伯半岛地处欧亚非三大洲的交汇处,是旧大陆的中心位置。因此,这里的居民在肤色上也兼有三个人种的某些特征。由于它处在这样一个优越的地理位置上,所以成为人类文明发展最早和最快的地区之一。

阿拉伯半岛大部分被热带沙漠气候笼罩,沙漠和草原广布,独特的自然条件使这一地区畜牧业发达,特别适合于游牧。

在靠近红海的汉志地区,这里虽是不毛之地,但却是由南向北沟通欧亚的商业要道。东方的商品要从印度洋运到也门,然后再由阿拉伯商人用骆驼驮着北上,通过汉志地区到达地中海,再在那里转送到欧洲各地。得天独厚的交通条件给汉志地区带来了繁荣,其中麦加和雅特里布城(今麦地那)最出名。

麦加城位于整个阿拉伯地区南北交通的中枢,那些长途跋涉的商人通常都要在这里歇脚。因为这里有一口诱人的清泉井,这在视水如宝的阿拉伯人眼中是很不寻常的,况且,过往的客商们有谁不想在这里痛饮一杯甘甜清凉的泉水呢?这里还有一块巨大的不知什么时候从天上落下来的黑色陨石,阿拉伯人将它看成是一个圣物。为了供奉这块圣石,还建了一座庙,名字叫克尔白神庙。远近的阿拉伯人常常成群结队地专程到此拜祭。同时,他们往往还随身带来一些货物互相交换。久而久之,一个大规模的交易市场就在麦加形成了。

公元6世纪,为了争夺也门,波斯和埃塞俄比亚发生了战争,这就使原来经过汉志的商路被切断了,麦加城一下子由商业中枢陷入经济十分困难的窘境。公元572年,波斯人占领了也门以后,没有恢复原来的商路,而是把运到这里的商品改道波斯湾进入两河流域,然后再运抵地中海。

商路断了,财路同样也就断了。麦加人收入因此急剧地减少,变得越来越穷。为了争夺财富,阿拉伯人各个部落之间加紧了互相的掠夺,战争由此而更加频繁。

汉志地区的大多数阿拉伯人都感到十分痛苦,但又没有人给他们指一条出路。绝望中,他们把希望寄托于神,希望神能解救他们出苦海。伊斯兰教就是在这种背景下产生的。

出生于麦加的穆罕默德(570—632年),生于一个没落的贵族家庭,出生前父亲就已经去世,6岁时,母亲也病故了,他是由祖父和伯父养大的。

穆罕默德从童年起就很苦,从小就得自谋生计。他当过放牧人,后来又跟随伯父经商,到过巴勒斯坦和叙利亚等许多地区。在经商期间,穆罕默德增长了见识,对阿拉伯人民的各种痛苦也有了很深的了解。随伯父在巴勒斯坦经商期间,他又研究了基督教和犹太教的教义,知道了许多神话传说,同时也了解到这些地区的风土人情。另外,他还学会了观测天气、预测风沙和治病。这一切都为他以后创立伊斯兰教打下了基础。

但是他太穷了,他的抱负没有金钱和地位的保障,无法得到施展。在25岁时,穆罕默德与一个比他年龄大许多,名字叫赫蒂彻的麦加富商的遗孀结了婚。从此,他在经济上一下子有了保障,并开始进入上层社会。

穆罕默德的才干逐渐显露出来。一次,克尔白神庙由于年久失修倒塌了。古庙修复后,却发生了由谁来把黑色陨石再放回原处的争执。麦加的一些大贵族都争着由自己把陨石放回原处,借以提高自己的地位。大家谁也不肯谦让,在庙里大吵起来。这时

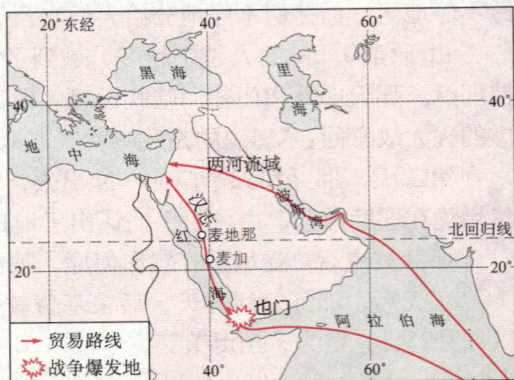
战争使商路发生了变化

穆罕默德走了出来，他把自己的上衣脱下铺在地上，再把陨石放在上面，然后请争执的人各派一个代表，分别提起上衣的一角，一起把陨石放回原处。争执平息了，大家都说穆罕默德真是一个聪明和识大体的人。此后，穆罕默德的声望和地位也得到了提高。

在麦加城外，有一座幽静的小山，当地人都称它"希拉山"。穆罕默德经常独自一人到山里的一个小山洞里冥思苦想。他一直在考虑创立一个可以被大多数阿拉伯人接受的宗教，使那些整天处于痛苦之中的同胞得到解脱。他参照基督教和犹太教的经典，将其中他认为阿拉伯人能够接受的教义和阿拉伯原始宗教中的一些教义设法结合起来。但是这个工作太艰难了，穆罕默德为此常常在山中呆上许多天。终于，在610年的一天，他豁然开朗，想通了最关键的道理。不久，他从山上下来，便开始传教，这就是后来的伊斯兰教。

穆罕默德创建伊斯兰教初期，并没有得到许多人的响应，反而遭到一些麦加富商和奴隶主贵族的反对，甚至有一些贵族和富商时刻准备谋害他。在这种险恶的情况下，622年7月16日深夜，穆罕默德率领他的信徒秘密离开了麦加，移居到雅特里布。雅特里布在后来被改为麦地那。

雅特里布与麦加不同，这里不是顽固的古莱西部落贵族统治的中心，手工业和商业也很发达，贫民也较多。在这里，伊斯兰教很快便被人们所接受。在这一基础上，穆罕默德又颁布了伊斯兰教社团的章程，树立了自己的权威。

不久，麦加贵族向雅特里布发动了进攻，企图消灭穆罕默德的势力。穆罕默德将雅特里布的教徒组织起来，建立了自己的军队，同麦加贵族进行了多次战斗，打败了麦加贵族军队的进攻。628年，穆罕默德和麦加的贵族们签订了停战条约，双方的战争才暂时停止下来。

630年，穆罕默德率领大军进攻麦加城。在大军压境的情况下，麦加贵族被迫接受了伊斯兰教，承认了穆罕默德的权威和最高地位。为了缓和当时的敌对矛盾，穆罕默德也承认了麦加贵族的特殊地位和既得利益。不久，穆罕默德在麦加建立起一个军、政、宗教大权集于他一身的神权国家。

阿拉伯半岛上的一些部落见麦加城如此强大，纷纷派来使节，表示愿意皈依伊斯兰教，承认穆罕默德的宗教领袖地位。

632年，穆罕默德在雅特里布病逝。这时半岛的大部分地区已经皈依了伊斯兰教。此后伊斯兰教又传到北非和中亚的大部分地区。到16世纪时，伊斯兰教徒已经遍布世界各地。伊斯兰教的产生促进了阿拉伯地区的统一和发展，对于阿拉伯地区人们抵御外来侵略也起到了积极的作用。

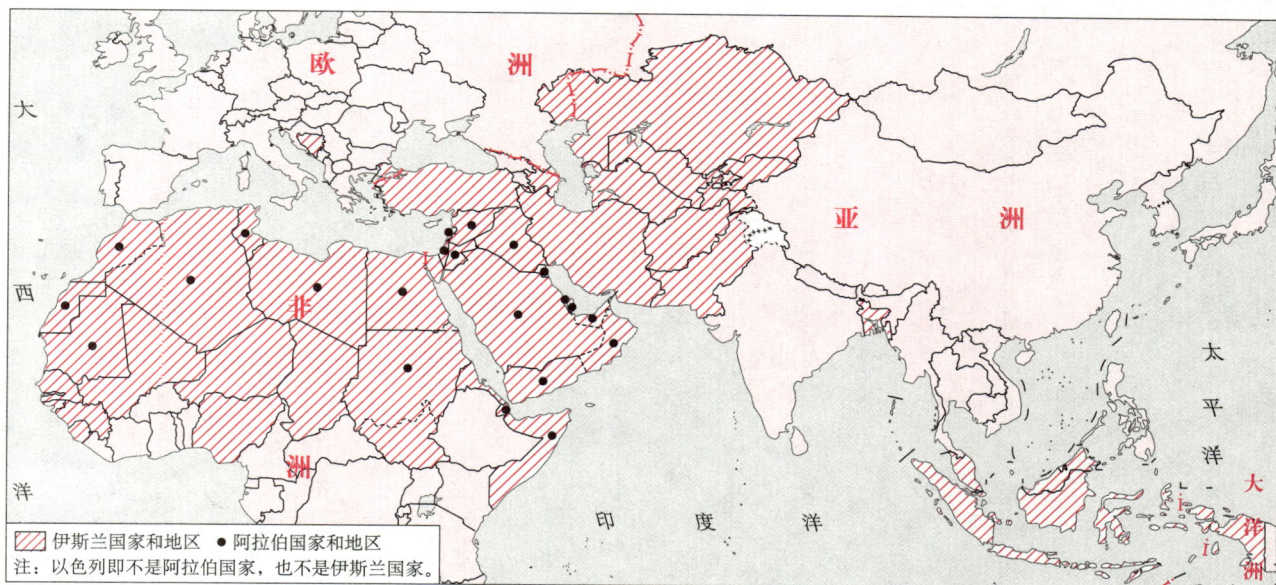

伊斯兰国家、阿拉伯国家的分布

伊斯兰的节日

开斋节：伊斯兰教历10月1日是开斋节。穆斯林在开斋节要净身、理发、剪指甲，穿上新衣，吃枣子。到清真寺举行会礼时，往返走不同的路，较富裕的穆斯林会施舍。会礼后，亲友互访，互赠礼品，举行庆祝活动。

宰牲节：伊斯兰教历12月8日至10日为宰牲节，清真寺举行会礼。宰牲献祭，牲畜肉分三份，一份送亲友，一份施舍，留一份自食。亲友间互相拜会。

登霄节：伊斯兰教历7月17日为登霄节，在节日夜晚，穆斯林会举行礼拜、祈祷等活动。

圣纪节：伊斯兰教历3月12日为圣纪节，是穆罕默德诞生和逝世的日子。穆斯林到清真寺举行圣会，集体诵读《古兰经》，宣扬穆罕默德的生平业绩。

阿术拉节：伊斯兰教历1月10日为阿术拉节，穆斯林在该日自愿斋戒。什叶派则举行哀悼仪式和游行等。

佛祖释迦牟尼

佛祖和佛教

在公元前6世纪，在喜马拉雅山山麓和恒河之间有一个小国，国王叫净饭王。有一天，正在宫中的净饭王接到皇后家中送来的喜报说，皇后为他生了一个王子。这位王子就是佛教的创始人佛祖释迦牟尼。

释迦牟尼，姓乔达摩，名悉达多，释迦族人，释迦牟尼意为"释迦族的圣人"。

悉达多的母亲在生他之后的第七天就死了，所以他是由他姨母抚养长大的。从小悉达多就特别聪明，无论什么事情一学就会，而且对任何事情都愿意问个为什么，非要得出答案不行。

净饭王非常喜欢小王子，希望有一天小王子能成为统一天下的大王。但是老国王总为这个小王子担心，因为小王子总愿意思考一些在老国王看来十分荒唐的事情。比如他问，同样是人，为什么有的人是婆罗门，有的人却是首陀罗？而且，婆罗门的子子孙孙都是婆罗门，首陀罗的子子孙孙永远是首陀罗，这又是为什么？老国王回答不出来，只好说这是上天安排的，但悉达多不相信，他说要找到一个让人人平等的办法。

悉达多19岁的时候，同表妹结了婚，家庭生活也十分美满。

有一天，悉达多出城游玩，看见一位老人拄着木棍，艰难地移动着脚步，走出不远又看见一个病人倒卧在污泥中，还遇到一群鸟啄食一具尸体。他问一个过路人，这是怎么回事，过路人说："真是少见多怪，这种事经常发生，又不是第一次。"回宫后，他一直在思考这个问题，非常烦闷和苦恼。他在想：难道人的一生就不能免除生老病死的痛苦吗？

又有一天，悉达多看见一个人穿着破烂的衣服，捧着一个瓦钵，显出一副悠然自得、富足快乐的样子。王子问随从这是什么人。随从说："这是出家修道的人。"悉达多赶忙向修道者行礼，并问他为什么会这样的快乐。修道者对他说："世事无常，只有出家人可以得到解脱。"

回宫后，王子又在想那个修道者的话，很激动，并产生了出家的念头。第二天早晨，他的妻子为他生下一个儿子。消息传出后，全城都在庆祝悉达多有了儿子，净饭王得了孙子。但悉达多在思考了一夜之后，决定出家修道。他悄悄走过妻子的房间，看见她怀抱着儿子，想走进去看上一眼。但是，他最终停住了脚步，叹息说："要修道是多难啊！"终于，他下定决心，抛开妻儿，毅然离开了家。

第二天，悉达多走出了国境，在一条河边拔剑剃掉自己的头发，做了一个修道者。

老国王不见了儿子，急得要命，派了几个人出去寻找，终于在森林里找到了悉达多，但他坚决不肯回家。此后，悉达多四处周游寻访有名的学者学习哲学，又跟随苦行僧学道。当时印度流行所谓"苦行"，就是要用各种自找苦吃的办法来求道，比如不吃不睡。悉达多也曾经用过这种修行法，结果弄得精神和体力几乎衰竭，仍然一无所得。后来他意识到，只有身体强壮，才能找到真理。于是，他开始注意锻炼身体和意志。

一天，他来到一条小河边，想洗个澡，把出家后6年来积在身上的污垢统统洗净。河边放牛的小姑娘看到悉达多身心交瘁的样子，很是担心，便给他喝了许多牛奶。悉达多终于恢复了元气，他走到一棵菩提树下，盘膝而坐，在那里闭目沉思，静修了6年。

在他35岁那年，他终于想通了解脱人间痛苦的道理，创立了佛教。后来，悉达多就到各地去传教，招收信徒，希望大家相信他说的一切，并且照着去做，佛教就这样产生了。作为佛教的创始人，悉达多被他的弟子称为释迦牟尼，意思是释迦族的圣人。释迦牟尼的学说和精神感动了许多人，其中也有许多婆罗门和刹帝利种姓的人。越来越多的人接受了释迦牟尼的的教诲。

释迦牟尼把佛教解释为"四谛"，即四个"真理"：苦谛、集谛、灭谛、道谛。"苦谛"是说人的一生到处都是苦，生老病死喜怒哀乐其实都是苦。"集谛"指人受苦的原因。因为人有各种各样的欲望，将愿望付诸行动，就会出现相应的结果，那么在来世就要为今世的行为付出代价，即所谓的善有善报，恶有恶报。"灭谛"是说如何消灭致苦的原因，要摆脱苦就要消灭欲望。"道谛"是说如何消灭苦因，消灭苦因就得修道。

释迦牟尼还为教徒制定了"戒律"。在家的和出家的教徒都必须遵守"五戒"：不杀生、不偷盗、不邪淫、不妄语、不饮酒。出家的教徒男的叫僧（和尚），女的叫尼（尼姑）。他们必须剃光头、穿僧袍，完全脱离家庭生活。另外他们还要遵守一些出家人的戒律。

佛教主张人人生而平等，同情不幸的受苦人，宣扬只要今世做了善事，来世就有好报；今世做了坏事，来世就有恶报。他还主张用自我解脱的办法来消除烦恼，否定斗争，所以历代统治阶级往往都利用它。

公元前485年2月15日，释迦牟尼给几个弟子讲道时来到一条河边，然后就到河里洗了个澡。洗完澡后，弟子们在几棵娑罗树之间架起了一张绳床，释迦牟尼侧身而卧，枕着右手，对弟子们说，我老了，马上就要死了，我死之后你们不要因为失去导师而自暴自弃，而要大力弘扬佛法，拯救世人。说完，他就逝世了。以后，人们为了怀念他对弟子的苦心教导，就在寺庙里塑造了释迦牟尼的卧像，并把释迦牟尼诞生的那天（农历4月8日）称作"浴佛节"，把他修道的那天（农历12月8日）称为"腊八节"。释迦牟尼的弟子们将他一生所说的教法记录整理，通过几次结集，成为经、律、论"三藏"。

释迦牟尼的遗体火化以后，骨灰结成许多五光十色的颗粒，佛教把这种颗粒叫做"舍利"。后来，有8个国王分取舍利，把它珍藏在特地建造起来的高塔中供奉，以表示对释迦牟尼的景仰。这种塔用金、银、玛瑙、珍珠等7种宝物装饰，人称"宝塔"。在北京西山灵光寺的佛牙塔里，据说就藏着释迦牟尼的一颗牙齿。

公元1世纪时，佛教传播到中国汉族地区，以后再从中国传播到朝鲜和日本。随着传播范围的扩大，佛教逐渐成为世界性的宗教。今天，全世界有3亿多人信奉佛教。

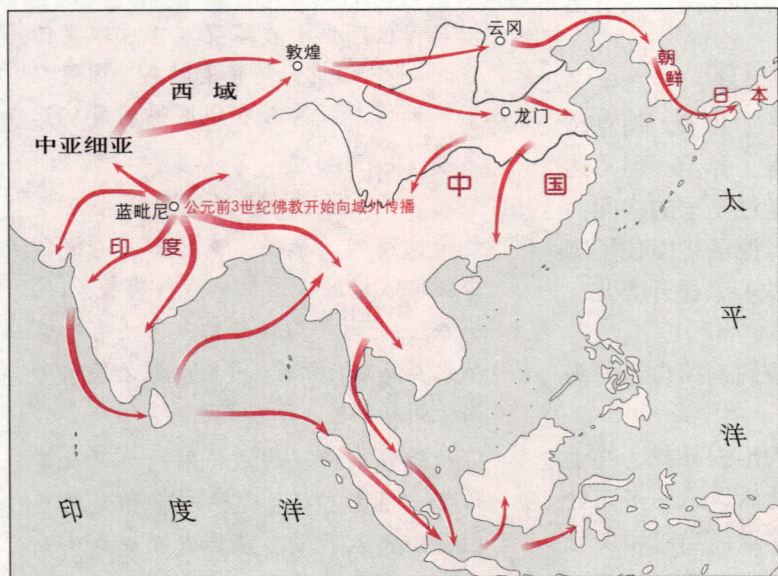

佛教的传播线路

>> 知识窗

中国四大佛教名山

中国佛教四大名山：山西五台山、浙江普陀山、四川峨眉山、安徽九华山。有"金五台、银普陀、铜峨眉、铁九华"之称。四大佛教名山是中国佛教圣地，分别供奉文殊菩萨、观音菩萨、普贤菩萨、地藏菩萨。

四大名山随着佛教的传入，自汉代开始建寺庙，修道场，延续至清末。新中国建立后受到国家的保护，并对寺院进行了修葺。这些佛教名山现已成为蜚声中外的旅游胜地。

鉴真东渡

鉴真（688－763年），俗姓淳于，扬州江阳县（今扬州）人。中国唐朝僧人，律宗南山宗传人，日本佛教律宗开山祖师，著名医学家。

唐代扬州佛教盛行，云集中外僧人，佛寺多达三四十所。鉴真受充满着浓厚的佛教气氛家庭影响，在扬州大云寺出家为僧。后到佛教最盛的洛阳、长安游学。在西京（长安）学习时，鉴真不仅融合佛教各家如法相、天台等宗所长，形成了自己的独立见解，而且对其他方面的知识也广泛涉猎和研究，对建筑、医药等也有很高的造诣，成为后来到日本传播建筑、雕塑、医药、艺术等的基础。

开元元年（713年），26岁的鉴真回到扬州，为大明寺（今法净寺）的大师。他从事佛事活动，而且还从事救济贫病、教养三宝等活动。由于学识和道德高尚，声名与日俱增，逐步成为江北淮南地区"独秀无伦，道俗归心"的著名高僧。

佛教自6世纪中叶传入日本，开始在上层统治者中间流传。742年，日本留学僧荣睿、普照到达扬州，恳请鉴真东渡日本传授"真正的"佛教，为日本信徒受戒。当时，大明寺众僧"默然无应"，唯有鉴真表示"是为法事也，何惜身命"。遂决意东渡。

742年(唐天宝元年)鉴真不顾弟子们劝阻，毅然应请，决心东渡。由于地方官阻挠和海上风涛险恶等原因，先后四次都未能成行。前四次的失败，并没有改变鉴真的初衷。他在扬州继续准备东渡物资。

天宝七年（748年）6月27日，鉴真率僧众、水手等30人从扬州出发。为等顺风，出长江后鉴真一行在舟山群岛一带停留了数月，直到11月才出海。在东海上，该船遭到强大北风吹袭，船在风浪中完全失去了控制，随风浪漂泊，淡水早已用完，人们严重晕船，食物难咽，死亡威胁着每一个人。失去驾驭的船在海上一连漂了14天，16天后方能上岸，发现已经漂流到了振州（今海南三亚），受到当地官民的迎接。他们留居一年有余。鉴真在那里修寺造佛，登坛受戒。后决定重返扬州，他们从振州出发，经广西、广东的返途中，行至端州（今广东高要）时，荣睿积劳病重，去世。行至韶州（今曲江）

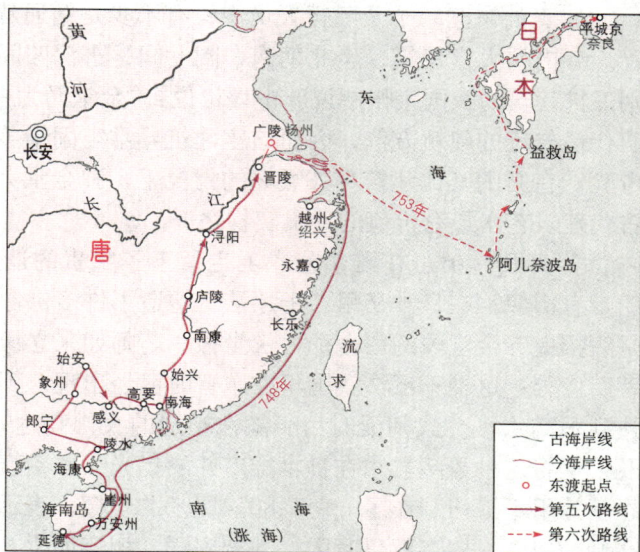

鉴真东渡线路图(748年6月-754年2月)

时，普照离鉴真北去。荣睿的死，普照的离去，第五次东渡的失败，加之旅途的艰辛，使鉴真的身心受到极大的损害，他感受暑热，眼睛渐渐模糊起来，虽经医治未见好转，最后双目失明。至吉州（今江西吉安）时，祥彦又因病去世。祥彦是鉴真最得力的优秀弟子，他最先表态支持东渡，一直追随其左右。如今祥彦的死使63岁的鉴真再次受到沉重打击。这一系列打击和挫折并没有吓倒鉴真。相反，东渡的决心更坚定了。天宝十年（751年）春，鉴真回到扬州，又着手筹备第六次东渡。鉴真在海南停留期间，为当地带去了许多中原文化和医药知识，时至今日，三亚仍有"晒经坡""大小洞天"等鉴真遗迹。

天宝十二年（753年）10月15日，日本政府派出由藤原清河大使率领的第十次遣唐使团，从长安返回日本途中经扬州，到延光寺拜访鉴真，并再次恳请鉴真同他们一道东渡。当时唐玄宗崇信道教，意欲派道士去日本，为日本拒绝，因此不许鉴真出海。鉴真便秘密乘船至苏州黄泗浦，转搭遣唐使大船。11月16日，船队扬帆出海，四船出发。21日一号、二号两船到达阿儿奈波岛（日本冲绳），北行至多祢岛（种子岛）西南，遇三号船，12月6日，海上又起南风，一号船在航行中遇难。鉴真所乘的二号船终于在20日到达萨摩国阿多郡秋妻屋浦（今鹿儿岛川边郡坊津町秋目）。12月26日，经40天的海上颠簸，鉴真一行在僧人延庆的引导下进入日本九州的太宰府（今日本福冈）。

鉴真一行前后历时12年，6次启行，5次失败，航海3次，几经绝境。先后有36人死于船祸和伤病，200余人退出东渡行列。只有鉴真笃志不移，百折不挠，终于实现了毕生的宏愿。

鉴真来到日本的消息，引起了日本朝野的极大震动。

日本圣武太上皇决定："自今以后，受戒传律，一任和上。"又授"传灯大师"及"大僧正"的称号。四月初，在鉴真的指导下，东大寺大佛像前筑起了一座戒坛，成为日本举行受戒仪式的主要地点。鉴真首先为天皇授菩萨戒。接着皇后、皇太子登坛受戒。以后澄修等四百余沙弥受菩萨戒。日本名僧灵福、贤璟等80余僧也重新受具足戒，开创了日本佛教徒登坛受戒的仪式。从此，无论什么人，如果没有经过指定的戒坛受戒，就不能取得僧籍。

759年，唐招提寺建成，鉴真僧众搬进居住。从此，鉴真就在寺中讲律受戒。当时鉴真年事已高，健康情况每况愈下，弟子们感到有必要将鉴真奋斗一生的历史记录下来，思托撰成了《鉴真和尚东征传》。

日本天平宝字七年（763年），为传播佛法奋斗了一生的鉴真，在唐招提寺面向西方端坐，安详圆寂，终年76岁。他的遗体经火化后，葬在寺后面的松林中。

鉴真东渡的主要目的是弘化佛法，传律受戒。鉴真僧众在日十余年的活动达到了这个目的。由于天皇的重视，鉴真被授予"大僧都"的职务，成为"传戒律之始祖"。"从此以来，日本律仪，渐渐严整，师师相传，遍于寰宇。"鉴真所建唐招提寺成为日本的大总寺。日本的佛经多由百济僧侣口传而来，错漏较多。鉴真在双目失明的情况下，以他惊人的记忆力，纠正日本佛经中的错漏。由于鉴真对天台宗也有相当研究，所以鉴真对天台宗在日本的传播也起了很大作用。

鉴真的东渡弟子及随行人员中，有不少是精通建筑技术的。在鉴真的设计及领导下，建造了著名的唐招提寺。寺内的大堂建筑，坐北朝南，阔七间，进深四间，三层斗拱式形制，是座单檐歇山顶式的佛堂。日本《特别保护建筑物及国宝帐解说》中评论说："金堂乃为今日遗存天平时代最大最美建筑物"。由于鉴真僧众采用了唐代最先进的建筑方法，因而这座建筑异常牢固精美，经过1200余年的风雨，特别是经历了1597年日本地震的考验，在周围其他建筑尽被毁坏的情况下，独金堂完好无损，至今屹立在唐招提寺内。金堂成为研究了解中国古代建筑艺术最有价值的珍贵实物之一。

鉴真及其弟子在雕塑艺术上也留下了宝贵的遗产。鉴真随船带有佛像，在日本又用"干漆法"塑造了许多佛像，最著名的是唐招提寺金堂内的卢舍那大佛坐像、药师如来立像、千手观音菩萨像等。这种干漆法我国早在东晋时已经出现，到唐朝技术已达到很高水平。武则天时用干漆法塑造的大佛高达900尺。鉴真及弟子将这种雕塑艺术在日本推广并发扬光大。鉴真晚年，弟子忍基等用干漆法制作了一尊高80.4厘米的坐像，表示对这位中国高僧的纪念。鉴真双目紧闭，神智安详，栩栩如生。它不仅再现了鉴真的真实形象，而且着意刻画了精神气质，温和中流露出刚毅，安详中凝聚着严肃，微笑中体现出沉思。这尊塑像一直供奉在唐招提寺内。

鉴真随船带到日本的还有绣像、画像、书帖等，其中有王羲之父子的真迹，后来成为日本书法的准绳，对日本书法艺术产生了深刻影响，相传唐招提寺的匾额即为孝廉女帝仿王羲之体而写成。

鉴真在扬州时曾对医药学很有研究。他到日本后亲自为日本光明太后治疗顽疾，使其病情大有好转。由于鉴真双目失明，便以鼻嗅、口尝、手摸、牙咬、耳闻之法鉴别药物，传授中草药知识，留下了一卷《鉴真上人秘方》。鉴真在日本医学界是位备受尊敬的先师。17、18世纪时，日本药店的药袋上，还印着鉴真的图像，可见影响之深。

本文提供：安徽省临泉县第一中学 韦勇

>> 知识窗

1900年，日本佛教界友好人士将供奉于奈良市唐招提寺内的鉴真大师像运回中国巡展。为了庆祝这一友好行动，中国邮电部于1980年4月13日发行了这套《鉴真大师像回国巡展》邮票。

扬州鉴真纪念堂　　鉴真大师像

鉴真东渡船

玄奘西天取经

在1300年前的中国，唐朝的长安是世界上最繁华的城市，街上常常可以看到来自世界各国的游客和留学生。比如，日本派的留学生到长安来学习中国文化，把学问和风俗习惯学会了带回本国去。当时，也有许多人想学到更多的外国知识和文化，把唐朝建设得更加繁荣。玄奘西行到印度拜佛求经，学习印度的佛教文化就是一个很好的例子。

玄奘原名陈祎，是长安大慈恩寺的和尚。他从13岁出家做了和尚后，就开始认真研究佛学。后来他到处拜师学习，很快就精通了佛教经典，被尊称为三藏法师（三藏是佛教经典的总称）。玄奘发现原来翻译过来的佛经有很多错误，就决定到天竺去学习佛经。

629年，他从长安出发，到了凉州（今甘肃武威）。当时，朝廷不允许唐人出境，他在凉州被边境士兵发现，命令他回长安去。他没有改变初衷，而是逃过了边防关卡，向西来到玉门关附近的瓜州（今甘肃酒泉）。

出了瓜州以后，玄奘在玉门关守吏王祥及同族兄弟的帮助下，艰难地走出玉门关五堡，其中经历了沙漠缺水的考验，最终到达高昌。

高昌王麹文泰也笃信佛教，听说玄奘是大唐来的高僧，十分敬重，请他讲经，还恳请他留在高昌，玄奘坚决不肯。文泰没法挽留，就给玄奘准备好行装，派了25人，带着30匹马护送，还写信给沿路24国的国王，请他们保护玄奘安全过境。

玄奘到达屈支国，因大雪封山，玄奘只得在此逗留了60多天。随后他又越过沙漠，在冰雪交融的春季，玄奘到达跋禄迦国（今天新疆温宿、阿克苏一带），西行150千米到了葱岭的凌山（今天山穆素尔岭），出山口就出了我国现在的国境。在通过穆素尔岭的冰峰雪岭时，玄奘一行用绳索把人马联结在一起，在崎岖山道上小心翼翼地前行，以防滑下冰谷深渊。夜晚，寒风凛冽，也只能卧冰而睡。大声说话是绝对禁止的，因为冰雪稍受震动就可能坍塌，导致雪崩发生。然而，即使如此，他们在翻越穆素尔岭时，竟有一半的随行人员被活活冻死了。

一路山高岭险，白雪皑皑，天气寒冷。但是当进入喀喇昆仑山后，却是一片无边无际的热海，又称"大清池"（今吉尔吉斯斯坦伊塞克湖），玄奘曾写下"山行400余里至大清池。周千余里，东西长，南北狭。四面负山，众流交凑，色带青黑，味兼咸苦，洪涛浩瀚，惊波汩忽……"等记录，这也是世界上最早有关伊塞克湖的记载。沿大清池向西北走250多千米，至西突厥，在素叶城（今吉尔吉斯斯坦托克马克）巧遇叶护可汗，可汗是高昌国王的亲戚，派大臣护送玄奘西去，到达古代中亚向南的重要交通孔道，帕米尔高原的险要隘口——铁门关（今乌兹别克斯坦南部达尔本特之西），出铁门，到达靚货逻国（即吐火罗，今阿富汗北境），由此又南行，经大雪山（今兴都库什山），来到迦毕试国（今阿富汗贝格拉姆）。一年以后，玄奘终于进入印度北部，东行至

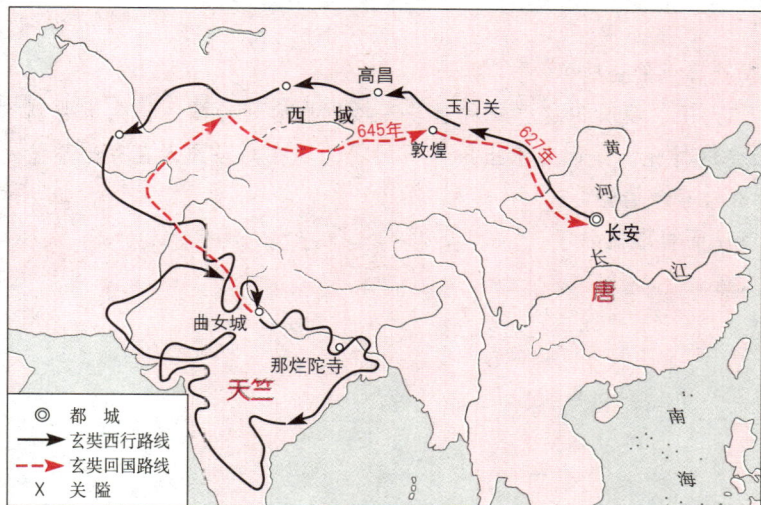

玄奘西行线路图

健驮逻国（今巴基斯坦白沙瓦城），终于抵达了天竺。

天竺摩揭陀国有一座古老的叫做"那烂陀"的大寺院，寺里有个戒贤法师，是天竺有名的大学者。玄奘来到那烂陀寺，跟着戒贤法师学习。5年后，他把那里的佛经全部学会了。

摩揭陀国的戒日王是个笃信佛教的国王，他听到玄奘的名声后，便在他的国都曲女城（今印度北方邦境内卡瑙季）为玄奘开了一个隆重的讲学聚会。天竺18国的国王和3 000多高僧都到会了。戒日王请玄奘在会上讲经说法，还让大家讨论。会议开了18天，大家都十分佩服玄奘的精彩演讲，没有一个人提出不同的意见。最后，戒日王派人举起玄奘的袈裟，宣布讲学圆满成功。

玄奘的游历，在佛学上取得了巨大成功，还促进了东西方的文化交流。645年，他带着600多部佛经，回到了阔别十多年的长安。他的取经事迹，轰动了长安。当时，在洛阳的唐太宗对玄奘的壮举十分赞赏，在洛阳行宫接见了玄奘。玄奘将他游历西域的经历向太宗作了详细的讲述。

从这以后，玄奘在长安定居下来，专心致志地翻译从天竺带回来的佛经。他还和他的弟子合作编写了一本《大唐西域记》。

本文提供：河北省涿州市第二中学　陈会策

>> 地理小故事

晏子使楚

晏子为春秋齐国人，被派出使楚国。楚国人想差辱他，这其中就包括楚王。

因为晏子身材矮小，楚国人就在城门旁边特意开了一个小门，请晏子由小门进去。

可是，晏子身材虽矮小，但不愿意从此洞入城，说："只有出使狗国的人，才从狗洞中进去。今天我出使的是楚国，不能从狗洞入城。"

楚国人没有办法，只好改道，恭恭敬敬请晏子从大门中进去。

晏子拜见楚王。楚王说："齐国恐怕是没有人了吧？"

晏子回答说："齐国首都临淄有七千多户人家，人挨着人，肩并着肩，展开衣袖可以遮天蔽日，挥洒汗水就像天下雨一样，怎么能说齐国没有人呢？"

楚王说："既然这样，为什么派你这样一个人来做使臣呢？"楚王很轻蔑地看着晏子。

晏子苦着脸回答说："齐国派遣使臣，各有各的出使对象，贤明之人就派遣他出使贤明之君之国，无能之人就派遣他出使无能之君之国。唉，我是最无能的人，所以就只好出使楚国了。"

早在晏子出使楚国前，楚王就听到这个消息，对身边的侍臣说："晏婴是齐国善于辞令的人，现在他来，我想要差辱他，用什么办法呢？"侍臣回答说："当他来的时候，请让我们绑着一个人从大王面前走过。大王就问：'他是干什么的？'我就回答说：'他是齐国人。'大王再问：'犯了什么罪？'我回答说：'他犯了偷窃罪。'"

晏子来到了楚国，楚王请晏子喝酒，喝酒喝得正高兴的时候，两名公差绑着一个人假装从楚王面前经过。

楚王便问道："绑着的人是干什么的？"

公差回答说："他是齐国人，犯了偷窃罪。"

楚王转过脸，看着晏子，问道："齐国人本来就善于偷盗吗？"

晏子急忙离开了席位，非常认真地回答道："大王，我听说这样一件事——橘生淮南则为橘，橘生淮北则为枳，只是叶相似，果实的味道却不同。为什么会这样呢？是因为水土条件不同啊。现在，齐国人在齐国不偷盗，一到了楚国就偷盗起来，莫非楚国的水土使百姓喜欢偷盗？"

楚王笑着说："圣人是不能同他开玩笑的，我反而自取其辱了。"

东归英雄传

土尔扈特是我国蒙古族中一个古老的部落。早在明朝末年(公元1628年),土尔扈特人为了寻找新的生存环境,部族中的大部分人离开新疆塔尔巴哈台故土,越过哈萨克草原,渡过乌拉尔河,来到了当时尚未被沙皇俄国占领的伏尔加河下游、里海之滨。在这片人烟稀少的草原上,他们开拓家园,劳动生息,建立起游牧民族的封建政权土尔扈特汗国。在以后的100多年里,土尔扈特人始终保持着与清朝政府的关系。

土尔扈特人在伏尔加河流域生活了140多年,到了18世纪60年代,他们决心返回故土,主要原因来自沙俄帝国的巨大压力,使他们再也无法生活下去。首先政治上,土尔扈特的体制是汗王决定一切,在汗王之下有个叫扎尔固的机构。俄国政府要改组扎尔固,并把它的权力上升到与汗王一样,在权力上,对汗王渥巴锡是一个严重的威胁。其次经济上,沙俄政府让大量的哥萨克移民向东扩展,不断缩小土尔扈特的游牧地,意味着土尔扈特畜牧业发展受到限制。最后从文化方面来说,土尔扈特人全民信仰藏传佛教,沙俄政府迫使他们信仰东正教,土尔扈特人在精神上绝对不能接受。

沙俄政府对土尔扈特人强制实行人质制度,目的就是控制土尔扈特人,一切听沙皇指挥,叫你向东,不能向西,叫你去打仗,你就得上前线。18世纪,沙俄帝国竭力控制出海口。随着沙俄侵略势力不断扩大,战争越来越多,其中跟土耳其就打了很长时间。俄国当时征用土尔扈特的青壮年,作为俄国的军队跟土耳其打仗。这场战争打了21年,土尔扈特每次出征10万人,能回来的就1、2万人,人员伤亡很大。

还有一个很重要的原因,就是土尔扈特在强盛时期的汗国与沙俄地位是平等的,沙俄强大以后,要求土尔扈特人俯首称臣。综述以上几个方面的原因,在当时的形势下,土尔扈特人如何决定自己的命运,面临着严峻的考验和选择。

1767年,当时的土尔扈特在渥巴锡的领导下,开了一次小型的绝密会议,在这个会议上决定东归故土。土尔扈特人毕竟在伏尔加河流域生活了将近一个半世纪,那里的草原、牧场都留下了他们的足迹,撒下了他们的汗水。马上要放弃那块土地,说走就走,在老百姓中也不是所有的人一下子都能想通的。

清乾隆三十五年秋(公元1770年),在伏尔加河下游草原的一个秘密地点,土尔扈特汗王渥巴锡第二次主持召开了绝密会议。会上,他们庄严宣誓,离开沙皇俄国,返回故乡去。

1771年1月4日,渥巴锡召集全体战士总动员,提出土尔扈特人如果不进行反抗,脱离沙皇俄国,就将沦为奴隶的种族,这次总动员,点燃了土尔扈特人心中奔向光明的火焰。尽管渥巴锡等人力图对俄国人保密,消息还是泄露了。形势的急剧变化,迫使渥巴锡不得不提前行动。

他们本来计划携同左岸的一万余户同胞一道返回故土。不巧当年竟是暖冬,河水迟迟不结冰,左岸的人无法过河。只好临时决定,右岸的三万余户立即行动。第二天凌晨,寒风凛冽。当阳光洒向大雪覆盖着的伏尔加草原时,伏尔加河右岸的三万三千多户的土尔扈特人出发了,离开了他们寄居将近一个半世纪的异乡,用他们的话说:到东方去、到太阳升起的地方去寻找新的生活。

渥巴锡率领一万名土尔扈特战士断后。他带头点燃了自己的木制宫殿;刹那间,无数村落也燃起了熊熊烈火。这种破釜沉舟的悲壮之举,表现了土尔扈特人将一去不返,同沙俄彻底决裂的雄心。

土尔扈特东归的消息,很快传到了圣彼得堡。沙皇俄国女皇叶卡捷琳娜二世认为,让整个部落从她的鼻尖下走出国境,这是沙皇罗曼诺夫家族的耻辱。她立即派出大批哥萨克骑兵,去追赶东去的土尔扈特人,同时采取措施,把留在伏尔加河左岸的一万余户土尔扈特人严密监控起来。

土尔扈特人的队伍很快穿过了伏尔加河和乌拉尔河之间的草原。走在外侧的一支土尔扈特队伍,被哥萨克骑兵追上了。由于土尔扈特人是赶着牲畜前进的，来不及把散布在广阔原野上的队伍集中起来抵抗，九千名战士和乡亲壮烈牺牲。一支庞大的哥萨克骑兵抢先占据了东归队伍必经的一个险要山口——奥琴峡谷。面对强敌，渥巴锡镇定指挥，他组织五队骆驼兵从正面发起进攻，后面派枪队包抄，将哥萨克军队几乎全歼，为牺牲的九千名同胞报了仇。一路上除了残酷的战斗，土尔扈特人还不断遭到严寒和瘟疫的袭击。土尔扈特人由于战斗伤亡、疾病困扰、饥饿袭击，人口大量减员。有人对能否返

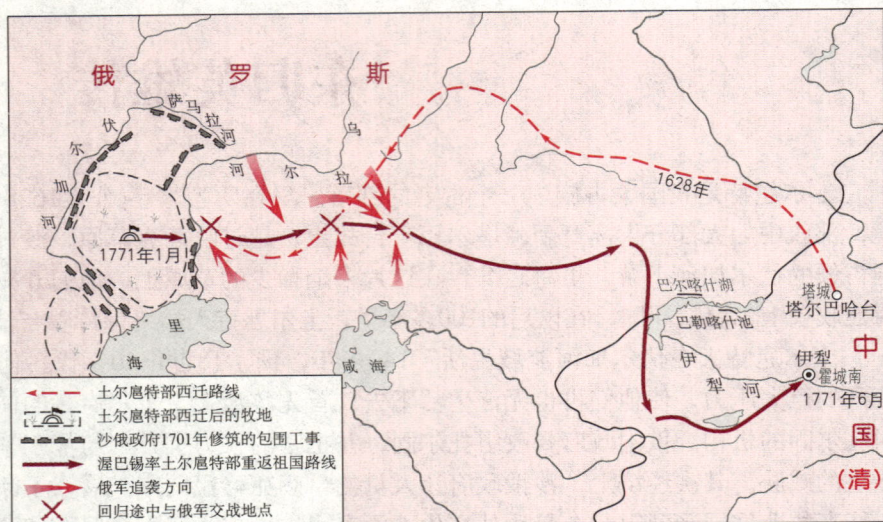

土尔扈特万里归国图

回祖国丧失了信心。在这最困难的时刻，渥巴锡及时召开会议，鼓舞士气，他说："我们宁死也不能回头！"土尔扈特人东归的消息，事前清政府一点也不知道。土尔扈特人无法与清政府沟通，更不可能得到清政府的任何援助。英勇的土尔扈特人，仍然只有再次抖擞精神，向着既定的目标一步步走去。

乾隆三十六年3月（公元1771），定边左副将军车布登札布向朝廷奏报说俄方派人来通报土尔扈特举部东返，清政府才得知这一消息。土尔扈特人归来的消息在清朝朝廷中引起了争论：是把他们挡回去还是接回来。最后清政府决定：第一，这件事如果俄国政府出面交涉，就要坚决挡回去；第二，土尔扈特人回来以后，一定要好好安置。

土尔扈特人浴血奋战，义无反顾，历时近半年，行程上万里。他们战胜了沙俄、哥萨克和哈萨克等军队的围追堵截，战胜了难以想象的艰难困苦，承受了极大的民族牺牲，终于实现了东归壮举。根据清宫档案《满文录副奏折》的记载，离开伏尔加草原的十七万土尔扈特人，经过一路的恶战，加上疾病和饥饿的困扰，"其至伊犁者，仅以半计"。就是说，约有八、九万人牺牲了生命。

在5月的一个阳光明媚的早晨，土尔扈特人终于到达了祖国西陲边境伊犁河畔。当时任伊犁将军的伊勒图派锡伯营总管伊昌阿等官员在伊犁河畔迎接刚刚抵达的渥巴锡、舍楞等人。不久，渥巴锡随伊昌阿到伊犁会见参赞大臣舒赫德，舒赫德向渥巴锡转达了乾隆的旨意，让渥巴锡等人在秋高气爽时节前往避暑山庄面见乾隆皇帝，并转交了乾隆皇帝颁给渥巴锡、策伯克多尔济、舍楞的敕书。乾隆的敕书是用满文和一种古老的蒙古文字托忒文写成的。这份敕书充分表达了乾隆对土尔扈特人的赞扬与欢迎。不久，渥巴锡等13人及其随从44人，在清朝官员的陪同下，自察哈尔旗来到避暑山庄。这一年，恰好承德普陀宗乘之庙落成，举行盛大的法会。乾隆下令在普陀宗乘之庙竖起两块巨大的石碑，用满、汉、蒙、藏四种文字铭刻他亲自撰写的《土尔扈特全部归顺记》和《优恤土尔扈特部众记》，用来纪念这一重大的历史事件。土尔扈特人举部回归的壮举，深深感动了全国人民，各地纷纷捐献物品，供应土尔扈特人民。清政府也拨专款采办牲畜、皮衣、茶叶粮米，接济贫困中的土尔扈特人，帮助他们渡过难关。

为了妥善安置归来的土尔扈特部众，清政府指派官员勘查水草丰美之地，将巴音布鲁克、乌苏、科布多等地划给土尔扈特人做牧场，让他们能够安居乐业。最后确定的游牧地为"渥巴锡所领之地"，也称旧土尔扈特，分东西南北四路，设四个盟，各任命了盟长，舍楞所领之地，称"新土尔扈特"，舍楞为盟长；还有和硕特恭格部，下设四个旗，恭格为盟长。

时间虽然过去了二百多年，然而，人们没有忘记东归的英雄，他们的事迹成为经久不衰的学术研究课题。中外很多学者，都赞颂土尔扈特人民重返祖国的英雄壮举。东归英雄们的史诗将永远被传唱下去。

本文提供：河北唐山二中　王永存

火烧上方谷司马受困

　　爱读《三国演义》的读者发现，《三国演义》中有很多经典战役都与地理现象有关，"火烧上方谷司马受困"就是其中103回里所讲述的故事。

　　故事是这样的：诸葛亮本打算用计把司马懿引诱入谷中，然后用火攻烧死他，然而人算不如天算，眼看计谋就要成功，老天爷却下起了大雨，浇灭了大火，没让司马懿父子死。难道这真是老天爷救了司马懿吗？

　　《三国演义》中说，这场雨是天意，其实不是什么"天意"，恰恰是诸葛亮自己无意中制造的。上方谷这种谷地地形，周围高、中部低，不利于空气流通和热量交换。一旦谷内起火，气温上升很快，谷底的空气迅速升温受热膨胀上升，而周围冷空气则受其影响收缩下沉，这样更加剧谷地气流剧烈抬升，形成局地低压中心与强烈对流的山谷风并伴有狂风大作的现象。当谷底大量湿热气流被急剧抬升后，其气流中的水汽迅速冷凝形成云雾，再加上柴草燃烧所产生的大量烟尘随空气上升到空中，为水汽凝结提供了大量的凝结核，加速了水汽的凝聚，最终导致大雨倾盆的现象，浇灭了上方谷的大火，司马懿才得以脱险。

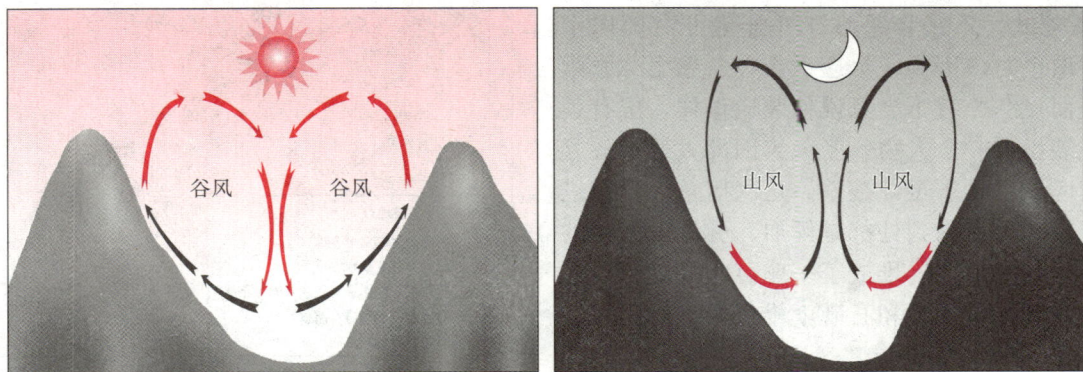

山谷风形成示意图

　　作为山谷这种小地形，白天谷地受热，空气温度上升，气流随之上升，而山谷中部离谷壁较远，受热更慢，温度更低，遇冷下沉，这就是山谷风中的谷风。晚上，刚好相反，谷壁冷却更快，谷壁处空气降温快，随之下沉，而山谷中部的空气随之上升，形成山风。

　　一般情况下，山谷风改变着气流的流动方向，不至于形成降雨。但是在《三国演义》中，诸葛亮在上方谷用火攻，一下子加速了空气的流动，使山谷中部上升的气流一下子变得非常强烈，为降雨提供了充足的条件，雨就形成了。

　　四川盆地也有点像一个巨大的山谷，在晚上易形成山风，盆地中部易形成上升气流，所以，四川盆地的夜雨率偏高，大约占到全年降雨量的60%以上，"巴山夜雨"成为四川盆地的特色。

　　更全面解释四川盆地多夜雨的原因，主要是由于盆地内空气潮湿，天空多云。云层遮挡了部分太阳辐射，白天云下气温不易升高，对流不易发展。夜间云层能够吸收来自地面辐射的热量，再以逆辐射的方式，把热量输送给地面。所以云层对地面有相当的保温作用，使夜间云下气温不致过低。可是云层本身善于辐射散热，其上层由于辐射散热，温度降低，低于云下气温，这就形成云层上冷下暖的特征。于是上下空气就发生对流，出现降雨现象。

　　《夜雨寄北》是李商隐在四川时，思念其北方亲友时写的诗。该诗言浅意深，语短情长，表达了客居异地又逢夜雨缠绵的孤寂情景，"巴山夜雨"也因此成为一个成语，常用在分手、思乡、思友的情形下。李商隐笔下的"巴山"实际指现在重庆北碚缙云山，李商隐曾在这里居住。而"巴山夜雨"的巴山现在泛指四川、重庆所在的西南山地。

唐诗《夜雨寄北》

　　　　本文提供：陕西省铜川市同官高级中学　张亮良

张献忠屠四川和湖广填四川

张献忠是明末农民起义的首领之一，字秉吾，号敬轩，延安柳树涧（今陕西定边东）人。崇祯三年（1630年）在米脂十八寨起义，自号八大王，因身长面花，人称黄虎。

张献忠的农民起义军转战陕西、山西、河南、湖北间。崇祯八年与高迎祥大举东征，攻破凤阳，又转战河南、陕西、湖北、安徽各地。崇祯十一年接受明兵部尚书熊文灿的"招抚"，驻兵谷城（今属湖北），但拒绝裁减军队，不受调度。第二年，张献忠再度起义。

崇祯十七年（1644年），张献忠攻入四川，在成都建立大西政权，即皇帝位，年号大顺。1644年为大顺元年。

大顺二年，在张献忠的一手策划下，成都发生了一桩举世罕见、骇人听闻的屠杀读书人事件。这年十一月，张献忠宣布举行大西国科举考试，严逼各州县士子前来考试，不来者杀头，并连坐左右邻居十家。在开科取士时，因为一个应举者在答卷里称张献忠为"沐猴而冠"，言下之意说他装模作样，虚有其表，把自己装扮成一个人物。张献忠因此大怒，隧起杀心，参加应试的学子全部被杀。这次屠杀，整整进行了大半天，青羊宫内到处都是鲜血，弥漫着浓烈的血腥气，被屠杀的尸体，堆成了一座巨大的山。后来清理屠杀现场，光是毛笔和石砚就堆得像一座浩大的帐篷。

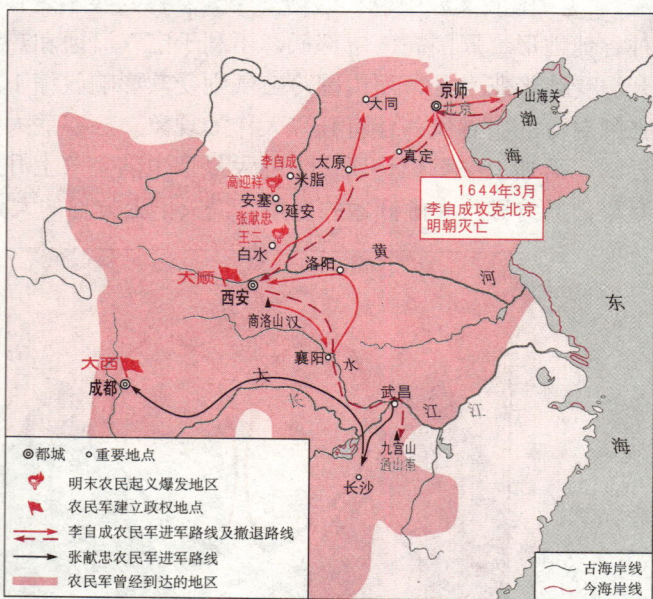

明末农民战争形势图

张献忠入川后，杀人如麻。据《荒书》记载："先杀卫所指挥千、百户，后杀僧人、道士、匠作、医士，皆令州县解入成都。杀则投南门外大桥下。"

待到后来，他越是军事失败越是心情焦虑而大杀自家兵士。

1646年8月，张献忠兵败退出成都，向川东北顺庆（南充）方向转移，在转移途中，一路清剿各土围子，以图获取其中的存粮。战斗异常惨烈，几乎每攻下一寨，就尽屠寨中男女老少，但军粮仍远不够，兵士饿死者日增，于是部队开始吃人，吃所屠村寨里年轻人和妇女的尸体。

1647年初，张献忠在西充凤凰山被清军豪格部突袭，张献忠中箭身亡。张献忠身亡后，其起义军残部在四川与清军又奋战多年。

到1659年，清军攻陷渝城（今重庆），清军还对四川农民起义军进行报复式屠杀。即不论是"张贼"还是无辜百姓一律斩杀。清军告示称"民贼相混，玉石难分，或屠全城，或屠男留女。"

1673年，吴三桂在云南发动叛乱，派王屏藩攻入四川，对川陕影响很大，所到之处劫掠不绝、十室九空。据记载"或涉深山穷谷人迹罕至之地，尚不能幸免"，可见影响之深。

在三十多年持续的战争期间，地主杀起义军，起义军杀地主，满人杀汉人，汉人杀满人，最终的结果是"杀得鸡犬不留"。在大规模的战争后，尸横遍野、瘟疫流行，还有大旱、大饥等灾害。据史书记载，顺治五年（1648年）"连遭大旱、大饥、大疫，人自相食，存者万分之一。"

到清朝康熙年间，经历了兵荒马乱、天灾瘟疫的四川盆地终于逐渐平息下来，一批批新任地方官员开始走马上任了。在这些踌躇满志的官员眼中，四川是何等的丰肥沃土。然而当他们骑马、坐轿赶至官邸以后，才发现传说中的天府之国竟然是这般荒凉残破、千疮百孔。

康熙七年，四川巡抚张德地忧心忡忡地向康熙皇帝上了一道奏折，表露出强烈的忧患意识。他在奏折中写道："我被皇上荣幸地任命为四川的最高地方官员，来到这片饱受战火摧残的地方一展宏图。但现在当我站在满目疮痍的昔日天府，增赋无策，税款难征，我感到局促不安、寝食俱废。我等下官受皇上差遣，唯有精忠报国效忠朝廷。经过几日思索，我觉得要重振四川天府之美名，唯有招徕移民开垦土地，重建家园，除此似无别的良方上策。"

与此同时，张巡抚还在奏折中提及了一些移民办法。比如，可以命令与四川相邻各省的地方官清查那些因战争而背井离乡的四川原籍人口，加以登记注册，送回四川。或者直接由政府出台一项移民政策，通过行政手段把人口密集省份的人移来四川。

康熙十二年（1673年），清廷在四川实行招民垦荒，移民开荒者，耕种满10年才征税。康熙二十九年（1690年），清廷又规定"凡愿垦荒居住者，将其地亩给为永业"。后来人们称"插占为业"，就是垦荒者自己划占一片土地为自己垦殖的田业。

之后，康熙皇帝又正式颁布了一份名为《康熙三十三年招民填川诏》的诏书，下令从湖南、湖北、广东等地大举向四川移民。

康熙五十一年（1712年），清廷令各省编审人丁，将增加之数进行统计上报，另立清册，永不加赋，这一年湖广人来四川垦荒者很多。

移民入川，对四川的文化、习俗影响很大。最初在宗教、文化、方言、婚嫁、衣、食、住、行等方面均维持原籍方式，移民社会呈现出多姿多彩的文化、习俗。在四川遍布各地的客籍会馆、公所，就是保留下来的独特的移民异地文明。

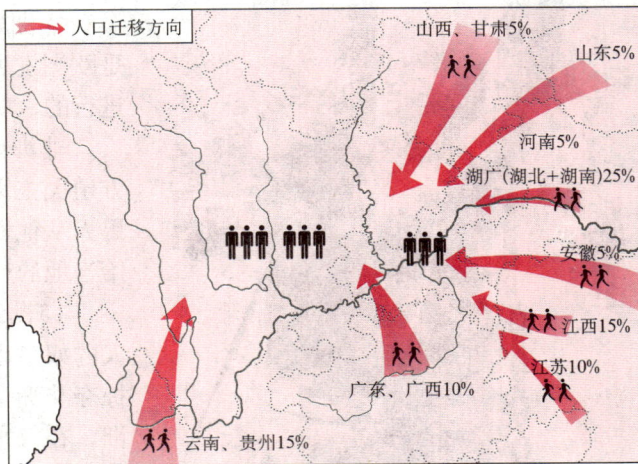
康熙年间填四川移民示意图

知识窗

我国客家人六次大规模的人口迁移

客家人是汉族的支系，通过人口迁移后，以别于当地居民而被称为"客家人"。

第一次南迁是在秦始皇时代。公元前221年秦始皇统一中国后，为了政治和军事的需要，派兵60万人"南征百越"。南下的秦军，从闽粤赣边入抵揭岭（即揭阳山，今揭阳县北150里），直抵兴宁、海丰二县界。公元前214年，秦始皇再派50万兵丁"南戍五岭"（今两广地区）。这些兵丁长期"戍五岭，与越杂处"。秦亡后，两批南下的秦兵都留在当地，成为首批客家人。

第二次大规模南迁是在西晋末期"永嘉之难"、东晋"五胡乱华"时期。当时，为了避难，一部分中原居民辗转迁入闽粤赣边区。稍后，由于南北对峙，又有大约96万中原人民南迁至长江中游两岸。其中一部分人口流入赣南，一部分经宁都、石城进入闽粤地区。

第三次大规模南迁是在唐末黄巢起义时期。先是唐朝安史之乱，给百姓带来巨大灾难，迫使大量中原汉人南迁。唐末黄巢起义，又有大批中原汉人南下迁入闽粤赣区。

第四次大规模南迁是宋室南渡及宋末时期。金人入侵中原，攻破汴京(今河南开封)。南宋末年，元军大举南下，又有大量江浙及江西宋民，从蒲田逃亡广东沿海潮汕至海南岛。

第五次南迁是在明末清初时期。其时，生活在赣南、粤东、粤北的客家人因人口繁衍，而居处又山多地少，遂向川、湘、桂、台诸地以及粤中和粤西一带迁徙。这次大规模的迁徙，在客家移民史上被称作"西进运动"。四川的客家基本上来源于这次"西进运动"。当时四川人口因战乱、瘟疫及自然灾害锐减，清政府特别鼓励移民由湖广"填"四川。

第六次南迁是19世纪中叶太平天国时期。当时为避战乱，有一部分客家人迁徙到南亚，有的被诱为契约劳工，被送往马来西亚、美国、巴拿马、巴西等地。

除以上六次大规模的南迁外，中原汉人也有因旱灾水患逃荒而南迁的，另有历代官宦、贬谪、经商、游学而定居闽粤赣边地区的，但并不是所有南迁的汉人都成为客家人，他们中只有闽粤赣系和源自这一系的人，才被称为客家人。

非洲奴隶贸易

非洲奴隶贸易是人类历史发展长河中极其黑暗而肮脏的一页，这是欧洲发展最快而非洲最悲惨的时期。由于这一活动是在大西洋两岸进行的，所以又称为大西洋奴隶贸易。

非洲奴隶贸易主要发生在15世纪中叶至19世纪末的400年间，西方殖民主义国家为了向美洲殖民地种植园和矿山提供劳动力，将大批黑人从他们世代生息的非洲大陆掳走，贩运到美洲等地，作为奴隶卖给当地的种植园主、矿山主或其他白人。

15世纪初，在西班牙和葡萄牙一些大城市，出现了专门贩卖黑人的奴隶市场。15世纪中叶，西方殖民者开始侵入非洲，他们在大肆掠夺非洲丰富的矿产资源、象牙、香料的同时，也把非洲黑人带回欧洲，在奴隶市场上拍卖。不过，这时的奴隶买卖只是商业贸易中的附带现象，不但奴隶的数量很少，而且被人买去的奴隶大多是作为家奴使用的，还不算真正意义上的奴隶贸易。

15世纪中叶至17世纪中叶，是非洲奴隶贸易的第一个阶段。这个时期从事奴隶贸易的国家以葡萄牙、西班牙和荷兰为主。欧洲人向南沿着海岸线，到达非洲西部和南部，部分国家还到了非洲东部，有葡萄牙人、荷兰人，还有其他欧洲人。此时，欧洲殖民者在非洲沿海地区捕捉黑人，将他们贩运到欧洲、美洲等地。

戈雷岛上象征奴隶解放的雕塑

葡萄牙人是非洲奴隶贸易的急先锋，早在1441年，他们就从非洲西海岸劫掳了10名黑人带回里斯本出售。1482年在黄金海岸，葡萄牙人在今天的加纳地区沿海的埃尔米纳建立了最早的奴隶贸易据点。1492年哥伦布发现美洲新大陆，在开辟新大陆的过程中，殖民者大量地屠杀当地印第安人，为了建立庞大的殖民帝国，殖民者急需大批廉价的劳动力，于是，西班牙和葡萄牙当局鼓励商人和种植园主从非洲输入奴隶。于是，拥有国家颁发的特许证的大公司，一个接一个地加入了奴隶贸易的行列，干起了血腥的活人买卖。1501年，葡萄牙人把第一批250名黑人奴隶贩运到西印度群岛的伊斯帕尼奥拉岛。此后，贩卖黑人活动的规模越来越大。16世纪中叶，每年从非洲西海岸输出的奴隶约有1万人。

英国、法国、荷兰等国见西班牙、葡萄牙从奴隶贸易中获取了巨额利润，竞相加入这一行列。但是15至16世纪的葡萄牙和西班牙借助海上霸权垄断了大西洋奴隶贸易，其他国家若要分吃这杯羹，必须持有西班牙和葡萄牙政府颁发的特许证并交纳现金。1588年，西班牙无敌舰队被英国海军一举歼灭，西班牙、葡萄牙的海上优势地位一落千丈，被崛起的荷兰取而代之。素有"海上马车夫"称号的荷兰人，从16世纪末到17世纪中叶几乎垄断了海上贸易，自然也控制了奴隶贸易。

17世纪中叶到18世纪下半叶的100多年是非洲奴隶贸易的第二阶段，这是大西洋奴隶贸易最猖獗的时期。此时，美洲的甘蔗、烟草、棉花、咖啡、香料等经济作物的种植园迅速发展，这些经济作物是欧洲市场上急需的进口原料，为满足欧洲市场的需要，增加出口，就迫切需要输入更多的奴隶以提供劳动力，扩大生产，加之三角贸易带来的超额利润，迫使欧洲更多国家蜂拥而至，把非洲西岸地区变成了他们掳掠、买卖、贩运黑人奴隶的竞争场所，众多的奴隶专卖公司应运而生，他们建起严密的贩奴组织系统，甚至动用军队，以保障其垄断贸易的权利。在这个阶

>> 知识窗

昔日西非最大的奴隶贸易转运岛——戈雷岛

戈雷岛位于塞内加尔首都达喀尔东南海岸3千米外的大西洋上，面积约0.27平方千米。

从15世纪起，该岛就被西方殖民者用来贩运、关押黑人奴隶，成为西非最大的奴隶转运站。据统计，历史上至少有2 000万黑人奴隶从戈雷岛被转卖出去，更有500万人死于岛上。

如今岛上遗留下来的关押奴隶的牢房和堡垒，依然向人们传递着黑奴血泪史的信息。联合国教科文组织1978年将戈雷岛列入世界文化遗产名录。

段，奴隶贸易成为世界上规模最大、赚钱最多的行业。奴隶成为非洲可供输出的单一货物，奴隶贸易成为非洲、欧洲和美洲之间的主要贸易活动。参加奴隶贩卖的国家又增加了普鲁士、丹麦、瑞典以及美国和巴西等国。此时，他们不仅在西非海岸猎捕黑人奴隶，而且深入非洲内地并延伸至东非广阔的海岸。

奴隶贸易的全过程被称为三角贸易，奴隶贩子从欧洲各港口出发后，沿着到非洲西部大西洋沿岸地区的航线，将欧洲生产的酒、军火、棉织品和各种装饰品运到非洲换取奴隶，这第一段航程和活动叫做出程；接着奴隶贩子将经过体格检查的黑人奴隶贩运到沿海集中地，再把他们装载到贩奴船的船舱里，横渡大西洋运到美洲，在顺风的情况下，一般要经过七八周的航行。在美洲，奴隶贩子把奴隶以买进价格的十倍、数十倍卖给当地种植园主和矿场主，换取那里的农产品和矿产品，这就是中程；来自美洲的工业原料和种植园农产品被装上贩奴船，运到欧洲市场上出售，这最后的航程叫做归程。将上述三段航程用直线连接起来就是一个不等边的三角形，这样，欧洲殖民者和贩奴商就把欧洲、非洲和美洲之间的贸易有机地串联起来了。三角贸易的每个航程都可以使贩奴商人获得丰厚的利润，其中以中程获利最大。

在17世纪，一个黑人奴隶的离岸价格是25英镑，运到美洲后可卖150英镑，贩奴商人每出航一次，一般可以获得100%到300%的利润，有的利润甚至高达1 000%。许多奴隶贩子以微薄的资本起家，几次横渡大西洋后立刻变成阔佬富翁。以三角贸易的主角英国为例，在1709至1787年，将近80年的时间里，英国对外贸易的航行吨位增加了14倍，大多与奴隶贸易有关。英国第二大商港利物浦就是以奴隶贸易扬名天下的城市。1709年这里只有1艘贩奴船，1730年达到15艘，1792年达到132艘，每年利物浦从这项血腥贸易中获利约30万英镑，这个昔日一片荒凉的小渔村，是在万千黑人奴隶的尸骨上发家致富的。

欧洲其他航运国家同样从奴隶贸易中获得了很大的经济利益。法国在1716至1787年间，对外贸易增长达10倍，其中奴隶贸易占相当比重。持续四个世纪之久的非洲奴隶贸易给西欧资本主义带来巨额财富，成为资本原始积累的一个重要来源，对欧美资本主义制度的发展，起了难以估量的作用。然而，对非洲来说，这是一场巨大的灾难。

据统计，到18世纪末，仅西非几内亚湾沿岸，殖民者就建立了40个奴隶碉堡。到18世纪80年代，从非洲输出的奴隶平均每年近10万人。在这场空前浩劫中，到底有多少黑人被贩卖到欧洲、美洲和亚洲的中东地区，各国学者根据各自的分析，做出了不同的估计。一部分学者认为是1 500万人左右，有的学者的估计则是2 000万人。这些数字仅仅计算了从非洲输出的黑人奴隶数量，如果把奴隶贸易给非洲造成的所有人口损失都算在内就更加惊人。

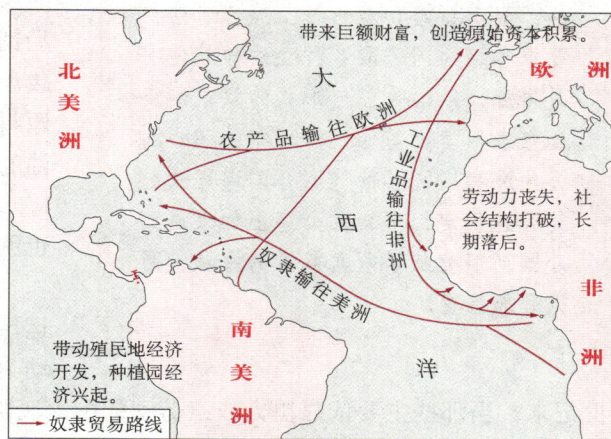

大西洋三角奴隶贸易示意图

奴隶贩子常常以偷袭、猎捕、诱骗等不正当的手段获取奴隶，在把奴隶运送到沿海集中地的过程中，为了防止他们逃跑，奴隶贩子想尽了办法，要么给他们带上脚镣，要么把他们两个两个地拴在一起，脖子套上枷锁，要么让他们扛上象牙、兽皮、蜂蜜等沉重的商品。奴隶们在长途跋涉中，不但每天只能得到一点仅够活命的食物，还要遭受鞭打，若有不从还会被处死。到达集中地后要进行体格检查，合格的奴隶被烙上印记，不合格的则被任意处置或杀掉。此后，奴隶便被装载到闷热的贩奴船舱里，每个人只有容身之地，根本无法活动。船舱里条件恶劣，饮食极差，曾经发生过500名奴隶一夜之间死掉120人的事件。由于航程漫长、风大浪急，加上疾病的传播，奴隶的死亡率一般在15%～25%，最高达到40%。据估计，每运到美洲1个黑人，至少有另外5人惨死在捕捉和贩运途中，加上阿拉伯人贩卖奴隶的数字，黑非洲至少损失了1亿人口。人口的大量损失，特别是大量青壮年劳动力的消失，使非洲生产力的发展受到了严重的破坏。奴隶贸易严重地破坏了非洲社会的发展，部族之间相互猎取对方人口，卖给奴隶贩子的猎奴战争引起部落间冤冤相报永无休止的战争，导致一些部落大规模迁徙。部落和民族之间原有的社会联系被破坏，一些中世纪建立的国家消失了，新的民族国家在形成过程被中断。

罪恶的奴隶贸易激起了奴隶的抗争和世界各地人民的谴责。从18世纪下半叶开始逐步走向衰落。19世纪下半叶就基本被禁止了，这是奴隶贸易的第三个阶段。

相关的国际禁奴公约

1926年9月25日国际联盟（联合国的前身）在日内瓦签订了《废除奴隶制及奴隶贩卖之国际公约》，简称《禁奴公约》，1927年3月9日生效，共12条，规定各签字国承允禁止奴隶贩卖并逐步和尽速地完全禁止一切形式的奴隶制度。该公约于1953年12月7日经联合国制定的议定书予以修正。

1956年，联合国又制定了《废止奴隶制、奴隶贩卖及类似奴隶制的制度与习俗补充公约》。该补充公约规定奴隶贩卖行为应由缔约国法律规定为刑事罪，并宣布某些类似奴隶制的制度与习俗，如债务质役、农奴制、买卖新娘和滥用童工等为违法，要求各缔约国采取各种立法和其他有效措施，以消除任何形式的奴隶制度和奴隶贩卖。另外，1958年的《公海公约》和1982年的《联合国海洋法公约》也规定，军舰在公海上如果遇到外国商船有从事贩卖奴隶的嫌疑，可以登船检查。

17、18世纪，欧洲启蒙运动思想家洛克、孟德斯鸠和伏尔泰等人对奴隶贸易进行了强烈的谴责。18世纪下半叶，在北美独立战争和法国大革命的影响下，反对奴隶贸易和废除奴隶制的废奴运动蓬勃兴起。非洲黑人从15世纪中叶开始就以各种方式反对奴隶贸易。居住在几内亚湾一带的比萨吉奇人，用毒箭射杀贩奴的葡萄牙人，烧毁葡萄牙商队的住所。刚果国王阿方索一世写信谴责葡萄牙人的贩奴活动，恩辛加女王设法阻止葡萄牙人在当地贩卖奴隶。西非沿海的雅加人袭击贩奴人的住所，解救被捕的奴隶。逃跑、绝食、暴动直至跳海自杀，奴隶们的直接反抗更是数不胜数。1807年美国查尔斯顿港有两船奴隶在上岸前绝食而死。18世纪，英国贩奴船上有文字记载的暴动有18次。由于奴隶的反抗和暴动频频发生，以致贩奴商在起航前不得不在国内办理暴动保险业务。1630年巴西黑奴起义和1791年海地奴隶起义，则是到达美洲的奴隶们的反抗。

导致奴隶贸易最终禁止的最重要的原因之一是资本主义发展的需要。工业革命加速了自由资本主义的发展，以工业制品为主的世界自由贸易市场日益扩大。自18世纪下半叶开始，西方殖民国家热衷于把海外殖民地变成他们的投资场所、原料产地和工业品销售市场，此时奴隶劳动已抵不上自由劳动，与其将奴隶长途跋涉地贩卖到美洲，还不如将他们留在非洲，作为劳动力来生产原料，为资本主义的商品准备市场。此时，从非洲输出一船棕榈油的利润已大大超过输出一船奴隶的利润。

1807年英国通过了禁止奴隶贸易的法令，随后其他欧洲国家也颁布了禁止奴隶贸易的法令。

美国于1808年宣布了不准奴隶买卖的禁令，但并没有中断贩运黑奴。19世纪上半叶起，美国南部棉花种植业迅速发展，对劳动力的迫切需求，使美国成为这一时期的主要贩奴国家。直到19世纪末，当那些主要依靠黑人奴隶劳动的国家废除了奴隶制以后，国际市场上的奴隶贸易才基本终止，而残存的一些贩奴活动则延续到了20世纪初。

持续了4个世纪之久的非洲奴隶贸易是造成近代非洲国家贫穷和落后的重要原因之一，人类历史上最黑暗的一页终于翻过去了，而当我们读着这些由滴滴鲜血和累累白骨凝聚而成的历史资料的时候，则深切体会到了欧洲和美国的进步是以非洲的落后为代价的。

从托勒密到哥白尼

关于天地的描述，我国人人皆知的"盘古开天地"出自三国时徐整所著的《三五历记》，该书记载了盘古开天地的神话：未有天地之时，混沌状如鸡子，盘古生其中一万八千岁，天地开辟，阳清为天，阴浊为地，天每日升高一丈，地每日下沉一丈，盘古在中间每日长高一丈，这样过了一万八千年，天变得非常高，地变得非常深，天地之间相隔9万里。

公元前5世纪，爱琴海的萨摩斯岛上，有一位发明了几何学中勾股定理的数学天才毕达哥拉斯，他从球形是最完美几何体的观点出发，认为大地是球形的，而且所有天体都是球形的。天体的运动是匀速圆周运动，地球处于宇宙的中心，周围是空气和云，往外是太阳、月亮、行星。作匀速圆周运动的地方再往外是恒星所在之处，最外面是永不熄灭的天火。

公元140年，埃及亚历山大城里有一位希腊裔的天文学家，他的名字叫托勒密。托勒密提出了一个完整的地心体系，他认为日月金木水火土七个天体都是沿着各自的轨道运动的，而且东升西落。但是怎么解释它们有的时候还从西往东走呢？而且走的速度又不相同呢？托勒密认为，天体围绕地球转动的轨道（称为本轮）运动，天体除了沿本轮转动，还要沿着一个小圈（即均轮）转动。这样，在地球上看天体，就会发现不是所有的时候都是自西向东走，有时反而向西走，而且有时走得快，有时走得慢。

在公元1世纪，逐渐形成了一个群众性的宗教——基督教。基督教开始受到罗马帝国统治者的排挤，后来，发现可以利用基督教来巩固统治，于是统治者允许自由传教。到392年，基督教被定为罗马国教。后来随着封建制度的发展，基督教遍布欧洲到地中海南岸，并控制了哲学、法学、政治等领域，至高无上，统治一切。

托勒密的"地心说"出来以后，受到了基督教的热捧，以为找到了一个科学理论根据。本来，基督教认为上帝创造了人，并把人放在宇宙的中心——地球上。宇宙中的一切，包括日月星辰，都是上帝专为人创造的。现在"地心说"认为地球是宇宙的中心，真是不谋而合。于是，"地心说"是最高真理，其他都是异端邪说，敢宣传异端邪说者都要被关、被烧、被杀。从此，欧洲便无科学可言，进入了中世纪漫漫长夜。

托勒密这个天文学家、数学家、地理学家和地图学家，不小心成了宗教神学的帮凶，因此毁了一世英名。托勒密的"地心说"一直统治了世界大约1 100年。

到了16世纪的时候，另一位伟大的天文学家出现了，他是波兰天文学家哥白尼。哥白尼是"日心说"创始人，他的太阳中心说从根本上纠正了地球中心说，揭穿了宗教神学的谎言，对社会革命起了巨大的推动作用。

哥白尼曾在波兰和意大利的大学学习，研究数学、天文学、法学和医学。大学毕业后在天主教会任职，后留学意大利，学习教会法律，是意大利费拉拉大学博士。哥白尼的大学学习一直与神学相关，但是他的兴趣却在天文观测上。学的是神学，最后却倒向了科学。通过观测，他对"地心说"产生了怀疑，从而产生了"日心说"的假设。

在那时，青年最好的出路只有两条，或者进神学院，或者当兵。哥白尼在神学院学了文化，有了经济收入，然后自己对观察到的现象进行研究。

在长达30年的时间里，哥白尼在教堂围墙箭楼的工作室里，利用自己制作的简陋仪器，设置了一个小小的天文观测台进行天文观测。正是在这里，他弄清了七大行星都是按照各自的轨道围绕着太阳旋转的，他房间的墙壁上挂着他绘制的巨幅行星示意图。根据观察的结果，他写出了震惊世界的巨著《天体运行论》。

哥白尼的所作所为，惹恼了教会中的顽固分子，他们说哥白尼是疯子，还编了讽刺剧，在外面大张旗鼓地表演。

1539年春天，一个青年学者带着许多珍贵的书籍，千里迢迢地来到哥白尼身边，拜哥白尼为师。他就是德国威滕堡大学的数学教授列提克，后来成为哥白尼唯一的门生。在列

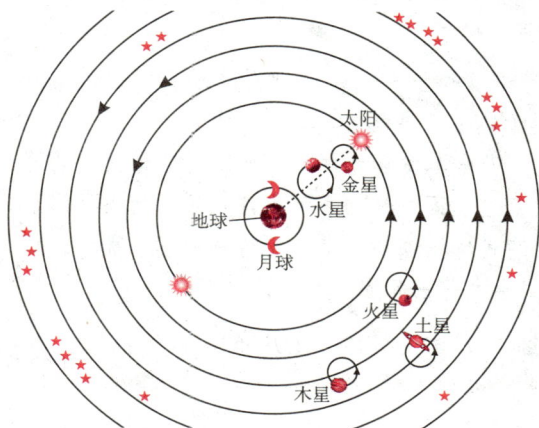

托勒密"地心说"体系

提克的鼓励和支持下，哥白尼很快就振奋起来了。他们一起修订《天体运行论》的原稿，积极准备出版。

一天，列提克对哥白尼说："老师，你的'日心说'思想从产生到现在也有36年了，就是《天体运行论》一书也写好9年了，为什么还不发表呢？"

哥白尼忧郁地说："孩子，你不知道，现在因循守旧的势力这么强，我们的学说稍不完备，就会被完全扼杀啊！而且，书一旦发表，他们会加害于你的。"

"我死也不悔，我从德国老远跑来就是因为你伟大学说的感召。老师，朋友们都在劝你，快发表吧，这里不能印，我可以带到德国去印。"

哥白尼站起来，颤巍巍地走到壁橱前，拿出发黄的手稿，在序言中又加上了一句："我知道，某些人听到我提出的地球运动的观念之后，就会大叫大嚷，当即把我轰下台来！"他把书稿递给列提克："一切出版事宜全托你去办吧。"

列提克不敢怠慢，当即收拾行装，怀抱书稿，回德国去了。

一年以后，也就是1543年，这本名叫《天体运行论》的书终于出版了。消息一出，便在欧洲不胫而走，早有教会密探把书送到了罗马。主教加尔文将书从头至尾慌忙翻了一遍，气得脸色发白，又拍桌子又跺脚地大喊："反了，反了，连上帝也要搬家了！这还了得，还不快去把将哥白尼抓来！"

1543年5月24日，《天体运行论》的新书送到，哥白尼已经双目失明了，他躺在床上用手摸了一下散发着油墨香的新书，说了一句"我总算在临终时推动了地球"便与世长辞了。

当罗马教堂的人到达波兰，赶到哥白尼居住的弗劳恩堡小镇准备抓他时，哥白尼刚刚去世。教会的爪牙们余怒未消地骂了声"便宜了这个老鬼"，就回罗马复命去了。

哥白尼创立的"日心说"从根本上改变了旧的宇宙观，揭穿了宗教神学伪造的谎言，在科学发展史上具有划时代的意义。从此，自然科学便从宗教神学中解放出来。

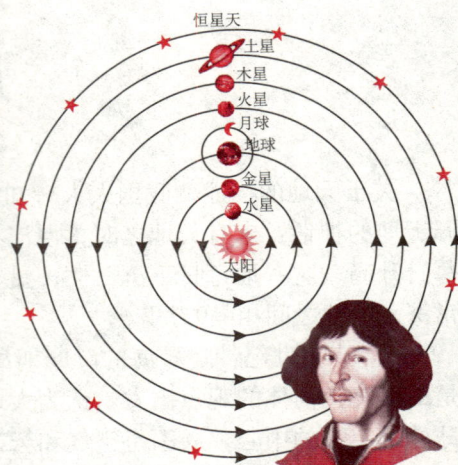
哥白尼的"日心说"体系

>> 地理小故事

死海的故事

公元66年，罗马帝国的犹太行省爆发大起义，罗马派遣三个军团对其进行镇压。公元70年，罗马军队围攻犹太耶路撒冷，途经死海岸边，军队统帅狄杜下令处决战俘。全部战俘被分批投入死海，但他们并没有沉到水里淹死，而是被死海的浪花相继送回了岸边。狄杜勃然大怒，再次下令将俘虏扔进离岸更远的水里，但是奴隶们依旧安然无恙地漂在了水上，并没沉没。狄杜大惊失色，以为俘虏们受神灵保佑，屡淹不死，只好下令将他们全部释放。

死海为什么不能淹死战俘呢？难道俘虏们真是受到了神灵的庇护？死海不死的真正秘密在于死海的水含盐量极高。

死海是一个内流湖，由约旦河水注入死海。由于死海的特殊地理位置——位于世界陆地表面的最低点（-415米），死海湖水外泄的唯一途径就是蒸发作用。死海一带属于热带沙漠气候，全年高温少雨。夏季日均温可达34℃，极端高温可达51℃，冬季也有14~17℃。气温越高，湖水蒸发量就越大。同时，本地区年均降雨量只有约50毫米，而蒸发量却高达1 400毫米左右。长年累月的高温少雨气候加之河水注入稀少使得死海的湖水越来越入不敷出。大量淡水被蒸发，而湖水中的矿物质却在湖底越积越多，湖也变得越来越"稠"，咸度越来越大，便形成了湖水含盐量极高、湖水密度和浮力极大的咸水湖——死海。

本文提供：重庆市彭水一中　王俊

布鲁诺和伽利略

布鲁诺,意大利文艺复兴时期哲学家,因信奉和宣传哥白尼的"日心说",反对教会的腐朽制度而流亡国外。他是哥白尼"日心说"的第一个殉难者。他勇敢地捍卫和发展了哥白尼的太阳中心说,并把它传遍欧洲,被世人誉为是反教会、反经院哲学的无畏战士,是捍卫真理的殉道者。

布鲁诺有自己独立而丰富的哲学思想,他在继承和发展古代朴素唯物主义和自然辩证法的优良传统基础上,汲取了文艺复兴时期先进哲学和自然科学成果,论证了唯物主义和辩证法思想,开创了近代唯物主义和辩证法的先河。他认为自然界即神,构成自然界中一切事物的最小单位是"单子",认为极大(整个自然界)与极小(单子)是一致的,自然界是物质与精神、质料与形式的统一体。

1592年,即哥白尼《天体运行论》出版49年以后,他应朋友之邀到威尼斯讲学,但是他万万没有想到,这个朋友被教会收买了,于是布鲁诺遭到逮捕,并送回罗马。

在罗马宗教法庭上,主持审判的是红衣大主教罗伯特·贝拉尔明。

"布鲁诺,你还坚持地球在动吗?"罗伯特阴沉而得意地问。他很高兴这个教会的叛逆今天终于落到了自己手里。

"在动!地球在动,它不过是绕着太阳的一丸石子。"布鲁诺坚定地说。

"你要知道,如果你还抱着哥白尼的观点不放,等待你的将是火刑!"罗伯特恶狠狠地说。

"我知道,你们当初没有来得及处死哥白尼,是还没有发现他的厉害。其实他还是对你们太客气了。他说宇宙是恒星绕太阳组成的天球,我认为宇宙其实无边无际;他说地球不是宇宙的中心,却还是为你们留了一个中心——太阳,我说宇宙没有中心可言;你们说上帝在地球上创造了人,其实在别的星球上也有人存在,宇宙是无限的,上帝是管不了它的!"布鲁诺继续宣传他的哲学思想,丝毫没有把这里看成是教会的审判场所。

"住嘴!照你这么说,上帝在什么地方?基督在哪里拯救人类?"

"对不起,宇宙中可能没有为上帝安排地方。"

"立即把他烧死!"罗伯特咆哮起来。

布鲁诺雕像

法庭上一阵骚动。布鲁诺被人拉了下去。他并没有立即被烧死,而是被关进了黑暗的地牢。他们不让他看书,不给他纸笔,让他睡冰冷的石板,吃最糟的食物,隔几天就提审一次。

说是提审,实际上是组织了教会的学者来与他辩论。因为教会还是存在着一丝幻想,希望靠精神折磨、靠人多势众、靠打疲劳战来摧毁布鲁诺,让他投降,借他的口推翻"日心说"。

但是,每次审讯,人多势众的教会总被布鲁诺驳得哑口无言。这个曾转战欧洲各国、横扫教会势力的伟大哲学家,笔虽被人夺走,舌头还在。他那锋利的言辞、精深的哲理,常使上帝的奴仆背上渗出冷汗。

这样过了八年,在一次辩论结束时,罗伯特绝望地喊道:"布鲁诺,自从我把你请到罗马,也已经八年了,我一直想给你机会,想给你生的希望。但是,今天,我最后问一次,你是放弃哥白尼的学说,还是向火刑柱走去?!"

布鲁诺挺胸抬头轻蔑地看了这位大主教,说:"我告诉你,从被你们抓来的那一天起,我就时刻准备着受刑。感谢你,主教大人,你又多让我宣传了八年哥白尼的理论,这是我最大的快乐,让我燃烧的光照亮那些迷茫的人们前进的道路,让我燃烧的热激起他们前进的热情……"

罗伯特用发抖的手揪着胸前的十字架,吼道:"快把他押下去!"

教廷决定秘密处死布鲁诺,怕他在刑前向群众演说,而且即使是秘密处死,还暗中派人将布鲁诺的舌头割掉，让他在被处死前也不能喊一声。

1600年2月17日，布鲁诺，这位意大利伟大的哲学家、科学家被活活烧死在罗马广场。浓烟升起，烈焰腾空，烈火映红了广场，照亮了黑暗笼罩下的罗马城。

伟大的科学家就义了，但真理是不死的。随着科学的不断发展，到了1889年，罗马宗教法庭不得不亲自出马，为布鲁诺平反并恢复名誉。同年的6月9日，在布鲁诺殉难的罗马鲜花广场上，人们树立起他的铜像，以作为对这位为真理而斗争，宁死不屈的伟大科学家的永久纪念。这座雄伟的塑像象征着为科学和真理而献身的不屈战士永远活在人民心中。

1616年春天，也就是布鲁诺殉难16年后，伽利略受邀去罗马讲学。教会的主教、神父和许多科学家、神学家欢迎他的到来。他在罗马演讲，介绍他那些关于新星的发现、银河的观察、太阳上黑子的移动等等大家闻所未闻的新鲜内容。

伽利略是意大利物理学家、天文学家。早年入修道院学哲学和宗教，历任比萨大学、帕多瓦大学教授。伽利略也是一位干一行却不爱一行的天才，是又一位学宗教神学，却倒向科学的科学家。提起他，大家都知道他在比萨斜塔著名的自由落体实验。这个实验推翻了向来被奉为权威的亚里士多德关于"物体落下的速度和重量成正比"的学说，建立了落体定律。因而，伽利略被认为是经典力学和实验物理学的先驱。伽利略还是利用望远镜观察天体取得大量成果的第一人，他通过望远镜观察，越来越发现哥白尼的日心说是正确的。

伽利略到处宣扬自己的学说，介绍自己通过望远镜观察的成果，他没有直接宣传哥白尼的学说，而是采用迂回的策略，用自己观测的成果来印证哥白尼的学说。伽利略还写了一本书——《关于托勒密和哥白尼两大世界体系的对话》（简称《对话》），1632年出版。伽利略很小心地写了序。在序里，伽利略说这是一种假想，书中三个人物各代表一种观点，自由讨论。在表面上伽利略保持中立，但实际上却为哥白尼体系辩护，并多处对教皇和主教隐含嘲讽。

《对话》出版后6个月，罗马教廷便勒令该书停止出售。教会认为《对话》问题严重，亟待审查，并在这年秋天发出要伽利略到罗马宗教裁判所受审的指令。

此时年近七旬而又体弱多病的伽利略被迫在寒冬季节抱病前往罗马，在严刑威胁下被审讯了三次，审判伽利略的还是那位主教罗伯特·贝拉尔明。罗伯特根本不容伽利略申辩。几经折磨，终于在1633年6月22日在圣玛丽亚修女院的大厅上由10名枢机主教联席宣判，主要罪名是违背"1616年禁令"和圣经教义。伽利略被迫跪在冰冷的石板地上，在教廷已写好的"悔过书"上签字，判处伽利略终身监禁，其著作包括《对话》禁止出版。

伽利略既是勤奋的科学家，又是虔诚的天主教徒，深信科学家的任务是探索自然规律，而教会的职能是管理人们的灵魂，不应互相侵犯。所以他受审之前不想逃脱，受审之时也不公开反抗，而是始终服从教廷的处置。

罗马教廷对伽利略的判决，直到300多年后的1980年才又经罗马教廷复议平反，宣布取消。这是科学史上时间拖得最长的一起冤案。

伽利略留给后人的精神财富是宝贵的，爱因斯坦曾这样评价："伽利略的发现，以及他所用的科学推理方法，是人类思想史上最伟大的成就之一，而且标志着物理学的真正开端！"

为了纪念伽利略的功绩，人们把木卫一、木卫二、木卫三和木卫四命名为伽利略卫星。

伽利略和他的望远镜

冒死预报日食的中外奇人

中华民族的天文历法在唐代取得了长足进步，历法、观测仪器、天象记录等方面都出现了总结性或突破性的成果。李淳风就是那时涌现出的奇人。

李淳风生于602年，岐州雍人（今陕西省宝鸡市岐山县）。其父李播，隋朝时曾担任过地方官员，颇有学问，撰方志图文集十卷，并作《天文大象赋》。受其影响，李淳风自幼聪慧好学，博览群书，尤其精通天文、历法、数学、阴阳学等。

唐代初年，国家行用《戊寅元历》，25岁的李淳风对这部历法做了仔细的研究，发现它对日月食预报不准，会出现连续四个大月等缺陷，于是上书朝廷，指出《戊寅元历》存在的8处失误，并给出修改建议。唐太宗李世民派内史舍人崔善为考核，发现李淳风指出的失误中有7条是存在的，提出的建议也很合理。李世民很高兴，决定采纳李淳风的建议，并选派他到太史局任职。

李淳风综合前人许多历法的优点，重新设计了计算各种周期（如回归年、朔望月、近点月等）的公式，修正了推算日月五星运行的函数，编成一部全新的历法。他对自己的新历法充满信心。有一年，他按自己的历法计算发现，某月初一将出现日食，这在当时是不吉祥的预兆。而按照旧历书，这天是没有日食的。他非常兴奋，就像发现了珍宝一样，立即把自己算出的日食发生、结束的精确时刻上报到朝廷。李世民对这位年轻的史官并没有太在意，既然太史丞预报，也不能不理，正是考查这位史官能力的一次好机会，于是到了这天，他半信半疑地率领众官来到殿前，并吩咐准备好救护仪式。

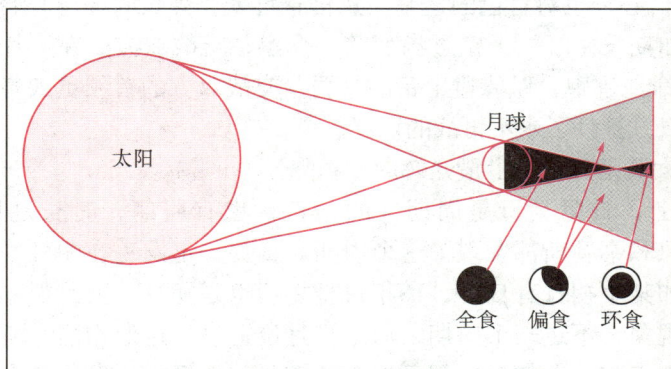

日食的成因示意

全食　偏食　环食

太阳　月球

日全食图

快到李淳风说的时间了，天上圆圆的太阳还是毫无变化。李世民不高兴了，说："如果日食不出现，你可是欺君之罪！我暂且放你回家一趟，好与老婆孩子告别。"欺君之罪是要被杀头的，李淳风深知这句话的分量，他看了一眼生气的皇上，又看了看台下站得整整齐齐的文武百官，并没有表现出一丝的慌乱。只见他眉头一皱，眼睛一亮，转身对皇上说："圣上，如果没有日食，我甘愿受死。"随即，李淳风吩咐下人找来一根木棍，插在皇上面前，影子投射到墙上，他在墙上的影子端划出一条标记，说："圣上请看，等到日光再走半指远，照到这里时，日食就出现了。"皇上用疑惑的眼光看着李淳风，问："此话当真？""不会有错的！"李淳风自信地回答。果然，过了一小会儿，天上的太阳开始被一个黑影侵入，跟他说的时间丝毫不差。李世民非常高兴，命令救护仪式马上开始，文武百官下拜祈祷，顿时，锣声、鼓声响成一片。这时，李淳风擦

>> 知识窗

日食发生的条件

当月球运动到太阳与地球之间，成一条直线时，地球面向太阳一侧会有一个日食带扫过，如果月球距地球较近，能看到日全食，如果较远，能看到日环食，日全食和日环食的外围是日偏食。

擦头上的冷汗，对李世民说："臣的新历法，对以前的日食，百试百灵，今天又验证了刚刚发生的日食，可见是精密无比的，愿圣上尽快下诏颁用新历，方能顺天知命、利国安邦。"

李世民从此对李淳风的历法大为欣赏。麟德二年（公元665年），朝廷决定改用李淳风的历法，并将其命名为《麟德历》。它作为唐代优秀历法之一，使用达64年（公元665-728年）之久。《麟德历》还曾东传日本，并被采用。

李淳风的故事见于唐代刘餗[sù]所著的《隋唐嘉话》。正因为李淳风编撰的历法精密，他有这份自信，才敢冒险预报这次前人漏报的日食。

无独有偶，国外也有准确预报日食的事情发生。现在已知的世界上最早的日食预报，是古希腊伟大科学家、哲学家泰勒斯提出的。说起这次日食预报，还有一段有趣的传说。

泰勒斯生于公元前624年，米利都（今土耳其艾登省内）人，古希腊时期的科学家、哲学家，被誉为"科学和哲学之祖"。

公元前585年，在安纳托利亚（今土耳其）高原上的吕底亚人和米迪斯人之间进行了一场已长达30年之久的战争，恶战无休无止，土地荒芜，民不聊生。

为了制止这场战争，聪明的泰勒斯利用当时人们对日食这一自然现象尚缺乏科学认识，特意编了一个"谎言"说："上帝对这场战争已经厌倦之极，将用黑影遮去太阳的光辉，以警告你们，将处罚所有参战的人。"并派人到交战双方的士兵中间大肆宣传。出于对这位伟大科学家的崇敬，一部分士兵相信了。另一部分士兵半信半疑，表示要出现了才相信。可是交战双方的首领不但不相信，反而非常气愤，认为泰勒斯不该干涉战争，更不该影响军心和士气，发誓要杀掉他。

泰勒斯并不惧怕威胁，他对自己的研究充满信心，也对自己的这个主意倍感自豪。漫长的等待开始了，战斗仍在进行。就在这年5月25日上午，日食果然如期发生了，天空逐渐变暗、变黑，交战双方处在一片黑暗之中，士兵们惊恐万分，纷纷丢下所有的武器，没命地逃跑，以躲避上帝的惩罚。交战双方的首领更加害怕，认为上帝的惩罚马上会降临，在泰勒斯的建议下，双方签订了永不再战的协议。

一个明智的日食预报，拯救了两个民族，这大概是日食史上最光辉的一页吧！

实际上，日月运行是周期性的，日食也有周期，时长是18年11日，李淳风和泰勒斯都发现了这个周期。日食一定发生在朔日（农历初一），假如某个朔日有日食，18年11日之后也是朔日，因此很有可能发生类似的现象。不过一个周期之后，日月位置只是近似相同，所以能看见日食的地点和日食的景象都可能有所变化甚至根本不发生日食。李淳风和泰勒斯预报日食，确实冒着很大的风险，幸运的是他们都算对了。

可能有人会问：既然能预报了，说明人们已经知道它是自然现象，为什么还要搞救护仪式？这反映出在人们认识提高的同时，封建体制和传统意识的相对顽固和滞后性。到明朝，这个矛盾更加突出，直到清朝，天文官对政治的影响才大大降低，除了颁布历法仍是皇家的大事外，朝廷对天象的关注只剩下象征意义而已。

本文提供：重庆市万盛经开区教师进修学校 王志华

泰勒斯

八十天环游地球

如果某人一直往东走，回到原地就会发现时间早了一天。有一本小说叫《八十天环游地球》说的就是这样一个故事。

1872年的英国伦敦，有一位绅士叫福克。一天，福克先生说现在能够80天环游地球一周，俱乐部的其他会员都说不可能，因为在当时情况下，要想80天环游地球，必须极准确地一下火车就上船，一下船马上又上火车才行，且路上不能出任何意外。因为这80天不包括坏天气、顶头风、海船出事、火车出轨等意想不到的事情。但是福克先生还是立了一张打赌字据，6位当事人在上面签了字。最后福克先生说："今天是1872年10月2日，星期三。我应该在12月21日，星期六，晚上8点45分回到伦敦。诸位先生，我就要动身了。等我回来时，你们可以根据我护照上的各地签证印鉴，来查对我这次的旅行路线。"

10月2日下午8:45搭乘火车离开伦敦，10月3日上午7:20到达巴黎；10月4日上午6:35经过塞尼山到达都灵，上午7:20离开都灵；10月5日下午4点到达布林迪西，下午5点上蒙古号轮船；10月9日上午11点到达苏伊士。用时7天。

蒙古号在苏伊士停留四个小时加完煤后加大火力继续前进，途经红海、亚丁湾、阿拉伯海到达孟买。10月20日，下午4:30到达孟买。用时11天，这比原计划提前两天到达。

10月20日下午8点搭乘火车离开孟买，自从有了一条横贯整个印度半岛的铁路，就不需要绕道斯里兰卡去加尔各答了。但这条铁路并不是笔直的，向北延伸要经过半岛北部的阿拉哈巴德，使得全线实际长度至少增加了三分之一，所以整个行程需要三天的时间。然而当火车开到离阿拉哈巴德还有五十多英里时停了下来，因为这段铁路还没有修完，福克先生与他的仆人只有花巨资雇了一头大象，从一条最近的路线穿越茂密的棕树林，但是在途中他们为了拯救一个殉葬的王公妻子而耽误了两天时间，10月24日上午10点才到达阿拉哈巴德。10月25日上午7点到达加尔各答。此段路程用时5天。按照福克先生的路程表，算是如期赶到，可惜上段路程节约下来的两天在这段印度半岛的旅途中给消耗了，但是相信福克先生不会感到遗憾的，因为在这里他救助了他未来的妻子。

10月25日上午12点乘坐从加尔各答开往中国香港的仰光号轮船。这一段路程走的非常顺利，风向也利于航行，经过孟加拉湾，旅客们看到了美丽的安达曼群岛，仰光号继续穿越安达曼海，迅速地开向马六甲海峡。10月31日上午4点，仰光号比规定航行时间提前半天到达新加坡，在此停留7个小时加煤。11月3日到4日，海上起了暴风雨，使得航行速度大大降低。11月6日下午1点才抵达香港。这比计划迟到了整整一天，但幸运的是从香港出发的卡尔纳蒂号轮船因为修理锅炉推迟一天出发，福克先生就不需要在香港再等八天坐下一班船了。此段路程用时14天。耽搁的这24小时可以在横渡太平洋的航行中找回来。

11月6日晚上8点，本应乘坐从香港开往日本横滨的卡尔纳蒂号轮船。由于意外，福克先生7日早上才发现船已经开走了，无可奈何的他在港口找了几个小时才找到了一个叫唐卡德尔号的机帆船愿意送福克先生去上海，唐卡德尔号全速前进，终于在11日下午7点钟赶上了这艘开往横滨的轮船。14日上午到达日本横滨港口。

11月14日晚上搭乘由横滨开往旧金山的格兰特将军号轮船。在离开横滨九天之后，即11月23日轮船越过了180°经线，福克先生不多不少地正好绕了半个地球，用去52天，但是不用担心，由于交通条件的限制，按照地球经度子午线计算他才走完了一半的路程，而事实上他已经完成了三分之二的旅程，因为后半段路程要顺直得多。也就是这一天，福克先生的仆人路路通发现了一件使他非常高兴的事。那个他视为传家宝的大银表一成不变地保持着伦敦时间，他在沿途各地都一直认为别人的钟表所指示的时间是错误的。可是今天，虽然他从来没有拨快或者倒拨自己的表针，但是却发现它与船上的大钟计时完全一样。12月3日上午，格兰特将军号到达了旧金山，此段路程用去20天。到目前为止，福克先生算是如期到达。

12月3日下午6点搭乘自旧金山到纽约的太平洋铁路公司特别快线。不幸的是福克先生沿途遭受了印第安人袭击火车事件，导致12月11日晚上11点1刻火车才到达纽约，而开往利物浦的中国号轮船在45分钟之前就已经出发了！此段行程用了7天，但是误了乘坐下一班轮船。

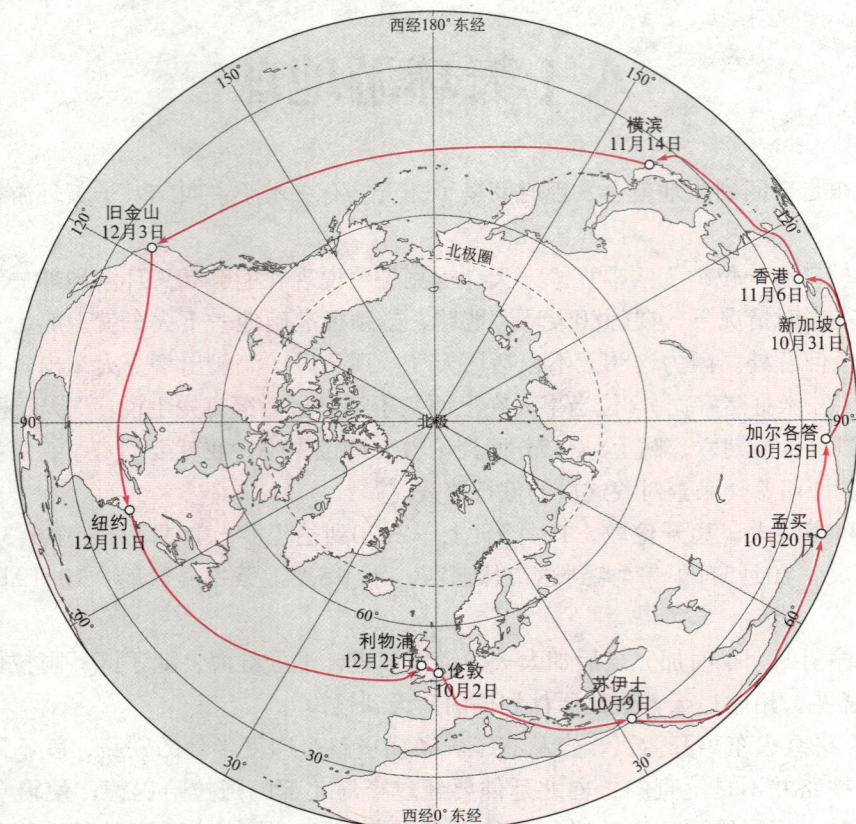

福克先生80天环游地球示意图

　　福克先生花巨资租了一艘名为亨利埃塔号的商船，在海上克服一切困难终于在12月21日星期六上午11：40到达了利物浦码头。从利物浦到伦敦只需要坐6个小时的火车。福克先生有充足的时间赶回俱乐部，但是他在利物浦被误认为伦敦银行抢劫案的嫌疑犯被拘留了几个小时，等他赶到伦敦时已经8：50，比打赌约定的时间晚了5分钟。

　　福克先生认为输了这次赌局，但一路上他的勇敢和机智打动了同路的艾娥达，她决定要嫁给福克先生。福克先生感觉自己虽然输了个精光，但是能够抱得美人归，也算是一件好事，他决定和艾娥达结婚。

　　第二天晚上，福克先生让他的仆人路路通去请神甫明日来主持他与艾娥达夫人的婚礼。他想现在什么都没有了，就只剩下结婚了。

　　路路通去请神甫，神甫却说明日是22日（星期日），不主持婚礼。

　　路路通想：明日是星期日，也就是说今天是星期六，今天晚上的8：45是打赌约定的时刻。现在距离这个时刻还有10分钟。

　　路路通以最快的速度回到住宅，一把抓住他主人的衣领，像发疯似地拖着福克先生，跳上一辆马车……当他们在俱乐部大厅里露面的时候，大钟正指着8点45分，一分不差，他的朋友们正在那里等他，他赢了。

　　那么，是精明的福克先生算错日期了吗？不是的，是福克先生在他的旅程中"不自觉地"占了24小时的便宜。这是因为他这次旅行的方向是一直向东走，在向东走的路上一直是迎着太阳升起的方向前进。所以每当他这样走过1°经线，他就会提前4分钟看见日出，整个地球一共分作360°，用4分钟乘360再除以60分，结果正好等于24小时，这就是他不知不觉赚来一天的原因。如果向西，正好相反，每天的时间将比24小时多一点，围绕地球一周后，多的这一点就会累积为一天，就会在不知不觉中少去一天。

　　如果当时有日界线，福克先生是自西向东越过日界线，在日期上要减去一天，也就不会出现前面那惊险的场面了。事实上福克先生是提前一天回到了伦敦。

时差的故事

由于地球自转方向是自西向东，太阳从东向西照射过来。因此，在同一纬度地区，位置偏东的地点要比位置偏西的地点先看到日出，即东早西迟。而各地都是以一天中太阳最高的时刻为12时（地方时），即正午。这样各地的时刻就东早西晚，从而形成时差。

例如拉萨、成都、上海差不多都在30°N附近，拉萨在90°E附近，成都在105°E附近，上海在120°E附近，这三地间经度相差15°的整数倍。当成都刚好天亮时，上海已经天亮1小时了，拉萨还要等1小时才天亮，即上海与成都时差约1小时，成都与拉萨时差约1小时。如果这三地都用自己的地方时，上海的正午比成都的正午早1小时左右，成都的正午比拉萨的正午早1小时左右。目前这三个城市都使用北京时间，那么成都如果是北京时间6点天亮，那么上海北京时间5点左右就天亮了，而拉萨就要等到北京时间7点左右才天亮。这就是东早西晚，经度相差15°，时差为1小时。

随着时代的进步，在通信、运输等方面由于时差带来的矛盾日益突出，怎么解决时差问题呢？1884年的国际子午线大会，通过了时区划分方法，规定每隔经度15°划分为一个时区，把全球划分为24个时区。每个时区共同使用统一的时间，这就是区时。

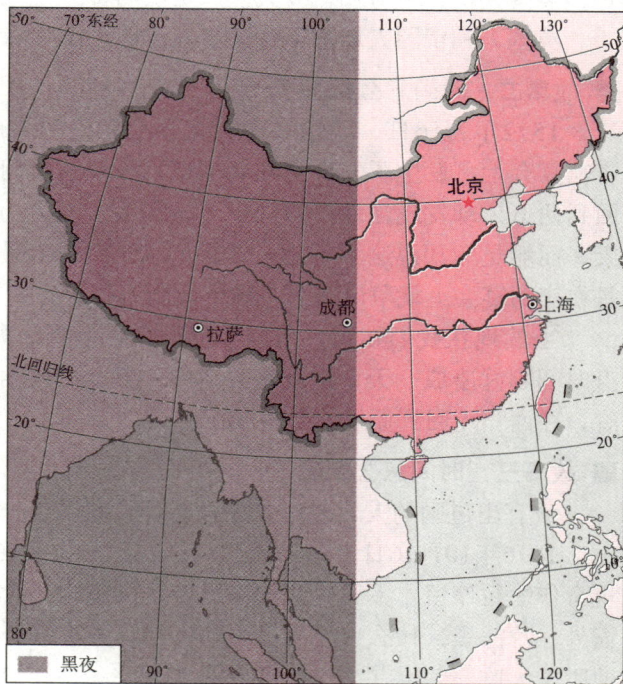

拉萨、成都、上海的时差示意图

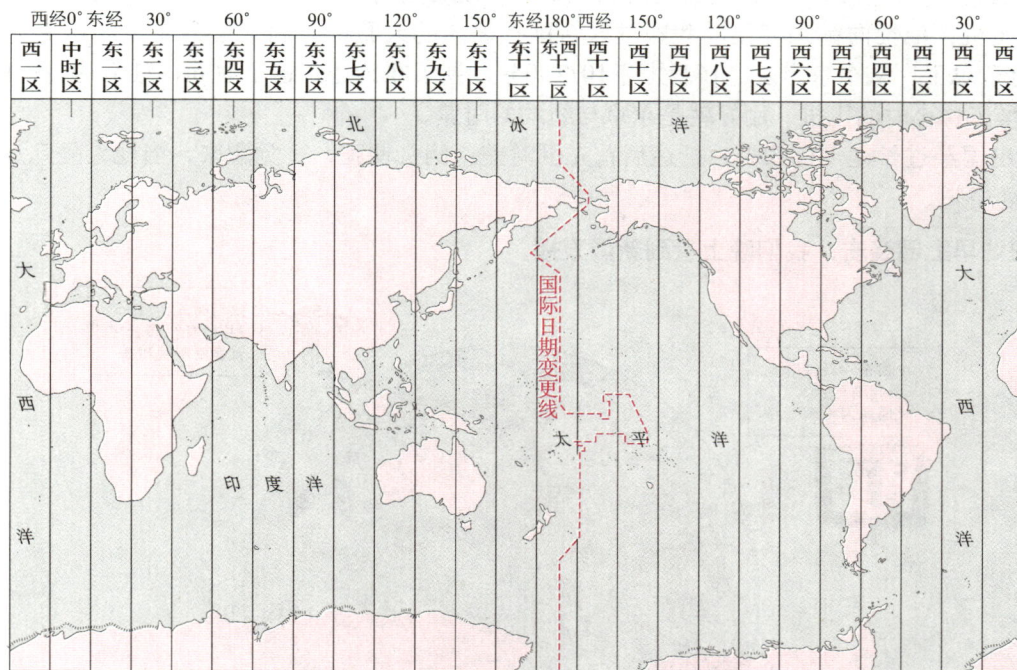

理论时区和日界线

时间虽然统一了，但是有关时差的趣事仍然层出不穷。

■ 故事一：矛盾的日期

哥伦布发现新大陆以后，欧洲向北美洲大批移民。其中，英国人从欧洲向西越过大西洋在北美大陆立足。

后来，英国人的范围不断往西延伸，按照时差，越往西时间越晚。

18世纪末，俄国人从欧洲经亚洲向东越过白令海峡也到达了北美大陆。后来，俄国人的范围不断东延，按照时差，越往东时间越早。

同样从欧洲出发，英国人往西到达北美与往东到达北美的俄国人相遇，他们一相遇，矛盾就出现了。

俄国人说：今天星期一了。

英国人说：不对哟，今天应该是星期日。

英国人和俄国人谁也不肯让步，但谁也没有说服谁。

■ **故事二：时间怎么搞丢了一天？**

1522年9月6日，埃里·卡诺带领麦哲伦船队最后的幸存者终于回到西班牙，在西班牙国王为船员举行的庆功宴会上，发生了一件有趣的事情，按照船员们的航海日志，回到西班牙的这一天应该是9月5日，而船员们回到西班牙却发现当地是9月6日了，搞丢了一天。当地居民都认为可能是船员们在漫长的环球航行中搞丢了一天。而船员们却说这不可能，每天记录航海日志是雷打不动的工作，不可能出现漏掉哪一天没有记的情况。于是在庆功宴会上就争论起来，谁也说服不了谁。

当然现在我们知道，是因为船队向西航行，每天无形中加长了一点时间，回到起点时，这每天加长的一点时间刚好凑成一天，这就是丢掉的一天，即向西航行少看到了一次太阳升落。按照东早西晚，越往西时间越晚，往西一周回到原地就整整晚了一天。

■ **故事三：时间怎么倒流了？**

没有出过国的人，对时差还没有什么感受。一个出国的大使乘飞机跨越多个时区的感受是这样的：

1976年10月16日上午10点30分，我国一位大使从日本东京羽田机场起飞，中途在美国阿拉斯加州首府安格里奇作短暂停留。下飞机到安格里奇候机室时，他看到墙上的挂钟指针指在2点30分，以为是下午两点半钟，但窗外一片漆黑，什么也看不见。他询问服务小姐当时的时间，服务小姐笑着说："现在是16日凌晨2点30分。"他听了大吃一惊，"怎么，我从上午起飞，飞了几个小时，反而飞回凌晨了！"他怕听错了，又请小姐重复一遍。没错，是16日凌晨2点30分！

飞机加油之后继续直飞纽约。抵达纽约时，飞机报告现在的时间为16日上午10点30分，这可是出发的时候的时间。刚下飞机，他忙向前来迎接的我国驻联合国代表团的人验证时间，答案还是16日上午10点30分。他说："真是太有意思了！从东京出发是16日上午10点30分，到了纽约还是这个时间，难道这飞机白坐了吗？"其实，这位大使坐了14小时的飞机，刚好就是东京与纽约的时差。

所以许多出国经过长途飞行的人，抵达后首先倒时差：倒头便睡，一觉醒来，当地人是几点就是几点，这也应该叫入乡随俗吧。

■ **故事四：纽约早上遭袭击，我们晚上看到新闻直播。**

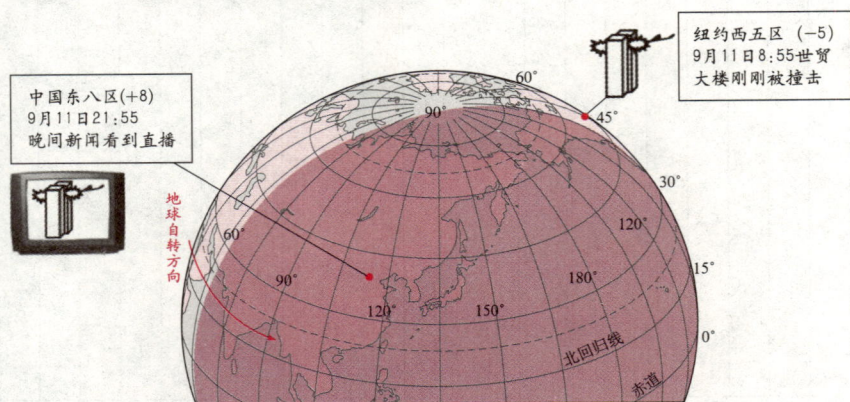

美国世贸大楼被撞击，几乎在同时中国观众看到新闻直播

2001年9月11日纽约时间8:55分，纽约世贸大楼遭到恐怖袭击，一架被恐怖分子劫持的飞机撞进了世贸大楼里。我国的中央电视台在11日晚上22:00《晚间新闻》中的头条播出了这条消息。那么我们看到新闻时，这次恐怖袭击过去了多长时间？

纽约在西五区，北京在东八区，换算时间可知纽约比北京晚13个小时，即9月11日8:55相当于北京时间21:55，即当晚《晚间新闻》播出这条消息时，该事件刚过去了5分多钟。

北京与纽约时差13小时，但是在每年夏天纽约实行夏时制时，纽约要把时间往前调整1小时，这样北京与纽约夏时制的时差就只有12小时了。曾经有一个广告反映了这个12小时的时差：中国的刘翔和美国的鲍威尔两位运动员在电视屏幕左右两半幅往相反方向跑，两个屏幕都有个时钟，指针都指向6点，当然一个是早6点，一个是晚6点，只是在时钟上看不出来。

■ 故事五：过期的彩票又有效了。

一位名叫吕萨的外国商人，于某年4月10日乘飞机从太平洋的马绍尔岛飞往檀香山。上机前1小时，他去机场附近的花旗银行兑换货币时，遇到一位老太太，手里拿着一张过期（兑奖日期是4月9日）的中奖彩票，捶胸顿足，非常难过。这时，走来一位身穿笔挺西服的中年人，他"关切"地对老太太说："请不要伤心，我愿用3000美元买您这张废票（奖金为8000美元），您老同意吗？"老太太一愣，心想这张废彩票反正已无任何价值，就同意了。这件事令吕萨好不纳闷。

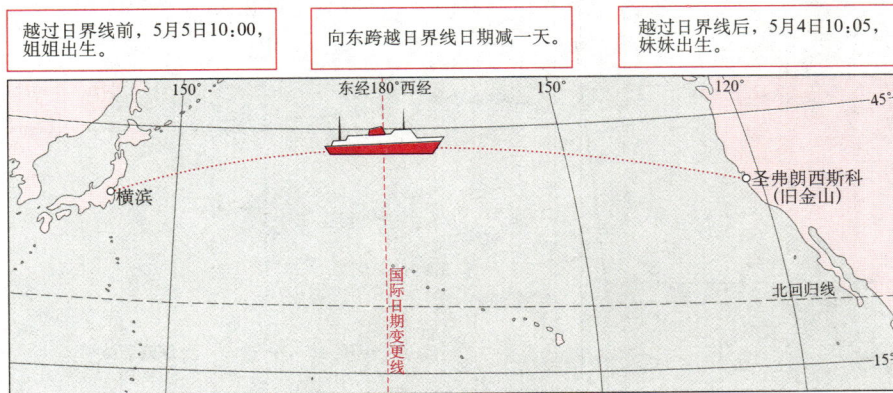

向东跨越日界线日期减一天

飞机起飞了，在空中飞行了一段时间，忽然耳边飘来航空小姐甜润的播音："亲爱的旅客们请注意，现在是4月9日10时4分，我们将于11时抵达美国檀香山机场……"吕萨奇怪，上机时明明是4月10日，现在怎么变成4月9日了！难道时光可以倒流？吕萨正想回头与后排乘客对表，一瞧，咦！这不正是起飞前购买老太太过期中奖彩票的那位中年人吗？吕萨问："先生，请问，现在怎么变成4月9日了？那你刚才买的废票不是又有效了吗？""是的，兑换后我可以净赚5000美元。"中年人得意地笑着说。

后来，那位中年人果然拿着那张中奖彩票在檀香山花旗银行兑换了8000美元的奖金。那张中奖彩票怎么死而复活了呢？原来，本次航班的飞行方向是自西向东，在飞越180°经线附近的日界线时，需更换日期，4月10日变成4月9日，这样过期中奖彩票又可以兑换了。

■ 故事六：日界线附近出生的双胞胎。

某一年，有一艘从横滨到圣弗朗西斯科(旧金山)的客轮从西太平洋向东航行。航行途中海上起了大风，船体剧烈摇晃。这时，一位还没到预产期的孕妇耐不住轮船的颠簸而临产了，而且一生就是一对双胞胎姐妹。她于5月5日10:00先生下一个姐姐，5分钟后船自西向东越过日界线，她又生下妹妹，时间为5月4日10:05。以后每年过生日妹妹5月4日，姐姐5月5日。大家是不是有点糊涂了，这对双胞胎谁应该是姐姐？答案是：先从娘肚子里出来的就是姐姐，其他就别管了。

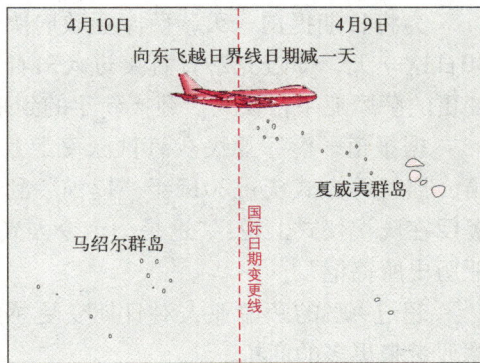

向东跨越日界线减一天

萨摩亚成为最早迎新年国家

从最后一个过新年，到最早一个迎新年的国家，太平洋岛国萨摩亚仅用了"一天"的时间便实现了这一转变。

为将日期提前一天，萨摩亚政府决定"牺牲"掉2011年12月30日这一天，即过完29日直接进入31日。31日晚，刚刚完成日期变更的萨摩亚举行仪式，迎接新年的到来。

据报道，萨摩亚民众31日深夜走上街头，用歌唱、祈祷、鸣笛、摇铃等方式庆祝2012年"提前"到来。该国总理马利埃莱额奥伊在庆祝仪式上说："这是一个令人兴奋的时刻，今晚将为萨摩亚历史所铭记"。

超过90%的萨摩亚人对日期变更感到高兴，这一变化将给萨摩亚带来更多的商机。

萨摩亚地处太平洋南部、国际日期变更线附近。该国从1892年开始，一直采用西12区的日期。为了进一步扩大亚太市场，萨摩亚政府决定把时区从西12区调整到东12区。这样，萨摩亚便成了世界上第一个迎接2012年的国家，成为最早看到日出的地区之一。

由于准备充分，萨摩亚的生活并未出现混乱。据报道，萨摩亚政府宣布，国家机关、私营雇主不得少发30日的薪水，银行利息也要照常计算。飞往萨摩亚的航班也未受到影响，该国机场运转正常。

萨摩亚的近邻托克劳群岛也随着萨摩亚一道提前了日期，该国31日晚也举行了新年庆祝仪式。

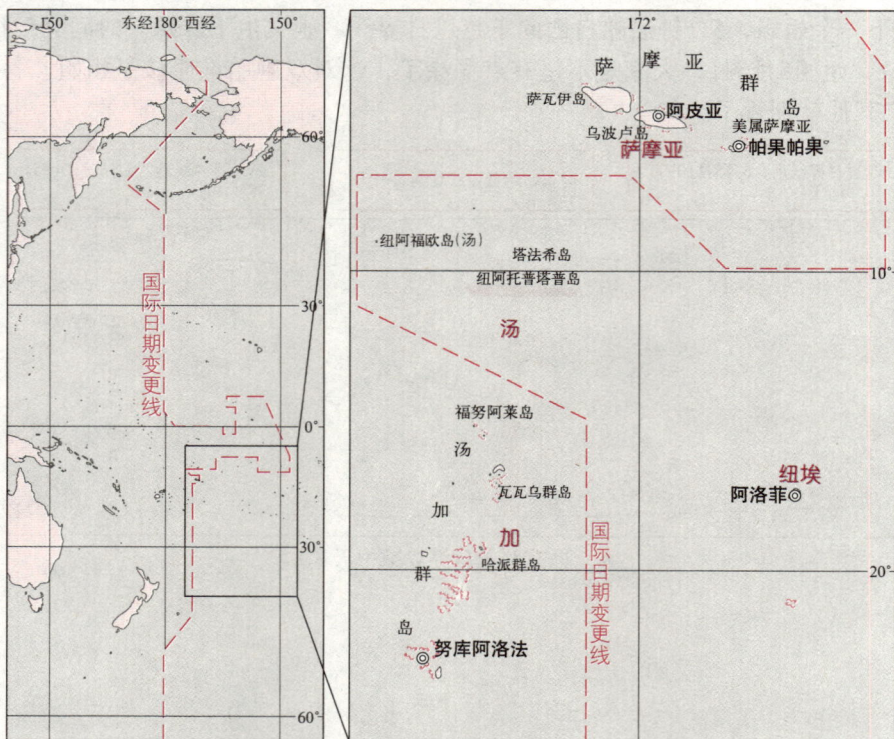

萨摩亚附近的国际日期变更线示意图

和平与发展

　　通过结束战争来实现和平，通过和平谋求发展，通过发展促进和平，实现共同发展。

美国的领土扩张

在北美洲中部，有一个飘扬着星条旗的国家，这就是美利坚合众国，简称美国。星条旗是美国的国旗，它由13条红白相间的条带组成，左上角还有一个包含了50颗白色小五角星的蓝色长方形。

美国建国时的国旗

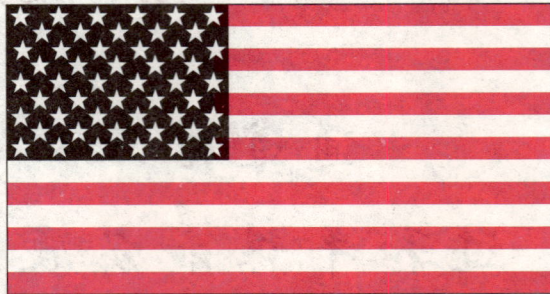

美国现在的国旗

星条旗成为美国的国旗后先后进行了多次修改，最初的小五角星为13颗，后来，随着美国领土的不断扩张，小五角星也逐渐从13颗增加到现在的50颗。因此，美国国旗是美国领土扩张的见证。

■ 美国殖民时期

1607年，为了躲避宗教迫害，英国人巴赛诺缪·戈斯诺德率领100多名英国朝圣者，横渡大西洋，抵达弗吉尼亚大西洋沿岸的莽莽原野定居，建立美洲大陆上欧洲白种人的第一个定居点詹姆斯顿。其他一些宗教逃难者以及许多走投无路的下层劳动人民，为了寻求财富、土地和避难所，相继远涉重洋来到北美，逐渐建立起殖民地。殖民地人口多为英国移民，但也有很多人来自欧洲其他国家，黑人则是以奴隶身份从非洲被贩卖到这里的。至1776年，约160年的时间，称为"美国殖民地时期"。

1607年至1733年，英国在北美洲从大西洋沿岸至阿巴拉契亚山脉之间建立了13个殖民地，即弗吉尼亚、马萨诸塞、马里兰、罗得岛、康涅狄格、北卡罗来纳、纽约、新泽西、南卡罗来纳、新罕布什尔、宾夕法尼亚、特拉华和佐治亚，总面积90多万平方千米。至美国独立战争前夕，13个殖民地人口已发展到300多万。

■ 美国独立战争

1776年7月4日，13个殖民地代表在费城独立宫签署《独立宣言》，宣告美利坚合众国诞生。13个殖民地即美国建国初期的13个州，成为美国国旗上红白相间的13条。此时，美国领土北起加拿大边界，南至佛罗里达半岛北界，由大西洋海岸向内陆伸展约600多千米，全部在阿巴拉契山亚脉以东，相当于现领土的1/10。

随着北美大西洋沿岸殖民地的不断扩大，与宗主国英国之间在政治、经济等方面的矛盾逐渐显现。面对矛盾，在"七年战争"中刚刚战胜了法国的大英帝国要求北美英属殖民地无条件臣服英王。

1775年4月，在马萨诸塞州莱克星顿，美国人民打响了反抗宗主国英国统治的第一枪，北美独立战争爆发。

1775年5月，在费城召开"大陆会议"，坚定了战争与独立的决心，并于1776年7月4日签署著名的《独立宣言》。《独立宣言》的签署被认为是美国建立的开端。

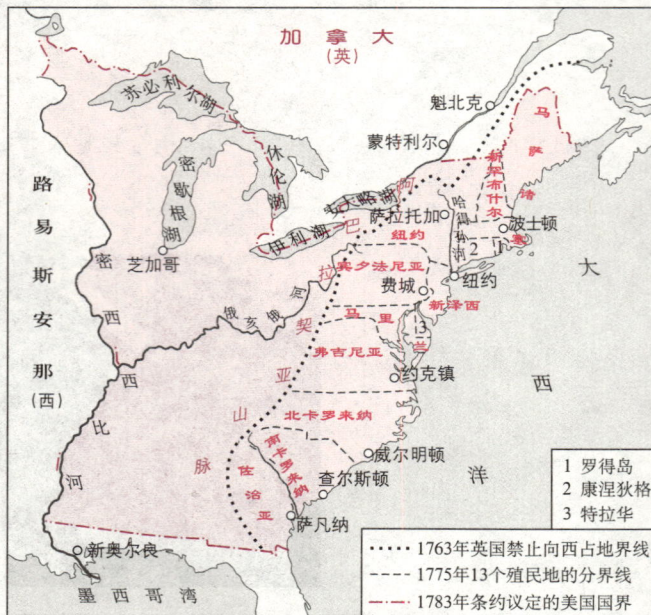

美国建国13州和独立战争后美国领土

1778年2月法美签订军事同盟条约，法国正式承认美国。在"七年战争"中失利的法国，和美国成了同盟。西班牙、荷兰也相继参战支援美国，枪口都对准了世界霸主英国。

1781年，约克镇战役大捷，美军赢得决定性的胜利。约克镇战役后，除了海上尚有几次交战和陆上的零星战斗外，北美大陆战事已基本停止。

经过6年半的战争，不可一世的大英帝国不得不承认北美殖民地。1783年9月3日，英美在巴黎签订《巴黎和约》。此时，美国的领土已经从大西洋沿岸的13个州，向西扩展到密西西比河河岸，国土面积比宣布独立时扩大了一倍，密西西比河成了美国西侧界河，河的西边是法属路易斯安那和墨西哥。

■ 美国西进运动

开国元勋托马斯·杰斐逊是美国西进运动的先锋，他曾经担任第一任国务卿、第二任副总统和第三任总统，是一位有远见的政治家。

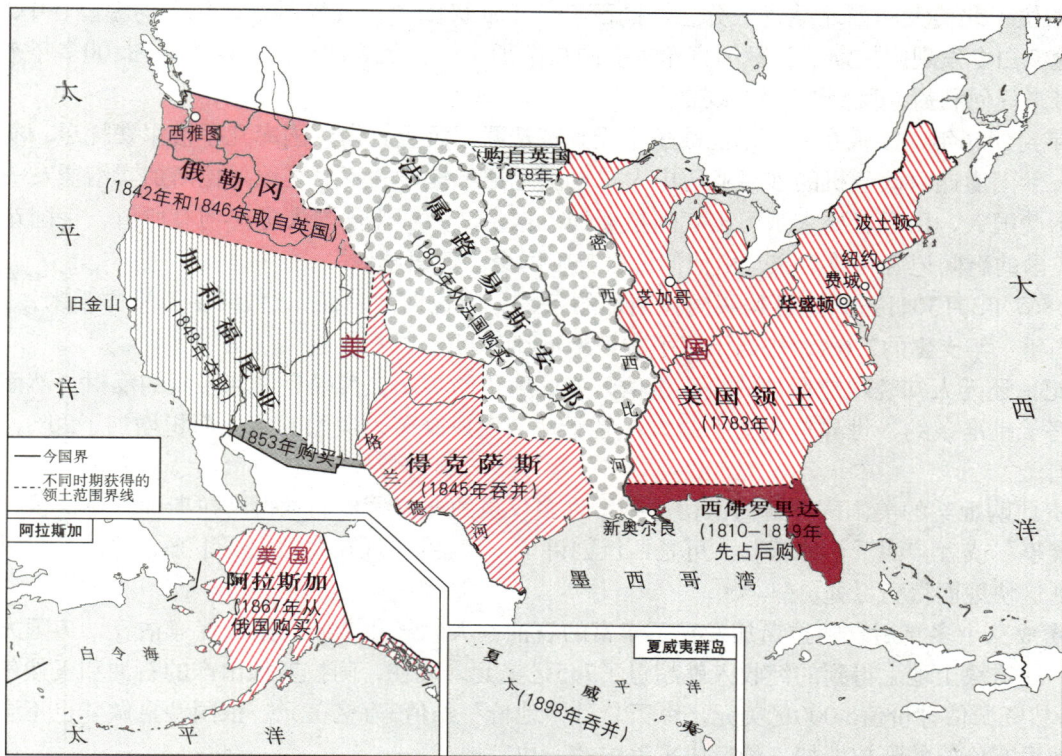

美国领土扩张时间图

杰斐逊遥望着密西西比河西岸那一大片蛮荒之地，视线越过落基山脉，直望到太平洋的波涛。杰斐逊就任总统后，派出一支考察队，以探测水源为名，实地考察了西部地区，带回了大量考察成果。

正当杰斐逊打着如意算盘的时候，法国皇帝拿破仑帮着杰斐逊拨动了如意算盘的一颗关键珠子。

密西西比河以西是法属路易斯安那，其面积相当于现在美国的领土的三分之一，东起密西西比河，西到落基山脉。法国在欧洲战事频繁，又在美洲镇压海地革命失败，对于路易斯安那则鞭长莫及，而且拿破仑唯恐这片领地落入英国人之手。正在这时，杰斐逊向拿破仑提出了购买路易斯安那的方案，拿破仑顺水推舟，仅以1 500万美元就把260万平方千米的领地卖给了美国，每平方千米不到6美元。

从此，美国的领土面积又增加了一倍，密西西比河从界河一下变成了内河，丰富的资源加上四通八达的水系为美国日后的经济发展创造了有利的条件。

《转让路易斯安那条约》签订后，美国利用条约未明确规定路易斯安那的边界线，于1804年2月24日通过"摩尔比法案"，在密西西比河流域建立一个行政区，称"密西西比地区单独关税区"，将佛罗里达纳入行政范围。美国并以此为据，向西班牙提出对西佛罗里达的领土要求。美国这一要求被西班牙所拒绝。但是，1810年，美国乘西班牙美洲殖民地发生革命之际，在东西佛罗里达策划美国农场主进行一系列叛乱活动，1811年初，美国派军队占领西佛罗里达。

路易斯安那到手后，美国还把矛头直指西南邻国墨西哥，威逼墨西哥割让230万平方千米的土地。在遭到拒绝后，美国制造种种借口向墨西哥开战，美墨战争爆发。美墨战争一边打，美国一边提出购买墨西哥的土地，最终，美国攻下墨西哥首都，建立墨西哥傀儡政权。美墨战争结束，美国夺取了墨西哥北部大省得克萨斯和加利福尼亚，格兰德河成为美墨界河，这相当于占据了墨西哥55%的土地，而美国只象征性地向墨西哥政府支付了1 500万美元。从墨西哥夺来的土地，后来成了美国的7个州。

西部广阔无垠的土地纳入美国版图后，美国颁布了吸引移民耕种的法案。就在南北战争期间，林肯总统签署了《宅地法》：每个成年美国公民，只需交纳10美元登记费，就能够拥有160英亩土地的开垦权，耕种几年后，就能拥有它的产权。这些政策极大吸引了人们的开垦土地的热情，广袤的未开发土地吸引了一浪又一浪的移民浪潮，美国中西部后来逐渐成为美国乃至世界的粮仓。

■ 购买阿拉斯加

阿拉斯加位于北美大陆西北端，三分之一的面积位于北极圈内，气候严寒，年平均温度在0℃以下。1741年，俄国探险家白令发现阿拉斯加，俄国宣布拥有阿拉斯加主权。因人烟稀少，纳入版图100多年来，阿拉斯加没有为俄国带来任何利益，反倒要贴钱派驻军队。

从1853年到1856年，沙俄在克里米亚战争中受到英法联军沉重打击，国库几乎被军费耗尽。所以在美国南北战争期间，俄国遭遇财政危机的沙皇亚历山大二世决定把不挣钱的不毛之地阿拉斯加卖给盟友美国，他派特使到美国暗示美国人，由后者要求俄国出卖阿拉斯加。据说，为了让美国人觉得物有所值，俄国花了10万美元贿赂、收买美国的新闻记者和政治家，由他们说服美国国会"慷慨解囊"。

俄美于1867年3月30日正式签订购买阿拉斯加的条约。阿拉斯加总面积达150多万平方千米，720万美元的售价占美国当年一年支出的2.6%，相当于每平方千米不到5美元。

在19世纪，还无人知晓阿拉斯加的真正价值，如此廉价的买卖在美国竟遭到强烈的反对。然而，经过激烈争论，国会终于批准条约，世界近代史上最大一笔土地买卖成交了，美国的领土面积增加了20%，美国成为名正言顺的大国。

不过负责此购地案的美国国务卿西沃德遭到了许多议员的非议。他们觉得阿拉斯加并不值钱，把这事形容为"西沃德蠢事"或者"西沃德冰箱"。可是西沃德讲了一句话："现在我把它买下来，也许多年以后，我们的子孙因为买到这块地而得到好处。"

这笔买卖成交十多年后，阿拉斯加发现了丰富的石油、天然气和金矿。据最保守估算，美国人得到阿拉斯加的头50年，从这块土地上得到的纯收入就超过了7.5亿美元。现在，阿拉斯加出产的石油和天然气占全国总产量的1/4；自然资源估计价值5 000亿美元，今天总计"地价"约值3万亿美元。俄国沙皇做梦也不会想到，他们看来冰天雪地没有价值的阿拉斯加，最后成了美国的一块宝地。

■ 美国吞并夏威夷

夏威夷是美国唯一的群岛州，由太平洋中部的130多个岛屿组成，陆地面积约1.67万平方千米。夏威夷人口100多万，城市人口占86.5%，全州约80%的人口聚集在瓦胡岛上，首府火奴鲁鲁。

夏威夷最早的居民是波利尼西亚人，1778年后欧、亚移民陆续移来。1795年建夏威夷王国。1898年被美国吞并，1900年归属美国，1959年成为美国的第五十个州。美国现在国旗上的最后一颗星就是1959年增加上去的，它代表美国的夏威夷州。

在美国独立后的100多年中，美国只用了8 700万美元，夺取了700多万平方千米的土地，成为世界大国之一。美国领土扩张对美国资本主义的发展起了重大作用，也奠定了美国作为世界唯一超级大国的物质基础。

美国崛起

　　1861到1865年的美国南北战争，是美国历史的分水岭，从此，美国踢开了奴隶制这个阻碍资本主义经济发展的绊脚石，进入全面崛起的重要阶段。

　　南北战争后，美国经历了南部重建以及经济和社会结构的巨大变革，开始从农业国转向工业国。到1894年，美国的工业生产总值位居世界第一，许多工业产品产量位居世界首位。只用了不到30年的时间，美国便逐步取代英国，成为世界经济的霸主。美国是怎样发展壮大起来的呢？

美国纽约自由女神像

■ 资本主义经济迅速发展

　　南北战争中，美国北部工业资产阶级战胜了南部的奴隶主，战争结束到1877年是南部的重建时期。战争付出了沉重的代价，田园荒芜、公路和铁路被毁坏，到处是战争带来的残垣断壁，许多地区处于饥饿的边缘。在华盛顿，人们热切而激烈地争论着南方重建的政策。联邦政府是应该像对待被征服的国家那样对待南方，还是应该欢迎它重回联邦？是否应该允许前南方同盟的领导人出任政府官员？那些在战争中被解放了的奴隶如今要在充满敌意的南方自谋生路，他们的未来将会怎样？

　　1865年4月11日，林肯总统站在华盛顿白宫的阳台上演讲，宣布了使南方各州回归联邦的计划，提出了南方重建的设想和计划，这是他生前最后一次演讲。林肯遇刺后，约翰逊就任总统，他相继发表了关于北卡罗来纳等七个州的重建宣言。

　　1868年3月2日，共和党激进派的重建法开始正式推行，南部进入了民主重建阶段。10个叛乱州被划分为5个军区，由联邦实行军管。南部各州在1867到1870年间先后确认了黑人的选举权，重新制定新宪法和选举州议会。一个以激进派共和党人为核心的黑白人种混合民主政府建立起来了。各州相继宣布废除奴隶制度，承认联邦的统一，并恢复了在联邦中的平等地位。

　　南北战争结束后，已经在北部萌芽的资本主义在全国迅速地发展起来，美国开始从自由竞争的资本主义向垄断资本主义过渡。1860年以前，美国的工厂规模都很小，不是独资就是合伙经营。直到70年代，同行业竞争激烈，生产高度集中，大规模制造业的发展，投资银行兴起，对外贸易扩大，所有这些因素交织在一起，产生了工业巨头和垄断企业。

■ 版图、人口和城市规模迅速扩大

　　这个时期的美国，也不断扩大着它的疆土，持续了一个世纪之久的西进运动已经使美国的版图延伸到了西海岸的太平洋。内战爆发前美国已经有了36个州，从内战结束到1900年的40余年间，又有九个州先后加入了联邦，使当时的美国成为拥有了四十五个州的联邦国家。到了19世纪末，美国本土的西部疆界和南部疆界已经确定，加上海外的附属地，面积一共有900多万平方千米，美国成为了一个名副其实的大国。

　　美国的人口也随着版图的扩大而急剧增加，大批欧洲移民纷纷离开家园，来到这个新兴的国度，寻找自己的美国梦。从1875年前后到1900年的25年间，来到美国的移民人数达到1 000万人。到1890年，有100万加拿大人在美国定居，仅从1880年到1890年的十年间，美国的人数就增加了25%。在大批移民中，还有不少中国人，他们大多集中在加利福尼亚州。19世纪70年代，那里的华人大约有六万七千人。

　　人口的急剧增加和工业的发展带来了城市化，越来越多的人聚集在城市中。1870年拥有十万以上人口的城市就可以称之为大城市了。当时的大城市有纽约、费城、巴尔的摩、芝加哥、华盛顿、旧金山等13座。1880年，新英格兰、大西洋沿岸和五大湖地区集中了美国城市人口的四分之三。

■ **交通运输迅速发展**

造船业和铁路建设在美国从自由竞争向垄断资本主义的过渡中发挥了非同小可的作用。以铁路为例，1830年，英国的利物浦、曼彻斯特铁路通车的时候，美国也开始铺设自己的铁路。

早期的美国，交通十分不便，公路很糟糕，运河系统有限。在英国那样的岛国，任何两地之间都可以用运河、小型铁路或高速公路便捷地连接起来。而美国与英国不同，美国是一个地域广阔的国家，这里有巍峨的高山、数不清的大河，还有各种地形地貌，加上各地相距遥远，从一地到另一地就不是那么容易了。因此，铁路运输真切地成了美国成长的兴奋剂，它是美国最早有效利用的交通方式。通过铁路，异地客运和货运都变得很方便快捷。

巴尔的摩至俄亥俄铁路，是美国的第一条铁路，全长仅20千米，机车是英国的斯蒂芬森提供的。到1860年，美国的铁路总长达五万千米，超过了同期其他国家铁路里程的总和。到了1890年，铁路总长则增加到了25万千米，形成世界上最为庞大的铁路交通网。除此以外，1869年5月10日，第一条横跨北美大陆的铁路建成通车。此后30年间，又建成了四条横跨北美大陆的铁路干线。

美国最重要的城市主要分布在东部，铁路顺理成章地首先在东部发展起来，然而美国人的目光也在关注着西部，他们想把人口和工业向西部推进，铁路是唯一的途径，铁路修建从东部开始。由于美国国土的广大，材料便由沿线工业城市供应，东部的工厂生产火车头、车厢和铁轨，所有的森林提供木材用来做枕木，由此向西推动，发展了北美大陆的中部，连接了美国的东西两岸。

美国被称为汽车轮子上的国家，汽车工业是美国工业发展的重要组成部分，发展非常迅猛。19世纪70年代，美国才出现汽车模型。1893年，第一辆汽车试车。1900年，美国举办了首次汽车展览，而且当年的销量突破了4 000辆。1902年以后，称为奥尔德牌的第一辆美国汽车进行了批量生产。1903年，美国的汽车工业跃居世界首位，把法国远远甩在了身后。1913年，福特发展起来的流水生产线，直接导致美国汽车制造的一场革命，汽车价格从1 000美元一辆，降到不到300美元一辆，1926年降到160美元，汽车进入千家万户。随着生产的发展，汽车业也出现了竞争，福特汽车公司以高质量和新技术来占领市场，同时还把组装工厂发展到了英国。大的垄断公司除了福特汽车公司外，还有通用汽车公司和克莱斯勒汽车公司。

1913年起，美国开始建设公路网，汽车运输开始在美国运输系统中起到越来越大的作用。由于采取了联邦和州两级共建，加上大量使用建筑机械，到20世纪20年代末，美国全国公路网形成。运输业的发展打破了传统的区域经济和市场交易，带来了全国性的货物流通和大的统一市场。

铁路的建设和汽车、轮船的生产都离不开钢铁。1892年，卡内基钢铁公司成立，资产达2 500万美元，实力相当雄厚。但是这个钢铁巨人却在1900年被拥有不少银行的摩根财团收买，重组为美国钢铁公司。美国钢铁公司的总资产超过1亿美元，当时位居世界第一。

■ **广袤的农场促进农业科技飞速发展**

工业的资本主义化与农业的资本主义化密不可分，这个时期美国的农业稳步发展。美国人少地多，农场面积广大。1900年，美国的大农场占了国土面积的四分之一，全国有636.6万个大农场，平均每个农场就占地139英亩。大农场为农业机械化提供了良好的条件，发展农业机械成为美国农业迅速发展的一个基本方面。大多数欧洲国家是在第一次世界大战之后才在比较广泛的范围内用简易的农业机械来实现农业机械化的，而美国在18世纪末就开始了农业机械化的进程。

1793年，惠特尼发明了轧花机，这个发明使清除棉粒效率提高了1 000倍。1797年，美国第一次颁发了犁的专利权，促进了新式犁的生产。19世纪初，美国人制造出第一台收割机。19世纪30年代美国还出现了播种机、割草机、脱粒机、钢犁等一系列农业机械。1907年，履带式拖拉机的发明，更是给农业带来了重大的变化。1915年，美国出售了25 000台拖拉机。

从1860年到1916年，美国农场数目从200万个增加到640万个，可耕地面积从近25亿亩发展到53亿亩，再加上化肥的使用，以及棉花和玉米等新品种的培育，农业产量大大提高。从1870年到1910年，小麦产量增长了2倍，棉花产量增长了4倍。美国农产品生产过剩，大量向欧洲出口棉花和粮食。

在美国农业革命的过程中，政府起了重要的作用。1862年，美国就通过立法，由政府拨款在各州建立大学，以促进农业和机械技术的发展，并决定建立农业部，加强对农业科学研究的领导。1887年，国会立法又在各州立大学设立农业实验站。

■ 工业、垄断和科技革命

经济发展，催生出垄断组织，意味着美国资本主义的发展从自由竞争进入到了垄断阶段。19世纪的70到80年代，美国的企业中出现了大的垄断组织。1870年，由洛克菲勒联合几家石油公司组成了俄亥俄美孚石油公司，其资产达到了100万美元，这在美国历史上是第一家垄断企业。1880年的时候，该企业已经掌握了全国石油产量的90%。

美国联邦政府为了禁止垄断行为，在1890年通过了第一个联邦反托拉斯法，宣布垄断贸易以及为达到这些目的一切合同、合并、托拉斯和暗中策划都是违法的。洛克菲勒的标准石油公司首当其冲，被迫拆解。

美国政府积极干预经济，制定了一系列法案，拆解垄断集团。政府有效干预经济活动，使美国经济趋向规范化，保证了经济的良性发展。

这个时期的美国还出现了科学技术革命的高潮，独立战争推动了美国科学技术的发展。1787年的宪法，以法律形式规定国会要促进科学和应用工艺的进步，在有限时间内给予作者、发明者以专有权。1790年，国会又通过了专利法，奖励科学发明和技术创新。由于科技和经济的有效结合，美国的现代发明是非常可观的。

今天，在美国专利局的大门上还刻有林肯总统的一句话：专利制度就是将利益的燃料添加到天才之火上。专利制度保证了发明人的权利，也激发了整个社会的创造热情。

在这股科技革命的浪潮中，最为突出的标志要算托马斯·爱迪生的发明了。美国的第一个工业实验室就是由爱迪生创办的。从1868到1910年间，以爱迪生为名义正式的发明有1 300余项，平均11天取得一项发明。他的工业实验室被称为发明工厂，其中比较著名的发明是1877年发明留声机和1879年10月发明白炽电灯泡。这个实验室后来成为美国通用电气公司。

爱迪生只是众多发明家里的一员。世界上第一部电话是于1875年6月出自亚历山大·贝尔之手。1844年莫尔斯发明了电报。1903年莱特兄弟驾驶世界上第一架动力飞机飞上天空。

而电力的发明，则推动了美国近代科学技术的进步和工业革命的前进。美国从蒸汽机时代一步跨入电气时代。以电力革命为标志，世界科技中心已经逐渐从欧洲转移到了美国，创新的科学研究与大公司的经济财力相结合，使实验室的成果迅速转化为工业产品。

从1865年美国内战结束到1914年爆发第一次世界大战，美国用了不到50年的时间，工业总产值就达到了94.98亿美元，超过英国50多亿美元，而且已经拥有了较完整的工业体系，成为世界第一号经济强国。自此，美国取代英国，成为世界头号资本主义国家。

■ 世界大战的机遇

1914年8月，在发展不均衡的欧洲列强之间爆发了席卷世界的第一次世界大战。大战初期，由于地理位置的保护和经济利益的考虑，美国奉行不偏不倚的中立外交，利用其中立的地位和交战双方大做买卖，趁机拓展市场和发展经济。

1913年到1916年间，欧洲各国从美国购买的货物价值由15亿美元激增至38亿美元。与此同时，欧洲各国的出口锐减，世界市场出现了真空，美国商品趁机补进。1913年至1916年间，美国出口总额由25亿美元激增到55亿美元。外贸的扩展带动了工农业和就业的同时发展，美国经济呈现出良性循环的增长势头。

1917年，由于遭到德国潜艇袭击，中立国遭到人员和财产损失。4月4日，美国国会两院以压倒性优势通过了威尔逊总统的战争咨文，正式对德国宣战，站在了协约国一边。

美国的参战使战争的天平迅速倾向协约国一边。1918年9月29日，德国政府宣布

美国总统山

（左起：创建了美国的乔治·华盛顿、起草了《独立宣言》的托马斯·杰斐逊、拆解了垄断集团的西奥多·罗斯福、解放了黑奴的亚伯拉罕·林肯。）

投降，请求停战。11月11日，停战协定签订，第一次世界大战结束。

1919年6月28日，美、英、法、意、日等战胜国在巴黎与战败的德国签订了《凡尔赛和约》，德国丧失了13%的领土，承诺赔款316亿美元。

在第一次世界大战中，欧洲各国无一幸免。相反，地处战场外的美国经济迅猛发展，大发战争横财，由欧洲的债务国变成了欧洲的债权国，纽约取代伦敦成为世界的金融中心，美国成为世界头号经济强国和军事强国，取代英国登上了世界霸主的地位。

相隔20年，人类历史上第二次世界大战爆发，美国的选择和第一次世界大战如出一辙，先是保持中立，后来被卷入战争。

1939年9月3日，德国入侵波兰，英国、法国被迫对德国宣战，美国总统罗斯福在当晚对美国人民发表炉边谈话，说明美国将保持中立。1941年10月16日，东条英机出任首相，将日本政府引向更加激进的战争冒险。12月7日，日本偷袭珍珠港，美国被迫向日本、德国宣战，从此，美国正式加入世界反法西斯同盟，全面参与第二次世界大战。

基于战争的需要，美国很快就成了同盟国的兵工厂，经济很快摆脱了大萧条，数百万失业大军迅速消失。伴随着战争的进程，美国经济转入战时生产轨道，出现了空前的繁荣，成千上万的民用工厂一夜之间转而全力以赴生产军用物资。1939年，美国军需生产只占生产总量的2%，到1944年已跃升到40%。1941年美国参战时，军火生产总值为84亿美元，次年便增长到302亿美元，等于德、意、日三国军火生产的总和。

强大的工业生产能力，压垮了法西斯，成为制胜的利剑。1943年到1944年，美军在太平洋、北非和西欧各战场转入了全面反攻。

1945年5月7日，德国约德尔将军代表德国残存的陆海空军，前往法国兰斯的艾森豪威尔司令部，向美英盟军无条件投降。

1945年8月6日和9日，美国在日本广岛、长崎投下原子弹，10多万人丧生，伤者更是不计其数。8月10日，日本政府向美、英、中、苏发出乞降照会，表示愿意接受《波茨坦公告》，无条件投降。8月15日，日本天皇通过电台亲自宣读了接受无条件投降的《停战诏书》。

第二次世界大战不仅重创了新兴大国德国和日本，传统大国英国和法国也损失惨重，风光不再，后来居上的美国坐收了渔人之利，迅速登上了资本主义世界的霸主地位。

1945年，美国独占资本主义世界工业生产总值的2/3，外贸出口的1/3，黄金储备的3/4，小麦产量的1/3，棉花产量的1/2，玉米产量的70%，煤和石油产量的62%，钢产量的61%，发电量的48%，汽车产量的84%，冰箱和洗衣机产量的85%。

1944年7月，美国召集英、法、苏、中等国参加重建世界货币金融的"布雷顿森林会议"，会议通过了《国际货币基金协定》和《国际复兴开发银行协定》。该协定确认了美国政府规定的35美元折合1盎司黄金的汇率，各国中央银行可据此汇价向美国兑换黄金，各会员国按本国货币含金量与美元建立不得随意更改的固定汇价。从此，美元凌驾于其他货币之上，美国联邦储备委员会几乎成了资本主义世界的中央银行，以美元为中心、实行固定汇率制的世界货币体系由此确立。

1945年10月24日，由50个国家签署的《联合国宪章》正式生效，联合国由此建立。加上后来加入的波兰，联合国共有51个创始会员国，其中西欧和拉丁美洲国家34个，亚洲和非洲国家11个，基本上都是追随美国的，苏联阵营的成员国只有6个。联合国安理会设置美、英、苏、中、法五大常任理事国，除苏联外，都属于美国阵营。1946至1953年期间，联合国大会通过了800多项决议，其中美国支持的议案只有2项被否决。美国实际上在幕后操控了联合国，从而确立了美国在世界的政治霸权。

第二次世界大战成为美国新的转折点，它由大战前的世界第一强国转变成了拥有世界政治、经济霸权的超级大国。

偷袭珍珠港

第二次世界大战时，日本为图谋"大东亚共荣圈"，大规模向东亚、东南亚各国发动侵略战争，而此时美国加强了对东亚、东南亚各国的援助，并且对日本实行了战略物资的禁运，在菲律宾驻军，阻碍了日本侵略东南亚的进程。日本觉得与美国开战不可避免，决定先发制人，因此就发动了珍珠港之战，击垮美太平洋舰队，使得美国暂时没有力量顾及东南亚，以便日本全面进攻东南亚。

1941年12月7日凌晨4时。北太平洋海面上，波涛汹涌，沧海茫茫。一切都是那么正常，偶尔有几只早起觅食的海鸟尖叫着飞过。隐隐约约地，一支舰队在迷漫的海雾中出现了。这支庞大的海军舰队，由6艘航空母舰，2艘重巡洋舰，2艘高速战列舰，9艘驱逐舰和1艘轻巡洋舰组成。舰队正全速向南行驶。

这是一支日本海军舰队，它担负着一项秘密的使命——偷袭美国海军基地珍珠港。单看这支舰队杀气森森的装备，便可窥其即将实施的是一次令人心悸的毁灭性进攻：一架架作战飞机在航空母舰的飞行甲板上排满，整装待命，引擎已经隆隆地转动着了。这些飞机或者携带着重磅炸弹，或者在机身下挂满了鱼雷。行驶在最前面的，是日本舰队的旗舰"赤诚号"，舰桅上，舰旗迎风呼啦啦地响。紧靠那面将旗的下面，一面Z形作战旗也随风飘扬。旗舰率领着这支庞大舰队，正悄悄地逼近目的地夏威夷群岛的瓦胡岛珍珠港——美国太平洋舰队基地。

日军舰队此番偷袭是势在必得，他们派了五艘袖珍潜艇潜入珍珠港打前哨。12月7日这天，正好是星期天，美国太平洋舰队的大部分官兵们都上岸度假去了，他们或歌或舞，或吃或饮，完全没有作战准备。他们万万没料到，珍珠港连同他们的太平洋舰队，大难临头了！

12月6日，也就是偷袭前一天，日本还在同美国大谈和平，提出要与美国共商解决冲突的良策。而美国也刚刚由驻日大使向日本外务大臣递交了一封美国总统罗斯福致日本天皇的亲启电报。在他们眼里，战争的阴影即将逝去，歌舞升平的太平气氛将布满太平洋上空，今后将在平安无事中度过。因此，美军放心地将珍珠港内的舰艇和机场上的飞机都密集地排列，停靠在一起。罗斯福总统前不久曾接到日本准备突袭美军舰队的情报（此情报由中国国民党海军中将杨宣诚破译电码所得），但经过最高司令部的分析研究后，该情报被置于脑后，也没有人通知太平洋舰队司令金梅尔上将提高警觉。

美国海军的巡逻艇发现了日军的袖珍潜艇，其中"华特号"巡逻艇立即开火，只有两艘日军潜艇得以潜入港内。但美军指挥部对此却不太在意，或许认为这些潜艇的到来，只是小骚扰而已。

悄悄逼近珍珠港的日军舰队里，航空母舰上的作战飞机起飞了，不一会儿，183架飞机编队完毕，杀气腾腾地向夏威夷群岛扑了过去。这个由49架水平轰炸机，40架鱼雷机，51架俯冲轰炸机及43架制空战斗机组成的混合机群，紧紧跟随着总指挥官渊田美津雄中佐的座机，爬上3 000米的云层，很快便隐没在云层中。

设置于瓦胡岛周围的欧柏那美军雷达基地中，两名值班士兵率先从雷达屏幕上发现北方有大编队的飞行物体飞来，他们立即报告给空袭警报中心，但值日军官却认为他们看到的是从美军希康机场起飞的侦察机，或是从加利福尼亚飞来的"空中堡垒"飞机。日本的庞大机群渐渐飞临珍珠港上空，美军留守在舰上的官兵竟认为这是自己的空军在进行特种演习！

7时55分，渊田中佐一声令下："攻击！"震惊世界的偷袭开始了。轰炸机群开始对机场上的美国战机狂轰滥炸，顷刻间，

238架美军飞机便成了一堆废铁。鱼雷机群也不甘落后，它们冲向美军战列舰，当即击沉了5艘。制空战斗机群和水平轰炸机群也分别按预先布置好的目标，顺利地完成了任务。美军猝不及防，乱作一团。有几架美军战斗机在滚滚浓烟中急忙升空，却寡不敌众，根本无法同日军战机较量。约一小时后，日军第二批171架战机又一次到达珍珠港接着轰炸，直到9时45分才离开已是一片火海的珍珠港。

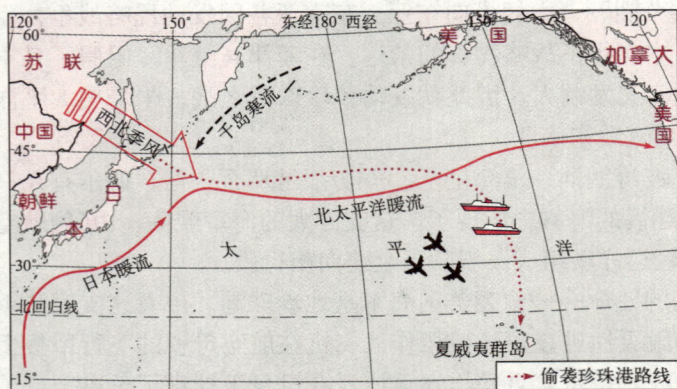

1941年日本偷袭珍珠港线路示意图

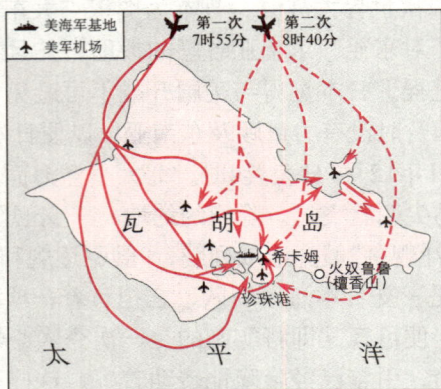

进攻珍珠港示意图

日军前后两次共约两个小时的袭击后，美国太平洋舰队几乎全军覆灭。美军官兵共计伤亡3 615人，失踪961人。珍珠港内除3艘航空母舰外出执行任务外，其余留在港内的舰艇几乎全数被击沉或遭重创。另有300余架飞机被炸毁于机场上。而日军的代价仅仅是28架飞机和5艘潜艇，人员伤亡则不足100人。

在日军偷袭珍珠港成功约两小时后，日本驻美大使馆的野村和来栖两位大使前往美国国务院，向美国国务卿赫尔递交了日本政府的最后通牒。美国朝野震惊了！世界震惊了！12月8日，罗斯福总统向世界宣布，对日本宣战！

就其战略目的而言，对珍珠港的袭击从短期和中期的角度来看是一次辉煌的胜利，它的结果远远超过了它的计划者最远的设想，在整个战争史上，这样的成果也是很罕见的。在此后的六个月中，美国海军在太平洋战场上无足轻重。没有美国太平洋舰队的威胁，日本对其他列强在东南亚的力量可以彻底忽略，此后日本占领了整个东南亚、太平洋西南部（欧、美殖民地；不包括泰国），势力一直扩张到印度洋。

从长期的角度来看，珍珠港事件对日本来说是一个彻底的灾难。珍珠港事件立刻将一个本来意见不齐的美国团结起来，一起要战胜日本，也成了美国向日本实验性投放原子弹的重要借口，原子弹可能也是后来盟军要求日本无条件投降的重要武器。

本文提供：湘潭江声实验学校　左伟力

▶▶知识窗

日本借用季风和洋流，偷袭珍珠港

日军正确选用了偷袭的月份，12月份正是北半球的冬季，北半球的上空盛行冬季风，日本空军凭借季风优势，顺风飞行；加之北半球副热带海区洋流作顺时针方向流动，北太平洋暖流由西向东流，日本舰队顺水航行。空军和海军趁势南下，对地处低纬度的珍珠港突然袭击，狂轰滥炸，使美国太平洋舰队蒙受巨大损失。

轰炸东京

　　1941年12月7日清晨，日本联合舰队的飞机和微型潜艇，突然袭击美国海军基地珍珠港，造成了美国自建国以来，海军最惨重的一次损失。

　　"不管需要多少时间，对于这种蓄谋已久的侵略，美国将会用正义的力量，去赢得最终的胜利。"罗斯福总统在国会上发表演说道。很快，罗斯福就拟定了一个复仇计划——轰炸东京。然而，这个计划却遭到了美国陆海空三军司令们的一致反对。

　　轰炸东京，在当时的技术条件下，几乎是一项不可能完成的任务，美国与日本相隔万里，而浩瀚的太平洋上，根本就没有可以让飞机在中途停留和加油的空军基地。这意味着，从美国起飞的轰炸机，根本就无法抵达日本。如果用航空母舰的舰载机执行轰炸任务的话，那么承载舰载机的航母就必须靠近日本才能成功。而距离日本500海里的海域，就是日本海军的警戒范围。也就是说，在这个警戒范围以内，以当时日军的航空控制能力，美国的航母编队，恐怕早就被打掉多次了。然而，面对这些不可能的理由，罗斯福总统只说了一句话："没有什么是不可能的。"

　　1942年1月10日，美国海军作战参谋，弗朗西斯·洛上校建议：让航母拉上陆军的远程轰炸机，去执行轰炸任务。这个提议马上就受到了美国海军高层的青睐。

　　轰炸机在航母上起飞，双翼展开的宽度就必须小于航母起飞跑道的宽度。在当时，满足这个条件的只有B-25米歇尔式远程轰炸机。然而，对于B-25米歇尔式轰炸机来说，航母甲板上跑道的长度，又实在是太短了，它只有正常起飞跑道长度的五分之一。

　　面对这样一个飞行技术难题，训练飞行员的指挥官至关重要。这时，美国陆军航空总司令阿诺德将军想到了一个人——詹姆斯·杜立特，美国航空兵中一个神话般的人物。

　　杜立特，21岁时就加入美国陆军通信团航空班，成为一名飞行员。26岁，杜立特成为第一个在12小时之内横跨美国本土的飞行员，随后数年，无人能破他的纪录；28岁，杜立特在麻省理工学院获得了航空工程学博士学位。除此之外，杜立特还精通航空理论和航空工程知识，是专业的航空工程师。在美国人心中，杜立特是一位伟大的飞行家。此次，要完成轰炸东京的任务，杜立特必须训练飞行员能够驾驶B-25米歇尔式远程轰炸机在航母上成功起飞，时间只有一个月。

　　杜立特从美国陆军的数千名飞行员中选出了80名，他决定一共用16架B-25轰炸机去轰炸东京，每架B-25的机组人员5人，杜立特一再强调，作为一名军人，一名飞行员，只需要接受训练和完成任务，在完成任务前，相关情况不可对任何人透露。

　　经过一个月的紧张训练，队员们终于能在规定的距离内进行短程起飞和着陆了，有的甚至比所要求的起飞距离还要短。

　　第一次世界大战期间，陆军航空队下令：不得轻易将杜立特派上前线，要留在后方训练飞行员。这次突袭东京，美国军方仍然要求杜立特只管部署指挥这次任务，无须亲自驾机参与战斗。然而，训练结束后，杜立特却请求亲自驾驶一号机参战，他要和自己的队员一起参加战斗。

　　1942年4月1日，在美国西部加利福尼亚阿拉米达基地，杜立特将他们带上了"大黄蜂号"航空母舰，并宣布次日出港。因此，这次行动还有一个名称，叫"杜立特空袭"。

　　1942年4月14日，经过12天的航行，"大黄蜂号"与航空母舰特混舰队司令哈尔西率领的"企业号"在中途岛北方的海面会合，组成特混舰队，继续向东京开进。按照预定计划，当舰队航行到距东京450海里（1海里＝1.852千米）的时候由杜立特中校首先起飞，在飞行过程中，他以灯光和照明弹指示航向，其余15架飞机跟随杜立特飞行，然后对东京、横滨、川崎、名古屋以及神户等地进行轰炸，整个作战计划在夜间实施。

　　按照这个预定计划，威廉·哈尔西指挥的"企业号"和"大黄蜂号"两艘航空母舰组成的战斗群，应该预计在4月19日，也就是在中途岛会合之后的第5天到达东京以东450海里的预定阵位，用B-25轰炸机去轰炸东京之后，飞行员完全可以安全地在中国大陆或者苏联降落。

　　这时杜立特终于向飞行员们公布了保密近百天之久的任务："我们此行的目的，就是要将匕首插向日本帝国的心脏——东京。"全舰队的官兵立刻发出经久不息的欢呼声。

杜立特告诉飞行员："这次轰炸的目的是威慑日本，打击日本的士气，所以轰炸的目标，不是造成人员的伤亡，而是破坏军工重地，轰炸的重点是军工厂、机场和港口。"杜立特命令：轰炸机从东南方向飞入，投弹后先返回，在脱离日本海岸线足够的距离后，转向西飞，飞向中国的衢州、丽水、玉山及建瓯多处机场，在这些机场加油后，飞往重庆的空军基地。

但是，有一句话偏偏叫做"计划赶不上变化"。当美军舰队在太平洋上航行时，1942年4月18日清晨，威廉·哈尔西在"企业号"的雷达监视屏上突然发现了两艘正在执行巡逻任务的日军舰艇，但哈尔西此时仍然抱有一丝希望，但愿舰队尚未被日舰发现。他命令在证实被发现前，舰队继续向预定起飞海域行驶。然而，几分钟后，哈尔西的希望破灭了，美国海军特混舰队的行踪暴露了。

日军巡逻舰艇向山本五十六发出报告："在离东京650海里处发现舰队，疑似敌军航空母舰。"

山本五十六决定暂且按兵不动，他认为按照他的布防，除非美军航空母舰驶入距离日本本土300海里以内，否则不会对日本本土构成威胁。但是，山本五十六怎么也想不到，航母上会有杜立特，会有远程轰炸机。

面对两艘日本军舰的突然夹击，"大黄蜂号"舰长米歇尔紧急地对杜立特大声喊道："要么你们提前起飞，要么放弃任务。"

杜立特没想到，这么快就陷入了两难的境地，现在，敌人已经有了预警，他们很难飞到东京，即便是成功实施了轰炸，但由于航程和载油量的限制，飞行员成功降落在中国境内的可能性几乎没有，生还的希望也变得渺茫。但如果不提前起飞，整个特混舰队就有可能遭到日军的袭击。

"我在船舱下面吃早餐，正在剥橙子的时候，突然听到了巨大的爆炸声，我赶紧跑到甲板，看到我们的巡洋舰正在向一艘日军舰艇开火，'企业号'上的飞机飞到高空，对它俯冲轰炸了30秒，行动就是这样开始的。头说，你们准备上飞机吧，做好起飞准备，于是，我们就各自分头去做准备了。"一位曾经参与行动的飞行员回忆说。

1942年4月18日8点15分，杜立特驾驶B-25轰炸机第一个起飞，"大黄蜂号"在狂涛里下去又升上来，航母甲板成了疯狂起伏的跷跷板，这也是杜立特第一次从飞行甲板上起飞。杜立特刚飞出甲板的那一刻，所有人都倒抽了一口冷气，因为他们都看到轰炸机颤颤巍巍地消失在了甲板的下方，就在航母舰首被浪抬起的那一刹那，杜立特的飞机颤巍巍地迎着狂风腾飞了。

"好，飞起来了"。甲板上欢呼四起，紧接着，其他队员驾驶战机，一架架飞离航母。9时20分，16架B-25轰炸机全部升空。轰炸机队采用低空单进纵队跟进的方式，在杜立特中校的带领下，载着美国人的信心，向东京飞去。

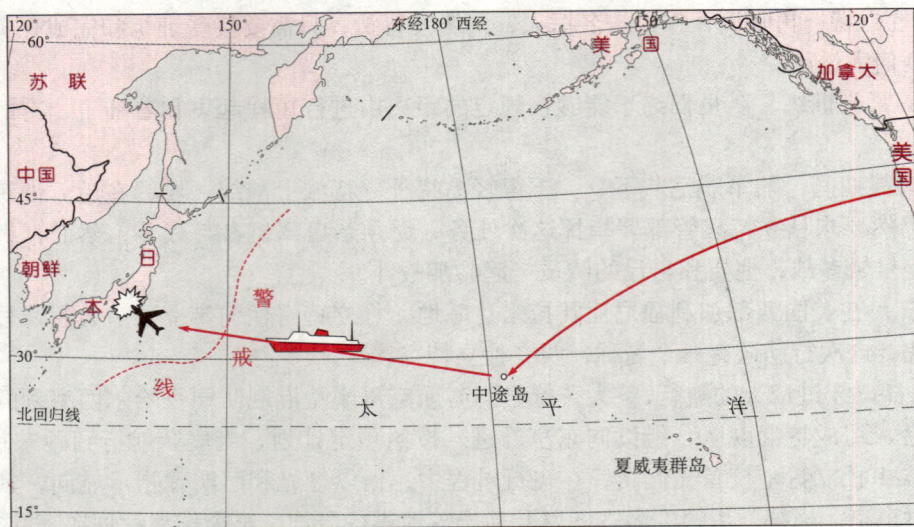

美军轰炸机袭击日本示意图

经过3个多小时的飞行，杜立特中队终于看到了日本海岸。也就在这个时候，他发现轰炸机的上方，有两批日本的战斗机集群，迎头掠过，杜立特绷紧了神经，他命令所有防空机枪都准备就绪。这时的杜立特，做好了最坏的打算，即使完成不了任务，也要与敌人同归于尽。

然而，日军的战斗机却似乎没有认出超低飞行的美机，好险哪！飞行员们个个都出了一身冷汗。更奇怪的是，当他们飞抵东京上空时，东京市中心广场上的人群还热烈地向轰炸机群挥手欢呼，这是怎么回事呢？原来，美国轰炸机机身上的老式徽章与日本太阳旗机徽非常相似，远远看去，就像是日本飞机，更为巧合的是，当杜立特飞到日本水户陆军航空学校上空时，正好与护送日本首相东条英机日军战斗机群相遇，直到临近东条英机才认出美军飞机，他慌乱地下令拉响防空警报。

　　警报拉响后，日军高炮的炮火开始对天射击，战斗机开始准备起飞拦截。但是这个时候的空袭警报对于整个东京街头的市民来说，还以为是习以为常的演习，他们根本就没有想到，也不可能想到美军的轰炸机已经临空了。

　　美军飞机的弹仓中一枚枚500磅的炸弹直落而下，轰隆隆的炮声夹杂着刺耳的空袭警报灌入日本人的耳朵里。顿时，整个东京一片混乱，日本人起先惊呆着原地不动，很快惊醒过来后四处逃命，狼狈至极。车站、炼钢厂、炼油厂、中学、油库以及横滨、神户、名古屋等地的一些建筑物被摧毁，燃起了熊熊大火。

　　杜立特的飞行员们兴奋之余，更多的是担忧。按照原计划，轰炸机完成任务后，本该在中国大陆着陆，由于被迫提前起飞，所以轰炸机都面临着航程太远和载油量不足的问题。这意味着杜立特和他的飞行员们几乎没有可能在中国境内成功降落。但大部分飞机仍然执着地向中国飞去。

　　"我是害怕了，你想象不出我当时有多害怕，可是，我必须得跳伞，既然出来执行任务了，就得面对以后的事情。"第五机机组飞行员戴维·琼斯多年后回忆道。

　　亲历者泰德·罗森在回忆录《东京上空30秒》说道："我们落入水中，离海岸还有大约四分之一英里，我大约在十或十五英尺深的水里，我记得自己心想，我已经死了。我麻木的身体渐渐感到一阵不安，我真想给母亲留

美国电影《东京上空30秒》轰炸东京的剧照

下些钱，在那支离破碎的几秒钟里，一切都不知道从哪里开始，到哪里结束。终于，有一个大浪将我推上了岸边，我挣扎着爬上了沙滩。"

　　1942年4月18日晚，罗斯福总统通过日本的电台听到了东京遭到轰炸的消息，他立即联络了解这项计划的仅有的五个高层，可是总统得到的反馈却是没有任何关于杜立特轰炸机队队员下落的消息。也许，这些英雄们目前还存在着十分渺茫的生存机会，保持沉默就是对他们最大的保护。

　　日本人俘获了三名在日本境内降落的美国飞行员后，立刻决定要处死他们。在执行的前一天晚上，其中一名美军飞行员写了一封遗书："明天以后，我将永远见不到你们，爸爸妈妈，我要让你们知道，这一切我并不后悔，我是自愿参加这次任务。我也很骄傲，我是一名军人，最终，我把我的生命献给了我的国家。——爱你们的儿子：威廉。"

　　参与此次行动的16架B-25轰炸机中的8号机被击中机舱玻璃，燃油大量消耗，只好飞往苏联符拉迪沃斯托克迫降，另外15架飞机，或迫降或弃机跳伞，3人在迫降中死亡，8人被日军俘虏。其中被日军俘虏和在战俘营中死亡的有四人，而其余的人，都在中国军民的援助下获救了。

　　杜立特的降落伞徐徐降落在农田里，之后被中国的农民救起，杜立特用生硬的中国话说："我是在天上打日本的。"随后，游击队员把杜立特带到了当地村长家里住了一夜，并躲过了好几次日本巡逻队的搜查。1942年5月5日，杜立特在中国政府的安排下回到了美国。

　　1942年4月19日下午，白宫举行了气氛热烈的记者招待会，《洛杉矶时报》一位金发碧眼的女记者问此时满面红光的罗斯福："请问，总统先生，轰炸东京的飞机是从哪个基地起飞的？"

　　罗斯福总统不想透露具体信息，他眨了眨眼，以他那特有的幽默回答道："香格里拉，我想是从那里，如果不是这样，亲爱的小姐，你说又能是从哪里呢？"

"偷渡"直布罗陀

　　1935年，希特勒磨刀霍霍准备战争，重新组建德国潜艇部队，任命邓尼茨担任这支以一战时著名的潜艇英雄威丁根命名的潜艇支队的支队长。邓尼茨开始将筹划多年的潜艇"狼群战术"投入训练。到1939年9月战争爆发时，"狼群战术"已十分完善了。邓尼茨具有狼一样的性格，寡言残忍，意志坚强。在第二次世界大战中，他放出的"狼群"肆虐于大西洋和地中海，几乎断送了大英帝国的命运。英国首相丘吉尔在战后的回忆录中仍心有余悸地写道："战争中，唯独使我真正害怕的是德国潜艇的威胁！"

　　1940年6月，法国败降，从比斯开湾到挪威沿海的许多港口都成了邓尼茨的潜艇基地，进入大西洋的大门豁然敞开。同时，德国的潜艇也一艘艘地下水，邓尼茨不失时机地放出了他的"狼群"。饿狼出海，战果频传。10月17、18日两个晚上，以"U199""U1100"为首的艇群袭击了代号为"SC-7"的运输船队；19日，一艘潜艇又在邻近海域咬住了"HX179"的尾巴。大西洋成了邓尼茨的潜艇横行的地方。

　　1941年，德国元帅隆美尔指挥非洲军团，在北非战场多次打败英国军队，因此获得了"沙漠之狐"的绰号。为了扭转战局，英国首相丘吉尔调集舰队攻击在地中海上的德军运输补给线。本打算饮马尼罗河、把英军彻底赶出北非的隆美尔陷入了困境，大炮、枪支没有弹药，坦克没有汽油，攻势不得不停顿下来。

　　为了击败英国舰队，打通运输补给线，德国海军司令邓尼茨可谓是煞费苦心。英国是那时世界头号海军强国，用水面舰艇与英国在地中海硬拼还是有难度的。为了切断美国和英国本土之间的海上运输线，德国的潜艇采用"狼群战术"，在大西洋上给英国运输船以重创。现在，邓尼茨决定在地中海用潜艇狠狠地教训一下英国舰队。

　　可是，邓尼茨心里明白，这一办法很难实施，因为从大西洋进出地中海的咽喉——直布罗陀海峡，被英国人所控制。英国在那里有海军基地，一旦潜艇经过海峡，基地的声呐系统就会根据潜艇发动机螺旋桨的运转声确定其位置。邓尼茨陷入了沉思，最后他还是下令让潜艇部队向直布罗陀海峡驶去，并对潜艇部队的指挥官进行了秘密地叮嘱。

　　1941年9月的一个傍晚，德国潜艇部队隐秘地来到了直布罗陀海峡附近，按照邓尼茨的叮嘱，潜艇在海峡入口外下潜到水下70～80米左右，然后发动机全部关机。让所有人都感到惊奇的是，停机后潜艇仍然在平稳地行进，驾驶员仅凭借声呐掌握前行的方向就可以了。第二天凌晨潜艇上升到水面，水手们打开舱门，惊奇地发现已经来到了地中海的水域了。他们惊叹："这真是上帝的杰作！"

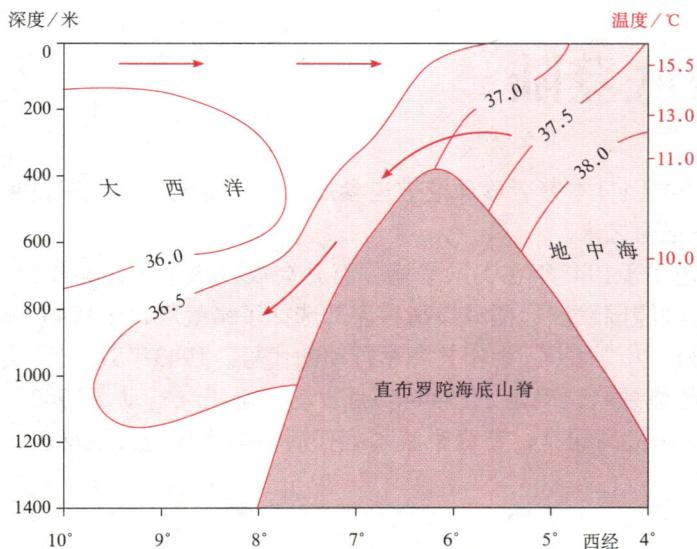

深度/米　　　　　　　　　　温度/℃

直布罗陀海峡两侧的海水盐度、温度剖面图

图内箭头表示海水运动的主要方向

直布罗陀海峡的密度流

大西洋和地中海之间因密度差异而形成密度流与补偿流。

地中海气温相对大西洋偏高，蒸发强，盐度高，海平面低，形成密度流。海峡表层海水从大西洋流入地中海，海峡底层海水密度更大，向大西洋扩散，从地中海流入大西洋。

其实这只不过是邓尼茨巧妙地运用了洋流的结果。地中海海水的含盐量远远高于大西洋海水的含盐量，在两股海水交汇的直布罗陀海域，从水底120米以上，盐度低的大西洋海水就会自西向东注入地中海，形成一股洋流。这股洋流力量很强，足以把潜艇送过海峡。发动机没有开机，英国人的声呐系统也就无用武之地了。

而在水底120米以下，地中海海水就会对大西洋进行补偿，自东向西进入大西洋。所以为了保证潜艇能够顺利通过，潜艇必须保持在水下120米以上的位置。德国人就是这样利用了"上帝的杰作"，"偷渡"了直布罗陀海峡。

德国潜艇部队进入地中海后，虽然击沉了不少英国军舰，但并没有达到打通补给线的目的，英国为了防止德国再次"偷渡"直布罗陀海峡，加强了在直布罗陀海峡的水下巡航。随着1942年英军在北非的阿拉曼战役取得了决定性的胜利，"沙漠之狐"最终还是带着他的残余部队撤出了北非，而那些德国潜艇也灰溜溜地撤出了地中海，并在再次通过直布罗陀时，遭到了沉重的打击。看来纳粹德国非正义的战争到头来还是得不到"上帝的支持"。

本文提供：河北唐山二中　王永存

水雷搬家，德舰触雷

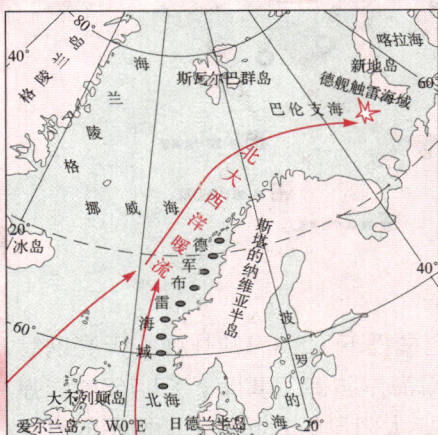

德国舰艇布雷和触雷海域

1943年，二战进入相持阶段，后方战略物资的补给决定着战争的走向。德军为了切断美英盟军运送军火的北方生命线，在北海、挪威海等北大西洋重要航线经过的海域广布水雷，意在封锁航道，以限制和重创盟军船队的行动和补给。

在以后的日子里，盟军的船队仍然在水雷区通行，很少触雷受损。对此，德军感到他们的水雷布设"广种"而"薄收"，没有到达预期的目的，感到十分疑惑，以为盟军使用了某种先进的扫雷设备清除了这些水雷。

第二年冬天，在北冰洋巴伦支海水域，一支执行海上任务的德国舰队在巴伦支海新地岛附近遭遇水雷袭击。起先以为是遭遇了盟军潜艇的袭击，慌忙中匆匆撤退。后经侦察，受炸的舰艇遭遇了水雷。最令德军不能接受的是，这些水雷居然是德国水雷。德军指挥官暴跳如雷，同时也感到非常纳闷：德军可从未在巴伦支海设置水雷。经进一步调查，这些水雷和几个月前布置在北海、挪威海的水雷型号相同。

大西洋里的水雷怎么跑到北冰洋的巴伦支海来了呢？原来，在北大西洋有一股强大的北大西洋暖流，这股暖流从北海、挪威海浩浩荡荡挺进了北冰洋的巴伦支海，使这片处在北极圈以北的巴伦支海即使在酷寒的冬季，其西南部海域仍然波涛汹涌、终年不冻。德军布局在北海、挪威海的水雷应该就是随着北大西洋暖流成群结队地来到了巴伦支海。

诺曼底登陆

1943年，随着苏德战场上苏联逐渐占得上风，美国因日本突袭珍珠港被迫参加二战，意大利向盟军投降，德国法西斯在世界反法西斯联盟的打击下，已经成了强弩之末。

为了进一步击溃以希特勒为首的德国法西斯，盟军于1943年在美国华盛顿召开会议，决定于1944年5月在欧洲大陆实施登陆，开辟第二战场。几经权衡比较，同盟国欧洲远征军最高参谋部选择了诺曼底，于1943年6月26日起制定具体计划，以"霸王"为作战方案的代号，以"海王"为相关海军行动的代号。1943年8月，英美魁北克会议批准"霸王"计划。1943年11月，英美苏德黑兰会议确定于1944年5月发动"霸王"行动。1943年12月，任命美国陆军上将艾森豪威尔为欧洲同盟国远征军最高司令，艾森豪威尔上任后，为作更充分的准备，将行动时间改为1944年6月上旬。

■ 出其不意的登陆行动

1944年6月6日凌晨，美国和英国的2 390架运输机和846架滑翔机，从英国20个机场起飞，载着3个伞兵空降师向南疾飞，准备在法国诺曼底海岸后边的重要地区着陆。这就是著名的"诺曼底登陆"的开始。

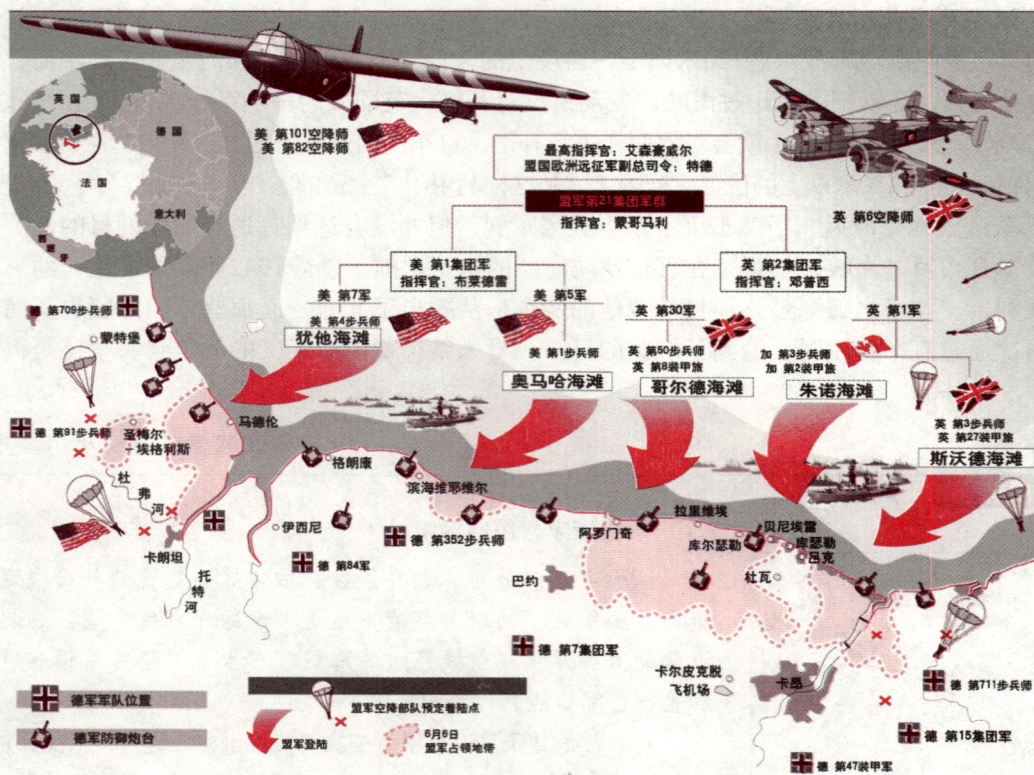

第二次世界大战盟军诺曼底登陆示意图

黎明时分，英国皇家空军的1 136架飞机对事先选定的德军海岸10个炮垒投下了5 853吨炸弹。天亮以后，美国第八航空队又出动了1 083架轰炸机，在部队登陆的前半个小时，对德军海岸防御工事投下了1 763吨炸弹。接着，盟军各种飞机同时出动，轰炸海岸目标和内陆的炮兵阵地。5点50分，太阳已经升起来了，盟军的海军战舰开始猛轰沿海敌军阵地。诺曼底海滩成了一片火海，地动山摇。

进攻部队由运输舰送到离岸7到11英里的海面，然后改乘大小登陆艇按时到达预定攻击的滩头。跟在后面的是运载重武器和装备的大型登陆艇。

盟军选择的登陆地点诺曼底海滩，位于法国西北部，有5个滩头——剑滩、朱诺滩、金滩、奥马哈滩和犹他滩，全长约80千米。登陆计划第一批进攻部队是5个师，每个师占领一个滩头。

6点30分，美军开始在奥马哈滩和犹他滩登陆。美军第七军第四师在犹他滩没费多大劲儿就登上海岸了，只遇到断断续续的炮击。3个小时内，他们就肃清了守卫这个地区的敌人，后续部队和装备也顺利运到岸上。但在奥马哈滩，美军第七军第一师的情况并不妙。大浪、晨雾，加上硝烟弥漫和侧面的气流，把部队折腾得筋疲力尽，登陆时又遭到敌军炮火的袭击。一时间，死伤的士兵布满了海滩。而下一批进攻的部队也遭到同样的不幸。在这危急关头，美军两个突击营用绳梯爬上了海岸上的悬崖峭壁，夺取并摧毁了敌人的一座炮台。但是敌人继续猛烈射击，把美军阻挡在海滩边上。美军第一步

诺曼底登陆战中的美国士兵

兵师师长许布纳当机立断，要求海上的驱逐舰冒着可能杀伤自己人的危险，向德军炮群和火力点进行近距离的轰击。驱逐舰的大炮果然发挥了巨大的威力，不一会儿，岸上的德军就举手投降了。经过美军第一师的艰苦血战，终于占领了一条纵深不到两英里的滩头阵地。

英国第二军团的第五十师于7点20分开始在金滩登陆。他们开始遇到一些困难，但逐渐摧毁了德军的抵抗。到黄昏时，他们深入内地8千米。

在朱诺滩，加拿大的第三师在肃清滩头的德军之后，进展最快，当晚就到达了冈城—贝叶公路。

英国第三师在剑滩上也遇到激烈的抵抗。黄昏时，他们就同空降的第六步兵师会师了。

当天傍晚，盟军已在欧洲大陆建立了牢固的立足点。伤亡人数比预计的要少。有将近10个师的部队连同坦克、大炮及其他武器都上了岸，后续部队也源源而来，不断扩大盟军对德国守军的优势。盟军的诺曼底登陆成功了。

■ 登陆地点和时间的周密考量

盟国远征军联合参谋部经过分析和研究，列出了加来地区、诺曼底的塞纳湾地区和靠近塞纳湾的科唐坦半岛等几个候选的登陆地点。联合总参谋部中的陆军和空军代表倾向于选择加来地区。他们认为，加来地区距英国最近，其间是狭窄的加来海峡，仅有33千米宽。从这里横渡海峡，便于盟军快速航渡和空中、海上支援，在加来海峡登陆后，也便于迅速向法国首都巴黎和德国的鲁尔工业区进攻。但是这一地区也是德军的重点防御区，而诺曼底地区距英海岸64.8海里，缺少良港，科唐坦半岛东部又有河网沼泽地和遍布灌木树篱的田块，不利于部队行动，但距英国的上船港口和战斗机基地较近，且德军防御薄弱，海滩和内陆条件较好。因此，最后选定奥恩河口至科唐坦半岛南端为登陆地域，由西向东分为5个登陆地段，代号依次为"犹他"（美军）、"奥马哈"（美军）、"哥尔德"（英军）、"朱诺"（加军）、"斯沃德"（英军）。

盟军最高指挥部还根据气象、潮汐和月亮圆缺等情况，将登陆时间定在1944年5月或6月。在德黑兰会议上，美、英、苏首脑商定在1944年5月1日登陆。当艾森豪威尔就任最高司令后，为了扩大登陆区和获得更多的登陆艇，又将登陆日期改在6月初。但具体哪天实施登陆合适，仍然是个令人头痛的难题。因为一个月之内，只有有限的几天符合登陆条件。拿月光来说，若无月光，空降部队则难以辨认地面目标；而皎月下，渡海作战的庞大舰队又容易暴露目标。但两者比较，月光对于登陆作战特别是空降作战还是必不可少的。拿潮汐来说，在诺曼底海岸，平均潮差5.50米，最大潮差7.65米，海滩的坡度很小，每距100米才升高1米。陆军希望在快到高潮时上陆，以缩短部队通过暴露海滩的时间，而海军则主张低潮时登陆，好处是登陆舰艇可在敌抗登陆障碍物以外抢滩，陆上爆破队也可在高潮到来之前排除这些障碍物。拿天亮时间来说，6月份4时30分天就大亮了，根据以往经验，最好在日出前12分钟至日出后90分钟之间登陆。按当时的夏令时间（时针拨快2小时），诺曼底6月上旬登陆日的日出时间是5时58分。由于5个登陆地段的潮汐情况各不相同，因此规定了5个登陆时间，最早是6时30分，最晚是7时55分。经过对上述诸多因素反复进行综合分析和比较研究后，艾森豪威尔确认6月上旬只有5、6、7日这三天符合登陆进攻所需要的条件。若错过这三天，则要等到半个月以后，即6月18～20日，但这后三天的条件无论如何比不上前三天。于是，他最终选定6月5日。关键是届时天气究竟如何？

天不作美，6月5日，盟军官兵最不愿看到的鬼天气出现了。怎么办？当时出现意见分歧：陆军第21集团军

司令蒙哥马利主张按既定时间办，不惜一切代价也要实施登陆作战；而海军司令拉姆齐认为，海上风浪将超过6级，足以使登陆舰沉没，难以实施登陆，空军司令马洛里则认为在如此恶劣的气象条件下空军根本无法执行任务。于是，盟军诺曼底登陆战役总指挥艾森豪威尔决定将原定登陆时间推迟24小时，即改为6月6日登陆。

■ 盟军充分的战前准备

战役前盟军的准备工作周密而充分。盟军以飞机和舰艇进行长时间侦察，查明了登陆地域内德军的防御体系，掌握了较完整的情报资料。在登陆前几个月内盟军空军对法国北部和比利时的铁路枢纽、桥梁、公路及其他重要目标进行持续的大规模轰炸，塞纳河上24座桥梁被炸毁18座，使德军运输系统瘫痪，部队机动受到极大限制。登陆前三周，对诺曼底周围机场进行轰炸，使其85%遭破坏。登陆前一周，英空军袭击德远程雷达站并使其大部受损，因此盟军登陆时基本未遇到德空军的抵抗。盟军还采取一系列战役伪装措施：在英格兰东部虚设一个由巴顿中将任司令的"美第一集团军群"，原驻该地的部队调走后，营地仍伪装得与往常一样；在德机能侦察到的地方设置许多假登陆舰艇、坦克和滑翔机；盟军飞机对加来地区的投弹量比诺曼底地区多一倍；登陆日(6日)前夜，盟军小型舰只和飞机进行佯动，利用电子干扰器材模拟庞大登陆编队和机群。此外，还采取严格的保密措施。上述措施旨在使德军在6日前后都一直认为盟军将在加来登陆并将大量预备队部署在该地区，从而为登陆成功创造了有利条件。为保证大量后续部队登陆，盟军还设计、制造了在登陆海滩由空心钢筋混凝土沉箱构成的人工港，并制订了铺设海底输油管的计划。同时，在英国本土储备大量作战物资，部队反复进行符合实战要求的训练和陆、海、空三军模拟登陆联合演习。

■ 成功的登陆

为诺曼底登陆进行的准备工作是巨大而复杂的。改进了许许多多的装甲车，有供清理海滩的压路机，有在布雷区开道的装有扫雷器的装甲车，有供跨过沟渠的装甲便桥等，甚至还制造了两座人工港口，以便登陆部队卸下装备物资之用。对于进攻目标的地形侦察，早在一年之前就开始用飞机拍摄从荷兰到西班牙的海岸线，特别是从1944年4月到6月，共出动飞机侦察4 500架次。此外，还有法国地下抵抗组织提供的数以千计的情报。这样，德军在欧陆沿海的防御工事、桥梁、机场、沼泽地区、仓库、公路、火车站等等，都被盟军弄得一清二楚。每一个登陆部队负责人带着的作战计划书，连树木都标了出来。

到6月12日，盟军在诺曼底的几个滩头已经连接成一条阵线，后续部队源源而来，军需物资不断增加，这些，都保证了诺曼底登陆的成功。7月5日，盟军在诺曼底登陆人员达100万。7月24日登陆战役结束时，盟军共投入288万人，5 300多艘战舰和1.37万架战机。德军投入兵力达51万人。登陆战役中，美军牺牲大约6 000人，英国和加拿大方面牺牲大约4 300人，消灭德军4 000～9 000人。

8月19日，盟军占领了塞纳河西岸的芒特。这一天，巴黎人民举行武装起义，解放了自己的首都。8月25日，艾森豪威尔指挥的法国第二装甲师从巴黎南门和西门进入市中心。当天下午，法国勒克莱将军奉命接受德军投降。

巴黎的解放标志着诺曼底登陆战役取得巨大成功，德军有40多万人伤亡和被俘。诺曼底登陆的胜利，宣告了盟军在欧洲大陆第二战场的开辟，意味着纳粹德国陷入两面作战，减轻了苏军的压力，协同苏军有力地攻克柏林，迫使法西斯德国提前无条件投降。美军从而把主力投入太平洋对日全力作战，加快了第二次世界大战结束的进程。

本文提供：湘潭江声实验学校　左伟力

袭击美国的"飞象行动"

"飞象行动"是日本人搞的特种偷袭。早在1942年，日本陆军就在中国东北地区靠近苏联的边境上，偷偷施放过许多小型气球。气球上装着炸弹，借着风力，飞往苏联腹地。日本人用这种方法对纵深几百千米的区域进行偷袭。

1943年，日本进一步利用气球炸弹对美国本土进行偷袭，从此，"飞象行动"便全面开始了，负责这一行动的是日本气象学家荒川秀俊。

为使气球越过太平洋到达美国本土，必须具备以下条件：气球必须有庞大的容积和必要的抗耐力；必须进行气象调查，弄清在这长达1万千米的亚同温层（即对流层与平流层之间）中是否确实有西风。在日本陆军技术研究所和陆军中央气象部门的合作之下，日本制成了巨型气球炸弹。该弹高10米，气球直径5米，是用经过辣椒根强化的糯米纸糊成的。它利用从每年11月到次年3月的冬季风为推动力。此时，日本国内及东西地区的辣椒根、鬼芋全被征用。每个气球需用600根纸条糊成球形。每生产1万个气球竟需要用几百万个劳动力。气球上备有高度调节器、炸弹、燃烧弹、无线电探空仪。它能发出电波，让基地测定气球炸弹的飞行踪迹，探测到达地点。

为了制作气球，日本占用了东京城内的国技馆、日本剧场、东宝剧场、国际剧场等大型建筑物，并动员了裱糊匠、女学生、女工、妓女参加这项工作。几百万人制成了大批巨大的氢气球炸弹。该气球在海平面高度上具有300千克的升力，可升到万米高度，由喷射气流推动，以190千米/小时的速度向东飞去，48小时后可飞到美国的华盛顿、俄勒冈或蒙大拿州。

1944年9月25日，日本大本营下令组建施放气球的特种联队，由参谋总长梅津美治郎大将直接指挥。主力联队部署在大津、勿来附近；其他联队部署在一宫、岩治、茂原、古间木等太平洋沿岸地区。10月25日，参谋总长梅津美治郎大将向气球炸弹联队下达命令：攻击时间是1944年11月初到1945年3月为止。11月1日开始攻击。投下的爆炸物是炸弹与燃烧弹，其中有15千克炸弹7 500个；5千克燃烧弹3万个；12千克燃烧弹7 500个。日本施放的气球炸弹总数是1.5万个。1944年11月施放500个；12月施放3 500个；1945年1月施放4 500个；2月施放4 500个；3月施放2 000个。日本军方把这种特殊攻击称作"富号试验"，并下令这种"特殊攻击，对军内外均须保密。""全部行动都在黎明、黄昏或夜间进行。"

日本方面的资料证实，从1944年11月1日起的半年时间里，日本千叶、茨城、福岛等县的气球炸弹发射场共投放了1.6万多个气球炸弹。

这些气球炸弹，两三天后，就飞临美国西部地区，使那些地区接二连三遭到这些炸弹降落爆炸，频频引起大火。这不亚于美国B-25型轰炸机对东京的轰炸。

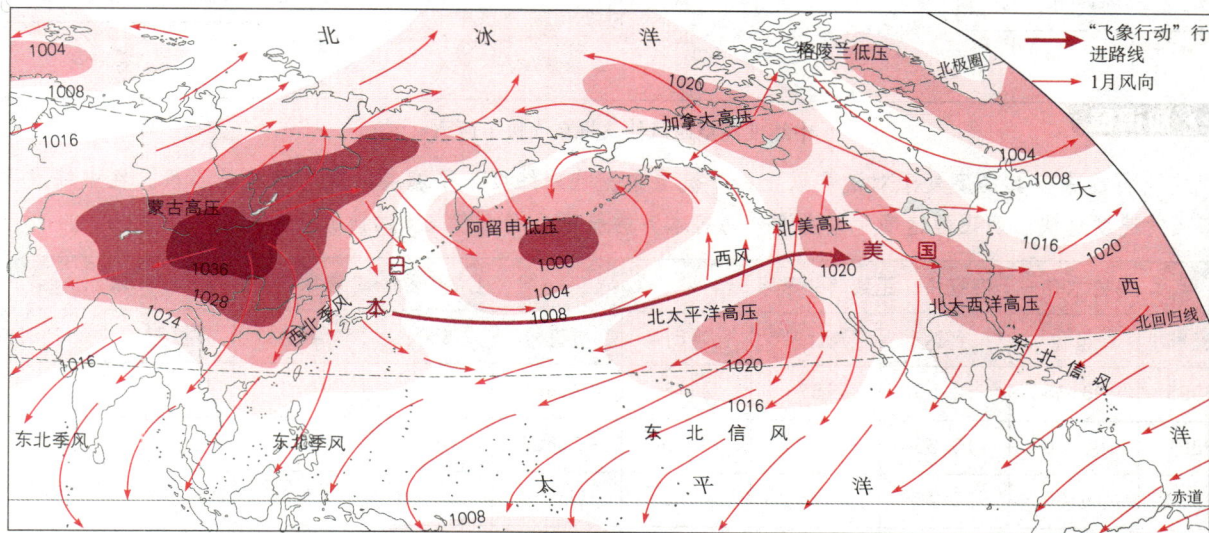

世界1月风向和日本"飞象行动"的行进线路

这些气球炸弹不仅造成了美国的频繁大火和人员的大量伤亡，同时还使美国西部的居民们惶惶度日，商店关门，工厂停产，交通中断，整个社会处于瘫痪状态。更为严重的是对建在美国西部内华达州的绝密原子弹工厂构成了极大的威胁，这些气球炸弹一旦引起原子弹工厂爆炸，那将使正在研制的原子弹计划受到无法估量的破坏和损失，甚至可能造成原子弹研制计划因此流产。对此，美国政府一片惊慌，迅速组织军方调查此事。

几经周折，美国人终于弄清了气球炸弹的来龙去脉，于是美国政府决定立即采取措施：第一，用飞机迎击这些飞来的气球炸弹，让他们还没有登上美国本土就已经在太平洋上空爆炸。第二，美国太平洋空军对日本可能释放和生产气球炸弹的地区实施轰炸。第三，全力封锁气球炸弹给美国造成的人员伤亡和经济损失所涉及的消息，禁止新闻媒体发表任何与此有关的报道，以使日本无法知道气球炸弹的攻击效果，动摇日本对这一战术的信心。

正是美国方面采取这些有效的措施，半年后，日本以"没有明显效果，气球可能未飘至美国，造成战争资源的浪费"为由中止和取消了这一计划，而且气球炸弹的负责人荒川秀俊遭到了军方的指责和非难。

1945年8月，日本宣布投降。1946年，远东军事法庭把荒川秀俊押上了审判台，法庭审判官们认为荒川秀俊在二次大战中的破坏作用远远胜过一支凶悍的作战部队，罪责难逃，死有余辜。此时，荒川秀俊才终于知道他的气球炸弹的效果，但已无法向日本军方炫耀了。

▶▶ 知识窗

地球上的气压带和风带

三圈环流和三风四带

这是假设地球地轴不倾斜，地表无海陆分布与地势高低的差异，并只受到地转偏向力的影响。

从低纬度到高纬度，全球可分为：赤道低压带、副热带高压带、副极地低压带和极地高压带等气压带，其间还分布有信风带、西风带和东风带。简单地说就是"三风四带"。

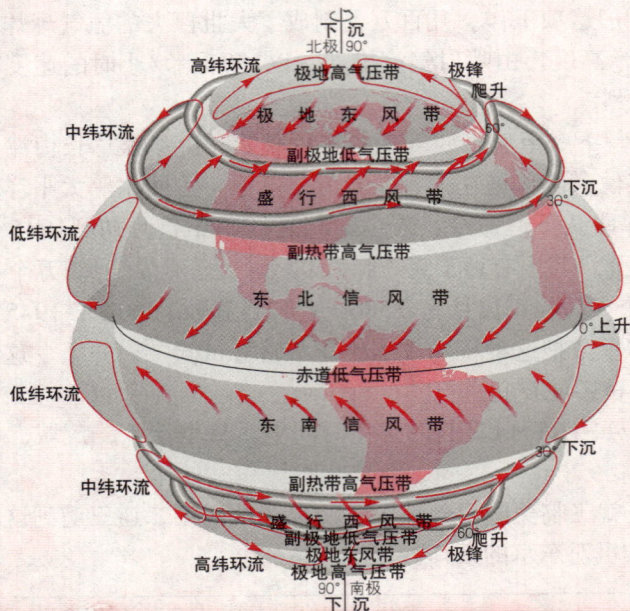

中纬低空和高空均为西风

中纬环流由于受地转偏向力影响，在近地面是西南风。风前进至60°N附近上升再回到30°N高空附近下沉。

但中纬高空仍然是西风，准确的说是西北风。因为三圈环流是理想模型，不是大气运动的主体。中纬大气在近地面为西南风，高空为西北风，呈现螺旋式向东的运动。

▶▶ 知识窗

中纬度高空西风使飞机东飞快于西飞

飞机在飞行途中，其高度处于对流层以上的平流层中。在中纬度，平流层的风向仍然是西风。在中纬度飞行的飞机，东飞的速度总快于西飞的速度，以上海—乌鲁木齐的航班为例，东飞大约比西飞少用一小时左右。

乌鲁木齐→上海虹桥，距离3649千米					上海虹桥→乌鲁木齐，距离3649千米				
航班号	起飞	到达	机型	耗时	航班号	起飞	到达	机型	耗时
CZ6995	08:35	12:50	757	4:15	CZ6996	14:15	19:25	757	5:10
CZ6881	09:20	15:35	757	4:15	CZ6882	16:50	23:20	757	5:30
MU8936	19:20	23:40	738	4:20	MU8939	08:35	13:40	738	5:05
FM9220	19:20	23:40	738	4:20	FM9219	08:35	13:40	738	5:05

广岛原子弹

1945年，美国人经过三年的努力，花费20多亿美元，终于研制成3枚原子弹，分别命名为"小玩意儿""小男孩"和"胖子"。

■ 5：24（1945年7月16日）美国新墨西哥州

在美国新墨西哥州阿拉莫戈多的"三一"试验场内30米高的铁塔上，人类有史以来的第一次核试验开始了。"小玩意儿"钚装药重6.1千克，TNT当量2.2万吨，试验中由于核爆炸产生了上千万度的高温和数百亿个大气压，致使一座30米高的铁塔被熔化为气体，并在地面上形成一个巨大的弹坑。核爆炸腾起的烟尘若垂天之云，极为恐怖。在半径为400米的范围内，沙石被熔化成了黄绿色的玻璃状物质，半径为1 600米的范围内，所有的动物全部死亡。这颗原子弹的威力，要比科学家们原先估计的大出了近20倍。

新墨西哥州的核试验后仅仅4小时，一艘美国驱逐舰带着剩下的两颗原子弹，前往地球另一边的提尼安岛，最终目的地直指日本。

这时的日本败局已定，但是日本仍在垂死挣扎。如果登上日本本土作战，会给美军带来极大的伤亡。

■ 8：16（1945年8月5日）提尼安岛

提尼安岛位于西南太平洋上，是美国对日本空袭的战略据点，这里常有飞机起飞前往日本，执行轰炸任务。

24小时后，世界上最大型的轰炸机B29将会从这里起飞，往北飞越850千米，横越西太平洋，到达日本上空，任务是投下一枚前所未有的炸弹。这枚炸弹将会永远地改变世界的历史。炸弹爆炸时，共有三部摄像机在3千米外的高空拍摄记录这一历史时刻。

选定日本广岛、长崎、小仓、新潟、东京、京都等城市作为投掷原子弹的备选目标。广岛是首选目标，之所以把它列为首选，是因为它是一座陆军之城，是日本本土防卫军第二总军的司令部所在地。在广岛南面的宇品港，一批又一批的日本军队，登上运兵船，前往中国、朝鲜等国作战。

■ 8：23 提尼安岛

在提尼安岛上的空军基地，B29的机组人员和其他机组人员的待遇很不同。过去一年，他们为秘密任务而接受训练，任务内容只有队长迪比上校知道。在迪比未被选上队长前，他被联邦密探调查了整整三个月。他当年29岁，被选为秘密运送世界上最可怕的武器，这武器的制造费用达20亿，由多个顶尖科学家制造。

这时，来自南方75千米的关岛的天气报告预计日本南部的天气在未来一天会好转。这消息传送给费路将军，他是美国最高机密曼哈顿计划的统筹人，负责发展和制造原子弹。7天前，费路收到在8月3日后会投原子弹的密令，这命令直接由杜鲁门总统发出，日期的最后决定权留给费路，依天气情况决定。

"经过3日不稳定的天气后，日本上空的云层，在上星期开始消散，就在今天行动。"费路的命令在8月5日星期日传来。迪比没有把消息告诉他的队员。此前经过6个月的训练，他们都准备就绪。副机师路易士26岁，来自纽约，是飞行经验最多的B29机师之一；机尾枪手加伦中士21岁，在欧洲执行过24次任务，也是一个业余摄影爱好者；费亚比上尉26岁，是空军中最好的投弹手。迪比认为轰炸任务的成败关键在于投弹的人，费亚比还不知道就在17小时后，他按下的按钮会摧毁一个城市和杀死超过10万人。

■ 12：59 提尼安岛

轰炸机将于凌晨2点45分起飞前往日本，任务终于有了确切的开始时间。费路把消息传到了地球另一面的曼哈顿,他还把计划写在了墙上的黑板上,此计划的负责人是告斯将军。

告斯将军把准确的起飞时间传达给在大西洋船上的杜鲁门总统,现在已决定投下原子弹,将影响全世界的命运,总统肩负起重大责任。杜鲁门在他的日记里写上:这武器最终用来对付日本,它似乎是有史以来最可怕的武器,过去一年,美军向着日本逐个岛推进,数万名美军在这些战役中阵亡,但最大的问题是攻占日本领土预计会失去上百万美军士兵的性命。美军总司令马歇尔将军这样说,日军显示出宁死不屈的精神,而在日本本土的抵抗预计会更强,我们必须震慑他们,我们要结束战争,也要保护美军性命。

一枚别名叫"小男孩"的炸弹正运往吊架,它的外表黑沉沉,很难看。一枚炸弹能释放二万吨炸药的威力令人难以置信,四千万磅炸药,相当于20万枚炸弹,科学家们一定是夸大了。

全程负责炸弹的是柏臣。柏臣是出色的海军上尉,也是世界上最伟大的原子弹理论专家,数小时后他就会将理论付诸实施。但现在柏臣更关心眼前的问题,在过去24小时,有4架载货的B29在起飞时都失事了,柏臣最不想见到的就是这类事情发生在载着原子弹的飞机身上,他不想几个月来的计划因此而改变。

柏臣选择在空中装配原子弹,他还从未在实验室以外的地方进行过。他用螺丝刀和扳手不停地在模拟炸弹上练习配炸弹。弹仓内温度超过40℃,就算手指流着血他仍然继续,不容有失。下次他会在万米高空装配这颗非同寻常的炸弹。那是在到达日本目的地两小时前装配,也是最后一次装配。

■ 19:47 广岛市

提尼安岛以北850千米就是广岛市,这里经历了四年战争仍然十分平静。在过去数周里,有B29飞机在高空飞过,但都没有轰炸过广岛。

B29轰炸机选中的广岛轰炸目标是在一座桥外500米处。这里,12岁的广岛市初一年级学生渡边,白天与其他学生一样,要帮助军事生产,唯一可以做功课的时间就是晚上;距桥1 500米的4岁小朋友铁谷,拆开他的生日礼物—— 一辆三轮车,明天他会和好朋友美子一起玩这个玩具,但现在是睡觉的时候了;目标2 000米外的大久保是报社摄影师,他在整理报社相片,大部分报纸都是报导美军侵占日本,而广岛本身没有什么新闻;目标1 600米外,在城的另一边,市民健悟准备睡觉,他摸出怀表看了看时间,这个怀表是儿子给他的礼物。

■ 0:06(8月6日) 提尼安岛

队长迪比上校将机组人员召集到一起,他开始训话:"今晚,我们期待已久的时刻到来了,我们已经受训数个月,现在就看大家的努力是否白费。我们的飞机会运载一件特别的武器,首选目标是广岛,其次是福冈,然后是长崎,目标离我们有850千米,来回需13个小时。三架气象观测飞机会先到各个目标。总统指示,见到目标才能投弹。三架B29轰炸机会在观测飞机出发后一小时起飞,'伟大艺术家号'运载科学仪器,'魔女号'运载专门观察器,'安路那基号'运载炸弹。中士,播放幻灯片,现在请武器专家柏臣上尉,解释我们今晚携带的炸弹有怎样的威力。"

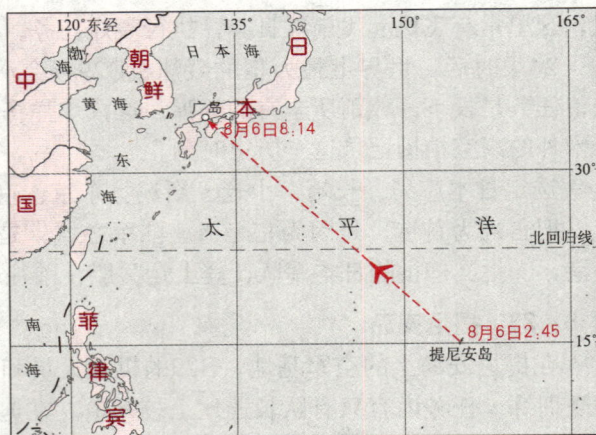
美国原子弹轰炸广岛线路

柏臣说:"这枚炸弹你们首次认识,是人类最大威力的武器,我们相信这枚炸弹会毁灭目标方圆1.5千米距离之内的一切,它足以炸开地壳。"

机组所有成员带着惊愕的表情听着柏臣介绍,他们不停地摇头,显然他们难以想象一枚炸弹会有这样的威力。

柏臣继续说:"老实说,你们不信,我也不信,但这是事实。它一爆发,炸弹中心温度高达百万摄氏度,光度会比太阳强10倍,这会令你失明。所以,在执行这个任务时,大家都需要戴上特制的护镜,那么,你才有机会继续回家看着自己的子孙,告诉他们今晚发生了什么事情。这枚炸弹能拯救人命,还可以结束战争。任务完结后,你会出名,100年后这任务都会写入教科书。"

■ 2:41 提尼安岛

时刻终于来临,在面前不远处黑暗的跑道旁,昨晚失事的B29残骸仍冒着一丝丝黑烟。执行这次任务的飞机载有7万加仑的汽油和一个9 000磅的特殊炸弹。迪比上校看看表，是凌晨2：45。机组的飞机起飞了。

费路将军将起飞时间传送到五角大楼的告斯将军，告斯再将信息打电话传到1 000千米外的大西洋上的"奥古斯达号"舰艇上，杜鲁门总统正坐下吃晚餐，他收到讯号。现在已解决第一个问题，"安路那基号"飞机运载炸弹安全起飞了。

■ 3：37　飞机上

"安路那基号"飞机爬升到1 200米高空，提尼安岛已经消失在身后的黑暗中，之后6个小时，飞机都是在海上飞行，飞机现在位置位于提尼安岛以北158海里，方向338°。

机组人员做着例行工作，向总部汇报着自己的位置："位置，158海里，方向338°，重复……"。迪比的副机师路易士开始写飞行记录，他写得像给父母的家信一般：亲爱的爸、妈，离开基地45分钟后，大家都在忙着，迪比上校正在做B29机师要做的事，领航员和无线电通信员史迪柏力中士一直在谈，谈北马里亚纳的事和观察雷达。

■ 5：51　飞机上

晨光初现，粉红色的云海上是碧蓝的天空，太阳露出了头，景色炫丽。

"我觉得一切会顺利"，路易士说，"我想在投下炸弹回程时大家会轻松点，最好是能够回家"。日出时，飞机爬升到1 400米高空，前面数里就是硫黄岛了，它是太平洋中的火山岛，是前往日本的中间点，这意味着去程走了一半了。

几千千米外的杜鲁门总统在船舱中打开资料夹，里面有一张在原子弹爆炸16小时后要公布的声明，声明中城市的名称目前还没有填上。1小时后，3架气象观测机将到达目的地，那时会决定地点。

离日本海岸150千米，柏臣要面对最艰难的时刻，几分钟后，他会进入弹仓启动原子弹，就像他昨天练习时一样。

柏臣进入了弹仓，心跳强烈地加速了。引爆装置在炸弹尾部，柏臣走过只有一尺宽的通道进入弹仓。在弹仓外，就是万米高空，阳光普照，蓝天白云。而弹仓的气温是零下57℃，比南极的冬天还要冷，这是原子弹的储藏温度。柏臣需要在这个环境下启动原子弹。

南方2 000千米外，费路将军等待着原子弹被启动的讯息，没有人敢想象如果柏臣失败了会怎样。

■ 6：41　飞机上

柏臣把4个药引逐一放入导火线，他正在处理不稳定的炸药，而且非常接近核子组件。放入第一个药引，这是整个程序最危险的一部分。三个插口，都是启动炸弹回路的一部分，虽然已非常谨慎，但没有人知道，柏臣放入最后一个药引时会怎样。他喘着粗气，呼吸声低沉而凝重，他好像已经上气不接下气了。

机组把代号讯息传给了费路将军，代号是"狗"，现在，还没有人知道柏臣是否成功。费路检查代号，得知对应的信息是炸弹已成功启动。代号讯息立即传给告斯将军。离日本海岸32分钟航程时，柏臣上尉完成了原子弹的组装工作，炸弹已被启动。

柏臣走出弹仓，外面阳光普照，两个小时后将投下炸弹，但现在机上的人仍不知道哪一个才是攻击的目标。

■ 7：29　广岛

万里无云。7：31，气象观测机"同花顺号"到达这里，广岛市区启动黄色警报，刺耳的警报声响彻全城。人们没有仰望天空，这几天常有B29飞机经过这里，都已经司空见惯了，况且，B29轰炸机还没有轰炸过广岛。今天天气这么好，谁都不想走进防空洞。

无线电通信员收到信号："第一目标是最佳地点。"几架飞机开始第二次爬升到合适的高度，一切顺利，将在广岛投炸弹。现在离日本海岸线只有12千米，大家都热切期待。

■ 7：43

初一学生渡边和其他同龄的孩子一样，在学生劳动命令下，做着防火工作。报社摄影师大久保在暗房中度过了一夜，现在在花园里享受阳光。

■ 7：59　飞机上

飞机即将飞临广岛上空，机组人员正汇报位置："方向264°，风向170°，时速8节，预计到达目标时间16分钟。现在时间7时59分，'安路那基号'没有受到袭击。"

飞机飞临日本海岸，机组人员进入作战状态。加伦带着摄影机到机尾，当飞机在投弹后飞走时，他从机尾就能看到爆炸的壮观景象，他想拍下照片给子孙看。

飞机在投弹前最后一次用自动导航，机组人员已检查所有系统，一切正常，这一刻快要来临了，投弹员向机师报告："看到目标，方向264°，重复，方向264°……现在靠我和费亚比了。"

■ 8：14 广岛

这一次，广岛街头没有警报声，投弹手看到了桥，这是投弹的中心目标点，费亚比启动高频警报，这意味着距离投弹只有一分钟了。

"小男孩"原子弹脱离飞机坠下，40秒倒计时。

广岛的学生们走在上学的路上，市民健悟摸出怀表看时间……

"轰隆"一声，原子弹爆炸了。一下子，飞机周围变成惨白，戴着护镜的机组成员都一下子张开嘴合不上了，大家都惊愕地看着眼前的景象。

第一轮冲击波击中飞机，飞机往上被什么东西推了一下，然后，整架飞机震得发响，一朵蘑菇云从地上拔地而起，那城市之前有房屋的和没有房屋的，现在什么都看不到了，只有燃烧着的黑色碎片在飞舞。

路易士说："快看，我感觉到了原子分裂的味道，像铅一样。"在机尾，加伦已经开始拍下巨大的蘑菇云，那团烟升得很快，差不多已经有飞机一样高了，中心有火焰在乱窜。加伦边拍边说："周围都在冒火，像一大堆煤在燃烧着，那城市一定就在下面。"

"天啊，我们做了什么？"有机组人员在叫："我这一生也不会忘记这时刻。"

广岛原子弹蘑菇云

广岛市消失了，核爆的冲击波，以音速撕裂建筑物、汽车和血肉。超过10万人和47 000座建筑物，消失于无形。

在被选作中心目标的桥500米外，渡边即时被爆风烧成了灰烬。1 500米外，铁谷和他的朋友也丧生了，他的三轮车支架，在100万℃的高温下扭曲熔解。600米外，健悟也被高温灼伤，不过他的怀表却幸存下来，玻璃碎了，指针也停止在爆炸的一刻。这只怀表后来捐赠给了广岛和平博物馆。

数分钟内，广岛被毁的消息传到了原子弹策划人那里。筹备3年，耗资20亿的计划以密码方式传送到"奥古斯特号"舰艇上，正在吃午餐的杜鲁门收到消息。他说："这是历史中最伟大的事件。"

■ 10：21 广岛

奇迹生还的大久保，在爆炸点只拍下了五张照片，这些都是在事发当日唯一的广岛照片，大久保说："我在镜头下看到的影像太残忍了，数百名伤者中，我分不出他们的性别。有小孩在喊：'很热！很热！'有些孩子伏在已死的妈妈身上哭，我尝试集中精神，对自己说，我是新闻摄影师，拍照是我的责任，只拍一张也好，被人当做冷血恶魔也好，我最终按下快门，但再一次望着镜头时，眼里已充满泪水。"

8月9日，另一枚原子弹在长崎爆炸。14日，即在广岛原子弹投下8天后，日本无条件投降了。

仁川登陆

在世界军事史上,有很多巧妙运用潮汐运动规律实施作战的成功战役,仁川登陆就是其中之一。

在太阳和月球引力作用下,海洋水面出现周期性的涨落现象。发生在白天的称"潮",夜间的称"汐",总称为"潮汐"。农历每月初一太阳和月球在地球的一侧,所以就有了最大的引潮力,会引起大潮,在农历每月的十五或十六,太阳和月亮在地球的两侧,太阳和月球的引潮力你推我拉也会引起大潮;在农历的初八和二十三,太阳和月球的引潮力互相抵消一部分,所以就发生小潮,故谚语中有"初一十五涨大潮,初八二十三到处见海滩"之说。准确地掌握和运用潮汐运动规律,是仁川登陆作战能否取得成功的关键。

1950年6月25日,朝鲜战争爆发。朝鲜人民军在金日成指挥下英勇作战,美韩军队在势如破竹的人民军攻击下节节败退。8月初,朝鲜人民军已经解放了朝鲜半岛90%以上的领土,迫使美军和韩军退守到朝鲜半岛最南部的大邱、釜山地区。

面对着如此窘迫的战局,美军司令官麦克阿瑟提出了转败为胜的唯一方案:仁川登陆,南北策应,一举击破。麦克阿瑟有极其丰富的登陆战经验,在同据守太平洋岛屿的日军作战时,麦克阿瑟靠着绝对优势的海空军作掩护,避开日军防守严密的正面,迂回登陆日军侧背,从背后给守岛日军致命一击。他本人组织过数十次登陆战,是世界公认的两栖战指挥大师。美国最高军事领导层最初对麦克阿瑟的侧后登陆方案是全力支持的,但当得知登陆地点是仁川时,就突然来个180度的大转弯。因为仁川的地理、地形和潮汐情况是非常不适合进行登陆作战的。

仁川位于朝鲜半岛西海岸中部,距离汉城(今首尔)只有32千米。从仁川登陆占领汉城就可以将整个朝鲜半岛从中部切为南北两半。但仁川潮汐落差很大,平均落差为6.9米,最大落差达10米,为亚洲第一世界第二。而且仁川港的潮汐也很奇特,每个月只有一天的满潮,每个满潮日的高潮时间也只有早晚各3小时,而美军的登陆舰艇由于吃水所限(直接抢滩的小型登陆艇吃水为7米,登陆舰吃水为8.8米),只有在满潮时才能进入港湾。如果不能在早上满潮的短短3小时里将第一波登陆的人员、装备、器材卸下,那么已经登陆的部队就会暴露在泥潭之中,成为任人宰割的鱼肉。

说起仁川的泥潭,那是几个世纪以来潮汐所带来的泥沙淤积而成的,围绕港湾长达3.2千米,不仅车辆无法通行,连人员行走都相当困难。

此外,仁川登陆还有一大阻碍,那就是月尾岛。进出仁川港只有一条必经航道,长约90千米,宽1.8~2千米,水深10.8~18米,飞鱼航道的潮水流速却高达每小时5海里(约合9.5千米),航道入口处就是海拔105米的月尾岛,如果不能有效压制月尾岛上的守军,登陆部队就无法安全进出飞鱼航道,而只要有一艘船在航道内被击沉,那就将彻底堵塞整个航道。潮汐落差、泥潭、狭窄航道以及5米高的防波堤,都构成了登陆的重重阻碍,以美国海军陆战队的登陆作战经验来看,登陆地点必须具备的十大条件,仁川一条也没有,简直可以列为最不适合登陆的地点了——这也正是美国最高军事领导层强烈反对在仁川登陆的原因。

但麦克阿瑟长期生活在东方,深深理解东方军事的精粹:真正的战略机遇都是潜伏在危险中的,正因为仁川极不适宜登陆的地理特点,使朝鲜人民军判断美军不可能在此登陆,所以人民军在这一地区的防御异常薄弱。麦克阿瑟要的是出奇制胜,他的自信终于征服了那些反对他的将军们。

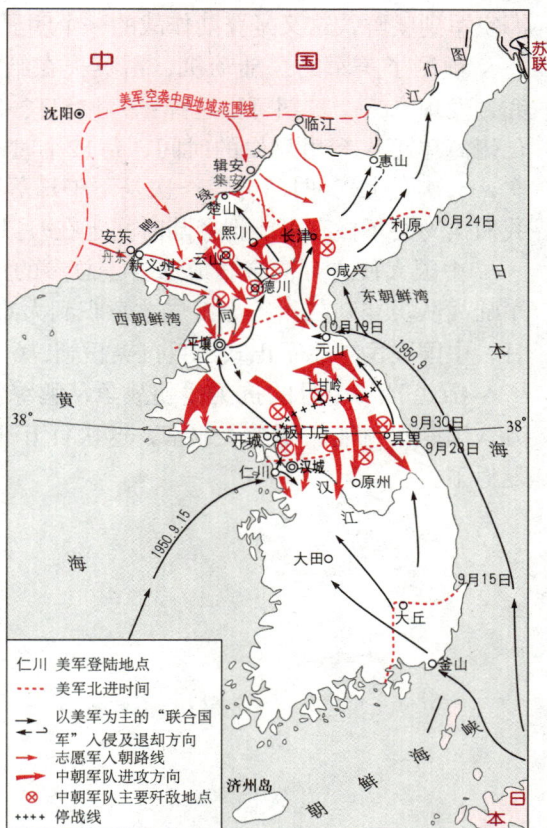

朝鲜战争示意图

仁川 美军登陆地点
---- 美军北进时间
⟵➡ 以美军为主的"联合国军"入侵及退却方向
➡ 志愿军入朝路线
➡ 中朝军队进攻方向
⊗ 中朝军队主要歼敌地点
++++ 停战线

但是，强中更有强中手，麦克阿瑟到死都不知道，就在8月23日他作出仁川登陆决策的同一天，比他还高明的中国军人已经算定他要在仁川登陆，而且登陆日期就是他决定的9月15日，预测登陆时间竟精确到了分钟！

就在同一时刻，凝神默看朝鲜地图的总参作战室主任雷英夫望着釜山周边密密麻麻的人民军和美韩军的队标思考：人民军的所有精锐聚集在这里与美军对峙，奇怪的是美军既不后撤也不反攻，再看人民军后方，从平壤到汉城再到洛东江一带全空了！雷英夫本能地产生了一个军人所必有的警惕和戒备。经过总参作战室工作人员共同紧张的分析研究，归纳出了以下六点意见。

一、麦克阿瑟把美伪主力十几个师都摆在釜山的滩头阵地，可美国二十几万部队既不撤退，也不往一线支援，从战略上看，是为了把朝鲜人民军的全部主力吸引到南线来。如果这种判断能够成立，这其中便隐藏着极为险恶的战略意图。

二、美国驻日本的两个师，是作为战略预备队部署的，战斗力很强。眼下南朝鲜部队处于险境，这两个师却没有去南朝鲜增援的迹象，而这两个师中就有一个海军陆战师。

三、麦克阿瑟和他的第八集团军在二战中是以善于登陆作战而著称的。

四、朝鲜半岛南北长约一千千米，而东西最窄处仅有两百千米，最利于分割。可供登陆的地点很多，比如元山、镇南浦、仁川、群山。

五、西海岸的仁川是美军最佳登陆地点，这里人民军部队少，既是汉城的外港，又是战略要地，这里潮水落差大，地势危险复杂，很可能为人民军所忽视，而麦克阿瑟又恰恰是一个善冒险、常有惊人之举的人物，选择在仁川登陆完全符合麦克阿瑟的个性。

六、眼下无论朝鲜还是苏联，都沉浸在胜利的气氛中，好像明早朝鲜就会统一，表面看形势一片大好，其实在这大好形势里潜藏着极大危险，一旦人民军被切断退路就会陷入绝境，美军最近又从地中海和太平洋抽调海空军到朝鲜，这又是登陆作战的一个明显征兆。

预测了美军的登陆动机，雷英夫在给毛主席的报告中说道："我们对9月至11月朝鲜西海岸海潮做了研究，发现有三个日期可供选择：9月15日、10月11日和11月3日。这三个最佳日期里，各有二至三天的好时机。仁川海岸可供利用靠岸的时间，每12小时内只有3小时，如果以9月15日为登陆日，那天的涨潮最高时间共两次，一次是上午6时59分，一次是下午日落35分钟后的19时19分。9月15日比另外两次时间相比更为可能。所以我们认为美军极有可能把登陆时间定在9月15日。"中国军人的智慧高得令人叹服！

中国大使立刻向金日成通告了总参的预测，可沉浸在胜利喜悦中的金日成却没在意。直到9月15日美国海军陆战队员登陆仁川，金日成才意识到大难临头了。第二天，他就派特使来中国，恳请中国出兵援朝。10月19日，中国人民志愿军正式出兵抗美援朝，6天后，震惊世界的抗美援朝战争正式打响。

历经2年9个月的抗美援朝战争从鸭绿江边开始，将世界头号强国击退500千米并挽救了邻邦朝鲜。过去2万八国联军就能长驱进入北京，这次百万"十六国联军"在境外便被打退。中国曾经百年的积贫积弱，一去不复返了。

本文提供：吉林省延吉市第九中学　曹立彬

百慕大三角

　　百慕大群岛是大西洋上著名的旅游胜地，然而却跟一个恐怖的名字联系在了一起。在地理学上，并不存在"百慕大三角"这样的划分，但是神秘现象的鼓吹者将百慕大群岛、美国佛罗里达州的迈阿密和波多黎各的圣胡安这三个地方硬是划了三条连线，组成一个三角形，然后声称在这一海域曾多次发生过莫名其妙的航船、飞机失踪，称之为"魔鬼三角"。

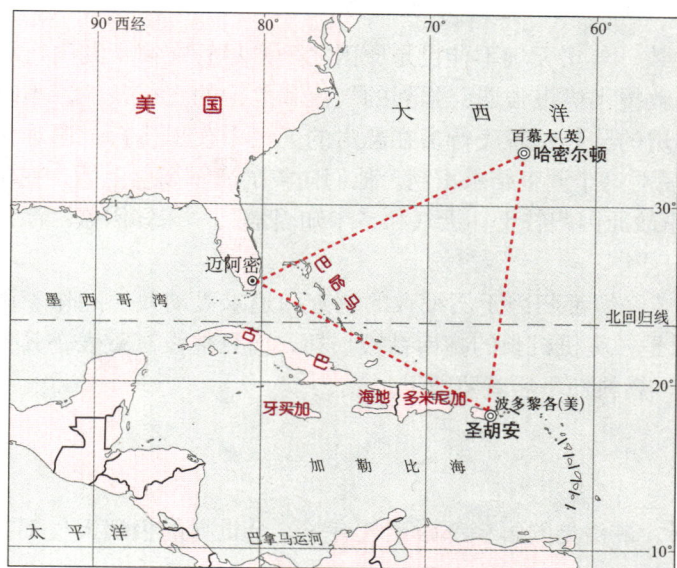

百慕大三角位置

■ 一个真实的事件

　　一起失踪事件，最能增加百慕大三角的神秘色彩。

　　第二次世界大战结束后的一天，风和日丽。5架载有14名年轻空军士兵的海军飞机凭空消失了。美国海军第十九飞行小队的神秘失踪，激起了人们的无限想象，成为百慕大三角的第一大谜题。关于第十九飞行小队的神秘失踪，有许多离奇的说法。但真相到底是什么？

　　1945年12月5日下午2点，在经验丰富的老飞行员查尔斯·泰勒的带领下，第十九飞行小队从罗德岱堡国际机场起飞。其中4架飞机上各有3个人，另一架飞机上只有2名飞行员，预计飞行四段，从罗德岱堡起飞，到比麦尼群岛、大港礁、大巴哈马岛，然后返回基地。

　　下午4点，基地接到了泰勒发来的遇到麻烦的信号。无线电报务员吉姆·瓦德当时就在附近一艘海军舰艇上，他听到了第十九飞行小队之间的无线电通信。瓦德说："我们听到飞行队长呼叫塔台，问对方能不能用无线电确定机队的方位，因为他确定不了自己的位置。"

　　泰勒说："两个罗盘都失灵了。我正在找佛罗里达州的罗德岱堡。我下方是零散的陆地，我确信这儿就是佛罗里达群岛，但不知道多远，也不知道怎样才能飞往罗德岱堡。"

　　起飞3个小时后，燃料至少还够再飞3小时，这时机组成员开始争论不休。此时的第十九飞行小队可能已经分不清方向。燃油告急，而且夜晚即将来临。

　　最后，第十九飞行小队始终没有转弯往西。这5架飞机就这样继续飞行，眼看燃油即将耗尽，它们仍在继续向东，飞入空旷的海洋和越来越浓的黑暗。

　　泰勒说："我们将按270°航向飞行，一直到看到陆地或者燃油耗尽。从某架飞机的燃油剩下10加仑开始，我们就一起在海面迫降。大家都清楚了吗？"

　　瓦德说："那是他们最后的无线电通话。塔台问他还剩下多少油，他说大约还能飞二三十分钟。我们等了半个小时，无线电再也没了动静。我们知道他们已经坠机了，但不知道具体地点，所以我们出动了所有的舰艇和飞机前去搜寻。"

海军规定，在遇到类似的危机时，编队中所有的飞机都要迫降。第十九飞行小队到底遭遇了什么？当时为什么连一个组员、救生衣或一片残骸都找不到？援救人员未能发现飞机的残骸和尸体，显然它们都已沉入了大海深处。

■ 飞行大队失踪原因分析

从通话记录可知，泰勒一直在率领飞行中队向错误的方向航行，迟至6点时，泰勒还在命令飞行队伍向东飞行，而至少有两名飞行员认为应该向西飞行，但是由于军中的纪律，他们不得不跟随泰勒。基地反复地要求泰勒改用更可靠的紧急频道通信，而泰勒拒绝这样做。随后官方的和非官方的调查结果，都认为泰勒上尉必须为第十九飞行小队的失踪承担主要责任。

因此这次事故的发生，主要是由于人为错误导致，其次天气不佳也是原因之一。尽管在第十九飞行小队刚起飞时，天气情况良好，但很快就变得恶劣起来。救援飞机报告遇到强烈的气流和危险的飞行条件，当时在该海域的船只报告风暴和巨浪。一位迷航而又刚愎自用的队长带着飞行员在恶劣的天气中夜里飞行，遇难几乎是无法避免的，并没有任何神秘之处。但是泰勒的亲属对这个调查结果不满。他们向美国海军高层上诉。在40年代末，美国海军最高当局满足了泰勒亲属的要求，把事故原因归咎于坏天气和"未知因素"。"未知因素"激发了人们的想象。

真实的情况正如1974年拉里·库舍说的那样，"一切都归因于不细致的调查和追求轰动效应的作家添油加醋，充斥着错误和不正确的推理"。失事事件的起因是领头机机长的指南针被损坏，而且他没有戴表，其他飞机又缺乏工具。在海水翻滚的海洋上空飞机无法降落，燃料耗尽后就坠毁了。

■ 百慕大三角一系列失事失踪事件原因推测

1．飓风

科学为百慕大三角之谜提供了一些合理的解释。最常见的解释都跟天气有关。全世界的极端天气都会给海运、空运带来巨大的灾难，百慕大三角也不例外。

庞大的云雨气团，会演变成地球上最猛烈的暴风雨，宽度可达160千米，风速高达每小时320千米。飓风所到之处，飞机、船只无一能逃脱厄运。说不定，关于百慕大三角发生的悲剧，这就是最合理的解释。

2．海龙卷、雷暴和闪电

海龙卷，就是在海上形成的龙卷风，经常在佛罗里达南部沿海出现。有时，海龙卷风速高达每小时180千米。当暖湿气流上升与冷气流相遇，就会形成雷雨，由于总有不断上升的暖气流，百慕大三角等地区是孕育雷暴的绝佳地点。雷暴能在海面上快速形成，释放出巨大的毁灭性力量，袭击还浑然不知的飞机与船只。雷暴通常还会伴有闪电，这也是该地区始终存在的威胁。闪电会让人失去方向感，甚至丧生。但较大的船只和飞机通常都装有保护装置，可以躲过单次的雷击。

3．磁场异常

一项发现指出，百慕大三角上方磁力圈的变化速度，比地球上其他任何地方都要快。1999年，美国国家航空航天局发射了一颗由丹麦科学家制造的，重60千克的小卫星。从那以后，该卫星已经2.5万多次通过百慕大三角水域上方，对地球磁场的强度进行测量从而得出该结论。

4．人为原因

飞行员在飞行过程中，可能会由于走神、眩晕等情况而失去方向感，有时还可能因为恍惚而混淆海天，等等，这些情况都可能使飞行出现意外。

本文提供：山东烟台开发区实验中学　杨青

钢板上的西兰公国

西兰公国是一个个人宣称建立而未被国际社会普遍承认的私人国家（实体），其"国土"既不是人工岛，也不是天然礁石，而是一个矗立于海水中的废弃人造建筑。位于英吉利海峡，距英国的萨福克郡海岸大约9.6千米远。自1967年建立以来一直由帕迪·罗伊·贝茨和他的家人及合作伙伴占据，其常住人口很少超过5人，其可供居住的"领土"面积仅有约550平方米。

西兰公国地理位置

西兰公国景观图

西兰公国具有自己的宪法、国旗、国歌、邮票和货币，还发放了护照。当然，要到西兰公国旅游并非一件容易的事情，除了要提前预约、拿到签证外，还要有足够的胆量，因为游客们只能从海上用绳索吊上去。这个如此简陋的私人国家是如何建立起来的呢？

在第二次世界大战期间，为防止德国入侵，英国皇家海军在英格兰开工建造怒涛堡垒。堡垒底部是一艘驳船，驳船上的两座高塔将驳船与顶部的甲板相连，建筑物都坐落在甲板上。建造完毕后，驳船被拖到萨福克郡外海面上的怒涛沙洲的指定区域凿沉，现在看到的怒涛塔在水面上的部分，就是整个建筑的上半部分。战争结束后，怒涛堡垒便被废弃了。

1967年9月2日，前英国皇家陆军上校帕迪·罗伊·贝茨占领了此建筑。在当时，怒涛塔位于国际公海水域范围内，并不属于英国或任何其他第三国的管辖范围内。罗伊·贝茨根据自己对国际法的解释，声称对怒涛塔行使主权，并自封为"罗伊亲王"，其妻子则为琼王妃殿下。他们之所以没有自封为国王和王后，是因为他们从律师那里得知建立一个公国比王国好。

刚开始英国政府以为这只不过是罗伊·贝茨突发奇想的一场闹剧，并没有太过理会。罗伊·贝茨随即给西班牙、葡萄牙、奥地利、德国、法国、芬兰和瑞典等欧洲国家的外交部发出公函，陈述了自己的领土位置并征询各国是否对该领地具有主权要求。这些国家自然不会对一个英国的海边平台提出主权要求，便理所当然地回复没有主权要求，罗伊·贝茨便宣称欧洲各国都已承认西兰公国的存在。英国政府这才意识到事情不对，要求罗伊·贝茨放弃这种侵犯英国主权的行为，但罗伊·贝茨并未答复。为将罗伊·贝茨一家强行赶走，英国海军便派出了一架满载皇家海军士兵的直升机飞往大海中的怒涛塔平台。罗伊·贝茨的妻子琼拿起手枪进行"自卫"，朝天射击发出警告。皇家海军

>> 知识窗

航海距离单位——海里

海里是航海上度量距离的单位，它与千米不同，1海里的长度等于地球子午线上纬度1分所对应的弧长。我国法定计量单位中规定使用的符号是n mile。

由于地球子午圈是个椭圆，它在不同纬度的曲率不同，纬度1分所对应的子午线弧长也不相等，1海里的长度也就随着纬度的变化而略有不同。最短处在赤道，1海里=1.843千米；最长处在南北两极上，1海里=1.862千米。1929年国际水文地理学会议用子午线上纬度1分平均长度1.852千米作为1海里的标准长度。

见此情景立即向首相哈罗德·威尔逊请示，询问是否要强行夺"岛"。若要强行登上平台，面对有武器的前陆军少校和他的妻子，难免会造成一些人员伤亡，恐怕也会引发一些国际上的争议。考虑到罗伊·贝茨在"二战"中战功卓著，威尔逊不想伤害罗伊和他的家人，便命令海军撤退。

后来罗伊·贝茨和儿子用鸣枪和燃烧弹吓退了一艘英国的工作船，英国政府在没有使用武力的情况下将罗伊·贝茨送上法庭，1968年11月25日英国法庭作出了有利于罗伊·贝茨的判决，法庭宣布英国政府只对沿海4.8千米内的海域具有控制权，而怒涛塔平台却在英国领海之外，所以它不属英国政府管辖。这样，西兰公国便在法理上得到了存在的依据。

除了英国政府外，觊觎"西兰公国"海上平台的大有人在。1978年，几名荷兰黑帮成员在罗伊·贝茨任命的西兰公国首相、德国人亚历山大·阿亨巴赫的指使下，企图绑架罗伊·贝茨的儿子，强行夺取海上平台，并将它改造成一个"逃税天堂"。罗伊·贝茨和儿子紧急向外界求援，组建了一支包括一架直升机在内的防卫力量，终于击败了入侵者，而阿亨巴赫等人也全都成了"战俘"。荷兰和德国政府都曾向英国政府提出要求，希望英国政府设法释放阿亨巴赫。但是英国政府援引1968年的判例，宣称西兰公国不在英国管辖范围内，他们无权干预此事。德国政府只好派遣一名外交官前往怒涛塔与贝茨磋商阿亨巴赫的释放问题。在几周的谈判之后，罗伊·贝茨态度好转，将阿亨巴赫遣送回国。后来，罗伊·贝茨宣称德国外交官对西兰的访问，标志着德国政府对西兰公国"事实上的"承认。但他的这一说法始终没有得到德国政府的承认。

直到1987年英国才依据联合国海洋法公约将领海扩充至12海里，而此时"西兰公国"也声明12海里主权，英国虽可依据"大陆架"原则主张该区域，但为了避免法律问题而使西兰公国一直存在至今。2012年10月，91岁高龄的罗伊·贝茨去世，他的妻子琼王妃接管了西兰公国的统治权。也许在许多人看来，这个仅有约550平方米的私人王国的存在只不过是一场看似荒唐的闹剧，可是在罗伊·贝茨和他的家人眼中，这个简陋的海上平台却承载了一个堂吉诃德式的梦幻天堂。

本文提供：江苏省常州高级中学　李学鹏

海洋的政治地理空间

海洋的政治地理空间可以划分为领海、专属经济区和公海三部分。

领海是与海岸平行并具有一定宽度的带状海域。沿海国对领海拥有全部主权。《联合国海洋公约》规定领海的宽度为12海里（相当于22千米）。

专属经济区是从领海基线起宽约200海里，在领海之外并邻接领海的海域。在专属经济区内，沿海国对海域内的自然资源享有专属权及管辖权，而其他国家则享有海上航行、飞行和铺设海底电缆和管道的自由。

公海是专属经济区以外的广大海域。任何国家对公海都不拥有主权。沿海国和内陆国都有海上航行、飞行、捕捞和铺设海底电缆和管道的自由。

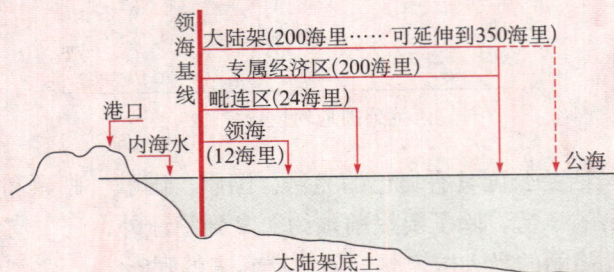

海洋政治地理空间的划分

联合国海洋法公约

第二次世界大战后，在联合国的主持下，于1958年、1960年、1973—1982年先后三次召开了海洋法会议，讨论国际海洋立法相关事宜。特别是第三次会议，历时9年，共举行了11期会议，有150多个国家参会。围绕领海、海峡、大陆架、专属经济区、群岛国、岛屿制度、国际海底矿产资源的开发制度和管理机构、海洋环境保护、海洋科学研究以及海洋争端等一系列问题展开了激烈的争论。《联合国海洋法公约》于1982年4月30日经会议通过，是一部比较完整的国际海洋法法典，于1994年11月16日正式生效。中国全国人大常委会于1995年5月15日批准此公约。根据公约规定，中国拥有与陆地一样充分主权的领海海域38万余平方千米，拥有可以管辖的海域面积约300万平方千米，大约相当于中国陆地面积的1/3。

哥伦布与风向

意大利航海家克里斯托弗·哥伦布出生于意大利的热那亚，卒于西班牙巴利亚多利德。哥伦布一生从事航海活动，他带领船队发现了美洲大陆，发现和利用了大西洋较低纬度吹东风、较高纬度吹西风的风向变化规律。

1492年10月12日凌晨，哥伦布的船队向西横过大西洋，发现了美洲的陆地，1493年3月16日，哥伦布带着6个印第安人、无数黄金饰品和各种特产回到西班牙，向世人宣告他发现了新大陆。

西班牙国王和女王听完哥伦布的报告高兴得连话都说不出来，满朝文武官员一齐跪在地上，感谢上帝赐给西班牙如此洪福。

为了确保西班牙在新大陆上的权益，西班牙派使臣向罗马教皇请求承认。原来，早在400年前十字军东征时，欧洲基督教国家曾同罗马教皇订立了一份协议。协议规定：凡能将基督教传播于蛮荒之地的，此地即为该国所有。教皇亚历山大六世经过同西班牙、葡萄牙两国协商，发布了有名的"教皇分界线"，规定以西经46°为分界线，线以东为葡萄牙王国领土，线以西为西班牙王国领土。后来，巴西成为葡萄牙殖民地就是根据这项条约实现的。

在得到罗马教皇的认可后，西班牙国王急着想占领远航发现的土地和财富，于是授予哥伦布为海洋司令、副王和已发现岛屿和大陆的总督头衔，让哥伦布重组船队，返回海地。

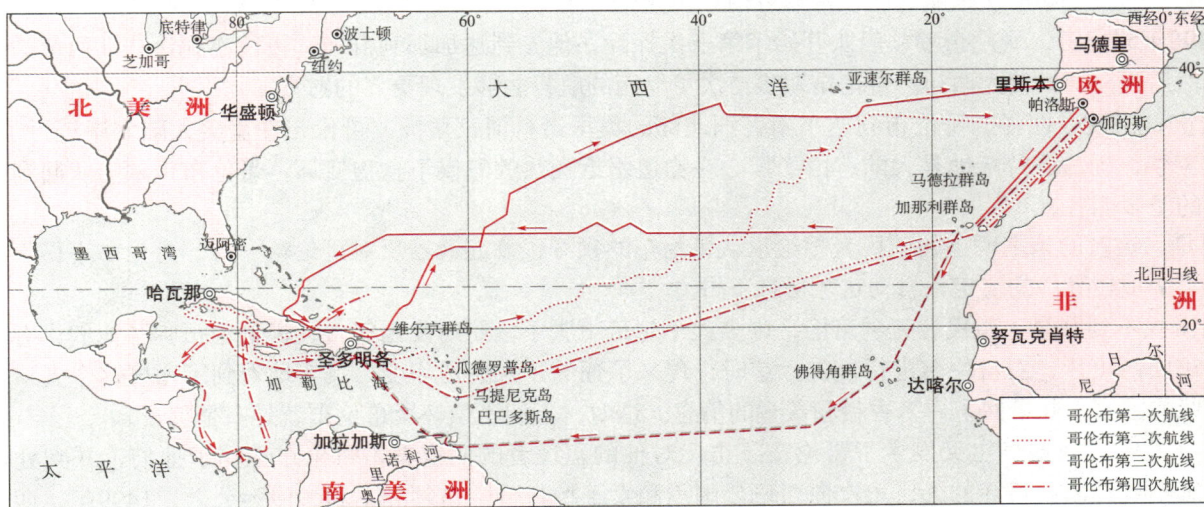

哥伦布四次远航美洲大陆示意图

1493年9月25日，一支由17艘船只、2 000多人组成的船队从西班牙出发，这是当时欧洲派出的一次最大规模的殖民远征，哥伦布的使命是在新大陆建立永久殖民地。

这次，哥伦布经过加那利群岛后，利用低纬的东北信风，只用了20天就横渡了大西洋，到达今天小安的列斯群岛的多米尼克，但是多米尼克岛上荒无人烟，哥伦布在岛上什么也没有发现，便活捉了几个土著人当奴隶。由于没有新的发现，哥伦布便决定到已经离别了一年多的海地岛去看看。一年前，哥伦布在返回西班牙时，在这里的堡垒里留下了39人，不知他们的命运如何。

但是，等哥伦布到达这里后发现，这39人已经全部被当地人打死了。原来，等哥伦布走后，这39人俨然成了岛上的主人，对当地居民奸淫掳掠，无恶不作。岛上一个部落的酋长率领民众进行反抗，终于把这39人全部灭了。

哥伦布弄清情况后，不敢再在这里落脚，于是在海地岛北面选择了一个易于防守的据点建城，取名伊萨贝拉。城堡建成后，哥伦布派出一支探险队深入海地岛内部探查情况。探险队一路南行，发现岛上住着温和的印第安人，还有丰富的金矿。

这时，船队粮食即将耗尽，哥伦布留下一部分人留守伊萨贝拉和开采金矿，一部分人返回西班牙，向国王和女王报告，说他已经找到了黄金产地。而他自己则带领一些人继续往西寻找印度和中国。

哥伦布率领的船队航行几天后发现了牙买加岛，再向西，哥伦布的船队沿着古巴岛南岸继续西行。到6月12日，哥伦布通过计算，得知已经沿古巴岛南岸向西航行了1050千米，所有船员都认为海岛不可能有这么长，于是认为这是亚洲向东延伸部分，这正是他们这次西航寻找的目的地。

1494年9月29日，哥伦布回到了海地岛北岸的伊萨贝拉。这时他发现，这个刚刚建立起来的殖民地陷入了一片混战，西班牙人在岛上奴役印第安人，印第安人奋起反抗。通过几个月的战争，西班牙人终于征服了这里的印第安人，不甘心被奴役的印第安人背井离乡，逃到山里去了。

1496年，由于海地岛北岸流行起热病，哥伦布不得不放弃伊萨贝拉，在海地岛南岸建了一座新城圣多明各。与此同时，哥伦布向西班牙运回为数不多的黄金、铜矿石和珍贵木材，以及几百名印第安人奴隶，向国王和女王请功。

但是，国王和女王认为，哥伦布运回的财物价值远远赶不上哥伦布的花费，因此，废除了与哥伦布签订的协定，发布了一条命令，允许其他人到西印度群岛去开采黄金。

1496年3月，哥伦布避开低纬信风带，在回归线附近的海域向东航行回到西班牙，当面向国王和女王为自己辩护。面对国王和女王，哥伦布极力炫耀自己，他说已经到达亚洲大陆，马上就可以进入中国和印度，带回更多的黄金和香料。国王和女王终于被哥伦布的美言所打动，撤销了那道对哥伦布不利的命令，允许哥伦布第三次探险。

哥伦布争取到了第三远航的机会，但是他心中的疑惑越来越大，为什么自己到达的新大陆不像马可·波罗描述的那样呢？他去请教有学问的珠宝商，这个珠宝商人说："宝石、黄金和香料是从南部地区运来的。"听了这话，哥伦布决定第三次远航时应该再靠近南方一些。

1498年5月3日，哥伦布率领船队开始了第三次探险，他先到达加那利群岛，再往南到达非洲西侧的佛得角群岛，然后再向西横渡大西洋。哥伦布期望这次更靠南的航行能够发现更多的财富。

这次，横渡大西洋的哥伦布到达了南美洲北部的奥里诺科河三角洲。哥伦布在南美大陆北岸进行了300多千米的考察，确信这片陆地是大陆。由于担心在赤道附近炎热的气候下食物变坏，哥伦布带领船队回到了海地岛南岸的圣多明各。

但是，这时的圣多明各的殖民者拒绝承认哥伦布的领导，拿起武器反对哥伦布一行，哥伦布不得不与殖民者签订了一项屈辱性的协定，暴动这才平息下来。

由于找不到黄金，殖民者无利可图，许多人不想待下去了，纷纷发出怨言，说哥伦布骗了他们，有些人甚至驾船逃回西班牙，对哥伦布进行控告。这时，传来了葡萄牙人到达印度，真实地看到了印度这个人口稠密、文化繁荣的国家，并带回了许多香料和黄金的消息。这时，人们不禁怀疑哥伦布就是一个骗子。

正在此时，海地岛上又发生了哥伦布袭击反对他的殖民者的阴谋案，哥伦布逮捕了他们，并判处他们死刑。大难不死逃回西班牙的人，再次向西班牙国王和女王控告哥伦布领导不利、侵吞公款。1499年，西班牙政府向海地岛派出了新总督，命令哥伦布把权力移交给新总督。新总督在海地岛进行了两个月的侦察和审讯，认定哥伦布残酷无情、领导不力、侵吞公款等罪名，给哥伦布戴上镣铐押回了西班牙。

但是，曾经资助过哥伦布的朋友们怕哥伦布倒霉后对自己没有好处，都纷纷想尽各种办法在国王和女王面前为他开脱，想尽办法营救他，说他是有功劳的，虽然没有到达印度，但是发现了西印度群岛。女王对哥伦布勇于探险的精神素有几分敬佩，她和国王商量后，还是下令释放了哥伦布，给了他2万金币，把逮捕他的责任都推到具体执行者身上。这样，哥伦布才得以体面地来到宫廷。

哥伦布又恢复了尊严，这时他已经50岁了，而且身患关节炎，视力减退，但是希望探险的劲头不减当年。1502年初，哥伦布向西班牙国王和女王请求再次探险，并很快得到了批准。

1502年6月，哥伦布率领4艘船150多人进行了第四次横渡大西洋的远航，这次的路线选择了与第二次横渡大西洋时相同的东北信风顺风航线，很快到达了美洲。但是这次航行仍然没有找到印度，没有发现更多的黄金和香料。但是第四次远航考察了加勒比海，登上了中美洲，到达了中美洲的洪都拉斯，见到美洲的玛雅文明。

1504年11月7日，身患重病的哥伦布不得不被送回西班牙，虽然重病在身，但仍不忘他的探险事业。可是，最欣赏哥伦布的女王去世了，哥伦布的探险希望也随之破灭。1506年5月20日，伟大的航海家哥伦布在贫病交加中死于西班牙巴利亚多利德，享年55岁。

"缘"来是洋流

　　世界上每天都有很神奇的事情发生，不要认为那很遥远，一不小心也许就会发生在你的身边。注意，别老是想着网络，这个故事的媒介还真是有点儿古老——漂流瓶。

　　澳大利亚时间2010年4月4日16时左右，位于墨尔本西南方约90千米的季隆市海边，迈克尔·劳伦斯和13岁的儿子彼得正在散步。海风轻轻地吹，海浪轻轻地摇。忽然，他们发现前方有个瓶子。海边有瓶子，太正常了，说不定是在海滩狂欢的人留下的。如果这对父子慢慢走过去，看都不看那个普通瓶子一眼，一段旷世奇缘就没了。然而，事情就是这么巧，他们俩不但看了，而且还捡起来了。拿着这瓶子，两人发现里面有张纸条，纸条上有一些神秘的符号。这些神秘的符号是什么呢？它们来自古老的中国，就是一行汉字。爷俩的好奇心来了，就请教懂中文的人。经过翻译，父子俩知道上面的意思了：很高兴和你取得联系，我希望和你成为朋友，你愿意吗？而且，在这纸条上还有写信人的地址——"中国河南省洛阳市金林镇刘村李新波"。推动人类进步的是好奇心，推动缘分千里一线牵的也是好奇心。劳伦斯父子决定要珍惜这份缘分，寻找北半球的这位朋友。

　　在这位朋友出场之前，我们先来讨论一个问题：这个瓶子是如何到澳大利亚季隆市的呢？结合地理知识，我们就会知道，这个瓶子是因洋流的推动才能漂洋过海到达异国他乡的。那么，是哪些洋流呢？如果说这个瓶子是李新波在黄河水系投放的，观察世界表层洋流分布图，我们就可以推测出一条可能的路线。漂流瓶顺黄河一路畅游到达渤海，然后顺着我国沿岸流入汹涌的日本暖流。至中纬度，漂流瓶沿北太平洋暖流东进到北美洲西海岸。北太平洋暖流在该处兵分两路，一路北上称为阿拉斯加暖流，另一支南下称为加利福尼亚寒流。瓶子应该是沿加利福尼亚寒流到赤道附近，再顺北赤道暖

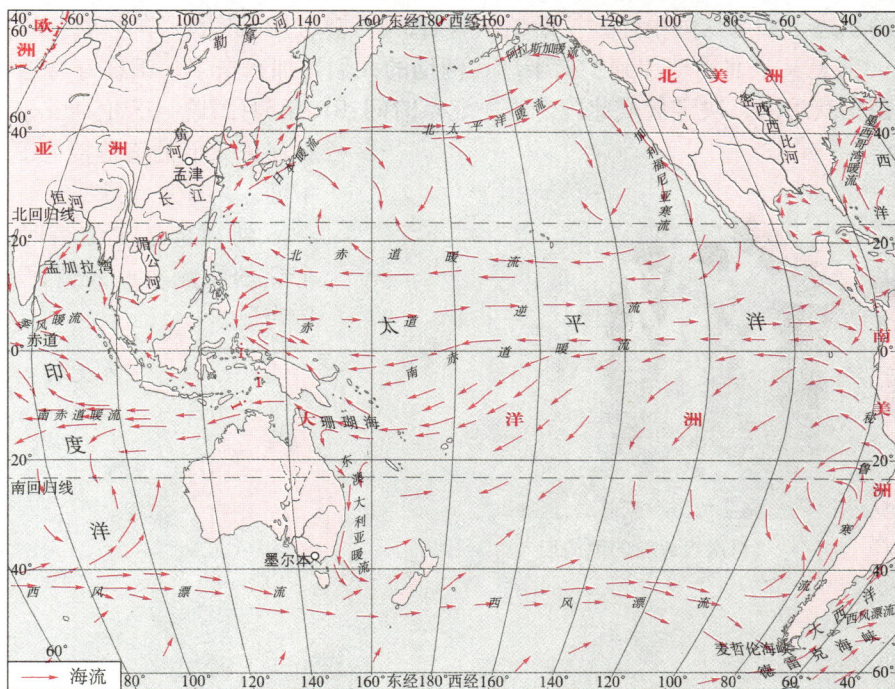

漂流瓶可能飘过的路径

流西行，于菲律宾东部海区再借助赤道逆流折回到南美洲西岸。这时，受东南信风驱动的南赤道暖流就推动瓶子向澳大利亚进发了。南赤道暖流在澳大利亚东部向高纬度流去，称为东澳大利亚暖流。顺着此洋流，漂流瓶就可能会到达季隆市的劳伦斯父子面前。当然，这只是种假设。按瓶中信，李新波是洛阳人，但洛阳人不一定就一直生活在洛阳，万一李新波到了澳大利亚季隆，在那个海滩上扔了这个瓶子也不一定。再则，瓶子在海上随波逐流的路线恐怕只有天知道。不过，如果洋流知识掌握得不够好，就可以多推测几种可能的路径，没准无意中就把这复杂的洋流分布情况给记住了。

言归正传，我们还是找找李新波吧。找到他，劳伦斯父子的梦就圆了。而且瓶子的投放地点就知道了，或者就可以让猜测更接近事实了。

这样一件传奇的事情，很多人都感兴趣了。在澳大利亚的中国人也很多，很快就把南半球的故事传到了北半球。洛阳人兴奋了！现代的计算机管理技术让找人不再是很难的事情，联系一下公安部门就更容易了。孰料，经民警同志一查，没有！继续按发音类似的名字找，还是找不到这个李新波。看来传奇故事就要成为悬案了。

这时候，有位申先生认真看了新闻配图之后，指出那名字可能写错了。意识到这一点，人们就改变了思路，想到了原始资料。北京时间4月9日下午，刚从悉尼留学回到洛阳的市民高翔欣然受洛阳晚报社的委托，给澳大利亚《季隆广告人报》（该新闻的最早报道媒体）发去英文电子邮件，请对方发来清晰的"瓶中信"照片。获得高品质资料后，大家发现纸条上是这样写的："有幸与我联系，很希望和你成为朋友，你愿意吗？中国河南省洛阳市栾川县合峪镇前村。"而且，写信者的名字不是"李新波"，而是"李海波"。纸条上有数字，经辨认之后发现是栾川县合峪镇的邮编。对照前文所述，我们可以发现"审题"错误害人不浅啊。

有了正确的信息，那就很好办了。现在是李海波出场时间。2004年他通过该县劳动部门劳务输出到国外打鱼。2005年冬天的一个下午，李海波所在的渔船从阿根廷返回位于西班牙拉斯帕尔马斯的基地。途经印度洋时，他写了一张希望交友的纸条，放进一个玻璃瓶里，然后从船上扔到海中。自2007年回国后，他一直在县城务工，这个一时兴起的小事儿也就尘封在记忆中。

而今，劳伦斯父子打开了他记忆的盖子。

盖子揭开了，到底接下来故事是怎么发展的呢？别急，我们再来推测一下漂流瓶在海上的路线。投放地点可能在北印度洋或者南印度洋。假设是在南印度洋，那么瓶子可能的路线是：南赤道暖流→厄加勒斯暖流→西风漂流→季隆。倘若是北印度洋，可能瓶子顺着夏季洋流到达南印度洋，沿刚才分析的路线到达季隆。这次的路线应该接近真实的了吧？然而查地图可发现，西班牙拉斯帕尔马斯位于非洲西部的加那利群岛。它位于大西洋的东边，如果从阿根廷到拉斯帕尔玛斯，应该穿过的是大西洋才对。莫非李海波先生记错了？

消息又从北半球传到了南半球，两地的人们更加兴奋了，都在好奇这个传奇故事的真实情况。李海波所在的公司获悉后，决定促成此段奇缘。北京时间2010年5月27晚，劳伦斯父子抵达洛阳，开始了几天的洛阳之旅。

在洛阳人们的盛情接待下，这爷俩畅游了古都，也和李海波见了面。

到神奇之旅结束时，三人在洛阳市孟津县会盟镇将一个新的漂流瓶放入黄河，"但愿它能到达有缘人手中，再续传奇"。

本文提供：河南省平顶山市第一中学　卜科凯

再次投放新的漂流瓶

闻名天下的钱塘潮

■ 钱塘潮的传说

传说，原先钱塘江来潮时，跟其他各地的江潮一样，既没有潮头，也没有声音。

还有一个传说是这样的：春秋战国时期，在今江苏、安徽一带有一个吴国，吴王夫差打败了今浙江一带的越国。越王勾践表面上向吴国称臣，暗中却卧薪尝胆，准备复国。此事被吴国大臣伍子胥察觉，多次劝说吴王杀掉勾践。由于有奸臣在吴王面前屡进谗言，诋毁伍子胥。吴王奸忠不分，反而赐剑让伍子胥自刎，并将其尸首煮烂，装入皮囊，抛入钱塘江中。伍子胥死后9年，越王勾践在大夫文种的策划下，果然灭掉了吴国。但是越王也轻信传言，迫使文种伏剑自刎。伍子胥与文种这两个敌对国功臣，虽然分居钱塘江两岸，各保其主，但下场一样，同恨相连。他们的满腔恨，化作滔天巨浪，掀起了钱塘怒潮。

波澜壮阔的钱塘江潮（潮涌从右向左行进）

传说归传说，表达了劳动人民对自然现象的朴素解释和美好想象，但不能作为自然现象的科学解释。

■ 钱塘潮的形成

海水都有周期性的涨落现象，一天两次，早晨为潮，晚上为汐。钱塘潮发生在浙江省钱塘江口杭州湾，由于月球和太阳的引潮力作用，海洋水面会发生周期性涨落的潮汐现象。

每月的农历十五，太阳、月球、地球几乎在一条直线上，所以这时天体对海水的引潮力最大。但是，引潮力最大，到潮水最高，需要两三天的时间，潮水才能逐渐把引潮力的能量转化为潮水的势能。海宁天天可观潮，月月有大潮。只是八月十八的钱塘潮是潮水相对最高的。苏东坡赞曰："八月十八潮，壮观天下无。"据传观潮之风，始于汉而盛于宋，南宋起便把每年农历八月十八日定为观潮节。

世界上有两大涌潮现象：一处在南美洲亚马孙河的入海口，另一处位于杭州湾的海宁市。所以钱塘江潮又叫海宁潮。

钱塘秋潮如此之盛的原因，主要是其独特的地理条件。钱塘江如此，亚马孙河也如此。

钱塘江外杭州湾，外宽内窄，外深内浅，是一个非常典型的喇叭状海湾。出海口江面宽达100千米，往西到澉浦，江面骤缩到20千米。到海宁盐官镇一带时，江面宽度只有3千米。起潮时，宽深的湾口一下子吞进大量海水，由于江面迅速收缩变窄变浅，夺路上涌的潮水来不及均匀上升，便都后浪推前浪，一浪更比一浪高。到大夹山附近，又遇水下巨大拦门沙坝，潮水一拥而上，掀起高耸惊人的波涛，形成陡立的水墙，酿成乍起的潮峰。

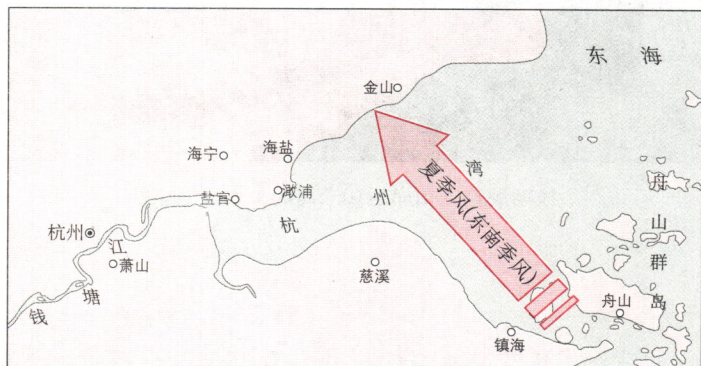
杭州湾的地理位置

浙江沿海一带是典型的季风气候区，属于亚热带季风气候，夏季盛行东南季风。所以，杭州湾在夏秋季常刮来自太平洋的东南风，风向与潮水方向大体一致，助长了潮势。

钱塘潮就是海水周期性涨落的自然现象，在天时、地利、风势共同影响下，以其凶猛、多变、惊险而堪称一绝。

■ 钱塘潮观潮指南

千百年来，钱塘江以其奇特卓绝的江潮，不知倾倒了多少游人看客。

每年的农历八月十八前后，是观潮的最佳时节。这期间，秋阳朗照，清风宜人，钱塘江口的海塘上，游客云集，兴致盎然，争睹奇景。观赏钱塘秋潮，有三处最佳位置。

海宁市盐官镇东南的一段海塘为第一佳点。这里的潮势最盛，且以齐列一线为特色，故有"海宁宝塔一线潮"之誉。潮头初临时，天边闪现出一条横贯江面的白练，伴之以隆隆的声响，酷似天边闷雷滚动。潮头由远而近，飞驰而来。宛若一群洁白的天鹅排成一线，万头攒动，振翅飞来。潮头推拥，鸣声渐强，顷刻间，白练似的潮峰奔来眼前，耸起三四米高的水墙直立于江面，倾涛泻浪，喷珠溅玉，势如万马奔腾。潮涌至海塘，更掀起高9米的潮峰，果然"滔天浊浪排空来，翻江倒海山为摧！"这一簇簇声吞万籁的放射形水花，其景壮观，其力无穷。据说有一年，曾把一只一吨多重的"镇海雄师"冲出100多米远。当潮涌激起巨大回响之后，潮水又坦然飞逝而去。有人写道"潮来溅雪俗浮天，潮去奔雷又寂然"，十分确切地描绘了潮来潮往的壮观景象。

在第二个观潮佳点——盐官镇东8千米的八堡，可以观赏到潮头相撞的奇景。海潮涨入江口之后，因为南北两岸地势不同，潮流速度南快北慢，潮头渐渐分为两段。进展神速的南段称为南潮；迟迟不前的北段潮头，在北岸观潮者看来，是来自东方，故称东潮。当南潮扑向南岸被荡回来，调头向北涌去，恰与姗姗来迟的东潮撞个满怀。霎时间，一声巨响，好似山崩地裂，满江耸起千座雪峰，着实令人触目惊心！

在第三个观潮佳点——盐官镇西12千米的老盐仓，可以欣赏到"回头潮"。这里，有一道高9米、长650米的"丁字坝"直插江心，宛如一只力挽狂澜的巨臂。潮水至此，气势已经稍减，但冲到丁字坝头，仍如万头雄狮惊吼跃起，激浪千重。随即潮头转，返奔向塘岸，直向塘顶观潮的人们扑来。这返头潮的突然袭击，常使观潮者措手不及，惊逃失态。

此外，海宁观潮还有日夜之分。白天观潮，视野广阔，一览怒潮全景，自是十分有趣。而皓月当空时观赏夜潮，却也别有其妙。

■ 钱塘潮伤亡事件

杭州市防潮办的工作人员提醒，钱江涌潮"可远观而不可近玩"。涌潮到来，人切莫与其争道，避免被潮水冲走。

1993年10月3日（农历八月十八），杭州萧山围垦20工段，部分外来群众聚集到深入江中的丁坝上观潮，卷走105人，致19人死亡，27人受伤，40人下落不明。

2007年8月2日，杭州市江干区下沙七堡1号丁字坝附近水域发生一起30多人被潮水卷走的事件，造成11人死亡。

2011年8月18日，据预测当年钱塘江大潮潮水会比往年要大许多，所以观潮的人逐日增多，当年的钱塘江大潮夺走了3位观潮者的性命。

2014年6月15日凌晨3点左右，钱塘江七堡丁字坝发生一起潮水卷人事件，潮水卷走一男二女，男子自行爬上岸，两名女子死亡。

据杭州市防潮办介绍，20年内，因观看钱塘江大潮，已经约有百人死伤了。

钱塘潮惊涛拍岸达10米高的大浪

十岁小女孩海啸报警

2004年12月26日，英国小女孩蒂莉和她的父母正在泰国普吉岛的一个海滩度假。当天天气晴好，蓝色的天空飘着稀疏的白云，一家人和其他来自世界各地的游客正在海边与海水嬉戏。蓝天、碧海、沙滩、轻柔的海风、和煦的阳光，一切都是那么的美好和惬意。

突然，蒂莉的脸上露出惊恐的神色。她跑过去对母亲说："妈妈，我们必须离开海滩，我想海啸即将来临！"她说她看见海水反常地退了下去，海滩露了出来，起了很多泡泡，不久海浪就将打过来。这是地理老师曾经在课堂上描述过的有关地震引发海啸的最初情形。老师还说过，从海水渐渐上涨到海啸袭来，这中间有10分钟左右的时间。

起初，母亲和在场的成年人对小女孩的预见半信半疑，但蒂莉坚持请求大家迅速离开，而且情绪显得烦躁不安、表情歇斯底里。

小蒂莉的警告如星火燎原般在海滩上迅速传开，几分钟内，海滩上的游客陆续撤离。当这几百名游客刚刚撤离到安全地带时，身后已传来了巨大的海浪声，海啸真的来了！

在回忆这件事情时，蒂莉说："我妈妈当时不知道发生了什么，因为在小时候她也没有受到海啸知识教育，我看见海水退去，海滩泛起了水泡，嗞嗞作响，就像煎东西一样。海啸开始时，海水不停地朝旅馆缓慢涌来，没有消退的迹象，势头看起来越来越猛。我知道更大的海啸在后面。"蒂莉的父亲科林见状，带着蒂莉8岁的妹妹返回旅馆。科林把蒂莉的警告告诉了旅馆的工作人员，蒂莉冲回海滩再次劝告仍然没有撤离的100多名游客。旅馆和海滩迅速传播了这条警报。几分钟之后，巨浪袭击了海滩。海水上涨触及海滩边的旅馆，冲击了旅馆。但由于大家提前撤离到高处，小蒂莉居住的旅馆及附近地区所有人员都安然无恙。

当天，这个海滩是泰国普吉岛海岸上唯一没有死伤的地点，这个10岁小女孩用她在课堂上学到的地理知识，创造了挽救生命的奇迹。

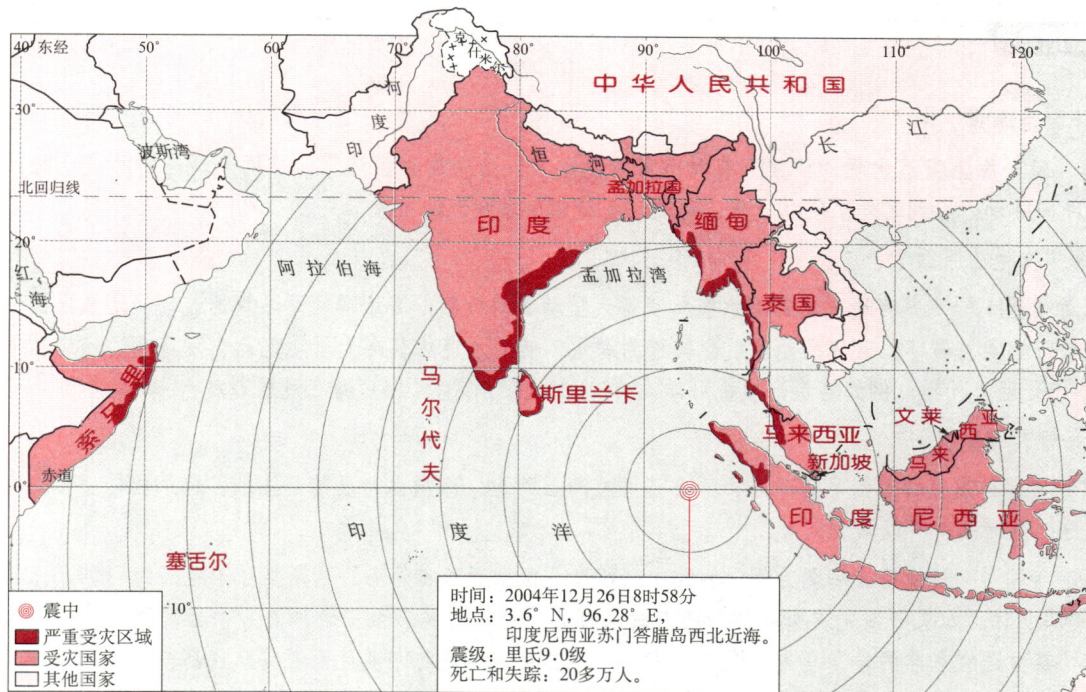

非洲、南亚、东南亚国家受地震和海啸影响示意图

小蒂莉的故事提醒人们学习灾难预警知识的重要性，蒂莉还特别强调说："我喜欢上学，尤其喜欢学习地理。"

2005年12月26日，印度洋海啸一周年，已满11岁的蒂莉和父母重返普吉岛，参加海啸周年纪念活动。与此同时，她还被法国儿童报纸《我的日报》评为"年度儿童"。法国这家儿童报纸推出的"年度儿童"评选活

印度尼西亚一处沿海在海啸前（左）后（右）的对比

动，小蒂莉击败另两名候选儿童：一名成功从绑匪手中脱逃的6岁南非小女孩和一名11岁法国小歌手。

蒂莉在当天的新闻发布会上发言："当你遇到海啸或其他自然灾害时，如果你具有相关灾害的知识，那就太好了，学习地理就是学习生存的技能。"当晚，蒂莉还在一个为海啸遇难者举行的烛光晚会上朗读了一首名为《海啸》的泰国诗歌。

南亚大海啸

2004年印度洋大地震发生于12月26日07:58:55。震中位于印度尼西亚苏门答腊岛以北的海底。当地地震局测量到的强度为6.8级，中国大陆和香港以及美国测到的强度则为里氏8.5至8.7级。其后香港天文台和美国全国地震情报中心分别修正强度为8.9级和9.0级。

这是自1964年阿拉斯加地震以来最强的地震，也是1900年以来强度第四的地震。有20多万人在地震及引发的海啸中死亡，一些地区的海啸高达10多米。

海 啸

1. 什么是海啸

海啸，就是海上突然出现的巨浪，有时浪高可达10米以上。这种巨浪可能在同一地点持续数小时，重复几十次，如果冲向陆地，所到之处，破坏设施、建筑，会造成生命财产的重大损失。

2. 海啸发生的原因

海啸的发生，一定是有造成局部海水突然获得大量动能的机制，海水瞬间开始快速流动，形成巨浪，若海水原本的平衡状态瞬间被破坏，破坏的能量就会转移到海水，使海水突然获得大量动能而引发海啸。这有以下三种可能的原因：（1）巨大外物（例如彗星）撞击海洋；（2）海底山崩塌；（3）海底浅层地震。

3. 海啸灾害预防

海啸的传播速度是每小时数百千米，除非正好在断层附近，海啸由断层传到陆地，这个传输过程会有几分钟时间，利用这一点时间就可以减少灾害。

以2004年12月26日南亚大海啸为例，由震中（印度尼西亚亚齐省外海）到斯里兰卡距离约1600千米，海啸的巨浪到达需2.5小时，如果能预先发布警报，所有的人都有足够的时间撤至安全地点。由于缺少预警系统，斯里兰卡伤亡惨重，甚至远在东非的索马里也有数百人丧生。但在震中附近的印度尼西亚锡默卢岛，岛民凭借着"发生地震立即往山上跑"的古老经验，据报道在这次南亚大海啸中竟然全岛无一人伤亡！地震发生后，邻近的监测站可以在一分钟之内测知，然后在几秒内判定震中及强度，及时对可能受海啸侵袭的地区发出警报，技术上应该不是问题。因此，建立海啸预警系统，并且准备好发生海啸时的撤离路线，是必需的。

本文提供：河北唐山二中　王永存

英法海底隧道

英法海底隧道，又称为英吉利海峡海底隧道，是一条把欧洲大陆和大不列颠岛连接在一起的海底铁路隧道。它由三条长51千米的相互平行的隧道组成，其中海底部分38千米，是世界上最长的铁路隧道。

英法海底隧道法国加来入口

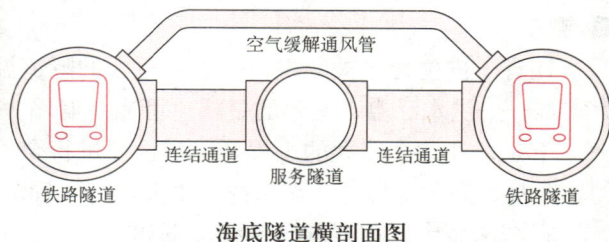
海底隧道横剖面图

■ 签约

建设英法海底隧道的设想由来已久，但是英国、法国曾经对立，又曾经友好。而英国一直想把英吉利海峡作为本国的天然屏障，一直拒绝建设海底隧道。

随着二战后战争威胁逐渐远去，两国巨大贸易额逐年攀升，经济利益的巨大诱惑使修建英法海底隧道被重新提上议事日程。

1986年2月12日，英国首相撒切尔夫人和法国总统密特朗在英国东南部的坎特伯雷大教堂参加了英法两国海底隧道条约的签字仪式，两国外长代表本国在条约上签字，从而正式确认了两国政府建造海底隧道工程的承诺。在签字仪式上，撒切尔夫人说，这项条约为英法两国的工业合作写下了新的篇章，并且对整个欧洲来说也是一个重要的事件。密特朗总统指出，这项条约是两国人民关系史上的一个重要里程碑。

■ 钻掘

1987年6月和12月，法国和英国先后开始在本国境内开始浩大的钻掘工程，两组人马都在4 000人以上，分别从各自的海岸开挖，比赛谁先挖到英吉利海峡约定的中央点。

英法海底隧道要挖掘三条隧道——两条铁路隧道，加上两隧道之间的服务隧道，加起来的总长是以前任何海底隧道的两倍还多。之所以不采用一条大跨度双线铁路共用隧道，是为了减小海底施工的风险和提高运行、维护的可靠性。铁路隧道的宽度相当于四车道的公路，还有两条铁路隧道间的245条横向联络通道，以供隧道内部发生火灾或意外时疏散和逃生至服务隧道。服务隧道的主要功能是在隧道全长范围内提供正常维护和紧急撤离的通道。在这些通道的上方，有排气孔供释放列车高速前进产生的高压。铁路隧道每隔几千米，两条铁路隧道靠拢，有铁轨连接，以便一条铁路隧道出现事故停营时，切换到另一条铁路隧道，以保障畅通。

工程开始之初，工人们都知道工程的艰巨性，也知道眼前重大责任的危险性。他们的头顶上，有100多米深的海水和岩层。他们的面前是1 700万吨的泥土和岩层。

这项工作除了要挑战工人的极限，更重要的是要善用现代科技。

隧道掘进机，这个海底庞然大物是英法海底隧道工程的先锋，长达200多米，每台重量高达1 100吨，与二战时期的驱逐舰重量相差无几，而宽度是坦克的两倍。英法双方总共动用了12台隧道掘进机，每天24小时夜以继日地挖掘。一周七天连续工作，全年不休息。最大的机器造价千万英镑，机器专门为英法海底隧道设计。当工程挖掘到海峡中点完工时，它们就是废铁一堆，要再运出来都困难。

英法两国隧道工人之间的竞赛输赢，全靠它的钻掘速度了。英国拥有最好的机器，一天能挖掘75米，挖出3万6千吨的岩层。法国的机器虽然速度慢25%，但也占有一项重要的优势，他们的旋转切割头有一层防水保护套。

隧道掘进机挖掘一个月，地底始终保持干燥，速度较快的英国方面开始超前进度了。

在每天挖掘的同时，既要运出挖掘的岩石和泥土，同时还要运进数百片混凝土拱垫，以支撑隧道顶部，保障挖掘的隧道不致崩塌。每一块混凝土拱垫都有一辆房车那么大，但重量却是房车的三倍。这可不是普通的混凝土，是用花岗岩特制的。比建造核反应堆所用防护圈垫更坚固。掘进机要不断地加上混凝土圈垫板持续地向前推进。

工人们很清楚隧道工程的工期非常紧。因为工程所需的13亿英镑预算都是由私人出资的，每天的挖掘费用上百万英镑，每拖延一小时，就要增加四万英镑的支出。

到1988年1月，英法隧道挖掘竞赛如火如荼地进行着，但英国方面仍然保持领先。地底下的竞争让工程赶上了进度。但工程进度只是一方面，两条隧道要精准地接合上才是成败的关键。一旦两条隧道偏离得太远，就要出大事，这让最大胆的工程师也望而生畏。如果两条隧道接不起来，就意味着最后关头要修正路径，由此造成的弯度不能过大。为保证高速列车的安全行驶，相接的两条隧道最大的偏离值不能超过2.5米。

■ 测量

还有一件生死攸关的事，那就是巨大的隧道掘进机不能偏离路线。若撞上淹满海水的岩层，结果将是一场大灾难——洪水泛滥，更糟的是隧道可能会崩塌。一定要引导掘进机，让其沿着精准的线路挖掘。

于是，在这个伟大的工程开工前，要进行全世界最长的也是最周密的海底测量。我们让时光倒回到开挖前的18个月，测量工程师艾瑞雷德克里夫接下了标示路径的工作。他当时就知道眼前的重要挑战。

在法国海岸，按照既定路线前进38千米，从飞机上看起来没有那么复杂，但是这段路程非常漫长。在海底标示这么长的确切路径，对测量工程师来说是一大难题，一般的量测规则在隧道里不适用。如果是在陆地上，标示这些就简单多了。

在地下，测量工程师只能看到岩层，他们看不到前方的路线标示。道路相对于隧道还有一个优势，因为道路在地面上是平坦的，只能往左右两个方向偏离正常路径。隧道在地下，是三度空间，不只是会向左或向右偏离路径，还会向上向下偏离。英法两边同时开挖的隧道，有四种接不起来的可能：偏上、偏下、偏左或偏右。这仿佛在38千米外打高尔夫要一杆进洞。

为让隧道不偏离方向而朝目标前进，测量工程师要用上一项秘密武器，那就是地质勘探。沿着地底，隧道要贯穿各种土壤层和岩层，硬度都不尽相同，地质学家要先找出与隧道垂直相交的地层，这片地层能提供路线，让英法两组隧道工人循着地层挖掘，但必须是适合挖掘的隧道岩层。

尚卢狄森是地球物理学家，奉命找出适合挖掘隧道的岩层。在法国这边的海岸，他展开了研究，一定要防水才能避免海水泛滥，要够紧实才不会挖到一半就崩塌。通过实验，找寻不渗水的岩层，使之成为隧道的隔水层，这一层后来被确定为泥灰质白垩岩。找到理想的岩层是一回事，但是要标示路线又是另一回事。地质学家在海底钻了连续的洞，放入探测装置，向地底深处释放声波，目的是测量声波在通过不同岩层和土壤层时前进速度的变化。听起来似乎非常明确，其实不然。

横越海峡需要挖掘12个钻孔，在全球最繁忙的航海路线上，显得困难重重。除了穿梭来往的船只，还有潮水和海浪，所以很难精准地勘探。

地质学家最终归纳出，泥灰质白垩岩层能够提供横越海峡的可行路线。但是只要施工的掘进机偏离防水岩层，就会撞上充满海水的岩床，后果将不堪设想。如果真出现那样的情况，隧道中会海水泛滥，甚至崩塌。

■ 渗水

1988年春天，即便从晚一些开挖的英方一侧的时间上算起，海底隧道已开挖了三个月了。越来越深入地底，隧道工人想避免因为方向错误挖到海水，进而避免海水泛滥，要依赖掘进机的激光导引系统。

掘进机的导引系统也看不到前方的路线，只是不断回头向起点瞄准，通过反向延长线来瞄准方向。将资料输入电脑后，复核掘进机的位置，再将资料回传给掘进机操作员，比对测量工程师的路线坐标，判断机器下一步的前进方向是往哪个方向偏移一

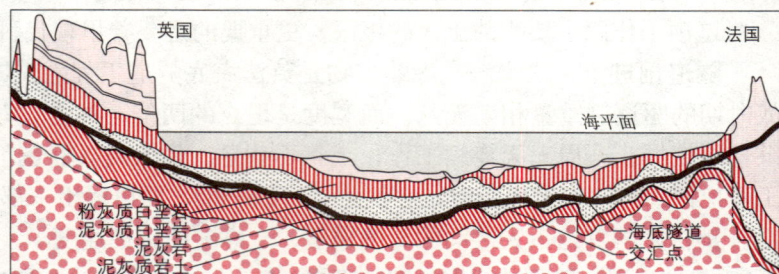

英法海底隧道地层剖面图

点点。

随着工期推进，工人离开海岸越来越远，深度也越来越深，工作环境也越来越差。工人们每天要搭小火车出入隧道，工作地点在深入地下22千米的地方，很难保持空气清新，巨型通风机将空气不断抽出，仍不能保证空气足够新鲜。即使如此，仍有更糟的事情发生了。

1988年3月，英国方面海底隧道的工人们遇到了最不想见到的情况——有水渗入。数千加仑的水灌入隧道，工程被迫中止，因为不知道情况会如何演变。

工程师高登·克莱顿迅速行动，他要找出漏水点。这些水是其他地方来的淡水，还是海峡渗漏下来的海水？他尝了一口，水是咸的。每分钟渗漏进300升海水。隧道顶部开始出现一道裂缝，水不断从裂缝中灌进来。工人们感到大难临头了。如果海水越来越大，足以冲毁隧道，造成隧道崩塌，必须设法堵住漏水点。

勘察了18个月才找到名为泥灰质白垩岩的特殊岩层，能防水。现在，挖掘隧道的岩层破裂，到处是断层与裂缝，克莱顿指挥工人以强化锻造板取代混凝土拱垫，漏水危机暂时得到缓解，隧道小组又开始挖掘了。

1989年1月，经过9个月的奋战，英国工人终于钻到了较干燥的地层，进度开始加快。英国和法国工人都在加紧赶进度和工期，一切又回到正常轨道。

1990年1月，开挖海底隧道已经两年了，按照计划，两段隧道将在18千米外合龙。英国方面的漏水和落石事件差点引发大灾难，工程进度落后了好几个星期，但现在，英国方面还是赶上进度了。

■ 合龙

英法两国工人各自挖掘的隧道在地底延伸，工人们都想着抢先抵达。但是工程师却忧心忡忡，3年来挖掘了37千米的隧道，两段隧道真的能在海峡中央准确接合吗？

英方工人首先抵达了他们预定的接合点，但法国所挖隧道就在附近吗？突然一股新鲜的空气飘了进来，是来自法国一侧的空气，他们打通了！英国工人葛瑞恩率先从英国跨入法国一侧的土地。英法两国的工人的手握到了一起，全场爆发出雷鸣般的掌声。

测量工程师的测量结果准确无误，两段隧道不只连接在一起，而且仅仅只偏离了35厘米，这是空前的创举。从测量工程师的观点来看，这是无与伦比的成就。

隧道挖掘小组陶醉在成就中，在这场挖掘比赛中，英国率先抵达，赢得了比赛的胜利。

现在，1 100多吨的掘进机成了废铁，双方协商好掘进机要永远埋在英吉利海峡底部下一百米深处。相处三年的掘进机即将与工人们告别，隧道小组的工人们无不动容。看着机器即将停在地底深处，工人们都有一种心痛的感觉。

在接下来的几个月中，另外四条主要隧道也陆续接通。1991年5月，英法海底隧道挖掘终于宣告完工。

■ 铺轨

在大家欢欣鼓舞的时候，另一群人却并不开心，他们是隧道工程的出资者。因为进度的延误导致预算从13亿英镑失控地增加到20多亿英镑。可是，英法海底隧道的国际运输网路才刚刚开始施工而已。

现在，隧道又换上了另一群工人，他们要在海峡两岸各建造一座大型的列车总站，并铺设共195千米长的铁路。为了排出高速列车产生的热气，还要装置巨型的冷却系统，相当于25万台电冰箱。他们还要制造新列车，专门运送人员、卡车、车辆，来往于隧道的两端。

随即，隧道投资人希望第二期工程能准时在预算内完工，但实际情况仍然让他们大失所望。两年后，预算空前地激增。列车总站、轨道、列车全都超出预算了。

■ 通车

1994年5月6日，在法国加来，英国女王伊丽莎白二世和法国总统密特朗亲自为英法海底隧道启用仪式剪彩。这个时间比原定计划时间推迟了一年。"欧洲之星"搭乘女王经由隧道抵达加来，与密特朗总统搭乘的来自巴黎的专列头对头停靠。仪式后密特朗总统和女王搭乘海底隧道列车抵达英国福克斯通，在那里又举行了另一场相似的仪式。

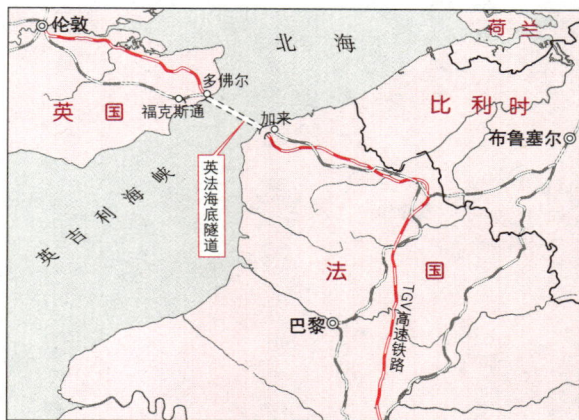

英法海底隧道示意图

在以前，英法间的车辆搭乘轮渡经过英吉利海峡，需要1小时25分。现在经由隧道跨越海峡的时间缩短为35分钟。

■ 失火

1996年11月18日，晚上9点48分，法国一侧距入口约5千米处，7539号货运列车进入隧道，列车上一辆卡车起火，冒出了浓烟和火焰。铁轨旁工人一看到火光就即刻报告，但是列车还是冲进去了好几千米。

9点51分，消防管制中心要求列车继续前进，以速度压制火势，只要再开15分钟就出隧道了。9点57分，危机出现了骇人的转折，警示显示有一节车厢快要脱节了。列车必须停止，否则就会出轨。

但列车一旦停止，火势就没办法控制。火势迅速烧毁列车的电力供应系统，隧道内有毒黑烟笼罩了列车，乘客开始呕吐，列车受困于隧道内19千米处，但几米外的养护隧道就是安全的避难所，乘客必须走出主要隧道，登上隧道壁上狭窄的联络通道。但是，浓烟四起，伸手不见五指，大家都看不见门在哪里。

10点20分，走错了通道的消防员才姗姗来迟，抵达火灾现场。这时乘客已在浓烟中盲目地走了7分钟，被呛得泪流不止又呼吸困难，最后终于走到了联络通道的门口。

10点24分，乘客终于找到了消防队员，至此，火灾已经发生了40分钟。好在没有人伤亡，算是不幸中的万幸。但这却暴露出地底灾难的危险性，有一些人差点就昏过去了。

灾难发生后，相关方面即刻进行了安全性评估，结果是改良了火灾感应器以及紧急灯光照明系统，也保证了消防队员未来能更迅速地前往灭火。隧道在两周内重新修复启用了。

■ 起色

从建设起超预算到惨淡经营，海底隧道公司在1999年终于有了起色：500多万辆汽车和卡车，往返于英法两岸，将近700万人搭乘海底隧道列车，往返于伦敦到巴黎、布鲁塞尔。

现在伦敦和巴黎更近了，通过新的高速铁路，全程仅2小时15分。英法隧道的开通填补了欧洲铁路网中短缺的一环，大大方便了欧洲各大城市之间的往来。英国、法国、比利时三国铁路部门联营的"欧洲之星"列车时速达到300千米/小时，平均旅行时间，在伦敦与巴黎之间为3个小时，在伦敦和布鲁塞尔之间为3小时10分。如果把从市区到机场的时间算在内，乘飞机还不如乘"欧洲之星"快。

法国总工程师罗伦勒布隆说："对我而言，英法海底隧道是美好的回忆，也更是千载难逢的经历。"

2014年6月，英法海底隧道通车满20周年。这条隧道全长50.5千米，其中37.9千米位于海底，至今仍是全球最长的海底隧道，通车以来载运的旅客超过3.3亿人次，是连结英国和欧洲大陆的重要交通管道。

瑞士财富故事

瑞士位于中欧西部，内陆国家，北接德国，西邻法国，南接意大利，东临奥地利和列支敦士登，面积4万多平方千米，人口700多万，与海南岛的人口相差无几。瑞士全境以高原和山地为主，阿尔卑斯山脉东西向横过瑞士，所以，瑞士有"欧洲屋脊"之称。

瑞士是全球最富裕、经济最发达和生活水准最高的国家之一，人均国民生产总值居世界前列。旅游资源丰富，有"世界公园"的美誉。伯尔尼是联邦政府所在地，而该国的两个著名全球性都市苏黎世和日内瓦分别被列为世界上生活品质最高城市的第一和第二名。

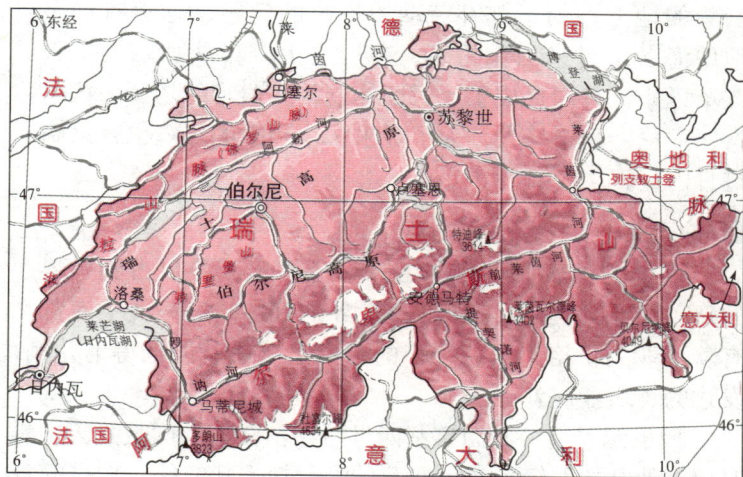

阿尔卑斯山区的内陆国瑞士

瑞士是永久中立国，自1815年后从未卷入过国际战争。但瑞士也参与国际事务，许多国际性组织的总部都设在瑞士。瑞士为许多跨国公司总部所在地。

世界许多经济论坛发布的全球竞争力报告显示瑞士为世界竞争力最强的国家。瑞士拥有发达的金融产业，服务业在瑞士经济中占有日益重要的地位。

■ 旅游业

在瑞士中部有一个城市卢塞恩，卢塞恩有一头受伤的狮子雕像，是1821年由丹麦雕塑家雕刻在天然岩石上的。这头长10米、高3米多的雄狮，痛苦地倒在地上，折断的长矛插在肩头，旁边有一个带有瑞士国徽的盾牌。这座雕像是为了纪念1792年8月10日，为保护巴黎杜乐丽宫中的路易十六家族的安全，全部战死的786名瑞士雇佣兵，雕像下方有文字描述了此事件的经过。

当年，瑞士是一个贫穷落后的国家，地无三尺平，人无三分银。男子迫于生计，纷纷到欧洲各国当雇佣兵。瑞士雇佣兵忠于雇主，英勇善战。

法国大革命时期，潮水般的民众冲进凡尔赛宫，这些雇佣兵为了维护皇权，英勇抵抗，付出了惨重的代价。传说一名雇佣兵，因为回到家乡卢塞恩休养而幸免于难，为了纪念牺牲的同乡战友，这位雇佣兵的父亲捐献了自家的采石场，请雕刻家在山岩上雕刻了一只负伤的狮子，狮子拿着盾牌和长矛，惨淡的面容，绝望的眼神，不但凝聚了所有的悲伤，同时也诠释了瑞士士兵忠诚的品格。

这群瑞士战士的保皇党，是逆历史潮流和人民意志而动的外国人，但是他们在家乡仍然是英雄。现在在罗马城中之国梵蒂冈，罗马教皇的私人卫队，仍然使用的是瑞士的雇佣兵。由于这些瑞士雇佣兵的忠勇，教廷的这支瑞士近卫军一直服务到现在。

瑞士卢塞恩雕塑"哭泣的狮子"

美国作家马克·吐温来到卢塞恩，将"濒死哭泣狮子"誉为"世界上最悲壮和最感人的雕像"。

瑞士地域狭小，内陆多山，自然资源贫乏。如果真要称得上资源的话，那就是旅游资源在国民的呵护下非常丰富。

瑞士国土70%为山地，房屋道路都是依山而建。雄伟的阿尔卑斯山脉东西向贯穿瑞士全境，四季冰川白雪，顺着山势形成天然的雪道，瑞士因此成为世界知名的滑雪胜地，每年吸引众多游客来此滑雪旅游。

旅游名城日内瓦是瑞士第二大城市，位于阿尔卑斯山北的由冰川形成的冰蚀湖日内瓦湖岸边，吸引了世界各地游客，其湖光山色令人流连忘返。

日内瓦同时又是一个国际性城市，有人戏称"日内瓦不属于瑞士"，主要原因是这里集中了像联合国日内瓦办事处、国际红十字会等国际机构。这里是世界各国游客云集的地方；为了弥补劳动力不足的问题，这里有许多地中海各国过来工作的人。在历史上，自从加尔文宗教改革以来，日内瓦成了反对旧体制的人避难的场所。伏尔泰、拜伦、列宁等人，为了寻求一个和平的环境也曾来到过日内瓦。

阿尔卑斯山麓日内瓦湖畔

■ **钟表业**

瑞士的钟表业世界闻名。瑞士手表产量只占到世界的5%，但其销售收入却占到世界的70%，每一块手表都有着不菲的价格，一块小小的劳力士手表就能抵得上几辆福特汽车。为什么一个内陆山区小国，会出现如此发达的钟表业呢？

17世纪以前，法国亨利四世时期，法国的国教是天主教，但法国王室一直容忍新教的存在。到了路易十四时期，他开始取缔新教，并开始大肆搜捕新教徒。瑞士的日内瓦离法国、意大利很近，于是大量的新教徒从法国、意大利逃到日内瓦，这为瑞士日后成为一个多民族国家奠定了基础。

而在这些宗教难民中，有许多是腰缠万贯的银行家和精通业务的技术人才。他们带来了钟表制作技术，逐渐在瑞士西南部形成了一条南起日内瓦，北达巴塞尔的瑞士钟表制造带。据说当时在日内瓦这个城市，从事钟表制造业的人数达到6 000多人，占当时日内瓦城市人口的1/4。

游客身处在风景优美、空气清新的瑞士，看到资源贫乏的瑞士，再看着钟表店的工匠在宁静祥和的环境下默默工作，你自然就会理解，瑞士非常希望生产一种使用材料少、体积非常小、重量非常轻、高附加值的产品，而这个产品就是瑞士手表。

曾经有一块瑞士手表，在香港进行拍卖，价格达到了760万元人民币，这还是很多年前的事情，相信现在那块表的价格，一路飙升，肯定更贵了。

为什么这块表会这么贵呢？原因很简单，这是一块由顶级的世界钟表技师带领他的徒弟用了9年的时间打造的，而且只做了这一块。

正是这些视表如命的钟表匠，才使瑞士400年来，始终占据着世界钟表业龙头老大的地位，是他们把瑞士的钟表业一次次推向极致。对于这些雕刻时光的人来说，坚持是一件最不容易的事情。

有人说，制表业是世界上最寂寞的行业。究竟是什么原因让这些制表大师，愿意花几年的时光，耐心雕琢一件件完美却又精准的艺术品呢？我们有幸问到一位制表大师，制表大师非常真诚地对我们说："你们看到我们的工作非常枯燥，实际上，我们不觉得，我们非常喜欢这份工作，觉得这份工作非常的有趣。吸引我们在这里工作还有一个重要的原因，那就是我们的企业给我们提供了宽松的工作环境。"

如果稍微作一些了解，会发觉瑞士钟表业到现在都一直是这样一种理念，就是一定要保护好员工的这种工作心情，或者叫工作状态。

身处瑞士，你会发现，无论是大大的挂钟还是小小的标志都在提醒你，这里是时间的心脏。

瑞士钟表世界一流，表店的服务也是一流，几乎每家表店都设有一对一的专人服务。无论顾客是否买表，只要走进表店，店员都会仔细地介绍各种手表，尤其是近几年，针对中国顾客很多表店还有了中文普通话服务。

伯尔尼街道上钟表随处可见

■ **金融业**

在17世纪，移民瑞士的除了技术工人外，还有很多腰缠万贯的银行家。

古朴的瑞士联合银行集团大楼

很多年前，有一个富有的美国人，想把钱存在瑞士银行，有一天他带着两个装满现金的大袋子来到瑞士银行的柜台前，往那儿一坐，左顾右盼，非常地小心，而且还不免有点惊慌。

柜台的服务人员就上前问："先生，你要存多少钱？"

他左顾右盼，随后小声地告诉服务人员："五百万美元。"

服务人员说："先生，不要不好意思。虽然你只存五百万美元。但存多存少，你都是我们的顾客。"

当然，这是一个在瑞士流传的笑话。在富有的瑞士银行，你存五百万美元，还真不算多，因为，全世界大约有四分之一的个人财产存到了这里。为什么这里会吸引这么多人到这里来存钱呢？

第一次世界大战，欧洲战成一片，乌烟瘴气，有钱人，以及替有钱人管理财富的人们，纷纷来到瑞士，他们把财富纷纷转移到瑞士，可以说在这个阶段，瑞士的银行业上了一个台阶。

第二次世界大战期间，纳粹大肆迫害犹太人，在德国和欧洲其他国家，难以生存的犹太人，纷纷秘密向国外转移资金。由于瑞士中立国的特殊身份，因此大多数犹太人都将钱存入了瑞士银行。希特勒政府为了防止资金外流，规定凡在国外存有资金的人，都必须向政府申报，否则将处以死刑。为了保护犹太人储户免遭希特勒的迫害，瑞士在1934年制定了西方第一部银行法——《银行保密法》，实行秘密号码制度，以代替真实姓名。

但在二战中，许多犹太人很快被纳粹抓进了集中营，其中绝大多数被杀害，他们留在瑞士银行中的钱财，因其后代没有银行帐号和相关文件而无法领取，成为无人认领或者说无法认领的呆帐。这就是所谓的犹太人财产问题。

近些年，二战的一些幸存者以及他们的后人，纷纷起诉瑞士银行，要求他们把钱还给犹太人。

瑞士银行还真讲信用。1998年，瑞士最大的两家银行——瑞士联合银行集团和瑞士信贷集团与国际犹太人组织达成协议，由瑞士众银行出资12.5亿美元建立一个基金，用于赔付早已死去的犹太人存款账户户主的亲属和后裔。

瑞士银行一直是令全球信赖的银行，各国政要、商界巨子和演艺明星都为把存款放在瑞士而感到放心，这也造就了瑞士闻名世界的金融业。

瑞士拥有全世界最古老最完善的金融系统，除储蓄功能外，瑞士银行还负责资产管理、借贷、投资、保险、再保险等业务，据悉，全世界三分之一的私人资本存在瑞士银行中，可以说瑞士银行在为全球管钱。

自瑞士银行实行保密法以后，银行业严格地遵守，多次向前来调查的欧盟和美国政府调查官员说不。

由于严谨的保密制度，瑞士不但是全球离岸金融中心，还是外国人的"避税天堂"。菲律宾前总统费迪南德·马科斯1965年底就任，在20余年的当政期间获取了巨额非法财富。1986年被追查到在瑞士一些银行有6亿美元存款，直到2003年菲最高法院才作出最终判决，裁定归政府所有。不仅马科斯，伊朗的巴拉维、巴拿马的诺伊利卡、罗马尼亚的齐奥塞斯库，甚至恐怖嫌疑分子都是瑞士银行的常客。

2014年，瑞士在经合组织年度部长会议上签署了《税务事项信息自动交换宣言》，承诺执行信息自动交换全球新标准。这意味着瑞士在有近百年历史的银行保密传统方面作出了妥协，承诺在该标准下提交与税务相关的外国客户帐户信息。

也许不久的将来，存在瑞士银行的钱就不能偷逃所得税了，存在瑞士的不正当资金也要被查验了。

但据瑞士银行家协会公共关系经理沃纳表示，目前有40多个国家签署的这个宣言只是一个政治承诺，如果要最终成为具有强制力的措施，则需要通过国际法再到国内法的一步步推进，最早也要到2017年才能生效。

钱存得多，并不代表瑞士人的钱就多。瑞士人只是管理者，只收取相应的服务费用，他们无法乱花储户的钱。大多数瑞士人的生活都非常节约简朴。

在瑞士，还流传着一个银行业巨头简朴的故事。一个银行业巨头住在瑞士，他开的车，据说就是一辆半新旧的沃尔沃汽车。更奇特的是，他每次加油都不会加满，而只加半箱。理由是为了减少自重，说这样又环保又省油。而且听说他到超市买菜从来不去赶早市，因为早市的菜贵，他都是选择在下午去。

苏黎世是瑞士最大城市，也是全欧洲最富裕的城市，还是瑞士主要的商业和文化中心。苏黎世是瑞士银行业的代表城市，世界金融中心之一。瑞士联合银行、瑞士信贷银行和许多私人银行都将总部设在此地。

所以，拥有财富，既要开源，也要节流。瑞士从中世纪的内陆山区穷国，变成现在世界上最富有的国家之一，是以高质量的服务和工艺不断吸引储户和游客，在世界上靠口口相传而赢得口碑的。

世界金融之都瑞士苏黎世

>> 资料卡

世界十大名表

世界十大名表指世界十大顶级钟表品牌：百达翡丽(PatekPhilippe)、爱彼(AudemarsPiguet)、江诗丹顿(VacheronConstantin)、伯爵(Piaget)、积家(JaegerLeCoultre)、宝珀(BLANCPAIN)、宝玑(Breguet)、芝柏(Girard-Perregaux)、卡地亚(Cartier)、劳力士(Rolex)。排名不分先后。

百达翡丽：创立于1893年，是瑞士现存唯一一家完全由家族独立经营的钟表制造商。爱彼：创立于1875年。1972年，爱彼推出了全精钢材质的高端运动表系列"皇家橡树"，成为表业经典。爱彼公司在瑞士设有钟表学校。

江诗丹顿：始创于1755年，已有250多年的历史，是世界上历史最悠久、延续时间最长的名表之一。江诗丹顿被誉为贵族中的艺术品，一直在瑞士制表业中担当关键角色。隶属瑞士历峰集团。

伯爵：1956年伯爵表推出超薄机芯。1960年代以来，伯爵一面致力于复杂机芯的研究，一面发展顶级珠宝首饰的设计。目前隶属瑞士历峰集团。

积家：1833年，积家在瑞士成立工作坊。1844年，发明了测量精度达到1/1 000毫米的微米仪，使钟表零件加工精度大大提高。目前隶属瑞士历峰集团。

宝珀：宝珀是现存历史最久的、最古老的腕表品牌。宝珀没有流水作业式的工厂，制造过程全部在古旧的农舍内进行，由个别制表师亲手精工镶嵌。

芝柏：1791年在瑞士成立，是世界上第二古老的真正制表厂。1999年，芝柏成立芝柏博物馆，收藏及展示各类古董表，体现钟表制造的工艺和技术历程。

卡地亚：拥有150多年的历史，是法国珠宝金银首饰的制造名家。卡地亚手表一直是上流社会的宠物，历久不衰。隶属瑞士历峰集团。

劳力士：瑞士著名的手表制造商，设计本着庄重、实用、不显浮华的风格，受到大批人喜爱。

卢森堡人人都是语言学家

卢森堡位于欧洲西北部，被邻国法国、德国和比利时包围，是一个位于欧洲的内陆国家，也是现今欧洲大陆仅存的大公国，首都卢森堡市。

卢森堡是欧盟成员国。由于其地形丰富，在历史上又是德国、法国交通要道，地势险要，一直是西欧重要的军事要塞。

卢森堡位置图

卢森堡风光

卢森堡被称为最有语言天赋的国家，每个卢森堡成年人都至少会说3种语言，大多数卢森堡人还会第四门、甚至第五种语言。首都卢森堡市更被誉为"人人都是语言学家的城市"。

当婴儿咿呀学语时，妈妈首先教会他说本国的卢森堡方言，这是卢森堡人日常交谈用的口语。孩子进入幼儿园后开始学德法两种官方语言，其中德语更为重要些，因为德语是教堂宣教的语言，不懂德语就不能跟着神父念圣经、唱圣诗。小学课堂上同时用德法两种语言授课。进入中学则要修第三门外语，如英语、拉丁语等。

在卢森堡，经常能看到这样的景象，父亲在读德文报纸，儿子在念法文书，女儿在唱英文歌，母亲则用卢森堡语在一旁唠叨。卢森堡人发生争吵时更是有趣，他们一会儿用法语辩论，一会儿又用德语据理力争，再过一会儿却用卢森堡语言归于好了。

由于历史和地理上的原因，卢森堡人长期以来用一种"三套车"式的语言体制———德语、法语和卢森堡语交替混用。

卢森堡人为什么会掌握这么多语言呢？一方面是因为它处于"欧洲十字路口"，各民族来来往往，语言互相影响。但这类"十字路口国家"并不只有卢森堡一个，它的邻居比利时有3种语言，离着不太远的瑞士有4种语言，可这些国家的居民绝大多数也只是精通一种官方语言，能像卢森堡人熟练掌握三四种语言的并不多见。

其他"十字路口国家"的多语言现象都是由于不同民族杂居而形成的，而卢森堡却不然，传统上这个国家的主体民族只有一个———卢森堡族，这个民族血缘上与法国相近，但历史上却长期是德语系的"神圣罗马帝国"一部分，而欧洲宫廷上层又普遍有用法语交流的传统习惯，这就使得德法两种语言都成为书面语言，而长期未曾书面化的卢森堡语，则作为口语长期沿用。

由于卢森堡人都是同一个民族，而德语和法语分别被定位为"一般书面语"和"高级书面语"，所以幅员狭小的卢森堡同时将三种语言普及到全民，任何一个卢森堡人都不得不同时掌握这3种语言，因为一般出版物和书信都用德语，而学术刊物、政府公告、法院文书则用法语，平时交流，大家又都用卢森堡语。如果打官司，审理期间法庭辩论用的是卢森堡语，呈文用德语，最后的判决书则一定是法语。需要是第一位的，当社会需要逼着卢森堡人不得不努力学好三门"非外语"，他们想不成为语言学家都难。

很多外国人都非常羡慕卢森堡人高超的语言水平，但卢森堡人却不以为然，他们埋怨自己生在卢森堡，为了谋职和生存，将大半精力都消耗在三四种语言的学习上，满脑子的单词，大大干扰了文学创作的灵感。在卢森堡，金融家、企业家倒是出了一些，但大文豪从来没有出现过。而且由于语言复杂，不少卢森堡的孩子在学语言时因为思维混乱，两三岁时说话都不利索。

　　除了这三门常用语言，掌握第四、第五门语言的卢森堡人也不算少数。卢森堡的外国侨民特别多，占全国人口的三成以上，久而久之，外国侨民的语言也就变得不陌生了。另外卢森堡国家实在太小了，学生读完高中要想读大学一般都会选择出国。名校云集的英国、意大利、瑞典等都是卢森堡人心目中理想的留学目的国。而且，多掌握一门外语，对于学生而言等于多了一个选择的空间。在2003年以前，卢森堡还没有一所大学。

　　自从2003年以后卢森堡有了一所独立的大学，包括医学领域、自然科学、科技、法律、经济、社会学和教育学，学生在这个大学里接受教育。然而卢森堡并不具备完整的学年，在外国修业更多学期的课程是必要的。对此，比利时、法国和德国的大学扮演了一个重要的角色。卢森堡的学生目前大部分仍然是在外国获得学术文凭，其在外国就读的学生超过6 000人。大约19.6%的学生在德国大学注册（特别是在科技的专门领域或自然科学领域），而22.6%的学生是在比利时和法国的大学就读。

　　卢森堡曾是工业国家，现在则是全球有名的金融中心之一，它也是欧元区内最重要的私人银行中心及全球第二大（仅次于美国）投资信托中心。

　　卢森堡是欧盟成员国之一，作为欧盟中人均收入和生活水平最高的国家，人均国民生产总值位居世界前列。经济高度发达，金融、广播电视、钢铁是其三大经济支柱产业。因国土小、古堡多，又有"袖珍王国""千堡之国"的称呼。美丽的玫瑰花随处可见，大面积的森林覆盖全国，各式各样的城堡藏于其中。卢森堡失业率低，人民生活水平高，卢森堡市是世界最安全和生活水平最高的城市之一。

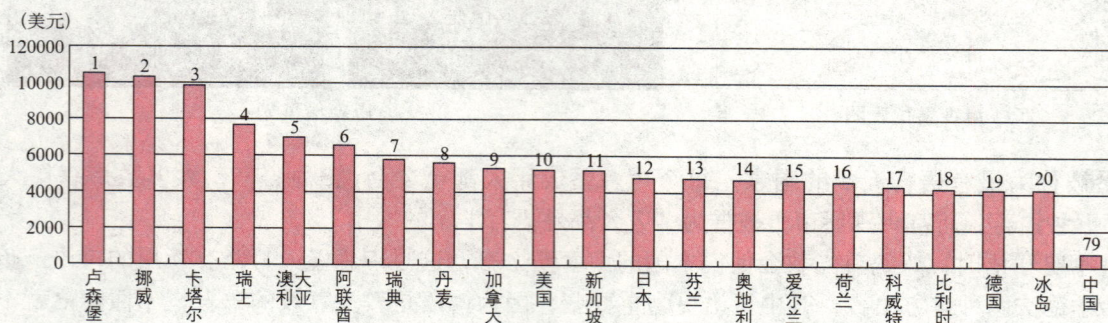

2013年世界部分国家人均国内生产总值排名（人均GDP）

>> 知识窗

荷兰围海造陆和退陆还海

　　围海造陆最著名的国家是荷兰。荷兰自13世纪起就开始大规模围海填海，如今荷兰国土的四分之一是人工围（填）海造出来的。荷兰的丘陵差不多都被挖去填海了，弗莱福兰省几乎是从海里创造出来的。故有"上帝造海，荷兰人造陆"之称。

　　不过，随着时间的推移，围海造地的恶果也开始显现：湿地丧失、海水污染、生物减少。而且，海水会通过海底渗透到低地内，要维持低地的存在，必须使用大量的动力，每天不间断地把堤内的水抽向大西洋。加之荷兰年平均降水量600～800毫米，这些雨水也不能直接流入海洋，会积攒到低地里。如果不及时抽水，低地很快将被水淹没。为此，荷兰农业部在1990年专门制定了《自然政策计划》，计划用30年的时间将部分围（填）海换来的土地重新还给大海，恢复大自然原貌。

俄罗斯鼓励生育措施不断

当今世界，人口过快增长，导致人口增长对环境、资源的压力不断增加，不少国家正在制订和实行越来越严格的控制人口增长政策。而俄罗斯却始终在大力鼓励生育，想办法提高人口出生率。这是为什么呢？

从沙俄到苏联，从苏联到俄罗斯，在这片辽阔的国土上，人口密度一直不高。以目前的俄罗斯为例，其面积1 710万平方千米，共有人口1.41亿，平均每平方千米约为8人。以自然条件最好的东欧平原为例，500万平方千米占俄罗斯面积的1/4，居住了俄罗斯人口的3/4，人口密度为每平方千米20人，是俄罗斯人口密度最高的地区。20人这个数字拿到中国来，低于中国的内蒙古自治区的人口密度。而中国的内蒙古东部以草原为主，西部以沙漠为主，而东欧平原是欧洲最大的平原，是俄罗斯最富庶的地区。

人口密度/(人·千米²)
■ 50以上　■ 25~50　■ 1~25　□ 1以下

俄罗斯人口分布

所以，从沙俄到苏俄，历届政府，不管是独裁政府还是民主政府，不管是皇帝还是民选政府首脑，在人口问题上，一直都是采取鼓励、鼓励、再鼓励的生育政策。在俄罗斯，就连教堂都在进行着鼓励生育的宣传，有神甫在布道时声称："我们信奉上帝的人，要多多生儿育女，这是上帝赋予我们的责任……"，而教堂神职人员也不断向人们派发免费刊物《接纳生命》。

斯大林时期还曾出台过结婚不生子需交税的规定，即你不想养育孩子，那就出点钱让其他家庭养育孩子，让你生与不生都要负担一定的责任。

2002年，俄罗斯推行生育换房的计划，只要为政府多生育孩子，就能得到住房。安排计划2002年初实施，全部预算为政府预算的1%。优惠政策已取得部分实效。迄今，艾托宾斯克政府已购置了10套新房来鼓励5年生3个孩子的家庭。5年生3个孩子是换房计划的硬指标，如果签约夫妇只生了两个孩子，他们将返还一半房款，如只生一个孩子，他们必须返还2/3房款。

据报道，2006年，俄罗斯共有4100万个家庭，其中34%的家庭只有1个孩子，有两个孩子的家庭约占15%，只有3%的家庭有3个或3个以上的孩子，而没有孩子的家庭，竟达到了近50%。所以，有人说，俄罗斯人真是守得住寂寞啊。

2006年10月初，俄罗斯车臣共和国总理卡德罗夫又一次鼓吹可以通过一夫多妻制来提高车臣的人口数量。而在1月，这位总理才刚刚说了"只要能养得起，每个车臣男子都可以拥有4个妻子。"这位总理还进一步说明了原因，他表示，长年的战争导致车臣人口锐减，不少男性在战场上丧生，导致成千上万的女性年纪轻轻就开始在家守寡，如果推行一夫多妻制，车臣的人口问题将大大得到改善。

从2007年1月1日起，俄罗斯孕妇只要生下第二胎便可获得5000英镑的奖励。这对每月平均工资仅为150英镑的俄罗斯百姓而言，的确是一个不小的诱惑。但是，这项政策在2006年造成了不少副作用。许多在2006年怀孕的孕妇因为赶不上生效日期，感觉生孩子吃亏了，于是许多孕妇选择堕胎，导致这一年的人口出生率反而下降了。

2007年年初，俄罗斯乌里扬诺夫斯克州州长承诺，对于那些已经是孩子母亲的女性，如果在6月12日国庆日当天生产另一胎，将获得当地一家工厂提供的价值43万卢布的汽车一辆。

为了促进人口生育，当局甚至组织一些有特色的活动。2007年9月16日，莫斯科市中心广场举办了一场大型的"莫斯科——亲吻的城市"活动。此次活动共吸引1.8万人参与，他们是由网络召集起来的"快闪族"。参加活动的单身者，如果两情相悦，就可以接吻。举办单位还为此次活动提出了行动准则，就是"眼光要准，动作要快"。主办单位在现场准备了很多制造气氛的红心气球，但不提供安全套，目的是希望参加活动的人能够更快地怀上孩子。莫斯科市政厅发言人对记者表示，莫斯科是反对同性恋的城市，对于男女交谊活动的态度则是多多益善，他们希望青年男女都能恋爱、结婚、生子。

2007年10月20日，俄罗斯总统普京将11位普通妇女请到克里姆林宫，授予她们"祖国服务"勋章，以表彰她们"养育儿女，继承发扬家庭传统"。这次普京将"祖国服务"勋章授给"英雄母亲"，是为了再次向全体俄罗斯人表明俄罗斯人口问题的严重性。

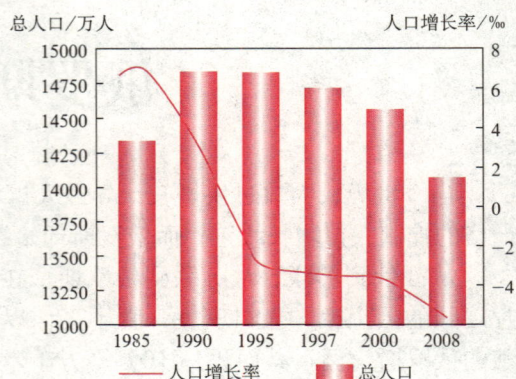

俄罗斯人口变化状况
（俄罗斯人口正在逐年减少）

2013年，俄罗斯总理梅德韦杰夫说，母亲基金项目实施6年来，俄出生率大幅上升，约三分之一家庭决定生育第二个或更多孩子，仅在2013年就有约十分之一的俄罗斯家庭成为有两个以上子女的多子女家庭。他指出，约97%的家庭把母亲基金提供的补助用于改善居住条件，其中包括还住房贷款，小部分家庭用于子女教育或母亲的退休储蓄。在多项促进人口增长措施推动下，俄人口总数自2010年起出现连续增长。

俄罗斯鼓励生育的政策并不是随意而为，而是有长期的计划安排，国家计划多重措施，支持人口发展。

1．降低死亡率。

在俄罗斯，每年有上百万人死于疾病，平均每天有100人死于车祸，每年有大约4万人死于酒精中毒。发展医学技术，预防交通事故，引导人们健康的生活是降低死亡率的有效措施。

2．吸纳外来移民。在选择移民的标准上，普京坚持首先考虑吸纳境外的俄罗斯人，其次是吸纳"有专业技能的""受过良好教育和守法的"其他民族人口。

3．提高出生率。普京认为，解决人口问题的根本出路在于提高出生率，主张用经济补偿的方式来引导和鼓励青年人多生多育。经济补偿的具体内容包括提高对新生儿家庭的补贴，发放儿童学前教育补贴，对孕妇、产妇进行补贴，鼓励并资助收养孤儿，设立"母亲资本"等。

俄罗斯历届政府鼓励生育的措施，也起到了不少实实在在的效果。

按照2001年吉尼斯世界纪录的记载，有官方统计数字的世界上生孩子最多的女人，是18世纪的俄罗斯女农民瓦西里耶夫娜。在1725年至1765年40年期间，她一共生儿育女27次，计69人。这其中包括16次双胞胎、7次3胞胎和4次4胞胎，69个子女中有67个子女生存下来。

苏联首位"英雄母亲"荣誉授予了阿列克萨希娜，她当时养育了12孩子，其中10个是儿子，有8个被送上卫国战争前线，其中4人为国捐躯。后来，苏联为奖励多生孩子的女性，授予"英雄母亲"称号的标准是生育10个以上的孩子。

一个妇女要生育10个以上的孩子，的确就像一部生孩子的机器，这个标准的确太高，不容易达到。俄罗斯后来为鼓励生育，将"光荣母亲勋章"的标准降到了生育7个孩子。言下之意，虽然还够不上称"英雄母亲"，但也算得上"光荣母亲"了。

汽车的前世今生

1886年1月29日，德国曼海姆专利局批准卡尔·本茨为其在1885年研制成功的三轮汽车申请的专利，这一天被称为现代汽车诞生日。

本茨先生从小对机械有浓厚的兴趣，经过多年的努力，终于研制成单缸汽油发动机，并把他装在一个三轮车上。为了给自己的汽车做宣传，本茨先生让妻子亲自驾车前往180千米外的母亲家，引起了很多人的关注。而这位太太，也成为汽车旅行的第一人。

几乎是在同时，德国人哥德利普·戴姆勒制成世界上第一辆四轮汽车。更为先进的是，他在汽车上装上了四缸发动机，而且，他还发明并安装了化油器和散热器。

如今，在德国斯图加特的博物馆中，可以看到这两辆车摆放在相邻的位置。这也正好符合了本茨先生和戴姆勒先生发明汽车时间相近、生活的地点相近。但是，"同行是冤家"，本茨和戴姆勒两位造汽车的工程师，各自创办了自己的汽车公司，创立了各自的品牌——奔驰和戴姆勒。但他们两人你看不起我，我看不起你，一副老死不相往来的架势。在最初的四十年，两大汽车制造公司，更是水火不相容。

■ 奔驰

1926年，面对全球性的经济危机，两个冤家决定联姻——合并，名称叫戴姆勒-奔驰公司，并创立了三星标志。设计者为戴姆勒，寓意能够在海陆空三方面都可以驰骋。

戴姆勒-奔驰汽车问世以后，受到了很大的关注。但是，看热闹的人多，真正下手买汽车的人少。因为那时的汽车都靠纯手工打造，产量低，价格贵，很少有人买得起。戴姆勒-奔驰汽车厂可以说是有价无市，举步维艰。

德国梅赛德斯-奔驰汽车标志

突然，有一天，来了一位非常喜欢戴姆勒汽车的经销商，一下子在戴姆勒-奔驰公司订购了36辆——这可是一张天大的订单。不过，别高兴得太早，经销商提出了自己的要求，第一，他需要拿到戴姆勒-奔驰汽车在欧洲的独家经销权；第二，必须以自己的女儿梅赛德斯来命名。

没办法，优秀的工程师戴姆勒和本茨还是在金钱面前低下了头，戴姆勒-奔驰公司更名为梅赛德斯-奔驰。即便如此，梅赛德斯-奔驰公司打造的这种在当时看来属于一种非常高端的奢侈消费品，普通人想都不敢想，汽车的销量惨不忍睹。

第一次世界大战期间，德国的所有汽车生产商被政府收购，生产与战争有关的产品。一战结束后，百废待兴，汽车更不可能走入寻常百姓家。

■ 福特

真正让汽车走入普通百姓人家的是美国的福特先生。第一次世界大战后，欧洲百废待兴，美国虽很晚参战，却成了战胜国，并且它远离战场，一战大大促进了美国工业的发展。

美国福特汽车标志

美国的底特律，现在是世界最大的汽车城。早期的底特律铁矿、铜矿资源丰富，钢铁工业发展很快，钢铁工业为机械制造业提供了丰富的原材料。1902年，一群年轻人在底特律创立了自己的汽车厂。为了纪念底特律的发现者，这个汽车厂取名叫凯迪拉克。美国的制造业从此开始。真正让底特律成为汽车城的不是最早的凯迪拉克，而是后来居上的福特以及他制造的T型车。

福特制造汽车，着力点放在让老百姓消费得起的汽车。当时的汽车全靠手工打造，耗时耗力，价格昂贵，怎么才能把汽车的价格降下来？福特提出了生产汽车的两个新理念：标准化和流水线。

标准化生产，就是汽车的每个零部件按照严格的标准，方便大规模的生产。第二是流水线生产。福特创造了当时最大的汽车厂，建设了最长的流水线，每天都有成千上万吨铁矿、煤炭、砂子和橡胶从流水线的一头运进去，在另一头每天有一千多辆T型车运出来。

标准化、流水线大大地提高了生产效率，福特的这一创造，其他领域也争相仿效。在这一年，福特汽车公司生产出了30万辆汽车，相当于美国其他汽车厂生产汽车的总和，从此汽车迎来了规模化生产，汽车的单价也从原来的900美元降到了290美元。

290美元是个什么概念呢？就是一般老百姓都买得起了。当时美国普通工人的月工资为150美元，两个月的工资就能买一辆汽车。

■ 保时捷

费迪南德·保时捷先生也想让德国人拥有普通老百姓买得起的汽车。在这之前，保时捷先生是奔驰公司的设计师。

1933年1月，阿道夫·希特勒当选德国总理。他改变了整个世界历史，也改变了汽车的历史，在所有独裁者中，希特勒是个真正的汽车迷，他提出兴建连接全国的高速公路，并让汽车在普通百姓中普及，虽然希特勒自己并不会开车。

希特勒上台刚刚11天，就亲自主持了柏林汽车展的开幕仪式。不久，希特勒招集内阁和顾问们开会，专门讨论轿车普及问题。在谈到制造"国民轿车"的时候，顾问们一致推荐保时捷承担这项任务。

保时捷对以往的汽车进行了革命性的改进，确定了今天的汽车模样。在政府的支持下，保时捷在沃尔夫斯堡建立了大众汽车厂，设计生产了"甲壳虫"这样百姓买得起的汽车。直到今天，"甲壳虫"仍然是销量最多的一种车型。

德国保时捷汽车标志

保时捷先生一直对跑车非常感兴趣。

早在一战前的1909年，德国和奥地利举办了第一届"亨利王子杯"汽车赛。车赛从柏林出发，最后到达慕尼黑。保时捷驾驶自己设计的赛车参赛，获得银牌。当晚的颁奖宴会上，保时捷没有参加，他躲在酒店房间里开始设计下一年的赛车，发誓要夺得下一届的冠军。

1910年，他带领三辆自己设计的赛车参战，在175辆"高手"之中，一举拿下前三名，震惊了世界。第一名的车速比其他公司最快的赛车足足快出16千米/小时。

"二战"结束后，保时捷和儿子作为战犯被拘捕，未经审判被关押了20个月。这段时间，父子二人一直在设计新的跑车。出狱后，推出了一款名为"保时捷356"的跑车，这是第一辆以保时捷命名的跑车。之后近20年，保时捷一共生产了78 000辆"356型"跑车。直到1951年保时捷中风去世，享年77岁。

■ 丰田

在日本丰田汽车博物馆里，摆放着日本历史上第一辆汽车。这辆汽车是丰田喜一郎先生1928年制作的。丰田喜一郎先生因此成为日本汽车的先驱。

而在这之前，欧洲、美国的汽车制造业已经相当发达了，已经垄断了全球汽车生产市场。可以说，日本汽车登上世界舞台已经相当晚了。

1929年底，为了将日本纺织机专利卖给当时势力强大的英国普拉特公司，丰田喜一郎受父亲派遣前往英国签订契约。在国外，他除了完成父亲嘱托的任务以外，还花费了四个月的时间体验了英国的汽车交通，走访了英、美尤其是美国的汽车生产企业，彻底弄清了欧美国家的汽车生产状况。这次国外之旅给丰田先生极大的震撼。

日本丰田汽车标志

丰田一方面感叹欧美大规模流水线生产，另一方面，丰田觉得汽车生产不够精细。回国后，丰田先生就有了这样一种想法，创建丰田汽车公司。在汽车生产的每一个环节上，严格把控，后来，美国人把丰田的生产方式称为精益生产方式。

回国后，丰田先生立下了以汽车工业为国效力的宏愿。

不久丰田喜一郎先生的父亲去世。临终前，父亲将儿子叫到眼前，给他留下了作为父亲的最后一句话："我搞织布机，你搞汽车，你要和我一样，通过发明创造为国效力。"他还亲手将转让专利所获得的100万日元专利费交给儿子，作为汽车研究启动经费。

当时，美国平均每四人拥有一辆汽车。丰田喜一郎作了这样的构想：如果国内每10人拥有一辆汽车的话，1亿日本人需要1 000万辆；按汽车的平均使用寿命10年计算，每年需要新车100万辆；这是一个十分令人神往的巨大市场。

当然，丰田喜一郎所没有想到的是，今天的日本已达到每3人拥有一辆汽车的水平，而且还有大量的汽车出口到世界各国，其汽车总产量多年以前就已超过美国，成为世界头号汽车生产王国。

从此，日本汽车工业受到了全世界的关注。

■ 三足鼎立

自从日本汽车姗姗登上世界汽车工业舞台后，欧系车、美系车和日系车三足鼎立局面正式形成。

欧系车是汽车品牌最多的系列。德国的奔驰、宝马、大众、奥迪、保时捷等，法国雪铁龙、雷诺、布加迪威航等，英国劳斯莱斯、阿斯顿马丁、宾利、罗孚、名爵、捷豹等，瑞典的萨博、斯柯达、沃尔沃等，意大利的兰博基尼、法拉利、菲亚特等。

欧系车大多数外观比较庄重、内敛。但操控性都很好，拥有灵敏的刹车、扎实的底盘、优良的变速系统和多重安全保障。

欧系车的祖师爷是德国车。德国人的性格一般都谨慎、内敛、讲规则。他们可以拍着胸脯说：我造出来的汽车就是行业标准，我造出的汽车多于你想要的各种功能。

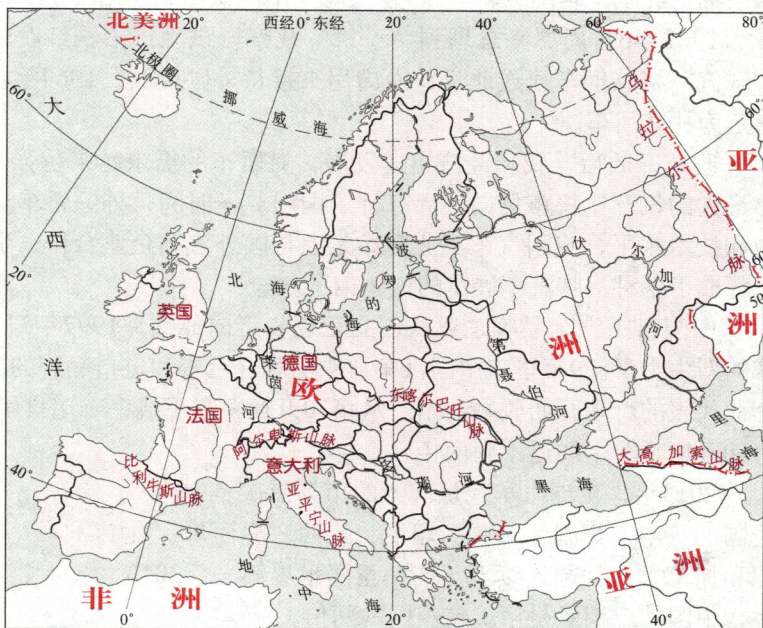

欧系车主要的四个生产国

阿尔卑斯山是欧洲西部的最高山，东西向横贯欧洲大陆，挺拔俊秀。德国南部是阿尔卑斯山，法国东部是阿尔卑斯山，意大利北部是阿尔卑斯山。所以，欧洲山地丘陵较多，地势起伏不定。落实到汽车性能上，就要求汽车要有优良的操控性。

美系车品牌不算多，福特、悍马、凯迪拉克、克莱斯勒、林肯、雪佛兰、别克等都是美国品牌。

美国人永远把生命的价值放在第一位，这种生命至上、享乐至上的价值观也深刻地影响了他们的造车理念。美国汽车给人的感觉是空间大，好像美国人要拿汽车当家、当房子，拿汽车的座椅当床似的。

美国一直被称为"装在轮子上的国家"，在这里，汽车成了人人必备的消费品。在美国的交通网络十分发达。美国国土面积一半以上是平原，所以美国公路给人的印象大多一马平川。美国公路80%是免费的，这使得许多人愿意驾车远行，所以美国生产的汽车大多是动力强劲，车厢很大，驾乘很舒服。但是，也正是这些原因造成美国汽车油耗普遍很大。

似乎美国人从来没有抱怨过油价问题。美国的油价的确没啥可抱怨的。美国人均月收入超过20 000人民币，汽油价格1升才6元人民币。

在油耗问题上，我们还不得不说，日本人做得非常好。日系车，车子比较小，油耗比较低。

日本国土狭小，总面积只有37万平方千米，只相当于中国中等大小省级行政区的面积。而且，日本矿产资源贫乏，原料、燃料靠进口，都要靠外汇买回来，钢铁等材料是能省则省。加之日本国内市场狭小，生产主要为了销售到国际市场。而日本车登上国际市场要晚于欧系车和美系车，靠什么在国际市场占得一席之地呢？价格低就是最大的抓手。价格低就要省材料，所以日系车小巧。

日系车给我们的感觉除了小巧，就是省油。日本很早以前就是中东的石油进口大国，花巨资千里迢迢买进的石油，只有省着用。想当年，由于石油价格波动，油价高低直接影响着日本经济发展，日本经济受够了油价波动的折磨。所以油耗低也是日系车在国际市场的一大卖点。

日本依靠发达的电子工业，在汽车内部配备上也下足了功夫，让人眼花缭乱。所以在汽车内饰上，日本发挥了它自身的优势，经常会有CD、DVD、GPS、PPS等名目繁多的辅助性电子设备。

日系车主要有丰田、日产、本田、雷克萨斯、英菲尼迪、讴歌、斯巴鲁、马自达、三菱、铃木等品牌。

■ 中国汽车

1953年第一汽车制造厂（简称"一汽"）破土动工，1956年我国生产的第一辆汽车下线，毛泽东主席亲自为其命名——"解放"。1956年5月，"一汽"试制成功"东风"牌轿车，这是中国自制的第一部轿车。同年8月"一汽"又设计并试制成功第一辆"红旗"牌高级轿车，9月上海汽车厂试制成功第一辆"凤凰"牌轿车。

1962年6月周恩来总理到"一汽"视察，试坐了一辆红旗轿车。年底，他通知"一汽"将这辆车速送北京，专门用来接待外国贵宾。1964年，红旗轿车正式被国家定为礼宾用车。

改革开放后，我国经济迅速发展，对轿车的需求越来越强。于是，我国这个世界最大的汽车销售市场向世界打开了国门。一时间，外国轿车洪水般涌入我国。为了迅速提高中国轿车生产能力和技术水平，我国汽车工业开始走上与国外汽车企业合作、引进消化外国先进技术的发展道路。现在，中国已经成了各种品牌汽车展览的博物馆了。

中国自主汽车品牌企业从创立正逐步走向成熟，1997年3月，奇瑞公司在安徽成立，成为我国自主汽车品牌的新生力量。9年里，中国汽车自主品牌在合资和进口品牌的夹缝中求生存，并逐渐壮大，作为民族汽车自主企业代表的奇瑞开始脱颖而出。从第20万辆轿车下线，奇瑞只用了4年时间，而从2004年第20万辆下线到2006年第50万辆轿车下线还不到两年。

2013年，全球汽车产量前十的市场依次是中国、美国、日本、德国、韩国、印度、巴西、墨西哥、泰国和加拿大。我国连续五年产销量居世界第一。2013年，中国的产销量是第二位美国的两倍。

我们已经是一个汽车大国，但还远远不是汽车强国。目前，我国的自主品牌与外资品牌仍然存在明显的技术差距，在关键技术上的差距尤为突出。

中国要成为汽车强国，有三个标志条件：一要具有国际竞争能力的世界知名企业和品牌；二要开拓国内市场和国际市场，并在国际市场占有一定的份额；三要掌握核心技术和新技术的发展趋势，支撑和引领世界汽车产品的技术进步，并在这一过程当中，培育起自主创新能力。

中国一汽汽车标志

中国奇瑞汽车

>> 资料卡

部分汽车标志

德国大众	德国宝马	德奥迪	美国雪佛兰	日本本田	日本凌志	日本日产	日本马自达
美国林肯	意大利法拉利	意大利兰博基尼	英国劳斯莱斯	法国阿尔法－罗蜜欧	日本英菲尼迪	美国凯迪拉克	日本铃木
英国宾利	英国阿斯顿·马丁	美国捷豹	瑞典沃尔沃	日本斯巴鲁	中国一汽红旗	中国东风	
意大利玛莎拉蒂	意大利菲亚特	法国雷诺	法国雪铁龙	法国标致	德国欧宝	美国别克	韩国现代

苏伊士运河

苏伊士运河是重要的国际通航运河，可通过吃水7.5米的船只（满载15万吨，空载37万吨的油轮），现在是亚非两洲的分界线，它位于埃及东北部，贯穿苏伊士地峡，连接地中海和红海，沟通大西洋与印度洋，具有重要的经济意义和战略价值。1859年4月，苏伊士运河开凿工程在塞得港破土动工，历经10年，于1869年8月竣工，共计开挖土石7 500万方，耗资1 600万英镑，牺牲民工达12万人。

把地中海和红海连接起来的想法由来已久，远在公元前19世纪，埃及第十二王朝法老西索斯特里斯为发展贸易首开法老运河，运河全长150千米、宽60米、深2～3米，后在运河淤塞后，曾先后5次疏通，运河断断续续通航2 600多年，最终在公元767年，阿拔斯王朝哈里发艾布·加法尔为封锁反对他的麦加、麦地那人，下令填平运河下游，法老运河彻底废弃。

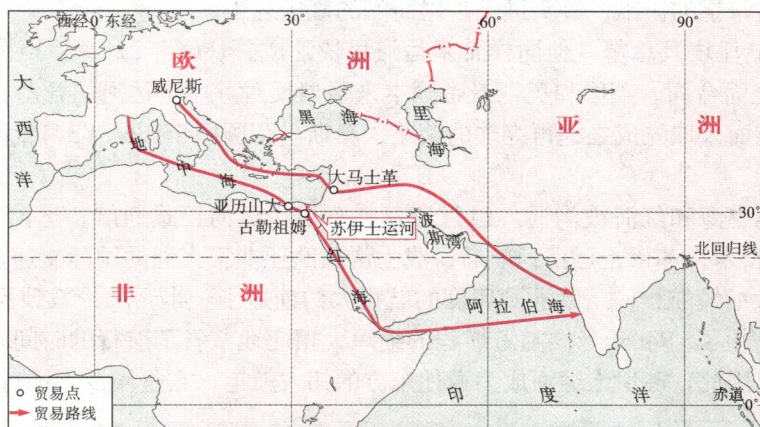

法老运河废弃后至1453年的东西方贸易通道

法老运河废弃后，东西方贸易从欧洲走地中海水路至亚历山大，接埃及陆路至古勒祖姆，再经红海、印度洋水路至印度。13世纪十字军远征期间，又开辟从威尼斯经地中海至叙利亚，再经波斯到印度的路线。公元1453年，上述两段陆路均被奥斯曼人切断，亚欧贸易不得不绕道非洲南端好望角。

18世纪，欧洲资本主义迅速发展，西欧与印度间贸易日益频繁。英国、法国都想修建运河沟通红海和地中海。

法国拿破仑作为将军占领埃及时就想修建运河，但是后来回国夺权，把这事搁下了。英国也想修建，但面临着与法国竞争。英国还害怕苏伊士运河真的凿通后，欧洲列强蜂拥到达亚洲，损害其在亚洲的利益，又想阻止法国修建。

开凿苏伊士运河的成功计划者和组织者是法国人费迪南·德·莱塞普斯。他的父亲是一名外交官，后任驻埃及领事，后又因支持穆罕默德·阿里夺权，而成为时任埃及总督的座上宾。1832年莱塞普斯出任驻埃及副领事，1845年晋升为领事，由于父亲的关系，他深得总督的喜爱，并与总督未成年的儿子赛义德建立了私交。

1852年，已经弃官从商的莱塞普斯，把自己拟订的开凿苏伊士运河的计划先后呈给埃及总督阿拔斯和埃及的宗主国奥斯曼帝国，都碰了钉子。1854年，赛义德继任埃及总督，莱塞普斯闻之欣喜若狂，赶赴埃及向老朋友表示祝贺，趁机提出运河计划，他用甜言蜜语向赛义德描绘：运河凿成，将给埃及带来巨大收益，埃及将以运河为屏障，摆脱奥斯曼帝国而独立，赛义德的英名将永垂青史。

赛义德被他的诱人辞令蛊惑得飘飘然，表示接受他的运河计划。同年10月，正式签订关于修建和使用沟通地中海和红海的苏伊士运河及其附属建筑物的租让合同。一个纷争数十年未见分晓的重大问题就这样敲定了。

准备工作基本就绪后，莱塞普斯不等奥斯曼帝国批准，更不顾英国政府反对，于1859年4月25日，宣布苏伊士运河正式在塞得港破土动工。但动工的最初两年，碍于英国和奥斯曼帝国没有实行劳工征集制，而采取自由招工的办法，所以工地上劳工有限，最多时埃及劳工仅有1 700人，工程进展缓慢。

1861年7月，赛义德根据合同有关规定发布劳工法令，承诺埃及按照公司的要求和运河工程的需要提供工人，实行劳工征集制。同年8月，开始强征劳工，当月征调近8千人，12月增至近1.5万人。1862年每月达到2万至2.2万人。

苏伊士地峡附近是一片浩瀚的沙漠，气候常年炎热少雨，饮水奇缺，公司起初用汽船从亚历山大运一些淡水到塞得港，运河往南开凿后，则从沙漠上星星点点绿洲里的深井中汲水，再用骆驼运到工地。此外，公司曾于1859年和1861年进口三台海水淡化机，但常出毛病。这些措施远远满足不了饮水需要。在运河工地上渴死的人像被收割的庄稼一片片倒下之后，才开始挖掘计划中的淡水渠。公司供给劳工的伙食既差且少，一份饭不够一个小孩子吃的，身边带有几个钱的劳工往往从牵着毛驴的游牧人那里另买点食品充饥，多数劳工经常处于半饥饿状态。住的情况更差，工地上有为数不多的木板房和帐篷，都被大小工头和外国技术工人占据着，埃及劳工基本上是风餐露宿，地中海的热风一吹，夹杂着腥臭，苍蝇成群，挥之不去。在如此恶劣的环境下，农村来的壮汉子一个个病倒了，支气管炎、肝炎、肺炎、红眼病等极为普遍，威胁最大的要算瘟疫，像霍乱、天花、伤寒、斑疹、伤寒、回归热，每隔一年就袭击一次，一次比一次厉害，以至有时连送病人去急救站的人都难以找到。再看工地劳动场景，开工初期虽进过一些机器，但为数极少。公司嫌机器作业成本太高、运河开凿主要靠人工，靠劳工的双手用笨重的铁锹、镐头掘土，用简陋的筐子运土。

1863年，伊斯梅尔继任埃及总督，他同样希望运河尽快建成。1866年2月，伊斯梅尔和莱塞普斯正式签订一项关于苏伊士运河的全面合同。英国和奥斯曼帝国本来强烈反对苏伊士运河的开凿，这时见生米即将做成熟饭，便见风使舵，英国转而采取先成之、再夺之的策略，奥斯曼帝国则于1866年3月批准了伊斯梅尔与莱塞普斯签订的全面合同。

1869年8月18日，地中海和红海被沟通。11月17日，苏伊士运河正式通航。运河长162.5千米，河面宽52米、河底宽22米、河深7.5米。苏伊士运河通航后，成为沟通欧亚非三大洲的国际交通要道。航船不绕好望角而取道苏伊士运河可以大大缩短航程，从欧洲到印度的航程大约缩短了一半，从伦敦到孟买的航程缩短了4 840千米，马赛到孟买的航程缩短了5 940千米。随着航程的缩短，相应地节省了航行的时间和费用，还可避免好望角的狂风恶浪，确保安全。因此，苏伊士运河成为通往东方的伟大航道，它是埃及人民对世界文明的一大贡献。

苏伊士运河

苏伊士运河风光

运河通航后，长期在法、英殖民主义者的控制之下，法国掌握着苏伊士公司的大权，享有运河带来的各种利益，而埃及只能得到15%的纯利。1882年，英国军事占领了埃及和运河地区，取代了法国的地位。

埃及纳赛尔总统说，苏伊士运河是用我们的生命、我们的血汗、我们的尸骨换来的。纳赛尔总统在位期间，带领埃及人民经过长期艰苦的斗争，于1956年7月26日将苏伊士运河正式收归国有，成立了埃及苏伊士运河管理局，结束了英、法占领运河长达几十年之久的历史。

2013年年初，有关苏伊士运河将上调通行费的消息不胫而走，闻者大多对此发表恶评，认为在当前航运业不景气的情况下，涨价无异于落井下石。伦敦国际航运协会秘书长曾警告说："目前航运业供大于求局面没有改观，运河若大幅调整通行费，小心船东绕道好望角。"日本船东协会甚至致信苏伊士运河管理局，要求其撤销涨价决定，因为该协会预估若涨价成定局，未来十年协会成员的运河通行成本将达到1.89亿美元。香港船东也紧随其后呼吁苏伊士运河管理局取消此决定。

尽管反对声四起，但5月1日，埃及苏伊士运河管理局依然硬气地宣布正式上涨通行费，其中大型原油及石油产品货轮、化学原料货轮及其他装载工业用液体的远洋货轮通行费一律上涨5%；大型集装箱货轮、运载各类汽车的货轮，通行费上涨2%；其他类型船舶通行费上涨3%。这是继2002年、2007年之后的又一次涨价，而每次涨价的背后，我们都不难看出与埃及的经济危机息息相关。因为在埃及四大经济支柱中，最易调控的便是苏伊士运河的通行费。

埃及有四大经济支柱，其一是旅游业。但近年民众连续发生反政府暴动，严重挫伤其旅游经济。其二是石油。石油出口收入占埃及出口收入的40%，但提高石油出口收入的主动权并非在自己手里，依靠的是国际市场的走势，并且与地缘政治密不可分。其三是侨汇收入。即侨居在国外的本国公民或侨居在本国的外国公民汇回其祖国的款项，这是埃及外汇收入的最重要来源，即使在金融危机爆发的2009年，埃及的侨汇收入依然走高，达到78亿美元，但若以提高侨汇收入来缓解埃及经济压力，恐怕不是一两项政策的颁布就能轻易解决的，这项收入提高的决定权，在于庞杂的人口。其四便是苏伊士运河。其通行费收入是埃及出口收入的1/3，而要提高这一收入缓解经济压力，最简单的方法便是涨价，这对埃及政府而言是最轻而易举的。于是，但凡埃及经济出现问题，该国政府大多会考虑提高苏伊士运河的通行费。

通过苏伊士运河的三次涨价不难发现，每次涨幅多在2%～5%的区间，这个涨幅会给船东带来多大负担？以7万吨级散货船为例来加以说明。

一艘7万吨级左右的满载散货船从亚洲前往欧洲，其苏伊士运河通行费约20万美元，加上应对索马里海盗的武装护航、保险、设备需要10万美元。根据此次上涨规定，散货船通行费上涨3%，即船东要多支付6 000美元，如此核算，这艘散货船通过苏伊士运河需花费30.6万美元左右。该船如果绕行好望角，通常要比途经苏伊士运河多出15天航程，在航速相同的情况下，多用油费30万美元，为了省去区区6 000美元，还要增加运输时间与燃油成本，并没有太大意义。若市场好转或防海盗成本下降，苏伊士运河的竞争力会更显著。

与好望角相比，从英国的伦敦港或法国的马赛港到印度的孟买港作一次航行，经苏伊士运河比绕好望角可分别缩短航距43%和56%。缩短航距即意味着缩短航行时间，减少航行时间是节省油耗的最有效方式，目前燃油成本是继港口运营成本之后第二大运营成本。

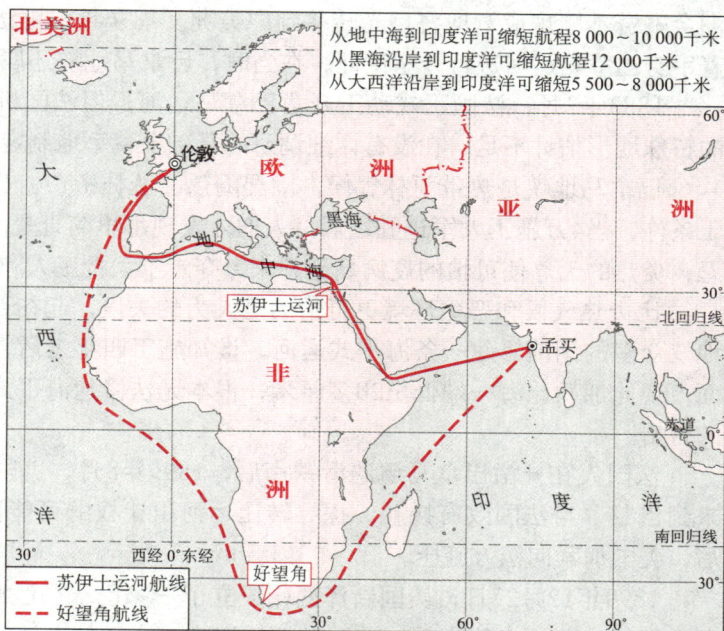

从地中海到印度洋可缩短航程8 000～10 000千米
从黑海沿岸到印度洋可缩短航程12 000千米
从大西洋沿岸到印度洋可缩短5 500～8 000千米

苏伊士运河航线和好望角航线航程的比较

通过上述分析，不难发现船东多支出的通行费远低于因绕行而多支出的燃油费，两相权衡，选择苏伊士运河还是理智的做法。通过数据对比，也可见苏伊士运河管理局每次涨价也是经过精打细算的，不会因为运河通行费涨价而大量流失客户。

巴拿马运河

1914年8月15日，巴拿马运河竣工通航，大西洋与太平洋打通相连，这是继埃及金字塔后最庞大的建设计划，美国东西两岸的海上航程比绕道南美洲南端缩短1万多千米，建设工程前后耗时半个世纪之久，25 000多名劳工牺牲了生命。

巴拿马运河长81.3千米，可通行7.6万吨以下的海轮，经过整个运河需要9小时，全世界约有5%的贸易货运经过于此，平均每艘船只通行费约为13 430美元。

巴拿马运河入口船闸

■ 法国开建巴拿马运河

1869年，由法国主导的苏伊士运河通航，欧洲金融资本顺理成章地将目光转移到中美洲。1876年，由法国控制的洋际运河工程国际公民协会在巴黎成立，着手对巴拿马运河进行开凿论证。在当时，巴拿马地峡还属于哥伦比亚政府管辖。

1883年2月，法国正式动工开凿巴拿马运河，但法国机械地照搬修建苏伊士运河的成功经验，而对巴拿马的特殊地形估计不足，在没有详细调研的基础上草率地制定了施工方案，结果酿成了一场灾难。

巴拿马地峡是热带雨林气候，潮湿闷热、丛林密布、交通闭塞、地形复杂，基础设施落后，缺乏起码的施工条件，当4万施工大军进驻之后，人们才发现那里简直是一个人间地狱：参天的密林中毒虫遍布，令人难以容忍，炎热的天气使可怕的疫病蔓延开来，夺走了大批工人和技术人员的生命。

比炎热气候和恶劣环境更可怕的是人为的失误，起初，法国照搬苏伊士运河的经验，认为可以利用巴拿马地峡众多的湖泊修建一条海平式运河，谁知施工四年之后，傲慢的法国人才发现巴拿马地峡临太平洋一端的海面，要比加勒比海一端低出20多厘米，根本无法修建海平式运河，这个迟到的发现给法国洋际运河公司以致命的打击。

法国人在开凿巴拿马遭遇滑铁卢后，1899年8月，美国派一个以海军专家约翰·沃尔克为首的技术委员会来到巴黎，与法国政府接触，探寻转让运河租让权的可能性，次年4月，又提出收购法国运河公司的要求。此后，美国加紧向法方施压。

1899年12月27日，美国新泽西州成立了一家巴拿马运河公司，展开大规模游说活动，为收购法国运河公司制造舆论。此招未能奏效，美国转而采取声东击西的办法，故意放风说要与尼加拉瓜合作，另建运河与巴拿马运河抗衡，这个故意散布的假消息收到了奇效，被吓蒙了的哥伦比亚驻美公使马丁内兹·席尔瓦，在未请示本国政府的前提下，就匆忙草拟了一个将法国运河公司的租让权转让给美国的协议，建议由美国代替法国开凿运河，租期为100年，期满后可续租，美国可以在运河区驻军，每年只需支付给哥伦比亚政府60万美元。

1901年12月，美国议会开始讨论拨款建造尼加拉瓜运河的问题，这对巴拿马运河的开凿造成了很大冲击，迫使态度强硬的法国运河公司总经理辞职，新任总经理无意与美国人叫板。

1902年1月4日，在征得公司董事会同意后，法国电告美国政府，愿以4 000万美元的价格转让运河公司财产和租让权，1月28日，美国国会授权罗斯福总统完成对法国运河公司的收购，但转让还须得到哥伦比亚政府的同意才能生效。哥伦比亚政府否决了美国收购巴拿马运河的计划。

条约遭到哥伦比亚否决后，美国转而策动巴拿马独立，这样在夺取运河的开凿权时，就不必再与讨厌的哥伦比亚国会打交道了。长期以来，巴拿马就存在独立倾向。

1903年，在美国的一手操纵下，巴拿马脱离哥伦比亚宣布独立，成立巴拿马共和国。1903年11月18日，《美巴条约》在华盛顿签字，美国取得巴拿马运河开凿权。条约规定：美国一次性付给巴拿马1 000万美元和每年支付租金25万美元，取得巴拿马运河的开凿、永久使用和控制权，美国有权在运河和运河区驻军和建立军事要塞。

■ **美国接手巴拿马运河开凿权**

1905年7月，巴拿马正下着滂沱大雨，美国新的巴拿马运河指挥官抵达科隆港，接手掌控快要破产的巴拿马运河计划。他是铁路工程师约翰·史帝文，52岁，所造铁路之多，胜过世界上任何工程师，落基山是他的家乡，他修建了许多跨越落基山的铁路。罗斯福总统直接授权史帝文，让他放手去做。

要征服巴拿马地峡，必须穿越纵贯南北美洲大陆的分水岭。史帝文要面临巴拿马地峡蒸腾的热气，难熬的大雨，远古的丛林。

在原始的热带雨林中，真正致命的危险是体积小得肉眼难见的细菌。此刻，巴拿马黄热病夺去数百名工人的性命，其中大部分是西印度群岛人。这吓坏了所有的工人，造成了巨大恐慌。工程师史帝文为此专门造访了运河主治医官威廉·郭葛医师。

郭葛医师正在安坎医院的黄热病病房中，这让工程师史帝文亲眼目睹了可怕瘟疫的受害者。

郭葛医师同样是直接由总统亲选和任命的。他49岁，是随和的南方人。在史帝文上任前一年，郭葛医师就已经上任了。过去数月，他在安坎接触到死于黄热病的人数是47人，其他数以百计的人死于疟疾、肺炎、慢性痢疾甚至鼠疫。

没有人手怎么修建运河？面对疾病肆虐的运河区，史帝文知道，修建运河之前必须防病，否则会重蹈法国的覆辙。史帝文下令停工，专心对付疾病。黄热病是可怕的疾病，感染后8个小时内可能会精神错乱或死亡，这种病的存活率不到50%。

在巴拿马，郭葛医师是唯一深知黄热病致命秘密的人，若要消灭黄热病，就必须先消灭致病的病媒蚊，必须烟熏巴拿马地峡施工区的每个水坑、每个雨水桶，由此他策划世界上规模最大、最昂贵的公共卫生行动。

运河官员却不赞同，他们对病媒蚊理论嗤之以鼻，拒绝郭葛医师所有的经费与补给申请，但史帝文专心倾听，并积极配合实施。

烟熏大队大肆焚烧硫磺清扫水沟污水，封锁窗户，大约有四百人投入这项工作，在运河区来回作了三次烟熏，每座房舍都不放过，安装纱窗，水桶盖上盖子，抽干蚊虫繁殖的沟水。对诊所中的900名病患，也作了强行隔离。

郭葛医师丝毫不受酷暑影响而不停地工作，他将罗斯福承诺的无限制预算扩张到极限，进口120吨杀虫粉，相当于美国全年进口总量，一口气整批订购价值9万美元的铜丝纱窗，预算几乎是先前每年的两倍，规模之大，经费之高，为史上对抗热带疾病之最。

此时，铁路工程师史帝文也开始奋力修建他的铁路，他批评原来法国沿运河修建的铁路是两道铁锈路线，他凭借自己的名声，把美国最优秀的铁路人才吸引到巴拿马地峡。在史帝文的领导下，修建了世界上最重的双轨铁轨，可双向承载沉重的货车厢。同时，电报系统、新桥梁和大型火车头棚相继建成。一切都是大手笔。史帝文说："法国之所以失败，是因为他们的器械太小，我不想重蹈覆辙。"

于是，连绵的巴拿马地峡，看起来像一条绵延的城市，从运河区的一端建到了另一端。

■ **驾驭巴拿马地峡的地势**

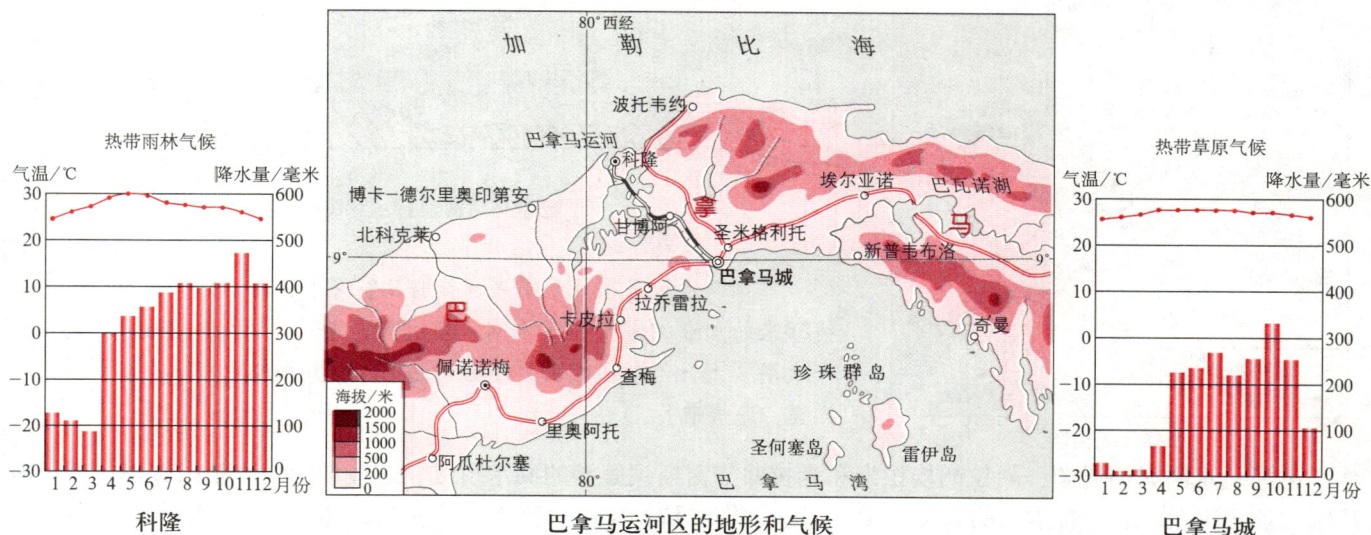

巴拿马运河区的地形和气候

要凿穿美洲山脊，大量的土石方被挖出，许多来不及用火车运走的土石方堆积到了壕沟两侧，巴拿马运河就是一个大壕沟。

但是热带雨季从4月开始，每天倾泻大量山洪，经常有爆发致命坍方的威胁。史帝文在北美洲最雄伟的落基山可从未见过这等情况，因为落基山虽然陡峭挺拔，但是降水不多。而巴拿马地峡不但高，还是常年高温多雨的热带雨林气候，这里的雨季一般长达8~9个月。

史帝文领悟到，由于地峡海拔高，要在地峡之上挖凿海平面高度的运河，不但致命，可能耗费的时间是预定时间的两倍，难以如期完成。

雨季来临时，巴拿马地峡平静的查格拉斯河开始怒涨，水位一天上升6米，山洪淹没史帝文团队奋力挖出的任何运河，即使他能移山，也挡不住雨势，壕沟两侧的土石又重新崩塌回到壕沟里。史帝文认识到，运河建设的最大的问题不是挖出海平面的巴拿马运河，而应该是驾驭查格拉斯河。

史帝文终于明白了，要挖凿海平面高度的运河绝对不可能。应该想出替代方案，就是善加利用巴拿马的地势。

史帝文头脑里有了新的计划，而要改变原来的计划，需要先说服总统。为了让总统罗斯福接受这个计划，他必须回到华盛顿当面向总统陈述他的方案。

史帝文在白宫大胆展示了他的新蓝图：在大陆分水岭两侧筑坝修建船闸，使之能够抬升世界最大船舰，然后在另一侧下降，这需要在地峡建造巨大的人工湖，来征服巴拿马陡峭的山脊。简言之，不将山岳切砍至海平面高度，而将船只漂浮攀上山峰航行跨越水桥。

罗斯福总统曾经承诺，给予史帝文无条件的支持，现在总统挺身证明他信守诺言。

1906年2月，罗斯福签署总统特许令，授权史帝文的新高湖水闸兴建计划。总统为了证明自己修建巴拿马运河的信念，也为了支持史帝文，他偕夫人亲自造访他的巴拿马大壕沟。

罗斯福坚持在雨季期间留在巴拿马，亲眼看看巴拿马地峡的雨有多大。他到访的第二天，两小时内就下了75毫米的雨量，远超暴雨标准。

罗斯福踏过建筑工地，在脏乱的大厅与工人们共处，和史帝文一起用餐。在地峡高处地带的库雷布拉丛林里，穿着白西装，戴着巴拿马帽的总统向工人们作了一次精神讲话："在我面前的诸君，你们是这场左右美国命运的斗士，你们的辛劳将成就伟大的事业。"总统热情洋溢的讲话，让工人们都很感动。讲话后，罗斯福甩开记者的尾随，悄悄拜访了他亲自任命的另一位大人物郭葛医师。两人走在空荡荡的医护室中，空荡荡的医护室向总统证明，郭葛医师给疾病横行的巴拿马带来了健康，让运河区变成了干净卫生的人口密集区。罗斯福总统对郭葛医师报以由衷的赞美，这赞美通过媒体传遍美国，郭葛医师和史帝文立刻变成了名人。

■ 山脊筑坝

在总统夸耀、大声宣扬他的计划之时，巴拿马的山岳仍未征服。但史帝文已经构想出雄心勃勃的蓝图。这个蓝图就是在查格拉斯河拦筑水坝，建造世界第一大人工湖。

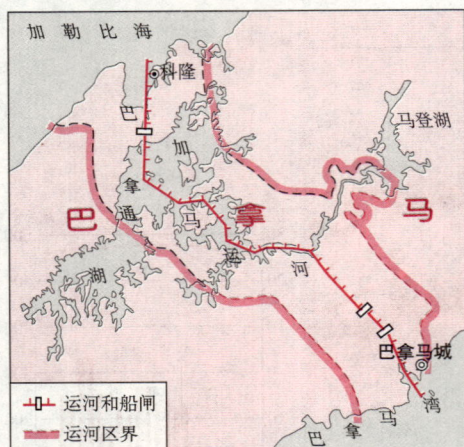

巴拿马运河图

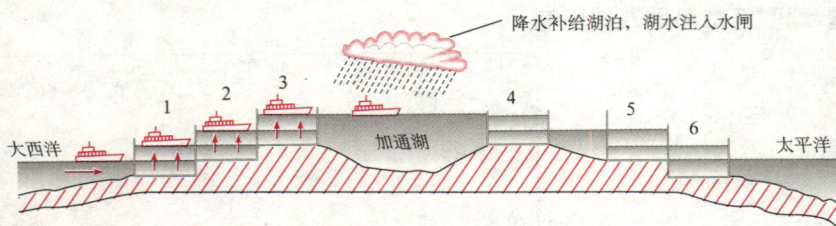

巴拿马运河通行示意图

巴拿马运河是采用水闸来调整船只航行水位的。如上图所示，海拔26米的加通湖湖水注入水闸，船由大西洋进入，依次经过1、2、3号水闸，上升至加通湖面，然后经过4、5、6号水闸，下降至太平洋洋面，完成航行。

运河的水闸靠加通湖、阿拉胡埃拉湖和米拉弗洛雷斯湖等湖的湖水组成，这些湖的湖水是由查格拉斯河及其他几条河流汇入的。各水闸的长度、宽度和深度均一致。每组水闸都是成对的，船只可以双向同时通过。每一座闸门有两扇，宽20米，厚2米，固定在铰链上。门的高度为14~25米不等；门扇由安装在闸墙凹处的电动机驱动。门扇的开合则由坐落在成对船闸闸墙上的控制塔操控，闸室的充水和放水也由控制塔操控。闸室长300米，宽33米，深12米。

建造世界第一大人工湖，必须疏散数十座村镇，将居民迁往高地，必须从无到有建立新城来安置搬迁的居民。勘察小组描绘出面积430平方千米的大湖轮廓。

随着新计划而来的是大规模的水泥与电气工程，都是世界史无前例的规模，也是史帝文从来没有经历过的。规模如此大的建设工程，难免会有重重官僚手续关卡的阻滞，华盛顿的政治干预也增加，史帝文奋力克服各种艰难险阻。

史帝文每天单枪匹马继续库雷布拉勘察工作。9 600万立方米的泥土由火车载运到数百千米外，这些泥土足以填满绕地球四圈的运煤装卸车。

新的工程设计证明史帝文对形势的判断正确，运河终于开始兴建，一切都按部就班地进行。但就在此时，史帝文却辞职离去，他放弃了工程计划离开巴拿马。史帝文没有向郭葛医师或家人解释，甚至都没有向罗斯福总统解释。

罗斯福深感愤怒，但是并未公开表现出来，只是告诉朋友们，史帝文受不了巴拿马难熬的气候而生病、失眠。但是，私下里，罗斯福总统感觉自己被人背叛。

虽然工程的总工程师离职了，但是工程最艰巨的工作已经由史帝文完成，剩下的工作只需按照计划执行就水到渠成了。

史帝文离职后18个月，按照史帝文设计的巴拿马运河工程完工。

1914年，史帝文离职7年后，郭葛医师静静划着小独木舟，穿越新开凿的运河，他是第一位穿越运河的航客。运河正式起航是在3个月后，即1914年8月15日。

壮观的水桥，将船只抬离海洋，航行跨越巴拿马地峡。开凿巴拿马运河前后历经30年，牺牲数以万计的生命后，两大洋相连，世界真的缩小了。建成的运河与史帝文规划的水闸系统几乎一模一样，比计划中的更宽更深，在罗斯福的领导下，美国人主导的巴拿马运河凿通了。

罗斯福总统再也没有回到他梦想中的大壕沟目睹梦想实现，他于1909年卸任，卒于1919年。罗斯福总统死后7个月，美国的太平洋舰队通过巴拿马运河，从大西洋进入太平洋。

总设计师史帝文仍然接着修他的铁路，1917年，由威尔逊总统派往俄国，重新组织西伯利亚铁路工程。一直到1937年，83岁高龄的史帝文才重返巴拿马，亲自见识他自己一手策划的杰作，6年后于北卡罗来纳州辞世，享年90岁。郭葛医师自始至终都坚守在巴拿马运河，运河竣工后依然从事着运河区疾病的防治。一战时，郭葛医师终于离开运河区，率领美国医疗服务团到欧洲。1920年，郭葛医师在美国逝世，美国政府为他举行了国葬。

■ 巴拿马收回运河主权

1977年9月7日，美国、巴拿马在华盛顿签订新的《巴拿马运河条约》，取代1903年的《美巴条约》。新的条约规定：巴拿马对运河和运河区拥有主权，美国仍然拥有经营、维修、改建和保护运河的权利，美国须逐步向巴拿马移交这些权利，至1999年将运河归还巴拿马。条约还规定美国船只和舰艇有迅速通过和无条件通过运河的永久权利，美国、巴拿马共同保证运河永久中立。

巴拿马人接管运河后采取了一系列的先进技术和管理办法，运河的运营效率大大提高。但随着全球经济的发展，世界贸易活动以及货运量的大幅增加，越来越多的超大型船只投入运营，巴拿马运河现有通航条件已不能适应发展的需要。巴拿马运河船闸只能允许巴拿马型船在几乎贴着船闸墙壁的情况下通过，超巴拿马型船则必须绕走南美洲南端合恩角的麦哲伦海峡。

为使巴拿马运河能顺应时代的发展，巴拿马政府于2006年

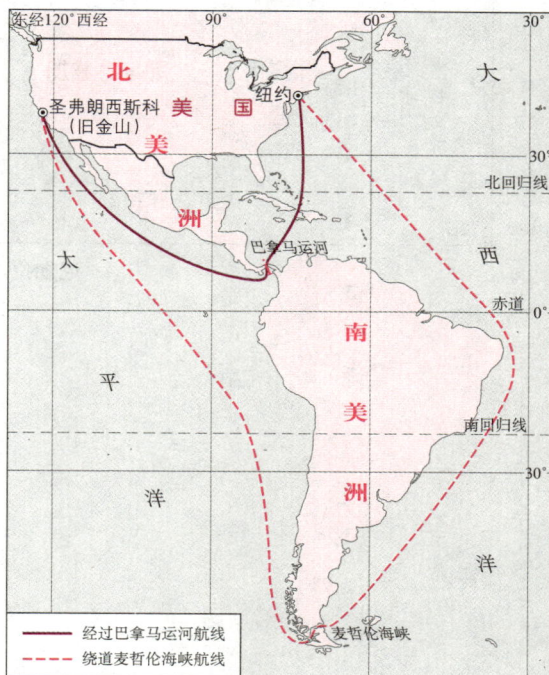

巴拿马运河使美国东西两岸航距缩短1.48万千米

4月24日正式提出了总投资为52.2亿美元的运河扩建计划，并于同年10月就运河扩建举行全民公投。公投结果显示，超过78%的投票者支持运河扩建，运河扩建计划终于获得通过。

根据扩建计划，巴拿马将在运河的两端各新修一个三级提升的船闸和配套设施。新建船闸的宽度为55米，长度为427米，可以让超巴拿马级船只通过。运河扩建资金的大部分将通过收取运河通行费来筹集。运河扩建后，每年将有1.7万艘船只从这里通过，运河的货物年通过量也将从如今的3亿吨增加到6亿吨。

2007年9月3日，巴拿马运河扩建工程正式开工。运河扩建工程计划于2016年底竣工。

>> 资料卡

尼加拉瓜运河

尼加拉瓜是中美洲的一个濒临太平洋与大西洋（属海加勒比海）的国家，地跨中美地峡。

尼加拉瓜南部有该国著名的尼加拉瓜湖，太平洋与尼加拉瓜湖之间有19千米的地峡相连，地峡中水深不一，约在23米至70米之间。湖水通过圣胡安河流入加勒比海。有蒂皮塔帕河与西北方的马那瓜湖相通。从湖的东南角流出的圣胡安河，全长180千米，两岸森林繁茂，为尼加拉瓜与哥斯达黎加的界河，向东南注入加勒比海。湖西南的里瓦斯地峡，宽仅19千米，成为隔离湖域与太平洋的狭窄走廊。

工程规划的长度是巴拿马运河的三倍多，将耗资500亿美元，已于2014年12月动工，预计2019年竣工，2020年投入使用。

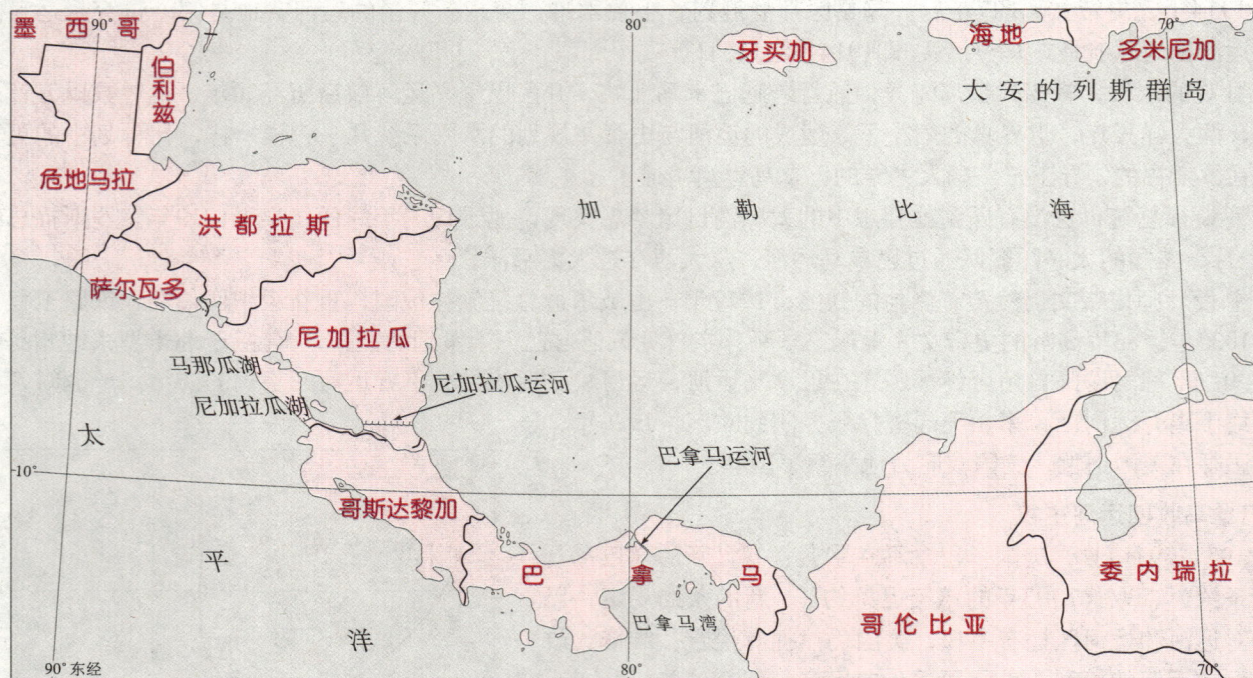

尼加拉瓜运河和巴拿马运河的位置示意图

以色列建国和阿以冲突

19世纪末，在犹太复国运动的号召下，流散在世界各地的犹太人开始有组织地向巴勒斯坦迁移，并于1948年建立了犹太人的国家——以色列国。犹太人的历史经历了定居迦南时期、散居世界时期和重聚巴勒斯坦的建国时期。

每逢星期五，犹太教徒都要到耶路撒冷犹太教圣殿遗址——哭墙进行祈祷，哭诉圣殿被毁和犹太民族的不幸遭遇。这里曾是犹太人辉煌的象征，又是犹太民族悲欢离合、命运多舛的历史见证。

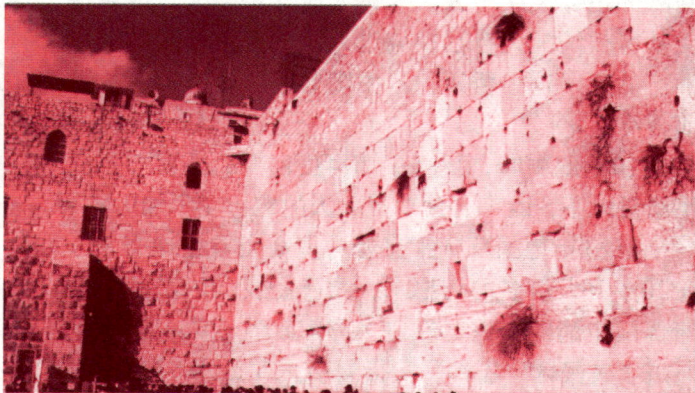

犹太教建筑——哭墙

■ 定居迦南屡遭侵略

根据《圣经·旧约》记载，犹太人的祖先是来自美索不达米亚平原上的一支游牧部落，被称作希伯来人。大约在公元前20世纪，希伯来人在亚伯拉罕的带领下来到了天高地阔、水草肥美的迦南地，也就是今天的巴勒斯坦。不久，迦南发生旱灾，希伯来人逃到了埃及。因不堪忍受埃及法老的欺凌，在摩西·赫斯的带领下历经艰辛重返迦南，这期间产生了犹太教教义基础——摩西十诫。

重返迦南的犹太人于公元前11世纪建立了统一的希伯来王国。大卫王时期建都耶路撒冷，定犹太教为国教。大卫王死后，他的儿子所罗门继位，王国达到了鼎盛时期。所罗门文韬武略，耗时7年在耶路撒冷锡安山建造了金碧辉煌的耶和华圣殿，犹太教神圣的约柜放在圣殿内，这是犹太民族历史上的第一圣殿。从此，锡安成为犹太教圣地和犹太人的精神寄托。犹太复国主义一词就来源于此，又称锡安主义。

所罗门死后，希伯来王国分裂成两个赢弱的小国——犹大王国和以色列国。公元前721年亚述灭了以色列国。公元前587年巴比伦国王尼布甲尼撒率大军灭了犹大国。耶路撒冷圣殿被毁，包括国王、贵族、工匠、百姓在内的数万名犹太人作为俘虏被押往巴比伦，史称巴比伦之囚。沦为囚徒的犹太人在巴比伦受尽折磨，日夜思念回归耶路撒冷。50年后，新崛起的波斯帝国灭了巴比伦，波斯国王居鲁士允许流亡的犹太人返回锡安，支持他们在耶路撒冷重建圣殿，复兴犹太教。

公元前516年，耶路撒冷圣殿在原址上按原样建成，史称第二圣殿。以后，犹太人相继经历了希腊人和罗马人的统治。这期间，犹太人曾一度建立的马卡比王国也被罗马帝国所灭。为反抗罗马帝国的残暴统治，犹太人先后三次发动起义。爆发于公元132至135年的最后一次起义遭到罗马军队疯狂镇压，幸存的犹太人几乎全部逃离巴勒斯坦，从而结束了犹太民族主体在巴勒斯坦生存了一千多年的历史。

■ 散居世界备受欺凌

犹太人的最后一次起义被镇压后，罗马皇帝下令将耶路撒冷翻耕为田，圣殿被毁。只留下了唯一的遗址：西墙的一段残垣断壁，犹太人的历史从此进入了持续1 800年之久的大流散时期。踏上流散之路的犹太人，大部分来到欧洲各地定居。然而，犹太人在欧洲遭遇凄惨、饱受欺凌。

中世纪，欧洲基督教会强迫犹太人改宗，犹太人则因坚守自己的宗教信仰，被视为异端，遭到异端裁判所的严厉制裁，甚至被用火刑处死。

13至15世纪，英、法、西班牙等国先后将犹太人驱逐出国。

十字军东侵期间，狂热的十字军战士横扫莱茵河畔、多瑙河畔的犹太社区。

在当时欧洲的许多地方规定，犹太人必须佩戴一种醒目的黄色耻辱标记，以便同当地人相区别，犹太人只允许居住在一些贫瘠、偏僻的地区与外界相隔离，被称为隔都，犹太人在隔都里过着一种与世隔绝、拥挤不堪的生活。犹太人的流散生活就像一条屈辱、苦难的长链，是一部心酸的血泪史，然而，犹太人却顽强地生存了下来。在那漫漫长夜里，苦难中的犹太人顶住了狂风巨浪，就是因为他们心目中希望的火焰没有熄灭。到了近代，法国大革命似乎让犹太人看到了一丝希望，自由、平等、博爱等口号吸引着犹太人。

1791年，法国国民大会正式赋予犹太人公民权利，许多犹太人主张走同化道路，让犹太人融入到欧洲主体民族中去。大诗人海涅甚至通过改宗接受基督教洗礼为自己换取进入欧洲主流社会的入场券。然而，这个暂短的自由随着拿破仑战争的失败而告终。

19世纪中叶，反犹浪潮再度回升。在民族主义情绪鼓动下，欧洲各地对犹太人的迫害变本加厉。

1881年德国反犹主义者向俾斯麦首相递交了一份20多万人签名的请愿书，要求把犹太人从所有政府部门中清除出去。在许多国家，犹太人又被重新赶进了贫民区"隔都"实行圈禁。

第二次世界大战期间纳粹屠杀犹太人的集中营

1881年俄国沙皇亚历山大二世被刺后，迅速掀起了一场反犹风暴，对犹太人的袭击、驱逐、屠杀遍及整个沙俄帝国，犹太人开始大规模外逃。第一次世界大战前，约250万犹太人离开俄国，其中大部分去了美国。

■ 犹太民族艰难复国

反犹主义催生着犹太复国运动，犹太复国主义是欧洲社会反犹活动的产物，随着反犹活动一浪高过一浪，主张走同化道路的梦想破碎了，一些犹太精英开始探索通过非宗教的方式寻找摆脱苦难的途径。在俄国、东欧出现了犹太人移居巴勒斯坦、重建民族家园的运动。

1862年摩西提出要摆脱反犹主义的攻击，唯一的办法是返乡复国，从政治上复活自己的国家。在犹太复国运动中，最有影响的人物是剧作家西奥多·赫茨尔，他出身于匈牙利一个犹太富商家庭，在维也纳大学获得法学博士学位，赫茨尔最初主张犹太人走同化道路。19世纪末欧洲的反犹浪潮、特别是1894年法军上尉犹太人德雷福斯遭诬陷被判终身监禁的案件，使赫茨尔放弃了自己的犹太人同化梦。在他看来，犹太人无论怎样表现都无法融入到主体民族中去，无法得到主体民族的保护。

1896年赫茨尔出版了《犹太国》一书，宣称犹太人问题既不是社会问题，也不是宗教问题，而是民族问题，犹太人摆脱困境的唯一办法是集体出走到一个犹太人自己的国度，他还以相当的篇幅讨论了建立犹太国的步骤，并把大国的支持和犹太富豪们的资助作为立国的必要条件。《犹太国》一书为世界犹太复国主义运动奠定了理论基础。

1897年8月，在赫茨尔的努力下，首届世界犹太复国主义大会在瑞士巴塞尔召开。来自欧美、阿尔及利亚、巴勒斯坦的犹太人实现了自犹太人流散以来的首次聚会。大会通过了《巴塞尔纲领》，提出争取在巴勒斯坦为犹太民族建立一个公认的、有法律保障的家园，这标志着犹太复国运动开始进入有组织、有领导的阶段。

在赫茨尔的领导下，犹太人创办了犹太垦殖银行和犹太民族基金会，积极为建国筹集资金。为了寻求大国的支持，赫茨尔曾会见了德国皇帝威廉二世、奥斯曼帝国苏丹，力图说服他们允许在巴勒斯坦建立犹太人家园。在屡遭挫折后，赫茨尔转向争取英国的支持。

1904年赫茨尔去世后，亲英派人物魏兹曼成为犹太复国运动的主要领导人。犹太复国行动取得突破性进展的标志是英国政府发表的《贝尔福宣言》。1917年11月，英国外交大臣贝尔福以致函英国犹太复国主义领袖罗思柴尔德勋爵的形式发表声明，赞成在巴勒斯坦为犹太人建立一个民族之家。

1922年，国际联盟正式决定将巴勒斯坦交由英国实行委任统治，并认可了《贝尔福宣言》，犹太复国主义的政治目标首次得到大国的承认，从而大大推动了犹太复国主义运动的发展。

在英国委任统治时期，巴勒斯坦犹太社团不断扩大，犹太自治机构相继建立起来。1929年成立的犹太建国会，协助犹太人移居巴勒斯坦、促进希伯来语言文化发展、购置土地、组织农业生产。从1933年起，随着希特勒排犹的加剧，移居巴勒斯坦的犹太人数激增，到1939年，短短20年里，巴勒斯坦的犹太人由3万人增加到近50万人，初步具备了建立民族家园的人口规模。

■ 阿拉伯人捍卫巴勒斯坦领土

然而，英国的扶犹政策和大批犹太移民的到来，直接威胁着巴勒斯坦阿拉伯人的生存，激化了阿犹矛盾，阿犹冲突升级，多次出现流血事件。

早在公元7世纪，巴勒斯坦就已经成为阿拉伯帝国的一部分，信仰伊斯兰教的阿拉伯人作为巴勒斯坦主体民族世世代代就生活在这里。

1920年、1929年、1936至1939年，巴勒斯坦阿拉伯人先后发动起义，反抗英国委任当局，英国政府迫于阿拉伯世界的压力和其殖民利益的需要，于1939年5月发表了《巴勒斯坦问题白皮书》，限制犹太人向巴勒斯坦的移民数量，限制购置土地。白皮书发表后，引起了犹太复国主义者的强烈不满，英犹关系恶化，许多犹太人转而寻求美国的支持。以本·古里安为首的亲美派认为，英国已经成为障碍，解决犹太人问题的钥匙掌握在美国手里。

1942年，犹太复国主义者在纽约市比尔特莫尔饭店召开大会，通过了本·古里安提出的纲领，要求结束英国委任统治，在整个巴勒斯坦建立一个犹太国、一支犹太军队，要求不受限制地移民和购置土地。当时美国有500万犹太人，通过组织游行示威、联名上书，舆论宣传等形式向美国政府施加影响，美国政府不仅赞同这个纲领，还试图通过支持犹太复国主义来插手中东事务，此时欧洲犹太人正遭受着希特勒纳粹德国的杀戮。

■ 纳粹清洗犹太人催生犹太国建立

1942年1月，纳粹召开了专门讨论犹太人问题的会议，下达了从肉体上消灭犹太人的最后解决方案，反犹活动登峰造极、令人发指。据估计，大约共有600万犹太人死于纳粹魔掌，占当时全世界犹太人总数的三分之一，这几乎是犹太民族遭遇的灭顶之灾，也是人类历史上罕见的大悲剧。

纳粹大屠杀的暴行使世界为之震惊，全球范围内同情和救助犹太人的呼声高涨，这为以色列建国创造了有利的外部环境。美、苏大国出于各自的考虑先后公开支持犹太人在巴勒斯坦建国，犹太复国主义精英们更是审时度势，以犹太财团的经济实力为后盾，利用列强之间的矛盾，在夹缝中寻求实现复国目标的突破口。

第二次世界大战后，英国根据《白皮书》继续对犹太移民进行限制，使几十万欧洲犹太幸存者滞留在难民营收容站，英国委任当局与巴勒斯坦犹太人的矛盾升级为暴力冲突，犹太武装力量哈加纳、伊尔贡、斯特恩帮制造一连串袭击事件，杀死英国士兵，袭击英军军火库，炸毁耶路撒冷英军司令部，毁坏桥梁。

1946年8月，犹太建国会提出了巴勒斯坦分治方案，激起了阿拉伯人的普遍反对。英国政府对巴勒斯坦的局势束手无策，无法平息不断升级的阿犹冲突。于是，1947年4月，便将巴勒斯坦问题提交给联合国。此时，巴勒斯坦的犹太人已达到65万，占巴勒斯坦总人口的33%，在一些连成片的区域，犹太人在人数上占有优势。围绕巴勒斯坦问题，联合国出现了两种意见：主张实行阿犹分治的多数派方案和主张建立阿犹联邦国家的少数派方案。犹太人倾向于多数派方案，阿拉伯人对两个方案都持否定态度。犹太复国主义者展开了一系列外交活动，争取分治方案的实现，美国政府也向不少联合国成员国施加压力支持分治方案。

1947年11月29日，第二届联合国大会以33票赞成、13票反对（其中10个是伊斯兰国家）、10票弃权的结果，表决通过了巴勒斯坦分治的决议，即联合国第181号决议。决议规定：英国于1948年8月1日之前结束在巴勒斯坦的委任统治，并撤出其军队；两个月后，在巴勒斯坦的土地上建立两个国家，即阿拉伯国和犹太国。决议还规定：成立耶路撒冷市国际特别政权，由联合国托管。犹太国面积1.52万平方千米，占巴勒斯坦土地面积的57%（目前实际控制2.5万平方千米）；阿拉伯国1.15万平方千米，占43%。联合国的分治决议侵犯了阿拉伯人的权益，因而激起了阿拉伯世界空前的抗议浪潮。

分治决议中的阿拉伯国的领土只占一少半。更令阿拉伯人难以容忍的是，阿拉伯国的领土支离破碎，互不相连，大部分是丘陵和贫瘠地区。而犹太国则不然，犹太人虽仅有60万，不到总人口的1/3，其领土却

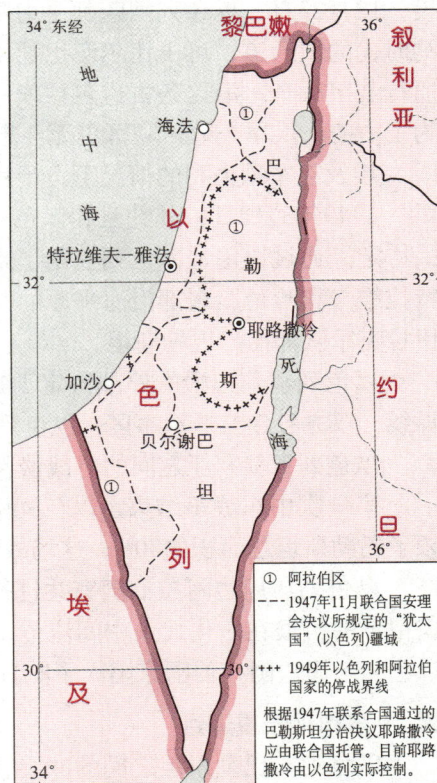

① 阿拉伯区
---- 1947年11月联合国安理会决议所规定的"犹太国"（以色列）疆域
+++ 1949年以色列和阿拉伯国家的停战界线
根据1947年联系国通过的巴勒斯坦分治决议耶路撒冷应由联合国托管。目前耶路撒冷由以色列实际控制。

1947年联合国巴勒斯坦分治方案

占一多半，大部分又位处沿海地带，土地肥沃。1947年12月，阿拉伯联盟成员国宣布，决心为反对联合国分裂巴勒斯坦决议而战，并成立了由各成员国组成的阿拉伯解放军。相反，犹太复国主义者则载歌载舞欢庆胜利。犹太复国主义者迅速行动起来，向世界犹太社团发出紧急呼吁，全力争取援助。果达尔·梅厄去美国筹集了5 000万美元的巨款用于购买武器装备，犹太建国会征募17到25岁的犹太青年入伍，使犹太武装力量迅速壮大，准备必要时武力建国。

1948年5月14日上午，最后一批英国官员离开了巴勒斯坦，标志着英国委任统治的结束。下午4时，巴勒斯坦犹太人领袖本·古里安在特拉维夫博物馆宣读《独立宣言》，宣布：一个犹太国家——以色列国诞生了，十几分钟后美国承认以色列国，17日苏联也承认了以色列，一年后以色列被接纳为联合国会员国。于是，经过近2000年的亡国离散，犹太人终于在巴勒斯坦重建了犹太国家，掀开了犹太民族历史新的一页。

■ 以色列建国引发中东战争

然而，以色列的建国却给巴勒斯坦人带来了极大的不幸。以色列建国后的第二天，1948年5月15日，阿以之间爆发了巴勒斯坦战争，又称第一次中东战争，

1948年5月16日凌晨，以色列建国的隔天凌晨，阿拉伯国家联盟（7个成员国）共集结军队4万多人，主动向以色列发起战争，第一次中东战争爆发。

战争一开始，以色列总兵力有3.4万人，飞机33架，阿拉伯国家处于有利的地位，以色列军队节节败退，后在特拉维夫南面拼命抵抗，才使战情不致继续恶化。由于以色列建国时间过短，国家各职能机构并没有完全正常运行，为争取时间，以色列总理急电以色列驻联合国代表埃班说："以色列急需几周的时间来重新组织和装备军队"。5月17日，美国向联合国安理会递交了一份议案，操纵安理会命令双方在36小时内停火。6月11日，阿以双方同意停火四周，此时阿拉伯联军已经占领了以色列过半的领土。

以色列喘息甫定，开始大力扩充军备。这时全世界各地的犹太人立即发起支援以色列的行动，以色列政府正式建起了一支正规的以色列国防军，得到了来自世界各地犹太人捐赠的新型轻重武器，从美国、英国进口轰炸机，从法国引进坦克，从捷克获得了大量轻武器、野战炮、炸弹和炸药。1948年7月9日阿拉伯联军再度攻击，以为十天内就能结束战争，孰料战争一开始联军就陷于被动，以色列一口气夺取约1 000平方千米的土地，7月15日，联合国安理会再度命令双方停火。

这时在军事上已占尽优势的以色列军队针对联军的弱点，一口气发动了约夫战役、希拉姆战役、霍雷夫战役。12月23日，以色列阿隆师主力从比尔谢巴开始向阿里什方向进攻。以色列的司令兼考古学家发现了一条罗马时代的旧通道，可由比尔谢巴通往奥贾。埃军万万没想到，以色列已秘密将这条旧通道大修成军用道路，可通行装甲战车，沿这条古道包抄埃军后方，埃军大吃一惊，毫无抵抗，全面败退。阿拉伯联军原本就是以埃军为主力的，埃军一败，联军更无斗志，节节败退，完全被赶出了巴勒斯坦。

埃及在军事失利的情况下，于1949年2月24日在希腊的罗得岛签订停战协定。

1949年3月2日，外约旦和以色列的停战谈判也在罗得岛开始。1949年4月3日，以色列、外约旦正式签订停战协定。通过协定，以色列控制了越过卡梅尔山脉到埃斯雷德郎和加利利山谷的战略公路，解除了阿拉伯人对特拉维夫和哈德腊东部沿海平原的军事威胁。伊拉克拒绝与以色列谈判，但表示遵守以约协定。以约停战后，伊拉克军队即撤出巴勒斯坦。

以色列和黎巴嫩的停战协定于1949年3月23日签订，协定规定以原来巴勒斯坦和黎巴嫩之间的边界线为分界线，双方各建立非军事区，以色列军队撤出黎巴嫩村庄。

以色列和叙利亚之间的停战谈判于1949年4月12日在边界举行，1949年7月20日，双方签订停战协定。

第一次中东战争结束，以色列险胜，阿拉伯国家军队死亡1.5万人，以色列军队死亡约6 000人。以色列占领了巴勒斯坦总面积的80%，这场战争中有96万巴勒斯坦人被赶出家园，沦为难民。

以色列与周边阿拉伯国家共进行了五次中东战争，大部分都是以以色列的胜利告终。一次又一次的流血所遗留下的仇恨在一代代人中间流传。这种仇恨令中东地区的平静不能再被称为和平，而只能算作战争的间歇。以色列与周边阿拉伯国家陷入了旷日持久的对抗之中，历史上存在的阿以矛盾更加尖锐和复杂。

■ 中东和平任重道远

以色列与巴勒斯坦之间的冲突长达半个多世纪，涉及两个民族在宗教、文化、领土等多方面根深蒂固的矛

盾。为解开阿以特别是巴以之间这个理不清、剪不断的死结，多年来，国际社会为之作出了巨大努力。

1991年10月，中东和会在马德里召开，确立"土地换和平"基本原则，阿以间开始艰难的和平谈判。阿拉法特领导的巴解组织随之作出历史性决定：通过谈判实现巴以和平。

1992年1月，中东问题多边会谈在莫斯科举行，会谈涉及军控与安全、水资源利用、难民安置、经济合作、环境保护5个重要地区性问题。

1993年9月，在美国总统克林顿的斡旋下，巴以双方在华盛顿签署了第一个和平协议——《奥斯陆协议》，规定巴在加沙和杰里科首先实行有限自治。之后以军开始撤离所占领土，巴逐步接管加沙和约旦河西岸地区。

1994年5月，巴勒斯坦开始自治，但关于巴勒斯坦最后阶段谈判却因双方在耶路撒冷归属、犹太定居点前途、巴难民回归、巴以边界划定等棘手问题上分歧太大，至今没有达成永久性和平协议。

1996年5月内塔尼亚胡出任以色列总理后，提出以"安全换和平"取代"土地换和平"原则，巴以和谈进程搁浅。

2000年7月，巴、以、美三方在美国戴维营举行首脑会议，但会谈没能取得积极进展，仅对耶路撒冷地位、巴难民回归、边界等几个重大问题互相表明了观点，会谈以失败告终。

2000年9月，以色列强硬派领导人沙龙强行进入阿克萨清真寺，引发大规模流血冲突。10月，为结束巴以流血冲突，中东问题多边首脑会议在埃及沙姆沙伊赫举行。

2003年4月，中东问题有关四方（联合国、欧盟、美国和俄罗斯）共同制订的中东和平"路线图"计划正式启动。"路线图"包括三个阶段内容，旨在结束巴以冲突并建立巴勒斯坦国。

中国方面对中东问题立场鲜明。2007年中国时任外交部长杨洁篪阐述了中方立场。他指出，中东问题事关该地区乃至世界的和平、稳定与发展。中方致力于维护世界和平，努力推动建设和谐世界，一贯主张有关各方根据联合国有关决议和"土地换和平"原则，通过政治谈判、建立互信，解决中东问题。中方坚持劝和促谈，积极参与中东促和努力；关注巴勒斯坦民生问题，通过援助、支持重建等方式提供了力所能及的帮助；认真履行和平的责任，多次参与中东维和行动。作为安理会常任理事国，中方愿为实现中东和平继续发挥建设性作用。

赤道雪峰——乞力马扎罗山

在辽阔的东非大草原上，孤单耸立着一座高山。它拔地而起，高耸入云，气势雄伟。它就是非洲最高的山脉，享有"非洲屋脊"美誉的乞力马扎罗山，东西绵延80多千米，有休眠火山群。7座主要的山峰，以基博、马文济两主峰最为有名，两峰间有11千米长的马鞍形山脊相连，基博峰最高，海拔5 895米。

乞力马扎罗山位于坦桑尼亚东北部，临近肯尼亚边界，赤道与南纬3°之间，距离赤道仅300多千米。山麓的气温有时高达59℃，而峰顶的气温又常在零下34℃，约5 000米以上的山峰覆盖着永久冰川，最厚达80米，故有"赤道雪峰"之称。在过去的几个世纪里，乞力马扎罗山一直是一座神秘而迷人的山——没有人相信在赤道附近居然有这样一座覆盖着白雪的山。

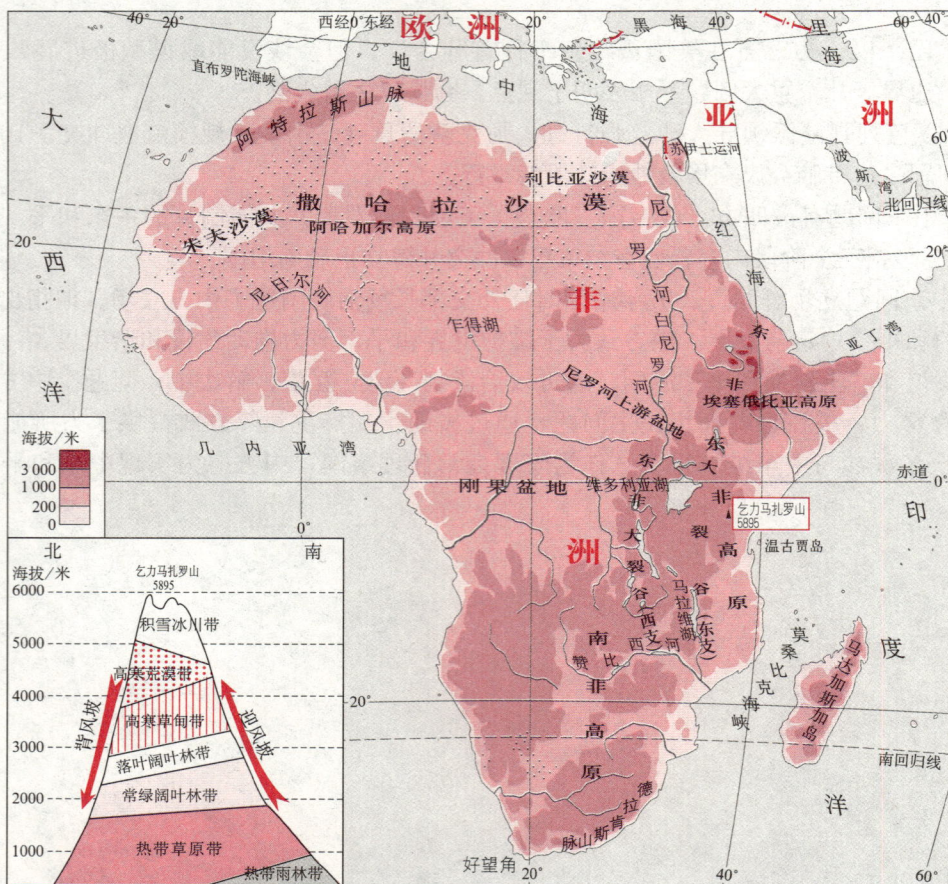

乞力马扎罗山在非洲的位置

公元2世纪，希腊著名地理学家托勒密曾在地图上标出位于赤道附近的这一雪山，但后人觉得赤道附近有雪山太不可思议了，就把它从地图上抹掉了。1846年，德国传教士约翰内斯·雷布曼到非洲大陆传教、探险。1848年5月，一次偶然的机会，他看到了乞力马扎罗山的雪景。回国后，他把对乞力马扎罗山的所见所闻发表在刊物上，然而，让雷布曼意想不到的是，这篇文章竟给他带来了无穷无尽的麻烦。众人竟指责他无中生有，宣传异端邪教，怀有不可告人的目的等等，使这位传教士备受冤枉！1861年，又有一批西方传教士、探险者来到非洲，又亲眼目睹了赤道附近这座峰顶积雪的高山，并拍下了大量照片。西方人才开始相信雷布曼所讲的事实，从而结束了对他长达13年的指责。

乞力马扎罗山属于坦桑尼亚，是坦桑尼亚人心中的圣山，上帝的殿堂，很多部族每年都要在山脚下举行传统的祭祀活动，拜山神，求平安。然而，19世纪末，乞力马扎罗山还在肯尼亚版图内，后来乞力马扎罗雪峰竟作为"寿礼"，被英国维多利亚女王送给了德国威廉皇帝（肯尼亚当时是英国殖民地），这才并入当时德国的殖民地坦桑尼亚。

而让乞力马扎罗山大红大紫的，则要归功于大作家海明威的小说《乞力马扎罗的雪》和格里高里·帕克主演的同名小说改编的电影。

如今，乞力马扎罗山是世界各地登山爱好者云集的地方，也是世界著名的旅游胜地，有14条国际航线通往世界各地，五大洲的游客可以乘班机直接抵达乞力马扎罗山山麓。自山麓到山顶，植被垂直分布非常明显，生长着热、温、寒三带野生植物，栖息着热、温、寒三带野生动物。山麓四周的草原上，有非洲象、斑马、鸵鸟、长颈鹿、犀牛等热带野生动物，以及稀有的疣猴和蓝猴、阿拉伯羚、大角斑羚等。为了更好地保护自然奇观，整个山区都已辟为乞力马扎罗国家公园和森林保护区。1987年，乞力马扎罗山国家公园被联合国教科文组织确定为世界自然遗产。

乞力马扎罗山山顶风光

近年来，由于全球气候变暖等因素，乞力马扎罗山积雪融化、冰川消失现象非常严重。在过去的80年内冰川已经萎缩了80%以上。甚至有的环境专家指出，乞力马扎罗雪顶可能将在10年内彻底融化消失，届时，乞力马扎罗山独有的"赤道雪峰"奇观将与人类告别。

本文提供：安徽省和县第二中学　尹柱利

▶▶知识窗

肯尼亚

6月－11月　　　12月－次年5月

坦桑尼亚

东非草原野生动物大迁徙

每年，东非平原上都会上演大规模的动物大迁徙运动。迁徙的途中，危机四伏，在数千千米的旅途中动物们面临饥饿和死亡，周而复始，年复一年。而旅客可以跟随这群动物，体验这场动物们的迁徙运动。

▶▶资料卡

小说《乞力马扎罗的雪》

《乞力马扎罗的雪》是海明威的一部中篇小说，是对于一个临死前的人的精彩描述。故事主要讲述一个作家哈里去非洲狩猎，途中汽车抛锚，皮肤被刺划破，他染上坏疽病，等待一架飞机来把他送到医院治疗。小说围绕"死亡"和"即将死亡"的情节描写，但主题是哈里从过去走到现在的历程回顾。哈里热爱这个世界，他有很多经历，比如自己所从事的不同职业的经历，他都想写下来，但却没来得及写。他最终没有能达到心中的目标，死前，他悔恨至极。故事的结尾，哈里死于一个梦境：他乘着飞机，向非洲最高峰——乞力马扎罗的山顶飞去。小说中的哈里正是作家海明威自己的写照。

美国电影《乞力马扎罗的雪》根据海明威同名小说改编，电影除了展示作者沧桑的一生，以及作者对世界、人生的看法外，还展示了东非高原上美丽的热带草原风光。

"雨后再见"——雷都茂物"雷"人的风景

"雨后再见"这句话是东南亚居民经常挂在嘴边的口头语。它一语道破了热带雨林地区每天单调而有规律的天气特征。

茂物是印度尼西亚爪哇名城，坐落于雅加达以南约60千米处，拥有300万人口，比其他热带城市更凉爽，这里有许多印尼式别墅，这里有河流、运河以及红色的房屋、清真寺、教堂和热带雨林。茂物号称世界上打雷最多的地方，有"世界雷都"的美名。这个称号的确不过分，一年365天，茂物打雷的日子居然有300天之多。相比之下，中国打雷最多的西双版纳每年也只有大约120天。

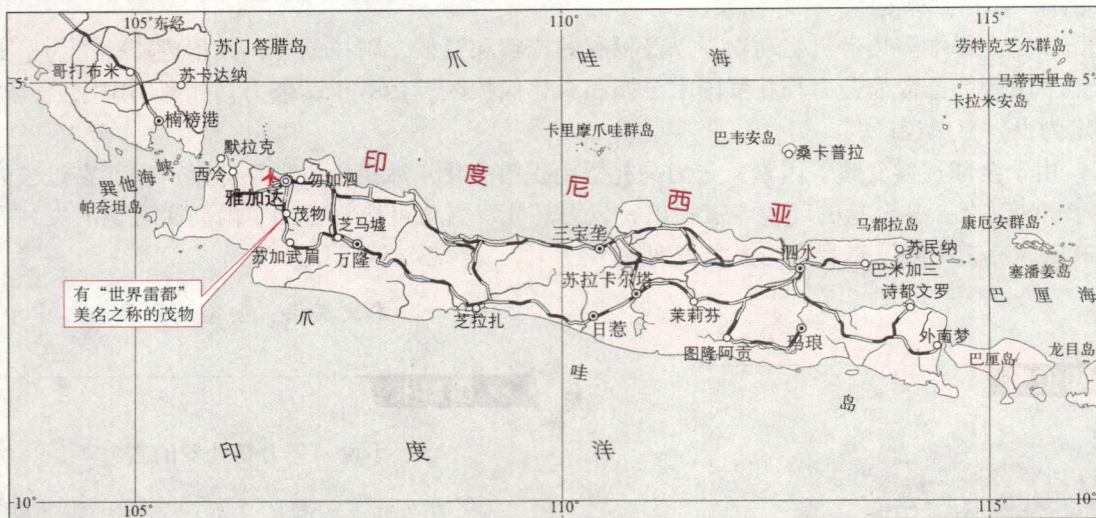

茂物位置示意图

天天打雷下雨，茂物不会变成汪洋一片吗？其实在每年的5月至10月，当地的雨水并不多，有人统计过，茂物的雨季有200天出头，剩下的日子是出了名的干打雷不下雨的天气。茂物的雷雨有个特点，就是来得猛去得快。往往早上还是晴空万里，一过正午就雷声阵阵，雨点劈头盖脸地打下来，大约持续1小时左右，势头之猛，到了足以让人站不住脚的地步。东南亚人的所谓"雨后再见"，就是"晚上再见"的意思。一年365天，几乎天天如此。

热带雨林气候区一天中的天气

茂物人偏偏不像英国人那样喜欢带雨伞出门，结果自然是常常被淋成落汤鸡。据说，美国总统布什到访，当地聚集了很多示威者，让警察深感为难。没想到布什刚到会场，一场暴雨也随之而来，把原本声势浩大的示威者浇得七零八落，四散而去。原本如临大敌的警察如释重负，不过他们也顾不上高兴，都忙着用防暴盾牌遮雨呢。

印度尼西亚茂物的房屋

因为茂物雨大雷多，当地的房屋屋顶都盖得特别陡，这样一来，雨水就能很快排走，不至于造成外面大雨、屋里小雨的惨状。如果有机会到茂物，你会发现当地的房子大多数只有一两层，3层以上的建筑物很少见。不是老百姓住不惯高楼，而是为了防雷，故意把房子建得很矮。

为什么茂物的雷雨日特别多呢？这与当地的地理环境有关。茂物位于赤道附近，地处山间盆地之中。这里的上升气流十分强，很容易形成厚厚的积雨云。当带有不同电荷的云层相互接近时，就会产生雷电现象。因此，茂物形成雷雨的机会比其他赤道地区更多。频繁的雷雨虽然给茂物人增加了不少麻烦，但由此而来的好处也不少。因为雷雨的关系，这里不但空气清新，而且终年气温都在25℃上下，不冷不热，气候宜人，这种气候在赤道附近是很难得的。不但如此，由于地面大部分被肥沃的火山灰所覆盖，加上雨水充沛，水稻和各种热带植物生长茂盛，使茂物成为印度尼西亚经济作物产业最发达的地区。

茂物是著名的度假和旅游胜地，有高速公路及电气化铁路直通首都雅加达，因此，国际会议常在此召开。

1994年，在茂物召开的亚太经合组织领导人非正式会议上，通过了《亚太经合组织经济领导人共同决心宣言》，确立了APEC在亚太地区实现贸易和投资自由化的目标。同时，宣言强调亚太地区的多样性，要求加强包括人力资源开发、基础设施建设、科学技术、中小企业等领域在内的发展合作。会议正式确定了贸易投资自由化和经济技术合作这两个支柱，事实上确立了亚太经合组织今后的行动纲领。

时任中国国家主席江泽民在会上先后两次发言，提出了中国关于亚太经济合作的五项原则，即"相互尊重、协商一致；循序渐进、稳步发展；相互开放、不搞排他；广泛合作、互利互惠；缩小差距、共同繁荣"。茂物会议为亚太经合组织指明了前进方向，在亚太经合组织发展史上有着特殊意义。

本文提供：河北廊坊开发区新世纪中学　吴建国

>> 知识窗

降雨的类型

按照促使空气上升的具体原因，可以分为以下四种降雨类型。

1、对流雨：当空气强烈受热时，湿热空气膨胀上升，空气中的水汽冷却凝结形成的降水，叫对流雨。赤道地区全年以对流雨为主，我国的对流雨多见于夏季的午后。

2、地形雨：潮湿空气前进时，受到山地阻挡，被迫沿着山坡爬升。在上升过程中，空气中的水汽冷却凝结形成的降水，叫地形雨。地形雨多发生在山地的迎风坡。

3、锋面雨：两种性质不同的气流相遇，它们中间的交界面，叫锋面。在锋面上，暖、湿、较轻的空气被抬升到冷、干、较重的空气上面去。在抬升过程中，空气中的水汽冷却凝结，形成的降水叫锋面雨。

4、气旋雨：在低压中心，由于气流从四面八方流入中心，在北半球形成逆时针辐合，中心的空气被迫上升。空气在上升过程中温度降低，其中的水汽容易凝云致雨，形成的降水叫气旋雨。台风是一种强烈发展的气旋，台风雨就是一种气旋雨。

印度独立前后的三位巨人

印度独立是一场经历了近200年的斗争。1757年，东印度公司的炮火击溃了莫卧尔帝国的军队，印度从此进入英国殖民时期。

从19世纪下半叶开始，一波又一波的独立运动浪潮席卷印度，在此过程中产生了三位对印度有巨大影响的人物。他们是印度国父圣雄甘地、首任总理尼赫鲁和宪法之父安贝德卡尔。

即使把全印度所有的神灵、软件工程师和核科学家加在一起，也不如这三个人对印度的影响大。

——英国记者爱德华·卢斯

■ 印度国父——甘地（1869—1948年）

活着，如同生命中最后一天般活着。学习，如同你会永远活着般学习。

——莫罕达斯·卡拉姆昌德·甘地

莫罕达斯·卡拉姆昌德·甘地，也称作"圣雄甘地"，他是印度国父，也是印度最伟大的政治领袖。甘地"非暴力"的哲学思想影响了全世界的民族主义者和那些争取和平变革的国际运动。

甘地一生有两个重要的功绩，一是领导印度民众反抗英国殖民统治，并最终走向独立。二是他创立的非暴力不合作运动，成为弱势群体在争取权益时经常使用的策略。

一生俭朴的印度国父圣雄甘地

甘地被尊称为圣雄，这是大文豪泰戈尔对他的尊称，梵语的意思是伟大的灵魂。

甘地的一生饱经忧患，历尽坎坷。他出生于英国殖民统治下的印度，成长在一个虔诚信奉仁爱、不杀生、素食、苦行的印度教的家庭。

19岁时，甘地不惜被开除种姓身份，远涉重洋，赴伦敦求学，取得了伦敦大学的律师资格。

学成归国后，甘地开始在孟买从事律师业务。当有个来自南非印度人的案子要他处理时，他便义无反顾地踏上了前往南非的历程。在南非，甘地投入南非反种族歧视斗争。

1915年，甘地回到印度。回国初年，他坐三等车游历印度各地，以深入了解他久别的祖国。一年以后，他开始发表演讲，宣传自己的主张，从事非暴力斗争，实践并发展了非暴力学说。他对当时正在进行的战争予以支持，希望以此换取英国的开恩，给予印度自治。

1942年4月，在印度国内广大群众反英情绪高涨和日本侵略者逼近印度的形势下，甘地提出了英国"退出印度"的口号，非暴力不合作运动被英国政府镇压下去。甘地入狱直到1944年5月释放。

在经济理念上，甘地主张印度回归农村，他曾这样描绘过印度的未来：人们将生活在乡村而并不是城镇，居住在棚屋而不是宫殿。生活在城镇和宫殿里的人无法和睦相处，他们的生活将只有暴力和谎言。

二战后，处于内外交困的英国政府慑于印度民族解放运动再起的压力，答应印度独立的要求。但因印、穆两教的分歧对立由来已久，加之英国分而治之政策的影响，印、巴分治已成定局。

>> 知识窗

印巴分治

1947年，英国政府根据"蒙巴顿方案"，按宗教信仰把英属印度分为印度联邦和巴基斯坦两个自治领。这是英国殖民者在印度独立运动高涨时推行"分而治之"的产物。

1947年8月14日巴基斯坦宣告独立，成为英联邦的自治领（领土包括东、西巴基斯坦两部分），1956年3月23日成立巴基斯坦伊斯兰共和国。1947年8月15日印度自治领成立，1950年1月26日宣布为印度共和国，仍为英联邦成员。

巴基斯坦独立后，与印度因克什米尔问题于1948年、1965年、1971年在克什米尔地区发生了三次印巴战争。第三次印巴战争直接造成东巴基斯坦独立成为孟加拉人民共和国。

甘地为维护印度统一不懈努力，终无回天之力，只好接受分治。

1948年1月30日傍晚，在印度的晚祷仪式上，印度教极端分子纳图拉姆因为不满甘地在印巴分治过程中呼吁和解而向甘地连开三枪。

"唉，罗摩！"意思是"哦，神啊！"这是甘地1948年遇刺时说的一句话，也是他留在世上的最后一句话。

一生宣扬非暴力的甘地，就这样倒在暴力之下。一架木纺车、一双拖鞋、三只象征德行的小猴雕像，这几乎就是甘地留下的全部物质财产。

"甘地是一个谜，他是一个尘世罕见的人，是属于宗教上先知类型的人物。"这是印度首任总理尼赫鲁对甘地的评价。

■ 印度首任总理——尼赫鲁（1889—1964年）

我所关心的根本是现实和今生，并非什么别的世界或来生。

——贾瓦哈拉尔·尼赫鲁

贾瓦哈拉尔·尼赫鲁，印度第一位总理，甘地的追随者和亲密战友，他也是印度在位时间最长的总理。1952年在印度第一次大选中获胜，此后连任总理。尼赫鲁是印度独立运动的参与人，主张印度脱离大英帝国独立。

尼赫鲁在印度独立运动中扮演着关键角色，同时被甘地信任而得以成为他的继任者。印度独立后，为了解决贫穷问题，尼赫鲁一直重视公共部门的表现，使得他的经济政策充满社会主义色彩。

1919年，尼赫鲁30岁这一年的4月13日，在旁遮普省的阿姆利则市，数万印度民众集会抗议英国人强行通过的可以随意逮捕印度人的《罗拉特法案》。下午5点多，英国驻军对集会人群开枪射击，时间长达10分钟之久，造成上千人死亡。

阿姆利则惨案是印度历史的转折点，许多原本对英国抱有亲近感的中高层人士，从此走上了反抗殖民统治的道路。

大诗人泰戈尔听闻惨案后，拍案而起，坚决退还英国人授予他的爵士称号。当时已是全印度最著名律师的尼赫鲁的父亲烧掉了家中所有西洋物品，以支持尼赫鲁的独立运动。

在投身独立运动的岁月中，尼赫鲁9次被捕，在狱中他写下了《印度的发现》一书。书中写道：印度是不能在世界上扮演二等角色的，要么做一个有声有色的大国，要么就销声匿迹。在监狱外演讲时，他也多次大声疾呼："如果印度死了，谁能苟延残喘；如果印度活下来，谁又将会死去"。尼赫鲁一生不懈努力，希望所有的印度人都能建立起强烈的民族意识。

尼赫鲁还有一个重要的贡献，就是确立了英语和印地语一起成为印度的官方语言。现在，印度的许多中小学都使用印地语和英语两种语言教学，这些学生们也许并不知道，今天所学的语言和早已去世的尼赫鲁有着密切的关系。

在印度独立之初，是否应该继续使用侵略者的语言，曾经是一个重大的争议话题。尼赫鲁最终说服印度人，使用一种世界性的商业语言，将为印度带来长远的利益。

印度与美国有12小时的时差，美国的下班时间差不多就是印度的上班时间。现在，大量劳动者掌握英语，使美国跨洋编写软件无缝对接成为可能。今天，美国大量的软件业务外包给印度的同行。此外，美国还把打电话、做报表、请律师等许多可以通过网络通信技术解决的事情统统外包给印度人。在家打电话购物或订餐的美国人也许不知道，电话线的那头在遥远的印度，与他用英语对话的接线员居然是印度人。因为同样一个员工，印度人的工资支出只有美国人工资支出的二十分之一。

时至今日，众多劳动者掌握英语，果然成为世界公认的印度优势。印度已经被称为"世界办公室"了。

"贾瓦哈拉尔，是无忧无惧的骑士，在他的掌控下这个国家便是安全的。"这是圣雄甘地对尼赫鲁的评价。

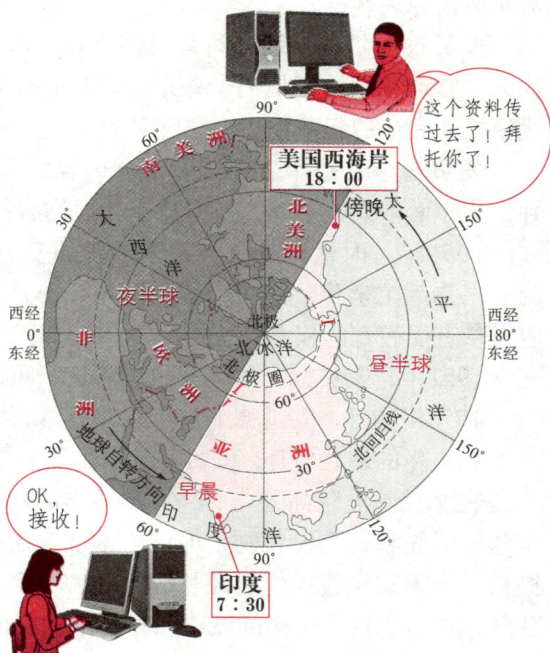

印度和美国通过网络对接

■ 印度宪法之父——安贝德卡尔（1893—1958年）

我生下来是一个印度教徒，但是我死的时候不会是印度教徒。　　　　——比姆拉奥·拉姆吉·安贝德卡尔

安贝德卡尔出生时是一名印度教徒，是印度教徒中的"贱民"。安贝德卡尔早年赴美国学习，攻读法律，成为著名律师，并为印度独立和解放事业作出过巨大贡献。同时，他还是现代印度佛教复兴倡导人。

比起甘地和尼赫鲁，安贝德卡尔并不为中国人所熟知，然而在印度，他却是一个家喻户晓的人，许多村庄和城市都有他的塑像。

安贝德卡尔是印度历史上第一位获得学位的达利特人。但在上世纪初的印度，即使他拥有美国哥伦比亚大学和伦敦政治经济学院的双料博士学位，所能感受到的却只有歧视。这种歧视，直到今天依旧没有完全消散。

种姓制度源于印度教，在印度数千年的历史中，建立起了一套严格的阶层划分和细致的职业分工，形成相对稳定的社会结构。它以神的名义，把人按照严格的种姓等级加以区分，种姓越高，就被认为越洁净，离神越近。种姓制度把印度人由高到低分为四等：婆罗门、刹帝利、吠舍、首陀罗，达利特人被排除在所有种姓之外。不同种姓之间界线分明，不得逾越。

婆罗门从事与宗教有关的职业；刹帝利掌管军事、政治和税收；吠舍是自由的平民；首陀罗则由奴隶演变而来。被排除在所有种姓之外的是达利特人，境遇最为悲惨，他们的祖先可能是战俘或罪犯，或者是跨种姓通婚的人。每个人的种姓身份与生俱来，终生不变而且世代相传。少数高种姓的印度人，拥有较高的社会地位和体面的经济地位，他们拒绝与低种姓的人分享经济发展的成果。

印度教的种姓制度

达利特人只能从事扫地、屠宰等被印度教认为最不洁净的工作。他们居住在村子外很远的地方，甚至不能踩到高种姓人的影子，因为那样会被认为玷污别人的洁净。

安贝德卡尔博士就出身在达利特人家庭，从小体会到这深重的不公。而正是这深重的不公激发了安贝德卡尔的斗志。

1930年，大律师安贝德卡尔博士已经成为达利特人公认的精神领袖，但他却和另一位精神领袖甘地发生了意见冲突。甘地认为，种姓制度应当加以改革，但无法废除。安贝德卡尔则认为，没有什么能解放达利特人，除非消灭种姓制度。

安贝德卡尔和甘地之间有很多分歧。印度独立后，安贝德卡尔博士问甘地，达利特人到底从独立中得到了什么？甘地说：给了他们一些东西。尽管安贝德卡尔是甘地的抨击者，但在印度独立后，尼赫鲁和甘地都赞成让他担任宪法的起草委员会主席。

安贝德卡尔是印度宪法大部分内容的起草者，这部宪法在法律层面上废除了不可接触制度，提出不论种姓，法律面前人人平等，所有成年公民均有投票选举权。

1950年，时任印度首任司法部长的安贝德卡尔在奥兰加巴德创办了印度第一所为达利特人提供教育的学院——弥兰陀学院。如今，学院已为数十万低种姓民众提供了教育机会。安贝德卡尔认为，族群的孩子和民众应当享有受教育的权利。

1951年，安贝德卡尔辞去司法部长一职，全力投入提升达利特人权益的行动。

1956年10月，安贝德卡尔带领50万达利特人改信佛教，不到两个月，安贝德卡尔因病与世长辞。

在人生的最后岁月，安贝德卡尔实现了自己的誓言：我生下来是一个印度教徒，但我死时不会是印度教徒。

在弥兰陀学院高处，有一间孤零零的房子，是这位印度宪法之父当年居住过的地方。和甘地一样，安贝德卡尔生活简朴，身无长物，他留给学院的遗产，除了几书柜藏书外，最重要的就是学院里他亲手种下的一棵菩提树，今天这棵菩提树已经长成参天大树了，每年有许许多多佛教徒到此来祈祷。安贝德卡尔也被佛教徒尊为菩萨，在达利特人聚集的城市和村庄都立有他的雕像。

本节故事参考央视纪录片《金砖之国·印度》内容改写

肤 色

　　这是发生在南非的一个真实的故事，故事的主角叫桑德拉·莱恩。莱恩见证了南非从种族歧视到种族和解的一段心酸而惨痛的经历。

　　莱恩生于1955年，父母都是白人，从血缘上讲，她应该是白人。但莱恩天生皮肤黝黑，头发卷曲，与黑人没有两样。在法律规定以相貌而非血统决定人种的制度下，莱恩既受白人歧视，也遭黑人排斥。

　　20世纪70年代，南非国民党统治下的白人种族主义政权发展到了极盛时期。南非政府利用廉价的黑人劳动力，加上白人的管理才干，还有丰富的矿藏——黄金、钻石、白金、铀、锰，以及占全非洲储量87%的煤炭，已经把南非建设成非洲唯一一个接近于西方发达世界的国家。当时的南非经济基础稳固，基础设施发达。

　　按照当时法律，有着黑人面孔的莱恩，不能在白人区的海滩上游泳，不能乘公共汽车，不能和家人一起上饭店、看电影、去教堂，甚至死后都不能和家人葬在同一块墓地。

　　1965年，莱恩被送到了白人学校，但是她的同学嘲笑她不是白人，老师和学校领导也歧视黑人相貌的她。

小时候的莱恩、母亲和弟弟

■ **场景一：桑德拉正在上课。**

　　老师：我们的国家有辽阔的平原，在这平原上有猛兽，还有黑人。黑人总是想掠夺我们的土地，于是我们和他们展开过很多次战争。同学们，你们认为为什么会这样呢？

　　学生1：因为我们的政府软弱无能。

　　老师：这是不文明用语，上课时不许这么说。

　　学生安妮：我们不能和他们在一起，因为我们与他们是不一样的。

　　老师：没错，安妮，说得很好，很好。因为他们与我们是不一样的。黑人们都从事什么职业呢？

　　学生2：他们在牧场里工作。

　　学生3：还有在矿区工作。

　　整个课堂气氛活跃，同学们争相举手回答问题，但是把手举得高高的桑德拉没有一次被叫到。老师总是对她视而不见，从心里歧视她。

　　1966年，11岁的莱恩被驱逐出学校。

　　父亲亚伯拉罕带着莱恩一而再、再而三地辗转于医院、法院，一次次地为女儿申请肤色鉴定。莱恩的肤色问题后来终于被诊断为一种返祖现象，医学上的说法是基因突变。

　　莱恩的父亲亚伯拉罕努力为女儿争取白人身份，他的坚持迫使国家于1967年修改法律，规定以血统而非相貌作为评判人种的依据，莱恩于是重获白人身份。这个结果让全家人欢呼雀跃。

　　但肤色带给莱恩的困扰从未真正消失，因为不被白人社会接受。后来莱恩和自家庄园的黑人彼得森逐渐有了好感，但他们的交往遭到了父母的坚决反对。

■ **场景二：莱恩嫁给彼得森。**

　　莱恩半夜偷偷从家里跑出来，和彼得森约会。

　　父亲打电话报警，说自己的白人女儿和黑人流氓在一起。警察带着枪在彼得森家里把两人抓住。

　　警察看着莱恩说：这也算白人？

　　莱恩和彼得森被带到警局。

　　在莱恩父母的努力下，两人从警局释放。

　　站在警局门口的莱恩不愿跟父母回家。

　　莱恩最后还是嫁给了黑人彼得森。莱恩的决定让父亲亚伯拉罕大为恼怒，他把莱恩逐出了家门。这一年，莱恩16岁。

结婚后的莱恩过上黑人妻子的生活，也生下了一儿一女。她忘不了父母，不断给父母写信，但是都没有收到回信。

其实，莱恩母亲珊妮接到了莱恩的第一封信就打算去看她，但父亲警告送信的人，坚决不准妻子去看莱恩。母亲准备自己开车去看她，也被父亲拦下，还砸了母亲开的那辆车，父亲的态度异常坚决。

多年后，莱恩多方打听，终于找到了父母的电话，想与父母见面，但遭到了母亲的拒绝，直到父亲死于喉癌，父女俩也没能见上一面。

■ **场景三：母亲阻止父亲与女儿见面。**

珊妮放下电话，走到亚伯拉罕的床前。亚伯拉罕已经不能走动了。

亚伯拉罕：她现在在哪儿？

珊妮：在帮果。

亚伯拉罕：带我去见她。

珊妮：不行。这不可能。你病得太重了。你现在该吃药了。

珊妮去拿药，亚伯拉罕翻身滚下了床。

珊妮：你这是干嘛？

亚伯拉罕：我要去帮果，我必须见见她。

珊妮：你哪儿都不许去，回到床上吧。

珊妮把亚伯拉罕费劲地抱上了床。

珊妮：这是医生的命令。

珊妮：这么多年以来，你都要我们分开，怎么现在想见她了？为什么现在就可以去见她？

亚伯拉罕：求求你，我必须见见她。

珊妮：你必须去见她？过去十年来，我每天都是那么想见她。现在，你想见了？

亚伯拉罕：我很抱歉，我错了。我必须要告诉她，我错了。

珊妮：你想请求原谅吗？你不配。我也不配。

亚伯拉罕：珊妮，求求你了。

珊妮：不行，这是你的选择。

莱恩的母亲一次又一次地搬家，一直躲避这个女儿，因为他们从内心里对女儿充满了愧疚，感觉不配再见到女儿。

莱恩一次又一次地打听母亲的住址，一次次地无果而终。

莱恩终于找到了警局。

这时的南非已经废除种族隔离制度，莱恩的故事也广为流传，她也逐渐成了家喻户晓的人物。莱恩寻找母亲的行动得到了警察和媒体的帮助。

2000年，莱恩在与母亲隔绝30年后，终于再次见到了母亲。此时的母亲住在一家医院里，已经中风多年，身体相当虚弱，但母亲的意识还非常清楚。这一幕被《泰晤士报》记者拍了下来。

■ **场景四：最后一次见到母亲。**

珊妮虚弱地半躺半坐在床上。

护士：珊妮，你女儿来看你了。

珊妮：我女儿？

莱恩看着母亲，一步一步缓缓地走向母亲。

母亲微微移动脑袋，看着向自己走来的莱恩。

珊妮：你不是主意已定了吗？你在电视上的访问中不是已经决定好了吗？

莱恩：我只是实话实说，难道我的苦还没受够吗？我真不该来。

莱恩转身欲离开。

珊妮：桑德拉。（莱恩回转身）那抽屉里有把钥匙。

莱恩缓慢地拉开抽屉，拿出一把钥匙，在母亲的指引下，她打开一个柜子，拿出一个纸箱。打开纸箱，莱恩离家时最喜欢的布娃娃静静地躺在纸箱里。

看着布娃娃，莱恩笑了，两个倔强的女人紧紧拥抱到了一起。

2002年，珊妮去世。莱恩当时对此一无所知，因为她的兄弟里昂和阿德里安拒绝与她相认，也不希望这个黑人肤色的姐姐参加母亲的葬礼。而分开30多年来，弟弟也从未联系过她。莱恩说，这是她心里永远的痛。

2003年，莱恩的彩虹糖果店开张。此时，莱恩已经有了七个孙子，一家人正享受着天伦之乐。

2008年，莱恩的故事被改编成电影。电影基本上选取了莱恩生活中真实的故事情节，电影的名字就叫《肤色》。本故事中的四个场景均选自电影《肤色》。

电影《肤色》

电影再现莱恩与母亲相逢的一刻

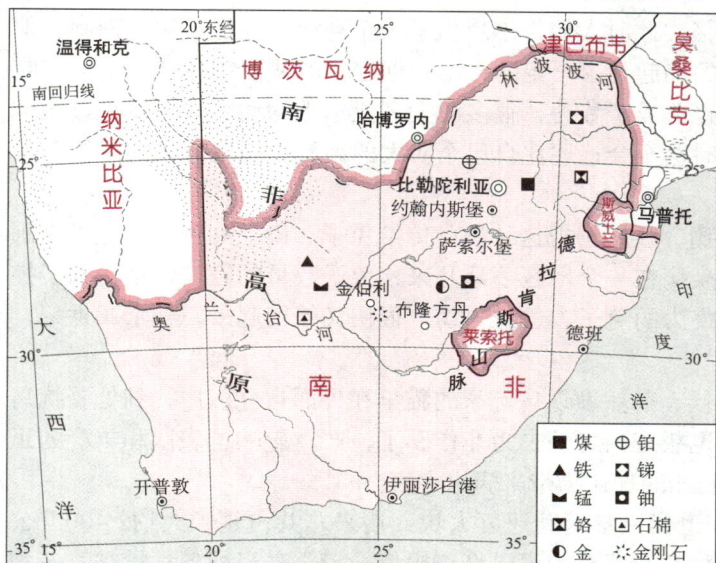
南非矿产和城市分布

>> 链 接

曼德拉

纳尔逊·罗利赫拉赫拉·曼德拉1918年7月18日出生于南非特兰斯凯一个大酋长家庭。

青年时期起，曼德拉是积极的反种族隔离人士，同时也是非洲国民大会武装组织"民族之矛"的领袖。当他领导反种族隔离运动时，南非法院以密谋推翻政府等罪名将他定罪。依据判决，曼德拉在牢中服刑了27年，直到1990年出狱。

1994年至1999年间，曼德拉出任南非总统，是南非首位黑人总统，被尊称为南非国父。1993年，曼德拉获得诺贝尔和平奖。

2013年12月5日，曼德拉在约翰内斯堡住所去世，享年95岁。

>> 知识窗

南 非

南非面积122万平方千米，人口近5 000万，80%为祖鲁人、科萨人、斯瓦蒂人等黑人，其余为白人、混血人、亚洲黄种人等，官方语言为英语和南非荷兰语。

1899—1902年英布战争后，南非成为英国殖民地。1961年南非退出英联邦，成立南非共和国。此后，南非白人政权实行残酷的种族歧视和种族隔离政策。

1994年4月，种族隔离制度被废除，同年5月10日，第一位黑人总统曼德拉宣誓就任南非总统。

南非是非洲经济最发达的国家，矿业、制造业、农业和服务业为四大经济支柱。南非黄金产量居世界首位，金刚石产量居世界前列。

生物入侵澳大利亚

"黔无驴，有好事者船载以入。至则无可用，放之山下。虎见之，庞然大物也，以为神，蔽林间窥之。"最后，虎"断其喉，尽其肉，乃去"。 这是唐代文学家柳宗元的名篇《黔之驴》里的景象，贵州没有驴，有人运入一驴，而这庞然大物的驴最后还是被老虎吃掉了。

澳无兔，有好事者船载以入。至则无可用，放之草地。不过澳大利亚没有老虎，兔子也没有在那里等死，于是故事有了不同的结局。

19世纪中期，有人为了打猎，从英国带来13只兔子到澳大利亚，放养在自家的草场里。短短几年之后，兔子飞快地繁衍，这位好事者就在自己的庄园里消灭了上万只兔子。当然，这时候，狩猎已经不是娱乐，而成了烦人的体力活动。多产好动的兔子四处打洞、做窝、繁殖、啃食……铺天盖地。兔子的所作所为严重破坏了澳大利亚的草场，吃掉了本该是牛羊的食物。兔子泛滥成灾，对于澳大利亚这样的农牧业大国是致命的打击。

澳大利亚人，在发现人工围剿收效甚微之后，打算给兔子划分势力范围。各家各户都修建了防兔篱，加起来共有1 500千米，可兔子会翻墙，修筑防兔篱的效果并不明显。

兔子入住澳大利亚50年之后，兔子的数量已经上亿，此时人们终于想出了一个高级的办法：生物控制。他们聘请狐狸和鼬来给兔子施压。花重金请来的猎手们的确起到了一定的作用，但它们的职业操守并不好，"吃着碗里，看着锅里"，猎手们对兔子以外的其他动物也造成了威胁，很多澳大利亚本土的动物从来没见过这样的大型肉食动物，毫无防御能力，惨遭屠戮。狐狸有时甚至会追逐比自己个头大的袋鼠，袋鼠奔逃的时候，很容易把袋子里的宝宝掉出来，被狐狸捕获。

直到科研人员发现了由蚊子传播的兔多发性黏液瘤，让蚊子把这种病菌传给兔子。染上此种病的兔子在洞内乱跑，就容易把病菌传染给其他兔子，从而使这种疾病在一个地区蔓延开来，兔子数量的增长似乎得到了控制。但是，一些兔子们很快获得免疫力，这些具有免疫力的兔子，逃过一劫，很快又繁衍起来。整个20世纪，澳大利亚的灭兔行动从来就没有停止过。

身心疲惫的澳大利亚人在忙着拆西墙补东墙的时候，赫然发现自己家的猫早在外面自立门户，到处骚扰鸟类和一些有袋动物，从亚洲引进的水牛不知什么时候也叛逃到野外去为非作歹了，严重影响了袋鼠和羊群的正常生活，甚至家畜们身上带进来的虱子，都会给澳大利亚的农作物带来病虫灾害。

有人把一株多刺的仙人掌带到了澳大利亚，谁知道仙人掌繁殖速度太快，后来总共占领了大约2 400万公顷的土地。而种在自家庭院里用来缅怀英伦生活的各种花花草草也早已红杏出墙，绞杀着当地各种植被。一句话，澳大利亚的自然环境对外界的免疫力太差了。

有统计显示，澳大利亚大陆上一半以上的物种灭绝源于生物的入侵，这远高于全球的35%左右的水平。作为长期孤立于海洋中的大陆，澳大利亚一直容易受到外来物种的侵害。而因为生物入侵造成的经济损失、健康危害、生态破坏、环境污染、土壤侵蚀等等的损失更是无法估量。因而澳大利亚与新西兰很早就形成了远比别国严密的管理措施，包括严格的入境筛查、监测预警具有入侵潜力的物种、有效的国民生物入侵教育，以及发生入侵后有效的控制手段等等，力争从各个渠道对入侵生物严防死守。

澳大利亚容易遭生物入侵，这源于上亿年前一次过早的大陆分离。澳大利亚大陆是最早从泛大陆上脱离开的一部分，脱离后，澳大利亚大陆再也没有和其他大陆接触过，自成体系地演替出了一套独特的生命体系。这片陆地大约四分之三的物种是其他大陆没有的，这些特种彼此之间相互制衡，共同形成了适应当地气候特征的生态系统。在人类到来之前，这些生物们基本上过着世外桃源般的生活，长期脱离其他大陆，造成澳大

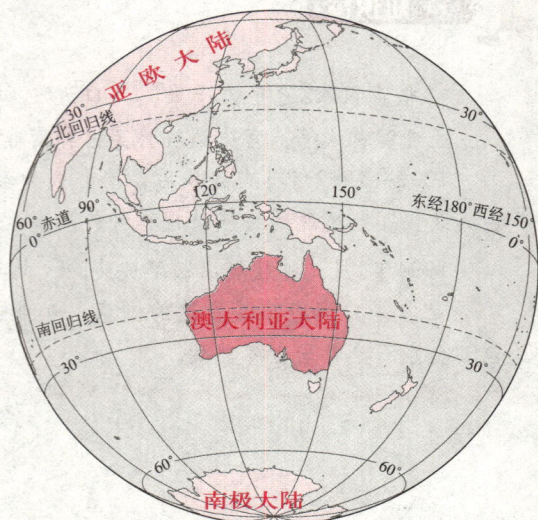

澳大利亚大陆孤立于海洋之上达上亿年

利亚大陆成为古老生物的庇护所。

　　人类带来的全新生物是这片陆地几万年不曾见过的，其中有一些因为不能适应当地气候死去了，而能够活下来的生物则发现，从前生活中恐惧的、躲避的、不可战胜的因素都不复存在，仿佛来到了天堂。这些在其他大陆上原本处于各种因素压迫下的物种，在这里称霸，成了疯狂增长的魔王，整个生态系统都因为它们的到来而面临着重新洗牌的困局。

　　其他的大陆也存在着同样的问题，人类活动急剧缩短了生态系统间交流的时间，降低了交流门槛，这给生态系统和人类自身带来巨大挑战，而澳大利亚生态环境的破坏，不过是这一全球困境中尤为突出的真实写照。

>> 资料卡

澳大利亚检验检疫部门禁止入境物品清单

一、乳、蛋类制品

所有乳制品（除非来自无口蹄疫国家），含成分超过10％乳制品的产品，包括三合一奶咖啡、茶和麦乳精、奶粉和含乳制品的速食谷类食物。

所有未加工的、脱水的或粉末状的蛋类制品、蛋面、含蛋月饼、咸鸭蛋、皮蛋、有蛋的速食面、蛋黄酱等。

二、植物材料

所有盆栽或裸根的植物、竹、盆景、剪枝、根、球茎、块根、茎和其他可繁殖的植物材料和泥土、花粉。

煮熟、干制、新鲜或冷藏的芭蕉类叶。

三、动物制品

所有动物肉类，包括新鲜、脱水、冷冻肉类、熟肉、熏肉、腌肉、咸肉及包装肉。

香肠、腊肠。

整只咸鸭、家禽内脏、牛肉条、牛肉干、牛肉和猪肉丝、肉松、猪肉馅月饼、含肉速食面、猪蹄、猪油渣。

宠物食品（包括鱼食和鸟食）、珊瑚。

四、草药和传统药品

鹿角、鹿茸、鹿茸精、鹿鞭、阿胶。

燕窝、冬虫夏草、灵芝。

蛤蟆油脂/膏、干蚯蚓、任何种类干制的动物躯体，紫河车、蜥蜴干、蹄筋、甲鱼和牛尾。

五、种子和果仁

谷类、爆玉米花、生果仁、生栗子、新鲜花生、松果、水果和蔬菜种子、未经识别的种子、某些商家包装的种子和豆类装饰品、山楂、赤豆和绿豆。

六、新鲜水果和蔬菜

所有新鲜和冷冻的水果和蔬菜。

七、活的动物

所有哺乳动物、雀鸟、鸟蛋及雀巢、鱼、爬虫动物、蛇、蝎子、两栖动物、甲壳类动物及昆虫。

本文提供：贵阳八中　李昌碧

五牛的死法

有一天，五头来自不同国家的牛，死后在天堂相遇了。它们是来自印度的水牛、中国南方的黄牛、阿根廷的肉牛、荷兰的乳牛、西班牙的斗牛。他们互不认识，为了沟通，找了一个共同的话题——"我们是怎么死的？"

印度人在街上喂食白色的母牛

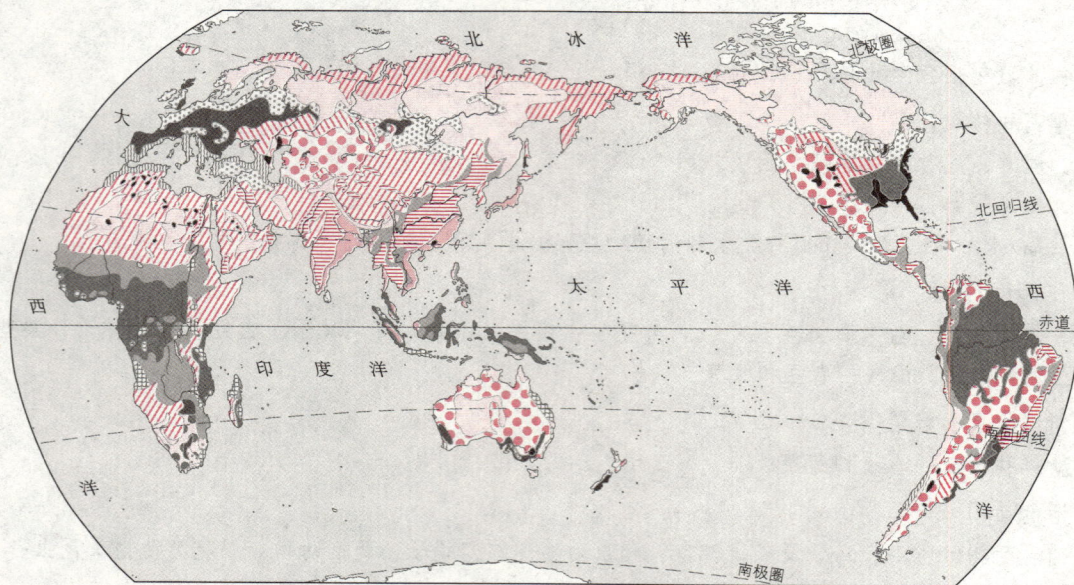

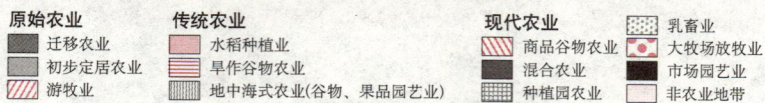

印度的水牛说："我是笑死的，我们印度的牛分成很多种，地位最高的是白色的母牛，它们被尊为神牛，什么活都不用干，可自由地穿行于花园和街道，即使阻塞了交通，司机们也只能鸣笛示意它们让开，而不能强行驱赶。我就没那么好运了，我只是一头普通的水牛，年轻时要耕田，我为印度水稻种植业的发展，作出了重要的贡献。我晚年自由自在地生活在牛舍中，不愁吃不愁喝。回首这一辈子虽曾有过辛劳，但毕竟能快乐地过一生，且安享晚年，哈哈——我是笑死的。"

中国的黄牛说："我真是感受了人世间的凄凉啊，我祖先本来生活在中国北方，但由于水牛肉不好吃，中国南方人逐渐饲养黄牛作为耕牛，我们在南方水田里干活比北方更累。我年少的时候，他们用鞭子抽打我，还得到了一句口头禅'牛教三遍也晓得转头'来嘲笑那些反应慢的人。我壮年时，除了干活就是被关在阴暗的牛圈里，冬天只能吃一些干燥的稻草。慢慢地，我老了，最后被卖到屠宰场。我是在悲愤中死去的。"

世界农业地域类型

原始农业
- 迁移农业
- 初步定居农业
- 游牧业

传统农业
- 水稻种植业
- 旱作谷物农业
- 地中海式农业(谷物、果品园艺业)

现代农业
- 商品谷物农业
- 混合农业
- 种植园农业
- 乳畜业
- 大牧场放牧业
- 市场园艺业
- 非农业地带

阿根廷的肉牛说："我是胖死的，我的生命从出生到死亡只有两年，我出生的时候才50千克左右，饲养员每天都给我放音乐，做按摩，我吃的是高蛋白的牧草，有时候我们成群地出去散步，看到了潘帕斯草原美丽的风光。别以为我们是在找草吃，其实我们主要是散步，当然也顺便吃点野草，人工牧草才是我的主食。由于科学的作息时间和课业安排，我的身体长得很快，长得很壮，这样的日子持续了一年多，饲养员一称我的体重到达500千克，就把我拉出农场，送上火车，一路上我欣赏草原的优美风光，来到了大城市布宜诺斯艾利斯，感受了城市的繁华。在城市边缘的市郊，我被带进一个院子，另外一个人站立着拿着一把枪，枪射出的子弹击中我的穴位，我昏迷过去，他们会对我进行解剖。最后我的不同部位贴上了不同的价格标签，高的可以卖到为23美元一千克。因此，我活得潇洒，死得高贵，总结起来我是胖死的。”

荷兰的乳牛说：“我是听流行音乐听死的，我从小就感受了生活的寂寞，我的身边没有雄性，刚出生的公牛犊全部被运送到了屠宰场。为了缓解我们的寂寞，增加我们的产奶量，牧场主每天都给我们播放世界名曲，像《命运交响曲》《致爱丽丝》等等，后来由于我们对古典名曲产生了免疫力，饲养员给我们播放流行音乐，有一天我听到了一首流行音乐《伤不起》，我听之后全身都起了鸡支疙瘩，饲养员说我得了疯牛病，于是就将我隔离，然后焚烧致死。唉！我是听流行歌曲听死的。”

西班牙的斗牛说：“我是得职业病死的，我身体从来都非常健壮，我在赛场上的举动不知道迷倒了多少西班牙母牛，后来我退役了。有一天，我出去转悠，来到了一个农场门口，看见一辆大卡车，车门没关，车上拉着一车红红的东西，于是我就拼命地追啊，追啊，我终于累死了。后来我才知道，那一车装的是‘西红柿’。唉，我是得职业病死的。”

资料卡

西班牙斗牛

西班牙斗牛通常选用体重四五百千克的北非纯种牛，具有天生的野性。斗牛起源于西班牙古代宗教活动（杀牛供神祭品），13世纪西班牙国王阿方索十世开始将这种祭神活动演变为赛牛表演。现在西班牙有300多个斗牛场（最大的是马德里的文塔斯斗牛场，可容纳2.5万人）。每年3月至11月是西班牙斗牛节，通常以星期日和星期四为斗牛日。

在西班牙乃至整个西班牙语世界里，斗牛士被视为英勇无畏的男子汉，备受国人的敬仰与崇拜。西班牙斗牛士的地位高出一般的社会名流和演艺界人士。

知识窗

世界主要的农业地域类型

■ 季风水田农业：主要分布于亚洲季风气候区，如中国、印度、越南、泰国等。

牛被印度教徒尊为圣物，主要体现了牛在传统耕作中的重要性，而母牛作为牛家族的繁衍者，自然格外受到尊重。

■ 传统旱作农业：主要分布于温带大陆东岸及亚热带干旱山地，包括中国的东北、华北及西北部分地区，中南半岛的山地、丘陵，印度德干高原等地。

中国的黄牛更适合在北方的旱地里耕作。

■ 商品谷物农业：主要分布在美国、加拿大、阿根廷、澳大利亚、乌克兰等国。我国东北和西北也有类似农业。

■ 大牧场放牧业：主要分布在美国、澳大利亚、新西兰、阿根廷、南非等国家和地区的干旱、半干旱气候区。这些地区草场广阔，适用于放牧牲畜，因而形成了大牧场放牧业农业地域类型。

阿根廷被称为“世界肉库”，是牛肉出口量最多的国家。

■ 乳畜业：主要分布在北美洲五大湖区、西欧等城市化水平较高的地区，乳畜业的发展通常以饲料和市场为基础。

荷兰因气候为温和湿润的温带海洋性气候，不适合谷物的生长而更适合多汁牧草的生长。同时荷兰为延长产业链将牛奶加工成奶粉，荷兰奶粉在中国市场上占有相当大的市场份额。

本文提供：重庆市云阳凤鸣中学校　李炜

过去、现在和未来

回忆过去的历史，
直面今天的现实，
创造美好的未来。

京杭大运河的开凿和变迁

举世闻名的京杭大运河，与万里长城并称为中国古代最伟大的工程，是世界上开凿最早、最长的一条人工河道。大运河始凿于春秋末期（公元前5世纪），后经隋朝（7世纪）和元朝（13世纪）两次大规模扩展，还经过明清两代的疏浚，成为北起北京、南至杭州的南北交通大动脉。大运河跨北京、天津以及河北、山东、江苏、浙江四省，沟通海河、黄河、淮河、长江、钱塘江五大水系。

■ 隋朝开凿南北运河

最早开凿大运河是在公元前5世纪春秋末期。公元前486年，吴王夫差为了北上伐齐，调集民夫开挖自今扬州到淮安入淮河的运河。因这段运河途经邗城，故得名"邗沟"。邗沟全长170千米，是大运河最早修建的一段。

隋统一后，隋文帝先在汉长安城的东南龙首建大兴城作为都城，为供京师所需。于开皇三年（公元583年），令西自蒲（今山西永济）、陕（今河南陕县），东至卫、汴（今河南开封）等13州募置运米丁，并在卫、洛（今河南洛阳）、陕、华（今陕西华阴）4州设置官仓，漕运关东及晋之粟以给京师。第二年，命宇文恺主持修建了一条300里的广通渠，从大兴城东引渭河水到达潼关，与黄河连接起来，用以漕运关东的粮食。开皇七年（公元587年），为准备灭陈，又派梁睿沿春秋时吴王夫差所开挖的邗沟故道，开挖山阳渎，自山阳（今江苏淮安）引淮水，经江都至扬子（今江苏仪征）入长江，用以向南方运兵、运粮。

隋炀帝即位后，对定都大兴城（长安）并不满意。因为一来大兴距离关东和江南地区较远，不便于朝廷对关东和江南的控制，二来随着中央政府机构的逐步完善，大兴的人口不断膨胀，光靠关中的粮食和物资已不能满足需要。而江南地区由于在南朝时无大战乱，社会比较安定，农业和手工业获得很大发展，已成为财富集中的地区，但从那里调运粮食和物资到达京师，路途又过于遥远，漕运不便。于是便在洛阳营建东都，并着手修建大运河，以便漕运黄河下游和江淮地区的物资以济东都，并加强对黄河下游及江南地区的控制。

大业元年（公元605年）隋炀帝征调江南、淮北100多万民工修建通济渠，从洛阳西苑引谷、洛二水到达黄河，再从板渚（今河南荥阳东北）引黄河水入汴水，又从大梁东面引汴水入泗水，最后到达淮水。同年，又征发淮南十几万民工，用半年时间，对隋文帝时开挖的山阳渎进行疏通、扩大。大业四年（公元608年），征发河北100多万民工，修建永济渠，引沁水南达黄河，北到涿郡（今北京）。这就是洛阳到北京的北段大运河。因炀帝亲自巡幸，故名御河。大业六年（公元610年），又在长江以南开挖江南运河，从京口（今江苏镇江）引长江水到达余杭（今浙江杭州）。至此，贯通南北、以洛阳为中心、南通杭州、北通北京的大运河凿通，全长2 700多千米。

在唐、宋两代对隋运河继续进行疏浚整修。唐时浚河培堤筑岸，以利漕运纤挽。将自晋以来在运河上兴建的通航堰堤，相继改建为既能调节运河通航水深，又能使漕船往返通过的单插板门船闸。宋时将运河土岸改建为石驳岸纤道，并改单插板门船闸为有上下闸门的复式插板门船闸（现代船闸的雏形），使船舶能安全过闸。运河的通航能力也得到了提高。北宋元丰二年（公元1079年），为解决汴河（通济渠）引黄河水所引起的淤积问题，进行了清汴工程，开渠50里，直接引伊洛水入汴河，不再与黄河相连。这一工程兼有引水、蓄水、排泄、

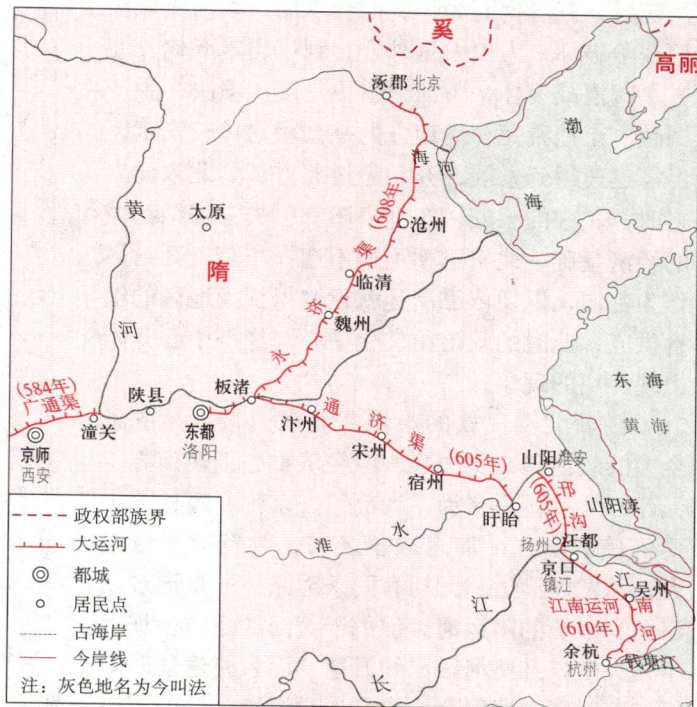

治理等多方面的作用。

经隋朝首次开凿形成的南北运河，全长2 700多千米，水面平均宽50多米，最窄处也有30～40米，由广通渠、通济渠、山阳渎、永济渠以及江南运河连接而成，开凿时间前后共计有20多年之久。

■ 元朝改建运河

隋唐前，黄河流域的经济一直处于全国领先的地位，中国的政治、经济和文化中心都在黄河流域，三者合而为一。西晋以后，黄河流域屡遭战争破坏，人口大量外迁。到了唐末五代，北方军阀混战不休，黄河河道更是屡次溃决，生产凋敝，土地荒芜。而南方的社会相对比较安定，经济迅速得到发展，开始超过北方。到北宋建立之时，关中的长安、东都洛阳都已失去容纳都城的经济基础，北宋王朝不得不选择东京（开封）作为都城，以便依靠漕运就近取得江南地区的粮食供应，此时的政治、文化中心与经济中心开始出现分离的现象。

随着北漠民族的南侵，北京一带逐渐成了全国的政治和文化中心，但经济重心仍在南方。元建都北京，命名为"大都"。京师所需粮饷主要依赖于南方，加之战争之需，物资运输量很大，需发展漕运。元初有两条运路：一是通过以洛阳为中心的隋运河。但由于黄河的泛滥，加上年久失修，某些河段已经淤塞，而且路途迂回曲折，费时费力费资金。二是通过海路，经由黄海和渤海进入今海河口再沿潞河（今北运河）北上，这对于古代的木帆船来说，风险又太大，常有触礁沉没的危险。因此，如何将大运河截弯取直，从淮北直接穿过山东进入华北以达大都，成了元政府的当务之急。

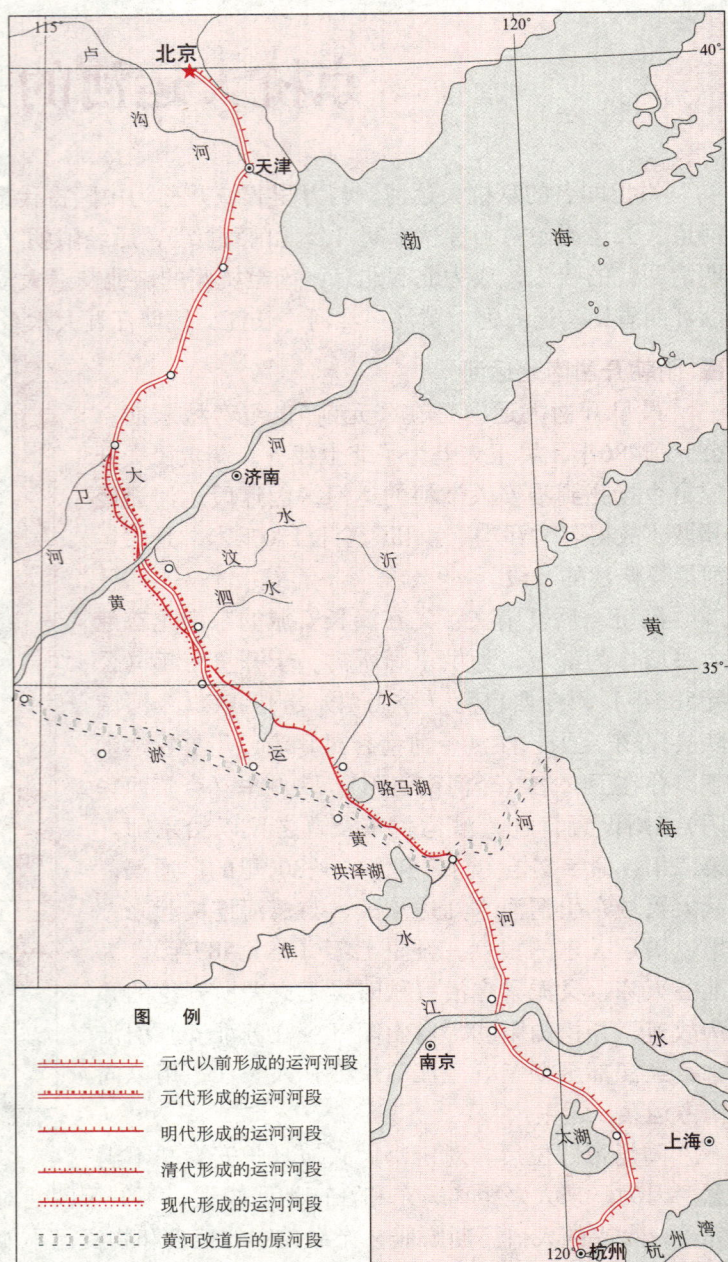

元朝大运河分布

图例

━━━	元代以前形成的运河河段
━━━	元代形成的运河河段
━━━	明代形成的运河河段
━━━	清代形成的运河河段
┅┅┅	现代形成的运河河段
▌▌▌▌	黄河改道后的原河段

元十二年（公元1275年），元世祖忽必烈特命主管水利工程的都水少监郭守敬前往河北、河南、山东进行调查，查勘一条新的山东运河路线。郭守敬经实地调查和勘察，把山东运河路线定在泗水、汶水与御河之间。

至元十三年（公元1276年），由兵部尚书奥鲁赤主持，引汶、泗水自任城（今山东济宁）开济州河，北至须城（今山东东平）安山（今梁山县小安山），长75千米，至元二十年（公元1283年）竣工。济州河开通后，江南粮船可直接涉江入淮，经泗水达济宁，循济州河到东平转入济水（大清河），由利津入海到天津，经潞河北上北京。三年后，因入海口沙壅而漕运转海受阻，又不得不从东阿舍舟陆运，经二百余里抵临清入御河水运至北京。

至元二十五年（公元1288年），平章政事桑哥，根据漕运副使马之贞的计划奏请开挖安山至临清渠，元世祖准奏，次年正月兴工，征丁夫3万，由断事官忙速儿、礼部尚书张孔孙、兵部尚书李处巽和马之贞等主持，至六月告成，元世祖忽必烈亲赐名为"会通河"。会通河自安山接济州河开渠，引汶水向西北经由寿张（今梁山县寿张集）东，转向北经沙湾、张秋至东昌（今山东聊城），又转向西北到临清，与御河相接，长125千米。

至元二十八年（公元1291年）又命郭守敬开凿通惠河，自通州（今北京通州）直达大都（今北京）城内的积水潭，全长80千米。这样，由大都向南，跨过黄河、淮河、长江到达江南杭州的京杭运河贯通，全长1 794千米。元朝大运河比隋朝大运河缩短了900多千米，它由通惠河、北运河、南运河、鲁运河、中运河、里运河和江南运河组成。

■ 明清运河的改建

明建都南京后，运河北段逐渐被冷落，部分河段逐渐淤塞。明成祖迁都北京后，开始对元朝大运河进行了改扩建。

明代整修通惠河闸坝，恢复通航。1411年扩建改造会通河，引汶水入南旺湖，利用南旺湖地势高的有利地形，修建南旺水柜，十分之七的水北流，十分之三的水南流，解决了会通河水源问题，并增建船闸至51座。

为使运河免受黄河泛滥的影响，明朝先后在1528—1567年和1595—1605年，自今山东淮安南阳镇以南的南四湖东相继开河440里，使原经沛县、徐州入黄河的原泗水运河路线（今南四湖西线），改道为经夏镇、韩庄、台儿庄到邳县入黄河的今南四湖东线，即韩庄运河线。此外，为保障运河通航安全，还修建了洪泽湖大堤和高邮湖一带的运河西堤，并在运河东堤建平水闸，以调节运河水位。

清朝于1681—1688年，在黄河东侧，约由今骆马湖以北至淮阴开中河、皂河近200里，北接韩庄运河，南接今里运河，从而使运河路线完全与黄河河道分开。

明清两代规定运河漕船的载重量为400石。明朝漕船载重吃水不得超过3尺（约1米），年漕运量约400万石。清代规定漕船载重吃水不得超过3尺5寸，年漕运量约400万石。

1855年，黄河在河南省铜瓦厢决口，扭头北去，在山东省夺大清河入海，大运河全线南北断航。从此漕运主要改经海路。

1911年，津浦铁路（天津到长江南京北岸）全线通车。从此，京杭大运河以及沿线城市的地位一落千丈。

■ 现代的大运河

清朝后期和中华民国时期，曾几度倡议治理运河，但因战乱而未付诸实施。

近百年来，大运河受到了很大的破坏。在有的城市，河道已成为排污沟，近代工业与房地产等对沿河历史文化遗迹进行了各种破坏性的开发。在黄河以北，大运河许多河段遭受污染，坍塌甚至干涸的状况相当普遍，不少曾经船来船往的运河里，已经变成人来车往了。

2002年12月27日，京杭大运河成为我国南水北调东线工程的重要环节和通道。通过大运河，长江下游的水得以送到我国北方缺水的山东和河北等地。

2006年6月，国务院将大运河列为全国重点文物保护单位。

2013年10月19日，南水北调东线一期工程通水，全线进入试运行阶段。

2013年，国务院公布第七批全国重点文物保护单位，将浙东运河和隋唐大运河与第六批全国重点文物保护单位京杭大运河合并，名称改为"大运河"。2014年6月22日，包括京杭大运河在内的"大运河"在多哈举行的第38届世界遗产委员会会议上入选世界文化遗产。

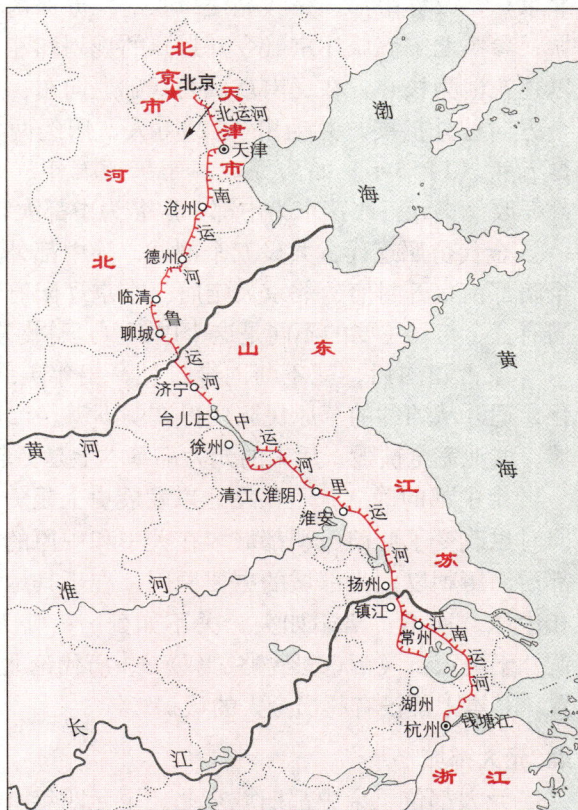
现代大运河

古都北京重要的历史节点

北京是我国最古老的城市和七大古都之一。古称蓟，到了春秋、战国为燕国郡，秦为广阳、渔阳、上谷等郡地，汉属幽州刺史部，唐宋属幽州，辽时为陪都，建号南京，金时正式建都，称中都，元为大都，明、清为京师，又称北京。北京城有3000多年的历史，自金中都起正式成为首都，历史达800多年。北京旧城的棋盘式格局开始于元代，主体形成于明、清，是我国古代都城规划和建设的典范。

■ 金中都城

北宋时的北京属幽州，但北宋被辽打得毫无还手之力，幽云十六州悉数被辽夺去。辽后来在占去的幽州建了陪都，称南京，意思是本国靠南的京城。

辽打北宋势如破竹，宋只有挨打的份，但金打辽也是势如破竹，辽毫无还手之力，这真是一物降一物。公元1125年，在金的沉重打击下，辽亡，辽共经历了210年，传了9代皇帝，算是相对不错了。

公元1153年（金贞元元年）海陵王完颜亮将金朝都城从女真故地——上京（今黑龙江阿城）迁往燕京（今北京），改称中都。完颜亮任命张浩、苏保衡等营建都城，参照北宋都城汴京（今开封）的规划和建筑式样，以莲花池为核心，在辽南京城的基础上向东、西、南三个方向往外扩展，共动用了120万人，历经两年，至天德五年（1153年）始告完成。于天德五年三月正式迁都，改元贞元，改燕京为中都，定名为中都大兴府。

金代仿照辽代，共设五个都城，除中都外，还有四个陪都南京开封府、北京大定府、东京辽阳府和西京大同府。金与辽主要的不同是这个中都（辽称南京）成了金正式的首都。

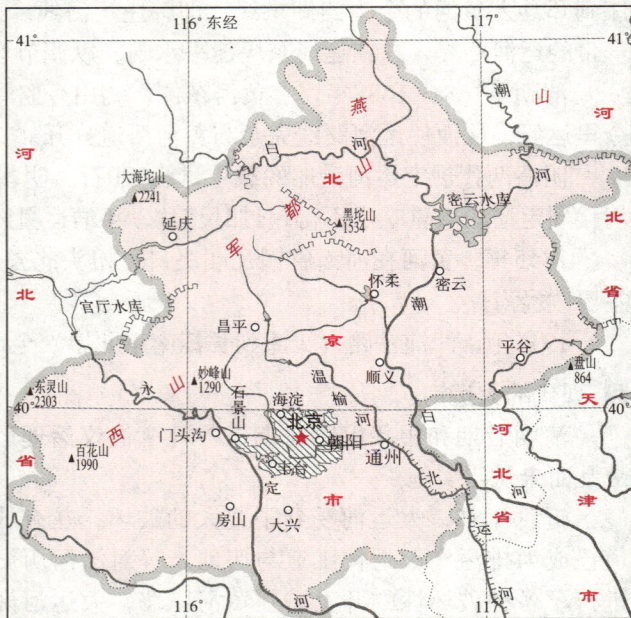

北京市地图

蒙古建国后，就不断同金打仗，当年英武绝伦、打得辽满地找牙的完颜阿骨打的子孙经过100多年的汉化，逐渐从凶猛的草原民族变得文弱不堪。1215年，金中都被蒙古军队攻破，成吉思汗一把火把金中都烧成废墟，城池完全被毁，后来的元大都基本上是另起炉灶。

金中都的确立，不仅在北京发展史上是一个重大转折点，同时也改变了此前历朝都城多在关中和中原的历史。金迁都中都后，历朝以此为都城的主要原因，在于其地理位置优于关中和中原，所谓"洛不如关，关不如蓟……守天下必从蓟"（刘侗、于奕正：《帝京景物略·叙》）。历代论北京优越的地理位置，基本上都没有超出金人的认识。

■ 元大都城

元大都位于金中都旧城东北。至元四年（1267年）开始动工，历时20余年，完成宫城、宫殿、皇城、都城、王府等工程的建造，形成新一代帝都。

元大都的修建基本上是忽必烈的意思。如果是成吉思汗想建，就不会在50年前一把火把金中都烧得精光。现在好了，要重起炉灶，不得不避开金中都的废墟。1271年，忽必烈改国号为元，定都燕京，改为大都，统治中心向中原转移。

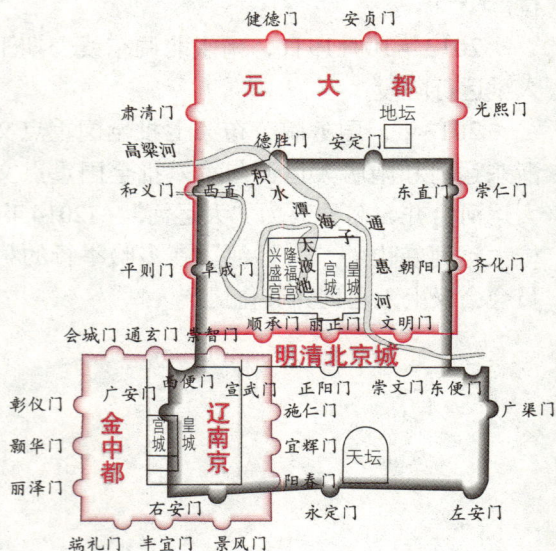

金、元、明、清北京城址变迁图

元大都由刘秉忠、郭守敬师徒二人会集风水名家查堪规划，对城市的选址讲究山和水的和谐。北京山势既定，唯一的缺憾就是水流不够。二人于是引地上、地下两条水脉入京城。地上水，引自号称"天下第一泉"的玉泉山泉水。人工引泉渠流经太平桥—甘水桥—周桥，直入通惠河，因水来自西边的八卦"金"位，故名"金水河"。地下水，也来自玉泉山，水质甘甜，旱季水位也恒定，后来成为皇宫祭祀"龙泉井神"的圣地。

建成后的大都新城，平面呈长方形，周长28.6千米，面积约50平方千米，相当于唐长安城面积的五分之三，接近宋东京（开封）的面积。元大都道路规划整齐，考古发掘证实，大都中轴线上的大街宽度为28米，其他主要街道宽度为25米，小街宽度为大街的一半，火巷（胡同）宽度大致是小街的一半。城墙用土夯筑而成，外表覆以苇帘。由于城市轮廓方正，街道顺直规则，使城市格局显得格外壮观。北京的胡同、四合院就是在元代开始兴建起来的。

蒙古人是草原民族，适合骑马射箭。北京再往南就到了农耕地区，蒙古人在农耕地区全无优势。于是就在北京扎根下来，在北京这个游牧和农耕的结合部附近建设新首都。如果以后还能打，就可以再往南挺进，如果打不过，那就回自己的草原去。后来的情况果真如此。

■ 明北京城

1367年10月21日，朱元璋在应天祭告天地，出师北伐。北伐主帅徐达，常遇春为副将，按照朱元璋的计划进军。

1368年正月初四，朱元璋以应天府（今南京）为京师称帝，国号大明，年号洪武，朱元璋就是明太祖。1368年9月20日，徐达率军攻入大都，元顺帝早已闻风逃奔上都，退出中原。这之后，元政权虽在外蒙又延续了多年，但中国基本统一，中华又恢复了汉政权。

朱元璋上台之后就搞独裁，把土地分封给自己的儿子。最得力的儿子要算朱棣，被分封到北京这个显要的位置。

朱元璋有20多个儿子，儿子们都成了藩王，藩王个个手握重兵。朱元璋想，江山可保长治久安，儿子不至于反老子吧？一次，朱元璋带着孙子朱允炆检阅藩王的部队时，对朱允炆说："瞧你这些叔叔们，兵强马壮，万一哪儿造反，让你叔叔去镇压"。当时已经20多岁的朱允炆问了一句："如果叔叔造反，谁镇压？"一下子就把朱元璋问晕了。朱元璋压根儿没考虑到这一点，因为儿子们是他最信任的人。

朱元璋一死，皇长孙朱允炆即位，这就是明惠帝。朱元璋不担心的藩王，在明惠帝看来却是心腹大患，便开始削藩。他一下诏削藩，燕王朱棣就反了，夺了江山，迁都北京。

明朝燕王朱棣不想继续在南京当皇帝，因为南京暗藏着一大群反对他的势力，他是抢了侄儿的皇位强行坐上去的，所以他比较担心，而且他的老巢在北京。

选定北京为都城，朱棣既要用此地理之气，又要废除元代的剩余王气。当时的风水师便采用将宫殿中轴东移，使元大都宫殿原中轴落西，处于风水上的"白虎"位置，加以克煞前朝残余王气；凿掉原中轴线上的御道盘龙石，废掉周桥，建设人工景山。这样，主山（景山）—宫穴（紫禁城）—朝案山（永定门外的大台山"燕墩"）的风水格局又重新形成了。

在老百姓的记忆里，容易被大家记住的明朝皇帝大概就是朱元璋和朱棣了。另外，还有一位叫崇祯皇帝，不过他在位时，明朝已经是大厦将倾，独木难支了。

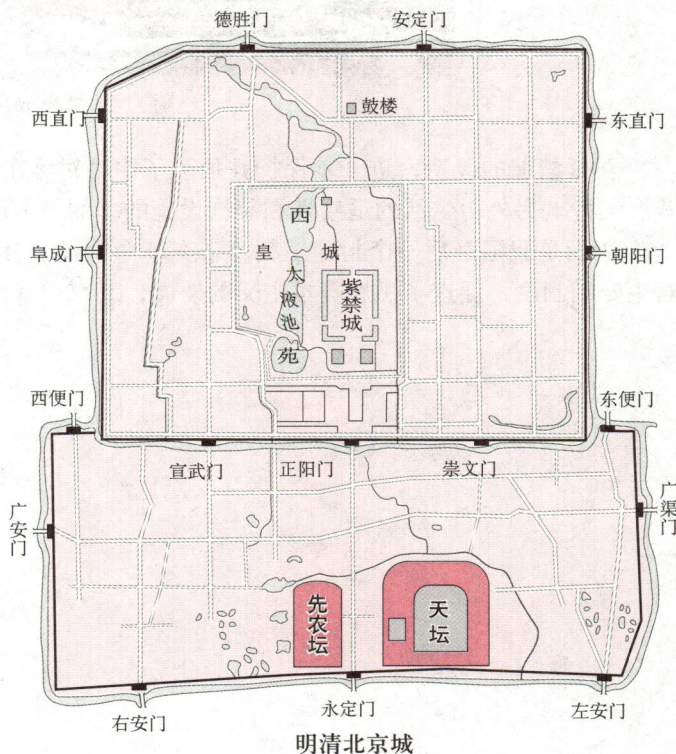

明清北京城

■ 清北京城

　　努尔哈赤的后金一直在关外发展壮大，势力席卷辽东，占据了明朝在关外的土地，后迁都至沈阳。要不是有一道长城和关外军队守着，清军早就打进来了。

　　1644年是中国历史不平凡的一年。2月8日，李自成的农民军建立了大顺国。4月25日，李自成攻下北京，明朝被推翻，皇帝朱由检在景山自缢身亡。5月25日，吴三桂引清军入关。6月4日，李自成退出北京。6月5日，清军攻入北京，入主中原。9月20日，顺治帝从沈阳出发，正式迁都北京。10月30日，清正式定都北京，发布告祭天地。

　　清廷入京后，没有对北京城格局进行大的改动，基本上完整地继承了明代的所有建筑，只是对原有宫殿改了新名，表明已经改朝换代。清廷为了自身安全，使北京兵民分城居住。八旗兵居内城，汉民住外城。为控制汉民，在街巷设防木栅栏1755座，并有巡逻兵巡视。外城东、西、南、北、中，有五城御史管辖。八旗兵居内城为：正黄旗，德胜门内；镶黄旗，安定门内；正红旗，西直门内；镶红旗，阜成门内；正蓝旗，崇文门内；镶蓝旗，宣武门内；正白旗，东直门内；镶白旗，朝阳门内。

　　客观地说，在中国历史上，清朝的统治算是水平较高的，这不仅仅体现在统治时间上：清276年，明276年，元98年。单从人们记住的中国历史上比较有名的皇帝的名字，肯定是清朝最多。当然，后期它腐化堕落了，清朝遇到了近代西方文明向东方扩散的时期，签署了许多不平等条约，但这不能抹杀它较长时间的盛世。清在入主中原后，一方面笼络汉族地主阶级，一方面减轻人民负担，并对汉族文化进行了大量的吸收和利用。

北京故宫全景图

　　对紫禁城的改造，进一步保护并加强了中轴对称布局，利用环境气氛感染力突出了皇权至上、统驭天下的威严气势，另外对生活的适用性和装饰设施的华丽等方面也进行了大量的改造。这些改造总体是相当成功的。

　　清朝是我国最后一个封建王朝。辛亥革命推翻了日益腐朽的清王朝统治，结束了中国长达两千多年的封建君主专制制度，促进了民族资本主义的发展，北京也开始进入新的历史阶段。

新中国的首都北京

1949年10月1日，中华人民共和国成立，首都定在北京。

定都北京，这里边有着太多的理由和依据，历朝都有自己的北京优势论。金人认定"燕都地处雄要，北依山险，南压中原，若坐堂隍，俯视庭宇"，这是看中了北京的地理环境。元代在辽、金的基础上建立大都，这是蒙古贵族认识到北京位于东西地势的交汇点上，进可扼控全国，退可回到茫茫的草原。清朝建都北京，既是出于弹压中原、雄霸九州的胸怀和眼光，也是出于退可出关的战略考虑。

1949年3月，中国革命胜利在即，关于新中国的定都问题，毛泽东和中共中央一直在慎重考虑，但最终决定放弃南京，建都北平(今北京)。这是中共第一代领导集体在综合考虑北京历史、政治和国际背景的情况下，并广泛征求民主人士的意见，通过法律程序确定下来的。

■ 深远的政治背景

一代伟人毛泽东熟读史书，以其见微知著的远见卓识，对新中国首都的选定起了至关重要的作用。北京在中国革命进程中所起的先导作用，是以毛泽东为首的中共领导人考虑定都的现实背景。1919年在天安门前爆发的"五四运动"，掀开了中国新民主主义革命历史的第一页。

当然，定都北京最重要的原因是出于政治上的考虑。蒋介石反人民的政权定都南京，毛泽东把人民的政权定都北京，这种针锋相对既反映出毛泽东的伟人个性，更反映出两种不同政权的根本对立。毛泽东明确讲过："蒋介石的国都在南京，他的基础是江浙资本家。我们要把国都建在北平，我们也要在北平找到我们的基础，这就是工人阶级和广大的劳动群众。"

在定都问题上，毛泽东曾私下和王稼祥讨论过。当时，毛泽东提出5个城市：西安、南京、洛阳、开封、北平，听取王稼祥的意见。

王稼祥点评：第一个否定的是西安，原因是现在不是秦皇汉武的年代，西安位置太偏不适合做首都；第二个否定的是南京，南京虽虎踞龙盘，地理位置险要，但离台湾海峡太近，且南京是国民党反动派的首都，还有根据历史，凡定都南京的都是短命王朝；第三个和第四个是同时否定的，洛阳和开封被战争摧毁了，短期内难以恢复，还有同处于黄河中下游的黄泛区，特别是开封，黄河就在身边，像头顶悬着一颗炸弹；只有北平没有遭受战争，保存完好，适合定都。王稼祥的看法与毛泽东及其他中共领导人的看法不谋而合。

从政治上考虑定都北平，毛泽东经过了深思熟虑。1948年9月8日，中共中央在西柏坡召开了"九月会议"，这是从日本投降以来到会人数最多的一次中央会议。在这次会议上，毛泽东根据中国革命的进程，提出了大约用5年左右的时间（从1946年7月算起），从根本上推翻国民党政府的日程表。对于彻底推翻国民党政府后中共要建立一个什么样的国家政权，毛泽东在会上作了明确阐述："我们要建立的，是无产阶级领导的，以工农联盟为基础的人民民主专政。这个政权不仅仅有工农，还包括小资产阶级，包括民主党派，包括从蒋介石那里分裂出来的资产阶级分子。政权制度采用民主集中制，即人民代表会议制，而不采用资产阶级的议会制。各级政府都要加上'人民'二字，各种政权也要加上'人民'二字，如法院叫人民法院，解放军叫人民解放军，以示与蒋介石政权的根本对立。"

在"九月会议"期间，毛泽东同当时负责一兵团在山西作战的徐向前进行过谈话，谈话中毛泽东透露出和平解放北平与定都北平的心愿。毛泽东对徐向前说："如果阎锡山同意和平解放太原，那么，请他把军队开到汾孝一带，我们的部队开进太原，麻烦就少了。"

徐向前答道："恐怕不太容易。我们曾采取多种方式争取和平解放太原，还动员阎锡山的老师带去以我的名义写给老阎的信，结果他不但不听劝，反而不顾师生情谊，把那位年近八旬的老秀才给杀了，可见他顽固得很。"

毛泽东听后缓缓点了点头，若有所思地说："看来太原是不打不行了，最好北平不要打。"北平不要打，目的是完整保存北平，以做未来人民共和国的国都。

为了实现北平和平解放，毛泽东指示要动员一切力量，积极做好北平守军长官傅作义将军及其上层军官的统战工作。在中共强大的军事、政治攻势下，傅作义于1949年1月30日宣布接受和平改编，北平和平解放，古老的北平得以完整保存。北平所有名胜古迹都受到了保护，没有遭到任何损失，城市里的生产和生活一切正常。这是党中央和毛泽东决定定都北平的一个重要原因。

■ 国际形势的需要

　　正式决定定都北平是在1949年3月5日召开的中共七届二中全会上。新中国第一任北京市市长叶剑英在七届二中全会期间向毛泽东汇报了北平和平解放的情形。

　　叶剑英说："北平和平解放后，很多民主人士来信来电，表示他们坚决拥护共产党，要与共产党更好地合作，并希望共产党在北平成立全国性政府。"

　　毛泽东听后，脸上露出会心的微笑说，看来这些民主人士还不知道我们已经在七届二中全会上把北平定为首都了，慢慢他们就会知道的。但是要最后决定还得开政协会议。

　　定都北平还有一个十分重要的原因，那就是出于国际安全和国际政治格局的考虑。定都北平正好可以更方便、更直接地得到社会主义阵营的援助。实际上，"一边倒"的外交格局和接受苏联的帮助是在新中国成立前后的一个基本方针。这一方针直接影响到我党对定都的选择，而且在定都上，我党也与苏联领导人交换过意见。

　　当然，把新中国的首都定于北平，绝不是一件容易的事。中共面临的一个首要问题便是如何把一个封建的帝都变为一个人民的国都。这是一次严峻的考试。毛泽东和中共的领导人都清醒地认识到了这一点。

　　在进行迁往北平的准备工作时，毛泽东不断地给身边的工作人员敲警钟。他对工作人员说："我们就要进北平了。我们进北平，可不是李自成进北平，他们一到北平就变了。我们共产党人进北平，是要继续革命，建设社会主义，直到实现共产主义。"

　　1949年3月23日，中共中央离开西柏坡前往北平。

　　这一天吃过早饭后，毛泽东正要迈步走出门口，周恩来迎了上来。

　　毛泽东对周恩来说："今天是进京的日子，不睡觉也很高兴啊！今天是进京'赶考'嘛，精神不好怎么行呀？"

　　周恩来说："我们应当都能考试及格，不要退回来。"

　　毛泽东自信地说："退回来就失败了，我们决不当李自成，我们都希望考个好成绩。"

　　"考个好成绩"，这就是以毛泽东为首的中共第一代领导集体决定定都北平的第一个愿望。

　　中共中央迁往北平后，即着手筹备中国人民政治协商会议第一届全体会议和开国大典，以尽早结束无政府状态。期间，为了争取苏联的支持，中共中央派刘少奇、王稼祥等秘密赴苏联同斯大林和苏共中央进行会晤，以求得苏联的理解和支持。

　　刘少奇及时向国内转达了斯大林的意见。此后，中共中央同各民主党派领导人和各界代表人士进行反复磋商，一致决定，新中国的开国大典提前到1949年10月1日。

　　1949年10月1日，下午3时，在北京天安门广场举行了隆重的开国大典。毛泽东等新中国的国家领导人健步登上天安门城楼，受到了人民群众的热烈拥戴。毛泽东主席向全世界庄严宣告："中华人民共和国中央人民政府成立了！"

中国第一颗原子弹爆炸成功

1945年7月16日，由美国研制的世界上第一颗原子弹爆炸成功，同年8月6日和8日，美国在日本广岛、长崎扔下两颗约2万吨TNT当量的原子弹。美国对日本的核袭击震动了全世界，揭开了人类核时代的序幕。

随着人类进入核时代，核武器便和国威连在了一起。中华人民共和国成立之初，百废待兴。当帝国主义国家手握核大棒在世界上耀武扬威的时候，毛泽东以他那伟人的气魄豪迈地说："原子弹就那么大的东西，没有那个东西人家就说你不算数，那么好吧，我们就搞一点吧。"

1954年，我国地质部门首次发现了铀矿资源，这一情况引起了毛泽东、周恩来等领导人的高度重视。1955年1月15日，中南海怀仁堂庄严肃穆，毛泽东在此主持召开书记处扩大会议，专门讨论中国发展原子能事业的问题。会上，毛泽东强调指出："我们国家已经知道有铀矿，科学技术已经有一定的基础，现在到时候了，该抓了。认真抓一下，一定可以搞起来。"这次会议正式作出了发展原子能的战略决策，揭开了发展国防尖端科技事业的帷幕。

与此同时，苏联同意在核技术方面帮助中国。1955年，苏联政府正式通知中国在和平利用原子能方面提供给中国一座7 000千瓦的重水型实验性反应堆和直径1.2米的回旋加速器，并接受科技人员去苏联学习。

要进行原子弹的研究，首先需要建设一支高水平的科研队伍。周恩来号召海外的科学家和留学人员回来参加祖国建设。在他的亲自关心下，1950年春，邓稼先从美国普渡大学回国，时年27岁，被同行们称为娃娃博士。陆续有许多海外赤子从世界各地回到祖国的怀抱，参与新中国各项事业的建设工作。

著名科学家钱学森成功回国则是我国外交努力的结果。50年代末，周恩来在一次会议上说："中美大使级会谈虽然没有取得实质性突破，但毕竟就两个侨民问题进行了建设性的接触，我们要回了一个钱学森，单就这个问题来说，会谈就是很有价值的。"

为了加强对原子能工业的领导，1955年7月4日，中共中央指定陈云、聂荣臻等人负责指导原子能发展工作。1956年7月28日，成立了主管原子能工业的第三机械工业部，由宋任穷任部长。1958年7月，在北京建立了核武器研究所，负责接收、消化苏联提供的原子弹教学模型和图纸，并调集、培训人员。1962年10月10日，聂荣臻、罗瑞卿听取了二机部部长刘杰"关于最好在1964年进行中国第一颗原子弹爆炸"的汇报后，罗瑞卿即向中共中央提出建议，在中央直接领导下，成立一个专门委员会。11月2日，时任中共中央总书记的邓小平在罗瑞卿的报告上批示：拟同意，送刘、周、朱、彭阅。3日，毛泽东在报告上批示：很好，照办，要大力协同做好这项工作。10日，在中央政治局讨论这项工作时，刘少奇提出：这件事要请总理出面才行。这一意见得到大家的一致赞同。17日，中央专门委员会正式成立，主任为周恩来，成员有贺龙、李富春、李先念、聂荣臻、罗瑞卿、陆定一等副总理和赵尔陆、张爱萍、王鹤寿、刘杰、孙志远、段君毅、高阳等七位部长。这样，中央就组成了中国原子能事业的领导核心。

1959年6月，中苏关系恶化，苏联政府拒绝再向中国提供原子弹教学模型和技术资料。接着他们又在1960年7月背信弃义单方面撕毁了签订的《关于援助中国原子能工业的协定》，下令撤走苏联专家。

这时，中国国内由于大跃进的失误和严重的自然灾害，农业生产遭受极大破坏，国民经济进入严重困难时期，给原子弹的研制发展投下了巨大阴影。此时一些外国人幸灾乐祸地断言：中国的核工业已遭到毁灭性打击，中国20年也搞不出原子弹来。

中国决心依靠自己的能力研制原子弹，并将研制的第一颗原子弹以苏方毁约的年月作为代号"596"。在1959年7月召开的庐山会议上，中共中央毅然决定自己动手，从头摸起，准备用8年时间把原子弹研制出来。会上，陈毅元帅风趣地说："即使当了裤子也要把原子弹搞出来。"以后，陈毅又多次对聂荣臻说："我这个外交部长的腰杆还不太硬，你们把导弹、原子弹搞出来了，我的腰杆就硬了。"

1960年8月，毛泽东在北戴河召开的中共中央工作会议上指出：要下决心搞尖端技术，赫鲁晓夫不给我们尖端技术，也好，如果给了，这个账是很难还的。1963年4月，邓小平在接见核武器科研人员的代表时说："研制核武器的计划，党中央和毛主席已经批准了，路线方针已经确定，现在就是你们去执行，你们大胆去干，干好了是你们的，干错了是我们书记处的。"

中央一声令下，全国参与的20个部委，19个省市自治区的400个研究所和院校按照周恩来提出的"严肃认真，周到细致，稳妥可靠，万无一失"的原则组织了最强的技术力量，按期保质保量地完成了协作任务。

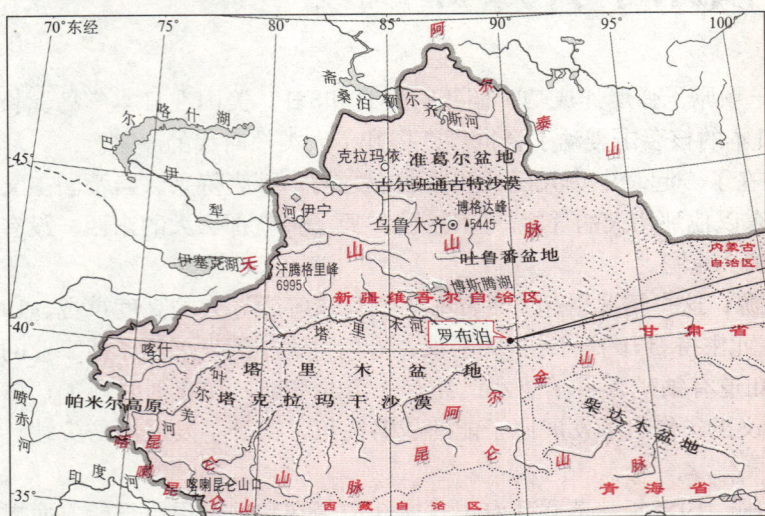

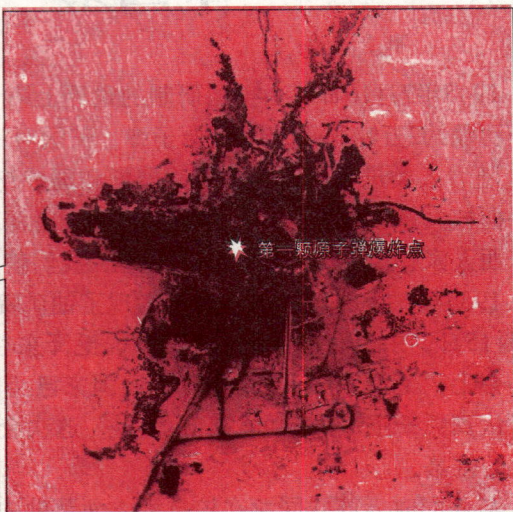

罗布泊荒原(41°43′N，88°44′E)

中国第一颗原子弹爆炸地点——新疆罗布泊荒原

几年含辛茹苦，几年卧薪尝胆。1964年10月16日下午3时整，浩瀚的戈壁滩上腾起一股蘑菇云，我国第一颗原子弹爆炸成功了！在戈壁滩上参加研制的所有队员都在这一刻欢呼跳跃握手拥抱，所有的艰辛都在这一刻得到偿还。当消息传到北京，毛主席、周总理和中共中央主要领导专门打电话对原子弹爆炸成功表示祝贺，戈壁滩上顿时响起"毛主席万岁"的欢呼声。周恩来在人民大会堂向全国和全世界宣布了中国第一颗原子弹爆炸成功的消息。

中国政府同时发表声明：中国一贯主张全面禁止和彻底销毁核武器，中国研制和发展核武器是被迫而为的，完全是为了防御，为了保卫中国人民免受核威胁，中国政府郑重宣布在任何时候、任何情况下都不会首先使用核武器。

也许是历史的巧合，就在中国原子弹爆炸的这一天，莫斯科传出一个震惊消息：苏联领导人赫鲁晓夫下台了。这既是一个巧合，也是一个讽刺。

原子弹爆炸成功之后，1967年6月17日，我国又成功地爆炸了一颗氢弹，整个研制过程仅用了2年8个月，成为继苏联和美国之后第三个拥有核武器的国家。

>> 知识窗

核武器

核武器指利用能自持进行核裂变或聚变反应释放的能量，产生爆炸作用，并具有大规模杀伤破坏效应的武器的总称。

核武器中主要利用铀235或钚239等重原子核的裂变链式反应原理制成的裂变武器，通常称为原子弹，主要利用重氢（氘）或超重氢（氚）等氢原子核的热核反应原理制成的热核武器或聚变武器，通常称为氢弹。

中印边境战争

中印边界全长约1710千米，习惯上分为东、中、西三段：东段沿喜马拉雅山脉南麓，长约650千米，从中国、印度、缅甸三国交界处至中国、印度、不丹三国交界处；中段沿喜马拉雅山脉，长约400千米，从中国、印度、尼泊尔三国交界处附近的西藏普兰县至札达县的6795高地；西段沿喀喇昆仑山脉，长约650千米，从札达县的6795高地至新疆的喀喇昆仑山口。

西藏、新疆是中国领土不可分割的一部分。历史上中国与印度有着长期的交往和传统友谊，两国边界均没有正式划定，只是按照传统习惯线标划边界，两国人民亦遵守这条传统习惯线。但是，在英国统治印度以后，英属印度当局以印度为基地，把侵略扩张的矛头指向中国的西南和西北边疆地区，才逐步使中印边界发生了分歧。英印政府利用中印边界从未正式划定的状况，擅自划定所谓的"麦克马洪线"，对中国西藏和新疆进行侵略扩张活动，从而埋下了中印争执的种子。

关于中印之间的边界问题，中国的态度十分明确，无论是东线的"麦克马洪线"，还是西线的"约翰逊线"，从来没有得到过中国政府的承认。历史上，中国中央政府和印度政府之间从未订立过有关中印边界的任何条约和协定。至于说被印度政府视为有国际法效力的《西姆拉条约》以及"麦克马洪线"，那是英印政府和西藏地方政府背着中国政府干的，中国政府没有在条约上签字，也从来没有承认条约的有效性。因此，不能以此作为中印边界的协定。

但考虑到各种复杂的原因，中国政府本着"相互尊重、相互理解"的原则，中国间接承认了印度对原锡金的主权，为解决边界争端作出了重大让步。中国政府认为有必要对"麦克马洪线"采取现实态度，希望能够通过谈判解决边界问题。边界问题的存在不应影响两国关系的发展，作为一种临时性的措施，双方应该保持边界的现状。

但尼赫鲁政府在这个问题上采取了强硬的立场，他为边界谈判设定了一个先决条件：中国应该先承认"麦克马洪线"，同时接受印度声称的西段边界线。这是中国政府根本不能接受的！印度政府一开始就这样关死了谈判的大门，使中印双方都失去了选择的权利。最终，导致边境冲突的爆发。

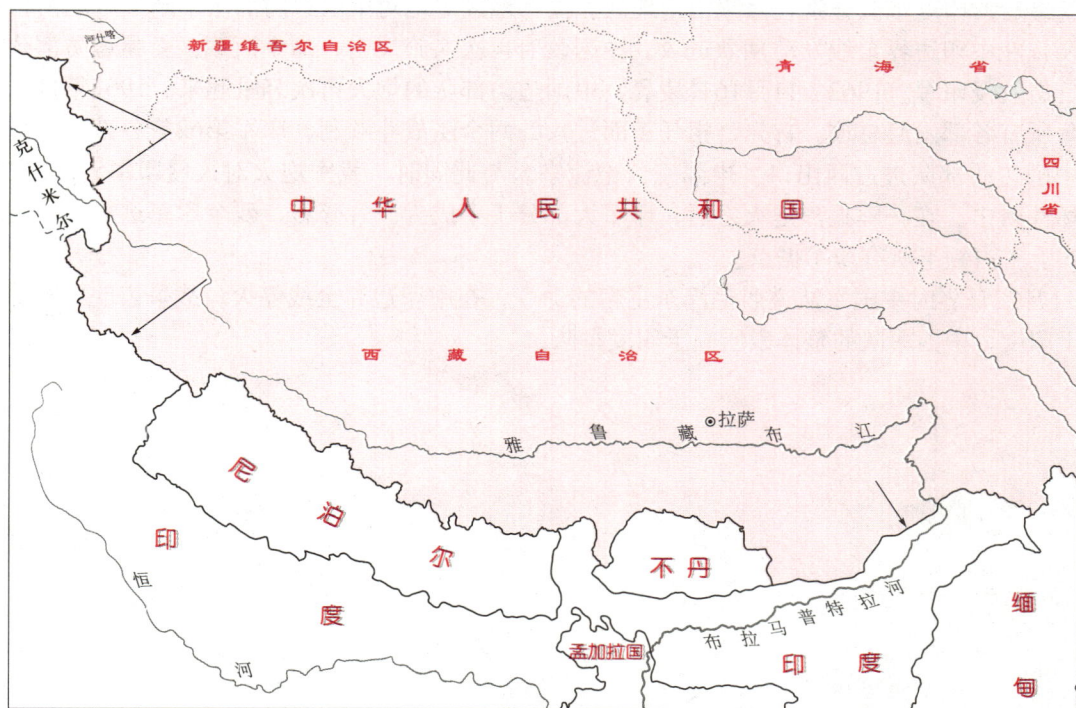

中印边界问题示意图

1951年2月以后，印度趁新中国成立之初无暇顾及中印边界问题和抗美援朝之机，多次派兵侵占了东段"麦克马洪线"以南的山南地区、中印传统边界线以北9万平方千米的中国领土，建立起"东北边境特区"，并在地图上将此段边界由"未经标定边界"第一次改为"已定界"，企图使其侵占的中国领土合法化。

在中印中段边界附近，印军除了占领英国殖民侵占的桑、葱沙两地外，1954年又侵占了香扎、拉不底、乌热三地；1955年侵占了波林三多；1957年侵占了什布奇山江及附近的一块草地；1958年又侵占了巨哇、曲惹两地。这样，印方在中印边境中段共侵占中国约2 000平方千米的土地。

中印边境西段，1951年前后，印军趁中国军队刚进入阿里地区之机，侵占了受泥山以东的卖争拿马和碟木卓克附近约449平方千米的土地。1954年以后，印军又侵占了巴里加斯。

对于印度方面在边境对中国领土步步蚕食、侵占的行为，中国外交部曾向印方提出过多次交涉、抗议。但由于中国坚持通过和平谈判解决有争议边界的方针，所以，从1951年到1958年间，中国方面始终保持克制，中印边境地区基本上是平静的。

1962年10月17日、18日，印军在中印边界的东段、西段同时向中国边防部队发起了猛烈炮击，挑起了边界武装冲突。印度军队入侵的炮声，迫使中国政府和人民不得不作出回应。

1962年10月20日，中国边防部队近500门迫击炮和大炮发出了震天动地的怒吼，中国西藏地区的边防部队率先打响反击战。东段，在克节朗方向，根据印度军队部署前重后轻、翼侧暴露、纵深浅的弱点，中国部队采取了两翼开刀，迂回包抄，包围分割等歼灭战法，当天就将克节朗地区的印军大部歼灭。

1962年10月23日，喜马拉雅山东部中国边防军队也歼灭了入侵的印军一部，占领了棒山口。接着兵分五路快速追击，直取达旺。前两天还是不可一世的印军，这时一个个吓得屁滚尿流，仓皇向达旺河以南的西山口一线撤逃。

中国新疆边防部在中印边境西段的反击作战，也于1962年10月20日打响。经过60分钟的激战，就全歼印度守军。

为了珍惜两国的传统友谊，缓和局势，中国政府采取了一系列真诚的措施。10月24日，中国政府提出了停止冲突、重开谈判、和平解决中印边界问题的三项建议。同时，周恩来致函尼赫鲁，希望印度政府对中国政府的三项建议作出积极响应。中国边防部队遵照政府声明，于1962年10月28日停止了对入侵印军的反击。

但是，印度当局仍不甘心失败，又一次拒绝了中国政府的和平建议。1962年10月26日，印方处于紧急状态，成立了应付紧急情况的内阁政府，决心长期对中国作战，大有与中国一决雌雄的势头。到1962年11月中旬，印度军队在中印边境地区部署了2个师部9个旅，以及大量炮兵、装甲兵部队，总兵力从2.2万人增至3万人，在准备就绪后，印度军队分别在西藏山南地区、昌都地区等地对中国边防部队不断实施炮击，并于1962年11月14日、16日在中印边界全线发动猛烈进攻。中国政府再次实施反击，命令西藏、新疆边防部队继续分别在东段、西段反击入侵印军。1962年11月16日凌晨，中国边防部队的炮火再次怒吼起来。1962年11月18日清晨，中国边防军队所有各部发起总攻。首先，担任正面进攻的两个团战斗顺利，印军第62旅各部迅速瓦解，全面撤逃。当晚，中国边防部队进占西山口、申隔宗、德让宗。与此同时，我军炮火对入侵印军5、6、7号据点进行了压制和破坏性射击。在一阵猛烈炮火之后，印军大部分工事成为一片碎石，残余印军逃离。中国边防部队于1962年11月20上午占领了所有印军据点。

1962年11月22日零时中国军队遵照毛泽东主席的命令，在中印边界全线停火。战争表明中国综合国力和国防实力远大于印度，中国军队的整体素质高于印度军队。

中美建交

周恩来：
　　总统先生，你把手伸过世界上最辽阔的太平洋来和我握手啊！

　　1972年2月21日，美国总统尼克松乘专机抵达北京。机舱门打开，尼克松和夫人以及随行人员挥手走下舷梯，周恩来总理伸出手和尼克松伸过来的手紧紧地握到了一起，这是一个被称为改变历史的瞬间。周恩来总理对尼克松总统说："你把手伸过世界上最辽阔的太平洋来和我握手，25年没有交往了啊！"

　　1969年春，毛泽东委托陈毅、叶剑英、徐向前、聂荣臻召开座谈会，研究国际形势和中国的国防战略，并将意见上报中央，供决策参考。陈毅认为：苏联把中国当成主要敌人，它对中国的威胁比美国大。在多次讨论之后，陈毅提出，要从战略上利用美苏矛盾，有必要打开中美关系。这一建议引起了党中央和毛泽东的高度重视。

　　新中国成立后的20年间，美国历届政府都以敌视的政策对待中国。从朝鲜战争到越南战争，中美两国一直进行着激烈的较量，对抗的结果，美国的封锁和禁运政策遭到失败，美国本身的利益也受到损害。美国不得不正视新中国的力量，开始考虑实行新的对华政策。同时，美国日益感到苏联逐渐成为一个非常强大、有力而又咄咄逼人的竞争者，需要通过改善同中国的关系来增强对苏联对话的资本。

　　1970年10月1日，毛泽东在天安门城楼亲切接见了美国记者斯诺，并与他站在一起检阅了国庆游行队伍。第二天，斯诺面带微笑和中国领导人站在一起的照片出现在《人民日报》的版面上。自从新中国成立以来，斯诺是唯一获得如此殊荣的美国人，这是向美国方面发出的一个意味深长的外交信号。12月18日，毛泽东在中南海接见斯诺，并与他进行了长时间的对话。毛泽东颇为坦率地说："我是不喜欢民主党的，我比较喜欢共和党，我欢迎尼克松上台，他如果想到北京来，你就捎个信，让他偷偷来，不要公开来，坐上一架飞机就可以来嘛。谈不成也可以，谈得成也可以嘛，何必这样僵着。"

　　毛泽东和斯诺谈话的大意很快传到白宫，尼克松总统可以去北京，是美国方面完全没有料到的。这是中国最高领导人20多年来欢迎美国总统到中国访问的立场，美国方面也加紧了谋求同中国方面接近的步伐。

　　1970年10月25日，巴基斯坦总统叶海亚·汗访问白宫，尼克松请叶海亚·汗传话给中国，他准备派遣使者同中国对话，这就是著名的叶海亚渠道的开端。第二天，尼克松在欢迎罗马尼亚总统齐奥塞斯库的宴会上，尼克松有意识地称呼中国为"中华人民共和国"，此前历届美国政府称中国为"共产党中国"。随后，尼克松又利用与齐奥塞斯库会谈的机会建立了罗马尼亚渠道，希望与中国对话。这两条秘密的渠道很快就发挥了作用。

　　1970年11月，叶海亚·汗访华，转达了尼克松的口信。齐奥塞斯库也派特使来北京。周总理说："尼克松说愿意跟我们在任何时间任何地点恢复会谈，如果他真有解决关键问题的愿望和办法，我们欢迎他派特使来北京谈判。不仅是特使来，尼克松自己来也可以。"

　　当尼克松小心翼翼地试探中国政府意见的时候，毛泽东和周恩来精心策划了一次"小球转动大球"的乒乓外交，加快了中美关系的进程。

　　1971年3月，中国派代表参加了在日本进行的第31届世界乒乓球锦标赛。中国乒乓球队到名古屋后友好的姿态给人们留下了深刻印象，中国男女乒乓球运动员除了以拿手的近台快攻倾倒观众以外，还积极同各国乒乓球队员交流，展开乒乓外交。3月30日下午，中美两国乒乓球代表团官员交往过程中，美国代表团斯汀霍文说："如果美国代表团去一趟中国，一定会学到很多有用的技术"。斯汀霍文所说的话立即引起了中国代表团的重视，他们立刻通过电话向中国方面作了汇报。此时，从名古屋传来的信息，每天都直送毛泽东和周恩来。4月7日，是第31届乒乓球锦标赛的最后一天，毛泽东经过多方面的思考，终于作出了一个不同凡响的决定：为了满足美国乒乓球队的要求，邀请他们同其他四国乒乓球队一起访问中国。

尼克松得知这一消息后，感到又惊又喜。他在回忆录中写道：我从未料到，对华的主动行动会以乒乓球队访问的形式得以实现。中国方面则利用这一有利时机于4月21日通过巴基斯坦渠道向美国回了口信，重申愿意公开接待美国总统特使，如基辛格博士、美国国务卿或美国总统本人在北京进行直接晤谈。美国方面在得到这一消息后，三次捎来口信：尼克松准备访问北京，同中国领导人直接会谈。还建议由基辛格博士同周恩来或者其他中国高级领导人进行一次秘密的预备会议。至此，由乒乓球引起的外交旋风已达到预期的效果。

小球的转动带动了整个世界级的大球的转动，使中国外交充满了活力，在美国政府和美国人民中都得到了良好的反响。过去中国在美国人民心目中是一个遥远的、好战的和极不友好的国家，有了这次乒乓球运动员的交往，以及现代媒体的报道，美国运动员以他们的亲身经历告诉美国人：中国人对待美国人有想象不到的亲切。美国乒乓球队员返回美国时，受到英雄凯旋般的欢迎。

面对中美关系的积极发展，中国方面以周恩来的名义写给尼克松的复信经过毛泽东的亲自批准后发出，美国方面收到了这封书信。尼克松称，这是第二次世界大战以来，美国总统收到的最重要的信件。

1971年7月9日，美国安全事务助理基辛格乘坐一架巴基斯坦飞机悄悄降落在北京，他此行的目的是和周恩来总理一起商讨尼克松访华的准备工作。基辛格在北京总共停留了48个小时，其中与周恩来的会谈就用了17个多小时，双方商定尼克松总统的访问可以在1972年5月前进行。至此，美国总统的对华访问终于确定下来。随后，基辛格又第二次访问中国，周恩来和他会谈后，还请他在北京吃了一顿地道的北京烤鸭餐。基辛格回国时对送行的中国叶剑英元帅说："现在正在表决你们恢复联合国席位的工作，我看今年不会通过，等尼克松访问中国后，明年，你们就可以进联合国了"。事实上，基辛格的飞机刚刚起飞，联大就以压倒性多数票通过了恢复中国在联合国合法席位的决议。

1972年2月17日，尼克松从安德鲁斯空军基地启程飞往北京，开启了他称之为谋求和平的旅程。2月21日，毛泽东在尼克松抵达北京的下午就会见了他们。在长达一个多小时的会见中，毛泽东以他那挥洒自如的方式为中美历史性的对话定下基调。在毛泽东和尼克松的会晤之后，周恩来和尼克松本着求同存异的精神就两国关系正常化以及双方关心的其他问题进行了广泛和坦率的交流。尼克松总统说："我谨代表你们的所有美国客人向你们表示感谢，感谢你们的无可比拟的盛情款待。总理先生，我要感谢你非常盛情和雄辩的讲话，正如你祝酒时讲的那样，中国人民是伟大的人民，美国人民是伟大的人民，如果两国人民是敌人的话，那么我们共同居住的这个世界的前途就的确是黑暗的了。但是，如果我们能够找到合作的共同点，那么实现和平的机会就无可估量地大大增加。"

1972年2月28日，《中美联合公报》在上海正式发表，中美关系翻开了新的一页。

>> 链 接

《中美建交公报》

（1978年12月16日在上海正式发表）

中华人民共和国和美利坚合众国商定自1979年1月1日起互相承认并建立外交关系。

美利坚合众国承认中华人民共和国政府是中国的唯一合法政府。在此范围内，美国人民将同台湾人民保持文化、商务和其他非官方关系。

中华人民共和国和美利坚合众国重申上海公报中双方一致同意的各项原则，并再次强调：

——双方都希望减少国际军事冲突的危险。

——任何一方都不应该在亚洲-太平洋地区以及世界上任何地区谋求霸权，每一方都反对任何国家或国家集团建立这种霸权的努力。

——任何一方都不准备代表任何第三方进行谈判，也不准备同对方达成针对其他国家的协议或谅解。

——美利坚合众国政府承认中国的立场，即只有一个中国，台湾是中国的一部分。

——双方认为，中美关系正常化不仅符合中国人民和美国人民的利益，而且有助于亚洲和世界的和平事业。

中华人民共和国和美利坚合众国将于1979年3月1日互派大使并建立大使馆。

《五朵金花》和《阿诗玛》

　　1958年，文化部在"全国创作工作会议"后，着手准备国庆十周年献礼影片。夏衍建议组织一部"以云南大理为背景，反映边疆民族的、载歌载舞的、轻松愉悦的"影片。夏衍时任中国文联全国委员会委员、中华全国电影艺术工作者协会委员、上海市委常委、上海市委宣传部部长、上海市文化局局长、上海人民艺术剧院院长，是全国文艺界举足轻重的人物。夏衍的建议受到了高度的重视，长春电影制片厂按照夏衍的建议开始电影创作。

　　云南大理风景优美，还盛产山茶花，素有"大理茶花甲天下"的美名。因此，在大理生活的白族姑娘往往以金花为名。每年农历三月，苍山脚下要举行"三月街"盛会，四面八方的乡亲们都要来这里参加传统的赛马会和文娱活动，而青年男女往往在这里结交朋友或播撒爱情的种子。

　　长春电影制片厂创作的电影《五朵金花》便是以此为背景展开的。

　　《五朵金花》的剧情是：人民公社的副社长金花带领着姐妹们驱车去赶街，不料车轮在路上坏了，正在为难之际，来参加赛马会的剑川铁匠阿鹏热心地帮她们将车修好。金花正要表示感谢，赛马会开始了，阿鹏来不及收拾工具，翻身上马冲进赛场，勇夺冠军。副社长金花对这个勇敢善良的小伙子顿生爱慕之情，两人在鲜花似锦的蝴蝶泉边，互赠信物，一言定情，相约第二年山茶花盛开的时候，再来这里相会。

　　第二年，阿鹏如约前往，到处寻找金花无果，他在洱海边与长春电影制片厂来体验生活的两位画家和音乐家相识结为朋友，向他们倾诉了自己传奇的爱情经历，表示要走遍天涯海角找到金花。阿鹏经过了千辛万苦，走遍了苍山洱海，先后找到了积肥模范金花、畜牧场金花、炼钢厂金花和正在举行婚礼的金花，最终找到了自己心爱的姑娘。两人解除了误会，在蝴蝶泉边再次相会。另外四个金花和她们的男友也来到这里，翩翩起舞，为他们真挚的爱情唱起了赞歌。

　　以少数民族为背景的歌舞电影总少不了优美的插曲，乐曲《蝴蝶泉边》就是这部电影里美名远扬的优美旋律，得到了人们的广泛喜爱，由著名满族作曲家雷振邦作曲，采用白族民歌加工而成，词作者就是电影的编剧季康。

　　《五朵金花》是长春电影制片厂于1959年制作的一部爱情电影，先后在46个国家公映，创下当时中国电影在国外发行的纪录。在国内，《五朵金花》也相当轰动，成为国产影片的经典，该片获得2000年中国电影百年十佳评选第一名。

　　该片的成功是主创人员精心制作的结果，在当时电影技术还相当落后的情况下，受到广泛赞誉是难能可贵的。

　　1954年，《五朵金花》的准备工作紧锣密鼓地进行，云南省委宣传部部长袁勃给王家乙导演定了规定，"要宣传云南、大理，所有演员必须是原汁原味的云南人。"在云南省歌舞团，王家乙看完所有在场的姑娘，都不合意。他们往外走时，一个姑娘正站在排练厅的窗台上擦玻璃。就在他们经过时，有人和姑娘打了个招呼："杨丽坤。""哎！"姑娘应声抬头，一张纯真、质朴的笑脸映入王家乙眼中。"就是她，就是她。"导演王家乙叫了起来。

　　就是这偶然的一回头，改变了杨丽坤的一生。那一年，杨丽坤

《五朵金花》剧照（主演：杨丽坤、莫梓江）

16岁。

1960年，在埃及开罗举行的第二届亚非电影节上，《五朵金花》获得巨大殊荣：导演王家乙获最佳导演奖，杨丽坤获最佳女主角奖。埃及总统纳赛尔点名要杨丽坤亲自前往埃及领奖。

1964年，杨丽坤主演了由上海电影制片厂摄制，刘琼导演的电影《阿诗玛》。这是中国电影史上第一部彩色宽银幕立体声音乐歌舞片，电影大获成功，杨丽坤成了中国亿万观众心中的阿诗玛。1982年，该片在西班牙桑坦德召开的第三届国家音乐舞蹈节上获得最佳舞蹈片奖。

电影《阿诗玛》

>> 链 接

《蝴蝶泉边》歌词

女：大理三月好风光哎，蝴蝶泉边好梳妆，蝴蝶飞来采花蜜哟，阿妹梳头为哪桩？

男：蝴蝶泉水清又清，丢个石头试水深，有心摘花怕有刺，徘徊心不定啊伊哟。

女：有心摘花莫怕刺哎，有心唱歌莫多问，有心撒网莫怕水哟，见面好相认。

男：阳雀飞过高山顶，留下一串响铃声，阿妹送我金荷包哟，哥是有情人啊伊哟！

女：燕子衔泥为做窝，有情无情口难说，相交要学长流水哟，朝露哥莫学啊伊哟！

男：祖传三代是铁匠，炼得好钢锈不生，哥心似钢最坚贞，妹莫错看人。送把钢刀佩妹身，钢刀便是好见证，苍山雪化洱海干，难折好钢刃。

女：橄榄好吃回味甜，打开青苔喝山泉，山盟海誓先莫讲，相会待明年。明年花开蝴蝶飞，阿哥有心再来会，苍山脚下找金花，金花是阿妹，苍山脚下找金花，金花是阿妹。

《阿诗玛》是根据彝族撒尼人的经典传说改编，讲述了美丽的彝族撒尼姑娘阿诗玛与青年阿黑相爱，却遭到头人热布巴拉之子阿支逼婚，阿诗玛誓死不从，被鞭打后关进了黑牢。阿黑闻讯，日夜兼程赶来救阿诗玛，他和阿支比赛对歌、砍树、接树、撒种，全都赢了阿支。热布巴拉恼羞成怒，指使家丁放出三只猛虎扑向阿黑，阿黑三箭将猛虎射死，并救出了阿诗玛。狠毒的热布巴拉父子不肯罢休，勾结崖神，乘阿诗玛和阿黑过河时，放洪水卷走了阿诗玛。十二崖子的应山歌姑娘，救出阿诗玛并使她变成了石峰，变成了回声神。从此，你怎样喊她，她就怎样回答你。她的声音，她的影子永远留在了人间。

阿诗玛不屈不挠地同强权势力作斗争的故事，揭示了光明终将代替黑暗、善美终将代替丑恶、自由终将代替压迫与禁锢的人类理想，反映了彝族撒尼人"断得弯不得"的民族性格和民族精神。

千百年来，阿诗玛都用撒尼语传播，自20世纪50年代初，阿诗玛在有关刊物上发表汉文整理本以来，被翻译成英、法、德、西班牙、俄、日、韩等多种语言在海外流传。

音乐剧《阿诗玛》

在中国国内，阿诗玛被改编成电影及京剧、滇剧、歌剧、舞剧、撒尼剧等在各地上演。

2006年5月20日，阿诗玛经中华人民共和国国务院批准列入第一批国家级非物质文化遗产名录。

▶▶ 知识窗

为什么云南少数民族众多？

云南是我国少数民族最多的省份，根据2010年全国第六次人口普查结果，全国55个少数民族中，云南有25个。云南全省总人口约4 602万人（2010年），其中少数民族人口1 500多万人，占全省总人口1/3。在25个少数民族中人口最多的是彝族，有400多万；人口最少的是独龙族，仅5 500人。

云南民族众多，其形成原因也很多，主要是因为：云南地处高原，崇山峻岭，交通阻隔，各地居民处于相对"封闭"的状态之中，久而久之，逐渐发展为不同的民族；中原和北方统治民族进入云南，也带来了一些少数民族人口；一些少数民族人口在元明清时期因避难、逃荒或其他缘故，先后从内地迁入云南。

云南的25个少数民族分布比较复杂，但突出特点有两个：一是交错分布，大杂居、小聚居。全省没有一个单一的民族县（市），也没有一个民族只住一个县（市），总的说来，在边疆地区分布居多；二是立体分布，与云南立体地形、立体气候相联系，总的看来，傣、壮两族主要居住在河谷地区，回、满、白、纳西、布依、水等民族主要聚居在坝区，哈尼、拉祜、佤、景颇、基诺等民族居住在半山区，苗、傈僳、怒、独龙、藏、普米等民族主要聚居在高山区。

云南少数民族民居建筑各具特色，各式各样。云南少数民族的服饰绚丽多彩，各具特色。在语言和文化方面也有各自的语种和文字。民族节目也丰富多彩，有的民族有许多节日，有的节日则是多民族所共有。大致分为宗教祭祀性节日、生产活动性节日、纪念庆祝性节日、社交娱乐性节日。较著名的节日有：彝族的火把节、白族的三月街、傣族的泼水节、纳西族的三朵节、景颇族的目脑节、傈僳族的刀杆节等。

故事提供：四川省自贡市大安区江姐小学　黄　萍

年广九和他的"傻子"瓜子

1983年冬，很冷，天还下着雪，安徽省芜湖十九道门巷口却排起了长队，人们在冒雪等着购买刚刚出锅的瓜子。排队的队伍很长，两排加起来有100多米。瓜子摊位的主人叫年广九。

芜湖是安徽的水陆交通枢纽。新中国成立前，年广九跟随父亲由蚌埠农村逃荒来到芜湖，全家靠贩鱼勉强维持一家五口的生计。29岁那年，年广九改行做起了瓜子生意，聪明的年广九很快就掌握了炒制瓜子的门道。

据年广九邻居沐昌胜回忆："这个年广九，善于博采众长，把这个沿江城市，包括北方城市、南方城市的瓜子，每一家他都买一点回来细细品尝，看人家的瓜子什么口味，什么配方，然后，他加以综合改进。"

瓜子在今天不是什么稀罕物，但在20世纪80年代，它却属于统购统销物资，个人经营被视为投机倒把，是犯罪行为。而瓜子在当时是国家二类产品，由供销社控制，一年到头没有供应。只是到了春节前由政府按人头发票，老百姓凭票到供销社才能买到一二斤回家过年，平时根本吃不到。

年广九说："那时卖瓜子，不敢明着卖，只能偷偷摸摸卖，师父就跟我讲，跟他们(管理者)打游击战，他来你就跑和躲，他走你再摆出来卖。"

像国营商店一样拥有一个属于自己的瓜子炒货店，这在当时的年广九看来是根本不可能的事。

在当时的中国，农村改革已经向城市改革转移了。在街上可以看到，有些国营企业把自己的产品拿到市场上去卖，国营企业在这个时候的下岗职工也越来越多。另外，还有逐渐回城的下乡知识青年。这两部分人员使城市的就业压力非常大。1981年，中共中央在一份文件中指出，必须着重开辟在集体经济和个体经济中的就业渠道，使社会经济得到健康发展。

大门开了一道缝，胆子大的人先干了起来，在大小城镇的街道巷子里，出现了卖早点的、卖农副产品的，触觉敏锐的年广九在芜湖的十九道门也摆起了一个卖瓜子的固定摊位。

当时那个景象很是热闹，从早到晚，只要他的摊子一出来，马上有人排队，很快形成一个长队。买瓜子的人络绎不绝，生意越来越红火。年广九在卖给别人瓜子时，别人买一包，他再抓一把给别人，人家不要，他硬往人家身上揣，人家说年广九真是"傻子"。有人提议年广九给瓜子起一个叫得响的名字，年广九说："那就干脆叫'傻子'"。

卖完瓜子晚上回来清点账目，是年广九最为高兴的时候。那个时候人民币最大的面额是十元，他收的钱都要拿麻袋装，就是那种装瓜子的大麻袋。十几个工人围坐着一个特大的匾子，匾子大概有两平方米，把钱从大麻袋倒在匾子上，大家就开始清理钱。

后来，年广九发现自己家的钞票发霉了，就拿到政府的防震棚上去晒，几十万元就晒在上头。市委的人就来说："你胆子不小，这是什么日子，你不要头了，赶快走。"言下之意，现在好多人生活艰难，你居然把那么多钱拿到这里来展览？没办法，年广九把钱收起来了。

很快，个体户年广九在20世纪80年代初就赚了100万的消息像他的"傻子"瓜子一样传遍了芜湖的大街小巷。卖瓜子竟然赚了100万的消息也引起了芜湖人民广播电台记者陈国胜的注意，随即采访了年广九。

第一次接受媒体采访的年广九给记者陈国胜留下了深刻的印象，后来这篇报道发表在1981年9月5日的《芜湖日报》上，题目是"名不虚传的'傻子瓜子'——记个体户年广九"。

报道后第二个月他的营业额就翻番了，甚至不止一番两番。这篇报道，让更多的人知道了年广九和他的瓜子，甚至外地人到了芜湖，都要买斤"傻子"瓜子尝尝。生意日渐红火的年广九有些忙不过来，他开始雇佣工人炒瓜子，而且雇工人数越来越多，年广九自己也没有想到，他的雇工竟然引起了一场轩然大波。

因为雇工人数比较多，在当时引起了当地人很多非议，包括

> **知识窗**

改革开放

改革开放，是1978年12月十一届三中全会起中国开始实行的对内改革、对外开放的政策。

中国的对内改革首先从农村开始，安徽省凤阳县小岗村开始实行"农村家庭联产承包责任制"，拉开了我国对内改革的大幕。

对外开放是中国的一项基本国策，是中国的强国之路，是社会主义事业发展的强大动力。

党政干部都说，年广九搞的是资本主义，这个瓜子加工厂是属于资本主义性质的。"他雇了这么多人是带有剥削性质的，与我们社会主义原则是不吻合的，不相称的，年广九实际上是一个新型的资本家，现在人吃人的社会又出现了。"一名党政干部说道。

为了证明年广九是剥削工人劳动力的资本家，人们甚至在马克思的《资本论》里找到了依据。在《资本论》里，谈到剩余价值的时候，马克思举过例子，他说在欧洲许多工业作坊，如果雇工在七个人以内，自己老板是要亲自参与劳动的，这样的老板为小业主。雇工超过了七个人，老板他就可能不用参加劳动了，这样的老板为资本家。这就是所谓"七下八上"的论述。在当时几乎所有的社会主义理论中，"七下八上"是一条铁定的界线。如今，年广九的瓜子工厂已经远远超过了8个人，其工厂性质几乎不言自明。于是，"安徽出了一个叫年广九的资本家""年广九是剥削分子"等说法开始不胫而走。

年广九雇工问题引起了当时的安徽省农委主任的注意，他派工作人员到芜湖进行了调查。这位工作人员在调查报告当中，汇报年广九的雇工是5个人，其中3个人是亲戚，2个人是农民。农委主任说："其实我们知道这是假的，我看这个问题的焦点不在雇工数量是三个五个，关键是这个雇工行为，到底是不是剥削性质？我们只能客观地把这些情况向中央反映一下。

不久，这份调查报告被带到了中央农村工作会议上，也就是这个份报告改变了年广九的命运。邓小平看了这个材料以后，讲道："像这个私营经济啊，不要匆忙地做决定，要看一看，放一放"。后来在《邓小平文选》第三卷90页中还能找到这段文字："……前些时候那个雇工问题，相当震动呀，大家担心得不得了。我的意见是放两年再看。那个能影响到我们的大局吗？如果你一动，群众就说政策变了，人心就不安了。你解决了一个'傻子瓜子'，会牵动人心不安，没有益处。让'傻子瓜子'经营一段时间，怕什么？伤害了社会主义吗？"

邓小平的讲话以后，关于雇工问题的讨论就暂告一段落。生意红火的年广九继续雇佣工人炒卖着他的"傻子"瓜子，在雇工人数最多的时候，竟然达到了130多人。

年广九炒卖的"傻子"瓜子带动了整个芜湖市瓜子炒货业的发展，大街小巷出现了不少炒瓜子的作坊和瓜子店，芜湖由此又多了一个"瓜子城"的称号。

1992年初，邓小平同志视察广东、上海等地，发表了著名的南方谈话。时隔8年，邓小平在讲话中又一次提到了"傻子"瓜子，他说：农村改革初期，当时很多人不舒服，主张动他。我说不能动，一动人们就会说政策变了，得不偿失。

现在，年广九出门谈生意总是习惯地带上颇具年广九特色的名片，名片的正面是他和妻子的头像，背面印刷着收录在《邓小平文选》第三卷中的这段话：农村改革初期，安徽出了个"傻子瓜子"问题，当时许多人不舒服，说他赚了一百万，主张动他。我说不能动，一动人们就会说政策变了，得不偿失。

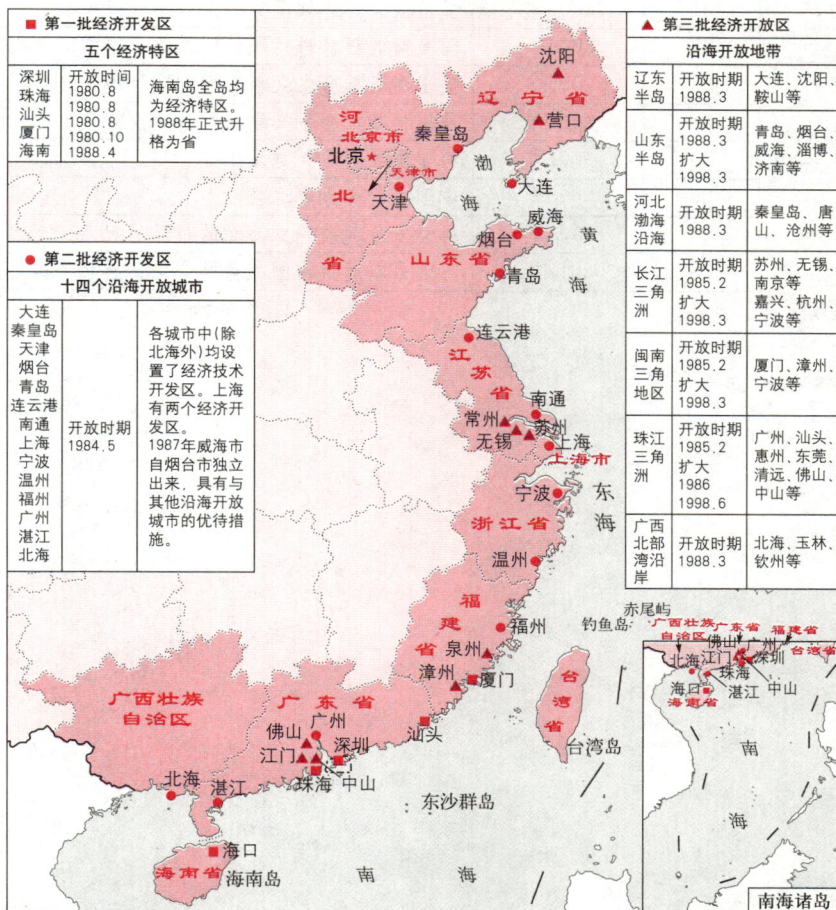

■ 第一批经济开发区		
五个经济特区		
深圳	开放时间	海南岛全岛均为经济特区。1988年正式升格为省
珠海	1980.8	
汕头	1980.8	
厦门	1980.10	
海南	1988.4	

● 第二批经济开发区	
十四个沿海开放城市	
大连秦皇岛天津烟台青岛连云港南通上海宁波温州福州广州湛江北海	各城市中(除北海外)均设置了经济技术开发区。上海有两个经济开发区。1987年威海市自烟台市独立出来，具有与其他沿海开放城市的优待措施。
开放时间	
1984.5	

▲ 第三批经济开放区		
沿海开放地带		
辽东半岛	开放时间1988.3	大连、沈阳、鞍山等
山东半岛	开放时间1988.3扩大1998.3	青岛、烟台、威海、淄博、济南等
河北渤海沿海	开放时间1988.3	秦皇岛、唐山、沧州等
长江三角洲	开放时间1985.2扩大1998.3	苏州、无锡、南通、嘉兴、杭州、宁波等
闽南三角地区	开放时间1985.2扩大1998.3	厦门、漳州、泉州等
珠江三角洲	开放时间1985.2扩大1986扩大1998.6	广州、汕头、惠州、东莞、清远、佛山、中山等
广西北部湾沿岸	开放时间1988.3	北海、玉林、钦州等

我国沿海经济开放区

改革开放大事记

序号	时间	事件
1	1978年	中共十一届三中全会召开。
2	1979年	深圳、珠海、汕头和厦门经济特区建立。
3	1982年	家庭联产承包责任制确立。
4	1982年	党的十二大提出建设有中国特色的社会主义。
5	1984年	确定开放14个沿海港口城市。
6	1986年	启动全民所有制企业改革。
7	1987年	"一个中心、两个基本点"基本路线提出。
8	1988年	提出"科学技术是第一生产力"。
9	1990年	国家实施开发开放浦东战略。
10	1992年	邓小平南方谈话。
11	1992年	社会主义市场经济体制改革目标确立。
12	1993年	建立现代企业制度，进行分税制改革，提出金融体制改革目标。
13	1994年	外贸体制综合配套改革，医疗市场化改革施行。
14	1995年	实施科教兴国战略，大力推进教育创新。
15	1997年	香港回归。
16	1999年	澳门回归。
17	1999年	明确非公有制经济是社会主义市场经济的重要组成部分。
18	1999年	提出西部大开发战略。
19	2001年	中国正式成为世贸组织成员。
20	2002年	十六大确定全面建设小康社会的奋斗目标。
21	2003年	提出振兴东北地区等老工业基地战略。
22	2004年	国有商业银行进行股份制改革，保护私有财产入宪。
23	2005年	提出建设社会主义新农村的重大历史任务，废止农业税条例。
24	2006年	作出构建社会主义和谐社会的重大决定。
25	2007年	科学发展观写入党章。
26	2008年	中国成功举办奥运会。
27	2012年	科学发展观被确立为党的指导思想
28	2017年	习近平新时代中国特色社会主义思想被确立为党的指导思想

中英关于香港问题的艰苦谈判

19世纪后半叶，英国殖民者用炮舰外交迫使清政府签订了《南京条约》《北京条约》和《展拓香港界址专条》三个不平等条约，逼迫清政府将香港、九龙割让给英国，并把九龙界线北至深圳河的大片土地以及附近200多个岛屿租借给英国，为期99年。弱国无外交，这是中华民族的耻辱。

1982年9月24日，邓小平在会见来访的英国首相撒切尔夫人时说：1997年我们要收回香港，不止是新界，包括九龙、香港岛以及整个香港地区；我们希望通过和平谈判解决问题，以2年为期，2年谈不拢，我们就单方面作决定公布，如果期间有人制造什么动乱，那我们就不得不考虑在另外的时间采取另外的方式来解决香港问题。正是这番掷地有声、势如破竹的话，为香港问题谈判定下了调子，使盛气凌人的"铁娘子"感到沮丧。

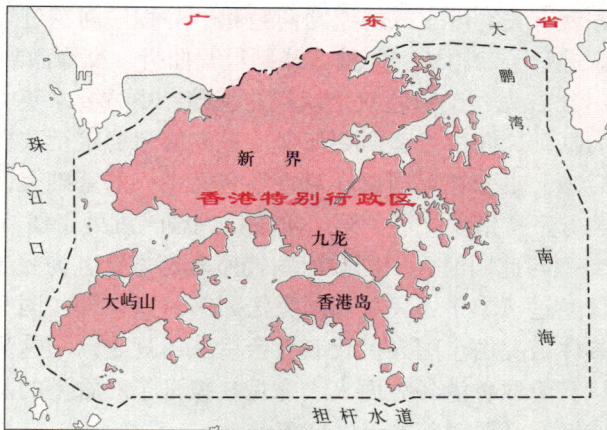

香港特别行政区略图

新中国成立后，中央人民政府立即向全世界明确宣布中国政府不承认英帝国主义强加给中国的三个不平等条约，要在适当的时候通过谈判来解决香港问题。到了20世纪50年代末，周恩来提出对香港要实行"长期打算，充分利用"的八字方针。

按照1898年中英《展拓香港界址专条》，到1997年6月30日，英国人租借新界就到期了。时间进入1979年，离新界租约期满只有18年了，香港投资开始裹足不前。英国政府有点坐立不安，急于提出香港未来的地位问题，于是派当时的香港总督麦理浩到北京来摸底，想利用中国百废待兴之机向中国施压，延长对新界的租期，以取得管制香港的长期权力。

1979年3月29日，邓小平在北京会见麦理浩。麦理浩表示，由于港英政府批出的新界土地契约不能超过1997年，可能会影响到香港未来的繁荣。他的意思是想劝说中国政府不要反对香港政府在新界批出超越1997年的土地契约。

邓小平敏感地觉察到了香港总督的意图，明确表示不同意1997年6月后新界仍由英国管辖。邓小平同时指出，中国的立场并不影响投资者的利益，会在20世纪和21世纪初相当长的时期内，保持香港现行资本主义制度不变。这实际上是把"一国两制"的构想核心向英国透露了。

香港总督麦理浩的访问使中国政府把解决香港问题提上了议事日程。小平同志指示廖承志：香港问题已经摆上日程，我们必须有一个明确的方针和态度。请各有关部门研究，提出材料和方案，供中央参考。

之后，国务院港澳办公室向中央上报了以"一国两制"方针为核心的关于解决香港问题的12条方针政策。文件草拟出来后邓小平批示："我看可以。兹事体大，建议政治局讨论。"后来中国对香港的12条基本方针政策，就是在此基础上经过反复修改后形成的，并写进了中英关于香港问题的联合声明。这样，以"一国两制"构想解决香港问题的战略定了下来，并初步提出了具体的方针政策。

虽然"一国两制"的构想已经充分照顾到了英国的利益，但英国人当时并不接受，因为英国政府没有打算把香港交还中国。

1982年9月22日，英国首相撒切尔夫人访华，拉开了中英关于香港问题谈判的序幕。9月24日，邓小平会见撒切尔夫人。撒切尔夫人坚持"三个条约有效论"的立场，并断言由中国取代英国的管治，香港就会崩溃，就会危及中国建设。针对这种论调，邓小平针锋相对地回答："关于主权问题，中国在这个问题上没有回旋余地。坦率地讲，主权问题不是一个可以讨论的问题。现在时机成熟了，应该明确肯定：1997年中国将收回香港，收回的不仅是新界，还包括香港岛、九龙。中国和英国就是在这个前提下来进行谈判，商讨解决香港问题的方针和办法。"邓小平又说："至于说一旦中国宣布1997年要收回香港，香港就可能发生波动，我的看法是小波动不可避免，如果中英两国抱着合作的态度来解决这个问题，就能避免大的波动。我还要告诉夫人，中国政府在作出这个决策的时候，各种可能都估计到了。我们还考虑了我们不愿意考虑的一个问题，就是如果在15年的过渡时期内香港发生了严重的波动，怎么办？那时，中国政府将被迫不得不对收回的时间和方式另作考虑。如果说宣布要收回香港就会像夫人说的'带来灾难性的影响'，那我们要勇敢地面对这个灾难，作出决策。"邓小平还说："我们等待了33年，再加上15年，就是48年，我们是在人民充分信赖的基础上才能如此长期等待的。如果15年后还不收回，人民就没有理由信任我们，任何中国政府都应该下野，自动退出政治舞台，没有别的选择。"邓小平铿锵有力的表态，迫使英国不得不在中方建议的基础上同中方就香港问题进行谈判。

中英两国政府关于香港问题的谈判分为两个阶段：第一阶段从1982年9月撒切尔夫人访华至1983年6月，双方就有关香港主权的原则问题和一些程序问题进行了商谈；第二阶段从1983年7月到1984年9月，双方就具体问题进行了22轮谈判。整个谈判过程曲折，交锋激烈。

首先一个问题就是谈判的基础。中方要求英方放弃不平等条约，承认中国对整个香港地区的主权，以此作为基础，同中方磋商如何保持香港繁荣稳定及政权交接的技术性问题。但英方仍然坚持"三个条约有效"论，后来又主张在英国放弃对香港名义主权的基础上，达成某种修改后的条约，以延续英国对香港的管治权。由于英方坚持错误立场，第一阶段谈判曾一度处于僵持状态，未取得任何进展。

与此同时，中国政府则按照既定方针，为妥善解决香港问题作出新的努力。1982年12月，三届人大五次会议通过《中华人民共和国宪法》第31条，即"国家在必要时得设立特别行政区，在特别行政区实行的制度按照具体情况由全国人民代表大会以法律规定。"这为中国收回香港后实行"一国两制"提供了法律依据。同时，认真听取香港各方面人士意见，拟订了对香港的基本方针政策，即"12条"，准备作为第二阶段谈判的基础，或者在必要时单独予以公布。

英方在获悉这些情况后，1983年3月撒切尔夫人致函中国总理，表示英国不反对中国以其对香港拥有主权的立场进行谈判，"只要英中两国政府能就确保香港未来繁荣与稳定所作的行政安排达成协议，并能为英国议会、香港人民和中国政府所接受，她愿意向议会建议：整个香港的主权应交回中国。"4月，中方复函表示，中国政府同意尽快举行正式谈判。

1983年5月底，中英双方就谈判的程序问题及三项议程达成协议。一、为维持1997年后香港繁荣稳定作出安排；二、为香港由现在起到1997年作出安排；三、为有关政权交接事宜作出安排。

进入第二阶段谈判后，主要障碍则是英方一开始坚持"主权和治权分离"的立场，即"在承认中国对香港的主权的原则下，由英国大体上像过去那样管治香港"。而中方则坚持主权和治权不可分割的立场，所谓"主权属中、治权属英"，实质上是否定了中国的主权，是以一项新的不平等条约来代替旧的不平等条约，是中国人民绝对不能接受的。前3轮谈判没有取得任何进展，第4轮会谈也不欢而散。

因为会谈没有任何进展，前景不明，香港人心浮动，港元汇率及股市急速下滑。英国政府与港英当局不仅不采取措施稳定局面，反而推波助澜，借机大打"经济牌"，向中国施加压力。这就是所谓的"九月风暴"。香港各界人士及舆论界对英国企图以"经济牌"压中国让步的做法提出强烈批评，市民举行集会示威，要求港府尽快采取措施稳定局势。眼见"经济牌"再打下去就会搬起石头砸自己的脚，10月15日港府宣布实行与美元挂钩的联系汇率，同时取消港元的存款利息税。英方打出的"经济牌"以失败而告终。

1983年10月14日，撒切尔夫人致函中国领导人，表示双方可以在中方建议的基础上探讨香港的持久性安排。英方不再坚持"以主权换治权"的立场，会谈有所进展。但是撒切尔夫人又想在1997年以后让英国人在香港的行政管理中继续发挥作用，譬如保留一名英国总督，并称这是保持香港繁荣必不可少的。中方严词拒绝了这个主张，最后撒切尔夫人不得不让步。

1983年12月至1984年4月，中英双方举行了6轮（第7轮至第12轮）谈判，主要议题是1997年以后的安排以及过渡期的有关问题。5月至9月，双方又接连举行10轮（第13轮至第22轮）谈判，主要议题是讨论1997年前过渡期的安排和政权交接事宜，并商定最后文件内容。对这些问题的商谈也并非一帆风顺，有些问题也经过激烈的交锋。例如，中方建议特区政府官员由当地人组成，实行"港人治港"，英籍和外籍人士可担任顾问或政府一些部门中最高至副司级的职务，但是英方则提出外籍人士可以担任公务员系统中直到最高级的官员，企图使英国人在未来特区政府中担任举足轻重的角色。又如，中方主张香港特区的防务由中央人民政府负责，中央人民政府有权在港驻军。而英方则一再提出香港无需派驻军队。英方的这些主张直接违背了中国主权的原则，理所当然地为中方所拒绝。后来还在是否成立中英联合联络小组的问题上发生过争执。

经过中英双方激烈较量，历时两年之久的香港问题谈判终于达成了协议。1984年9月26日，中英关于香港问题的联合声明先由两国代表团团长周南和伊文思草签。1984年12月19日，中英联合声明正式签字仪式在北京人民大会堂隆重举行，由百余人组成的香港各界人士观礼团应邀出席。中英联合声明向全世界宣告：中国政府将于1997年7月1日对香港恢复行使主权，英国将在同日把香港交还中国。

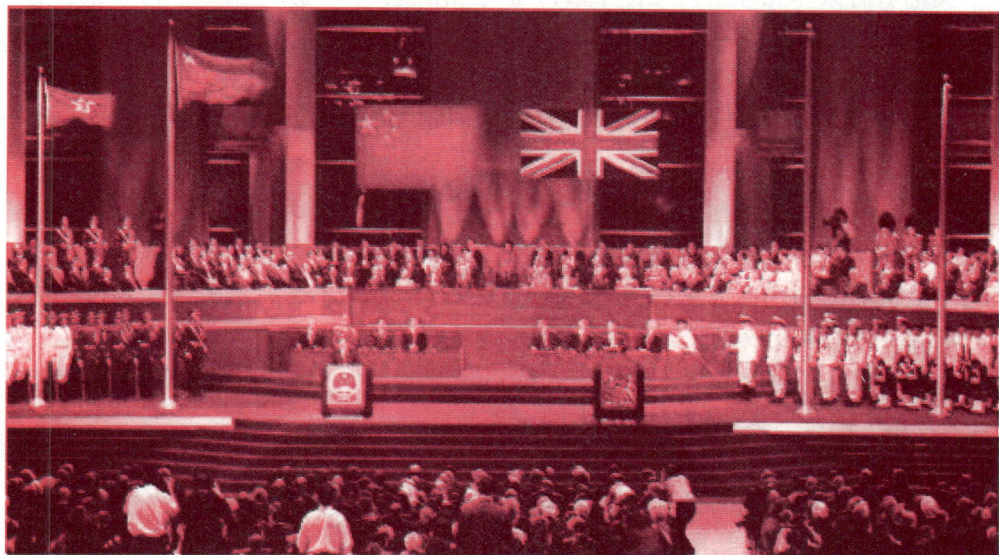

中英香港交接仪式

中英关于香港问题的谈判在新中国外交史上有着特殊的历史地位和意义。它成功地达成了香港的顺利回归，洗雪了一个半世纪以来中华民族蒙受的耻辱，使祖国的统一大业向前迈进了一步，并为国际上以和平方式解决争端和历史遗留问题创立了典范，是中国政府为维护世界和平作出的重大贡献。

中英联合声明签署后，在漫长的13年过渡期内，中英双方为落实联合声明、履行彼此的承诺，还在众多领域进行了艰苦的外交谈判。除政治问题外，中英双方的谈判最终取得了积极成果，保证了香港的顺利回归。

祖国强大是取得外交斗争胜利的根本保证。邓小平在谈到香港问题为什么能够谈成时指出，这"主要是我们国家这几年发展起来了，是个兴旺发达的国家，有力量的国家，而且是个值得信任的国家。"腐败的晚清政府丢掉了香港，改革开放、奔向小康的中国人民以和平方式收回了香港，这生动地验证了邓小平的论断。

实践证明，"一国两制"有着巨大的包容性和强大的生命力。"一国两制"的构想，从来就不是外交谈判的结果，当然也不存在外国政府监督其执行的问题。中央政府之所以承诺"一国两制""港人治港"、高度自治"五十年不变"，是因为这一政策事关680万香港同胞的福祉，事关祖国和平统一大业，事关全中国13亿同胞的整体利益。无论香港遇到什么情况和问题，中央政府都会坚定不移地贯彻"一国两制"方针不动摇。

中国南极科考

从1772年12月英国航海家库克开始，几百年来，欧美探险家、科学家们就从未放弃探索南极的梦想，他们前赴后继，历尽艰辛，开启着世界最后一块大陆的神秘之门。

20世纪80年代初，已经有18个国家在南极洲建立了40多个常年考察基地和100多个夏季站，而中国却始终未能涉足。在5个联合国常任理事国中，中国是唯一在南极问题上没有发言权的国家。原因只有一个，就是在南极没有考察站。

■ 长城站

1983年，全国五届人大二十七次会议通过了中国加入《南极条约》，正式成为《南极条约》的缔约国。而仅仅是缔约国，还不是协商国，在南极生物问题上还没有发言权，还不能就南极问题进行协商。只有在南极建立了科学考察站，才能从缔约国变成协商国。

1984年10月8日，中国首次南极考察队成立，人数达到591人，这是迄今为止中国政府派出的最为庞大的一支南极考察队。11月20日，中国南极洲考察队首次离开上海，出发前往南极洲。中国政府提出的要求是：站住脚、过好冬、积累经验，为完成南极考察长期任务奠定基础。

1984年12月12日，中国首次南极考察队进入了西风带，此时，向阳红10号的驾驶台气氛紧张而凝重，排山倒海式的黑色波涛汹涌而来，12米的巨浪拍击着17 000吨的向阳红10号。

巨大的海浪掀过了船头，砸在位于船头的5吨液压吊上，硬是把钢铁做成的驾驶台的门打飞了，5吨的船载吊车顷刻变成了一堆废铁。船上的300多名考察队员，在剧烈的左右摇摆中，开始了与风浪长达4天的抗争。队员们在没有规律的失重状态下，忍受着晕船带来的痛苦折磨。有的队员最后编了一个顺口溜：一言不发，二目无光，三餐不食，四肢无力，五脏翻腾，六神无主，七上八下，久卧不起，十分难受。

中国首次南极考察路线和长城站位置图

历史上，澳大利亚的冰岛号南极考察船，也是在穿越西风带时，出现了固定直升机的绳索被巨大的摇摆力折断，三架直升机互相碰撞，全部毁坏的事故。最终后果是，澳大利亚冰岛号南极考察船被迫中途返航，给澳大利亚当年的南极考察带来了巨大的影响。

对于每一艘南极考察船来说，闯过南太平洋西风带都是幸运的，因为他们战胜了地球上最可怕风浪的无情与残酷，进入了另一个神奇而美丽的冰海世界——南极洲。冰海中，变幻的浮冰和神秘的冰山，组成了仿佛隔世的景象，冰山、大海、蓝天、白云，还有偶尔出现的海豹、企鹅等。但在这美轮美奂的景色里隐藏着另一个严峻的考验，正在等待着考察队员的到来。

经过40多天艰辛的海上漂泊，中国极地考察船向阳红10号和海军补给船终于在1984年12月30日15点16分登陆了乔治王岛，中华人民共和国国旗插在南极洲的土地上，向世界庄严"宣告"：南极洲——我们来了。此时，乔治王岛上已经有8个国家建设的科学考察站。

南极没有四季之分，只有暖季和寒季，每年的11月中旬到下一年的3月中旬是南极的暖季。对于各国考察队员来说，四个月的暖季是一年中的黄金季节，也只有在这个季节里，考察队才能来到这里建站施工，进行野外考察。

暖季的南极，太阳在夜里十点才落下，凌晨一两点钟又升起。

中国考察队12月底才到达这里，对他们来说，建设长城站只剩下不到两个月的时间了。在这短短的时间

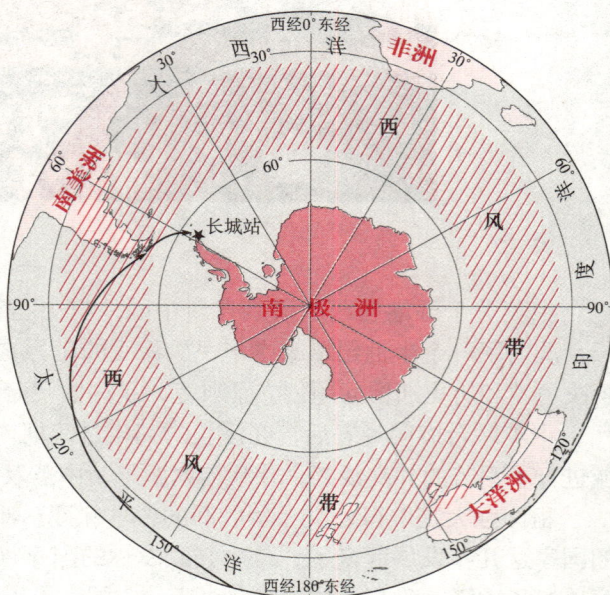

里，中国勘探队要面临勘探选址、运输物资、建设房屋、安全撤离等繁重的工作。更重要的是要应对恶劣的自然条件，因为即便是在暖季，南极圈外的乔治王岛也经常是暴风雪光顾的地方。

在乔治王岛上要建起一个永久性的考察站，考察队面临的第一个难题就是地点的推敲和确定、房屋的保暖性和牢固性、地质条件、地形条件、淡水的来源等。最后确定在菲尔德斯半岛的南部建立长城站，最后的坐标点定为62°12′59″S、58°57′52″W。

南极不仅是世界寒极，也是世界风极。南极大陆上空的高气压冷气团不断下沉，大陆边缘海洋上空的低气压暖气团不断上升，补充下沉的冷气团形成了大气环流的高纬环流。强大的大气环流在南极大陆边缘不断交汇，使南极大陆的边缘成了暴风雪的地盘，每年的大风天气超过300天。

1985年1月20日，考察站主体工程开始施工。设计中的长城站由两栋红色的钢结构房屋组成，建筑面积300多平方米，每栋房屋的框架由300多根低合金钢拼接而成，这种钢材有极高的强度和硬度，在零下60℃的低温下也不会出现变形，保证了房屋的坚固性。设计者为了使房屋最大限度地具有保温作用，采用了在一层层密封条上加固体胶的密封处理，再大的风也不会吹到房屋里。

这个房屋与普通房屋相比，不仅在建筑材料的选择上有很大的区别，而且在设计上也独到之处：高高抬起的屋底跳空可以让房屋四周产生很好的空气对流，不会因为考察站的房屋对空气产生大的阻挡作用；在暴风雪的天气里，风从房屋下方通过，不会造成积雪堆积而把考察站埋掉。

为了给在这里工作和居住的考察队员创造舒适的条件，考察站准备了两人一间的宿舍、设施齐全的厨房、宽大的餐厅和会议室。考察站也同步设计建成了我国第一个南极天文观测站、第一个南极气象观测站、第一个南极邮政局。

1985年2月20日，中国南极长城站正式落成，邓小平为南极长城站题词："为人类和平利用南极做出贡献。"

就在落成典礼的第二天中午，一场突如其来的暴风雪袭击了这个刚刚落成的长城站，长城站第一次接受了南极风雪的考验。12级的暴风雪，整整刮了48个小时，暴风雪过后，崭新的长城站安然无恙，第一次通过了南极暴风雪的验收。

1985年2月28日，这支中国南极考察队圆满完成了建设考察站和各项科学考察任务，踏上了回国的航程。其中，考察队的5名队员继续留在原地，这也是第一批在南极度过漫长冬季的国家考察队员，他们将在长城站上独立的度过近10个月孤独的生活，进行冬季考察站的维护和有关科学观测，次年的12月他们将在这里迎接下一批南极考察队的到来。

长城站落成10个月后，1985年10月7日，在第13届《南极条约》协商国会议上，中国成为《南极条约》的协商国。从此，中国在南极事务中，获得了表决权。

■ 中山站

1991年是《南极条约》有效期的最后一年。为了在此时间之前争取到中国在国际南极问题上的绝对发言权和表决权，1988年中国政府对外宣布，将在南极洲东南极的拉斯曼丘陵上建设中国第一个南极大陆考察站——中山站。

1988年11月20日，上海港，中国派出的首支东南极考察队乘坐"极地号"考察船起航远赴南极大陆完成中国政府在南极大陆的建站计划。

当时在所有人看来，在东南极大陆建设考察站对于这艘破冰船来说是一个近乎不可能完成的任务。因为，南极在的11月份和12月份，有长达近20千米的陆缘冰，越过陆缘冰，极地号才能登上南极大陆。但是，极地号却不是破冰船，它破不了冰。

1989年1月14日傍晚，极地号第一次推进到离岸300余米的地方，停下了前行的脚步。这也创造了当时中国航海史上航行到最南纬度的新纪录，南极洲东南极大陆就在眼前。

为了争取更多的建站时间，考察队的决策者们立刻决定，抓紧时间运输建站物资上大陆。然而，就在此时，一场不可预测的可怕冰海灾难发生了。

东南极时间1989年1月14日22时35分，极地号前方800米发生特大冰崩，蘑菇云腾空而起，大量的冰山从冰盖上塌落下来。23时30分，第二次冰崩。24点，第三次冰崩。铺天盖地的大冰块，就跟大卡车似的，翻滚着奔向极地号，如果这个冰山撞上了船，就会造成船毁人亡。

幸运在关键时刻眷顾了中国科考队——冰山在距离极地号1米多远的地方停住了！

虽然冰山没有直接撞上极地号，但是，多灾多难的极地号却被死死地困在方圆十几千米的乱冰当中，动弹不得，考察队陷入了孤立无援、突围无望的危难境地。

对于这次中国科考队的遭遇，外界的评论有两点：一是中国南极科考队遭到毁灭性打击，二是中国科考船极地号6年也出不去。

面对残酷的现实，中国南极科考队下达了撤离的决定，全体考察队员弃船上岸，向南极内陆搬运物资。为了做好长期被困的准备，考察队把一日四餐改成了一日两餐，并限量供应开水。

时间一天天过去，极地号周围的冰情丝毫没有变化，希望似乎越来越渺茫。再过一个月，南极的暖季就将过去，那时这片海域就会再有新的海冰形成。此时，极地号靠自身的力量已经不可能冲出这方圆十几千米的密集冰区，唯一的希望就是等待大风和大潮的到来。

1989年1月21日，横在极地号退路上的两座冰山开始移动，渐渐地形成了一条30多米宽的水道，在潮汐力量和风能的作用下，南极给极地号打开了一扇起死回生的大门。幸运再次眷顾了危难中的中国科考队。极地号在被困7天后，终于冲出了险境，驶入了开阔的水面。在接下来的几天里，这支中国考察队将继续完成中国政府宣布的计划，在南极的拉斯曼丘陵上，建设中国第一个南极大陆科学考察站——中山站。

为了争取时间，早在极地号被困海冰期间，就有一批队员登陆后按照施工要求，平整了站区地面，并掘出一排排基坑。队员分成几拨，有的挖地基，有的搅水泥，基本上一天能干20小时。

2月份的东南极大陆已经进入了深秋季节，可怕的南极寒季即将到来。极地号停泊的海湾随时都会一夜之间成为冰海，留给中国考察队的时间已经越来越少，此时建站工作进入了决战阶段，最艰巨也是最复杂的是发电楼和储油罐安装阶段。南极的常年科学考察站上，发电机就是心脏，如果没有发电能力，在这片荒野上，考察站就失去了动力。

1989年2月15日，就在考察队准备吊装发电机楼钢架的关键时刻，8级的风雪袭击了东南极拉斯曼丘陵，队员们清楚，在这样的大风天气进行吊装，只要稍有闪失必将酿成事故。为了争取宝贵的时间，考察队冒险继续在大风中作业，吊装刚刚运上工地的8米多高的发电楼钢框架。

与此同时，在站区的后方，5个20多吨的大型储油罐也安装完成。这个大油库将为发电机提供充足的燃料，为整个中山站输送电能。发电楼和油库的建成，使中山站具备了作为常年考察站的基本条件，这也标志着中国首次东南极考察队完成了中山站的建站计划。

1989年2月26日，中国南极中山站正式落成。落成典礼上，中国国旗在国歌声中冉冉升起。全体队员都注视着国旗，当国旗升至最高处，队员们都热烈地欢呼起来，都落泪了。中山站的建成，也正好赶上考察队撤离，所有人都在欢呼，都在庆祝建站成功。1989年2月27日，考察队返航与越冬队员告别。

■ 昆仑站

1991年，德国不莱梅南极研究科学委员会第一次会议上提出国际横穿南极科学计划，这个计划把南极冰盖按照大致网格的形式划分成17条路线，每条路线由一个考察队负责，中国科考队成功争取到中山站到冰穹A的考察之路。从中山站到冰穹A的直线距离是1 386千米，这段距离见证了中国人6年接力式探索南极的历史。

2004年，中国第21次南极考察队派出了一支由13人组成的南极内陆野外考察车队，这些队员的任务是寻找并定位南极冰穹海拔最高点——冰穹A，抢占南极科学考察的制高点。

冰穹A是南极大陆海拔最高处，它不仅具有地理上的高度意义，而且还具有一个更深层次的意义，那就是南极科考的制高点。这个制高点还没有任何一个国家的科学家、考察队从地面到达这个制高点。

这个科学界称为制高点的区域，极度荒凉和冷酷，被称为人类不可接近之极。在面积达1 400多万平方千米的南极大陆上，覆盖着平均厚度接近2 500米的冰，一望无际的巨大冰体构成了地球上最大的冰盖——南极冰盖。这里凝固着地球上72%的淡水，影响着地球的冷暖变迁。

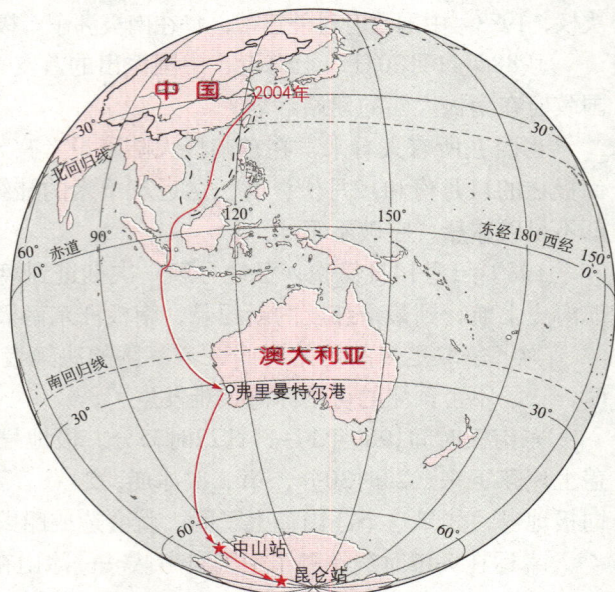

中国第21次南极科学考察线路

一般情况下，在南极的内陆地区，距离海岸线越远，海拔就越高，同时气温就越低，风力也就越强。南极冰穹A地区是南极大陆距离海岸线最遥远的区域，那里不仅海拔高，而且气候恶劣，到处是极地高压带，是南极大陆下降风的策源之地。在南极，下降风的到来，预示着恶劣天气的来临，它可以迅速夺走人体的热量，把生命推向死亡的深渊。

为了寻找冰穹A，中国第21次南极考察队的队员们已经第4次冲击这个区域。前三次，一次又一次接近冰穹A地区，最深入的一次已经从南极大陆边缘深入内陆达1 100千米左右，但是仍差一点，没有到达冰穹A地区。

此刻，被委以重任的13名队员怀着美好的憧憬踏上了征程。按照计划，从出发地到冰穹A的行程将不少于1 200千米。在前几年，中国考察队曾经走过这条线路的前1 100千米。如今，13名考察队员将沿着这条线路走完1 100千米，最后再冲击海拔最高的冰穹A。虽然说这支考察队已经掌握了这条线路的很多情况，但每个人都清楚，在南极巨大的冰盖上，脚下巨大的冰体无时无刻地在运动中变化着，所有的经验只是适用于昨天，他们唯一需要做的就是小心翼翼地前进每一步。

早期，中国南极考察队使用的雪地牵引车来自德国制造的PB系列山地工具车。按照国际惯例，在南极内陆野外考察13人的考察队要配备最少8台雪地牵引车，但当时中国南极考察队的全部家当就是这4台型号不同的雪地车。这种车辆可耐零下50℃的低温，并且结实耐用，但即便是这样的工具车辆，在坚硬的南极冰盖上也时常因为超负荷的运行，常常出现故障。这种雪地车的缺点是速度慢，耗油大，在冰雪路面上空车行驶的速度每小时也不会超过12千米，这就意味着，考察队来回近3 000千米的行程，最少要用50天到60天时间，而且还要拖载200多桶燃油，不断攀升的海拔高度让满载车队的行进也变得越来越吃力，随之而来的则是队员们陆续出现的高原反应。

东南极时间2005年1月7日，凌晨4时，南纬79°，气温零下44.6℃，海拔3 990米。机械师盖军衔突发强烈高原反应，呼吸困难，经后方考察队紧急求助，美国极点站前来营救，盖军衔得以脱险。

南极冰盖最高点，不是一般人想象中的山峰，而是比较平坦的冰丘，这就要求科考队必须在比较大的范围内实测后才能最终确定其精确的位置。

经过5天的艰苦寻找，负责测量的队员传回了好消息，冰穹A终于现身在中国考察队的标杆下。测定出的南极冰盖最高点的位置是80°22′00″S、77°21′11″E，高程为4 093米。在冰穹A，全体队员进行了升旗仪式，队员们手抚胸口，高唱国歌，中国的国旗升起在冰穹A点。

由于这次成功地寻找到了南极内陆冰盖最高点，使得中国真正成为一个具有南极内陆考察能力的考察强国。但是，要巩固来之不易的成果，把环境相对更加恶劣的冰穹A变为一块长久的科考基地，首先要做的一步是在此建造牢固的科考站。然而，环顾四周，白色渺茫，在这个驻扎数日都可能带来生存困难的冰盖极寒之地，一座可以担当避风之重任的科考站又如何能凭空拔地而起呢？

2008年中国第25次南极科考注定与以往不同，以大型运输工具卡特彼勒车和数量众多的雪橇组成了庞大的运输队，经过漫长的颠簸，最终到达冰穹A，同时抵达的还有500吨以上的建设物资和28名科考队员，他们要在这里建立中国南极昆仑站。

昆仑站的建站工程基本采用全预制方式。作为站体主结构的集装箱在国内事先安装完毕，使它在运往南极后，只需搭建预定站址，就算完成了主要建站环节。这种方式最明显的优点是会减少现场施工量，缺点是整体运输在漫长而崎岖的内陆线上实现起来非常困难。此外，按照集装箱标准尺寸预制的空间在建站完成后利用率极低，很难到达节能效果。中国科考队明智地运用了一种预制和现场组装相结合的方式。

冰穹A合适的施工，时间很短，只有十几、二十几天。这就需要赶进度，以便在天气恶化之前人员撤离冰穹A。

处于超负荷状态下的科考队员和运输车在冰盖险恶环境中，此刻任何风吹草动都可能掀起波澜，而早前预计的高寒缺氧正不失时机地袭来。中国南极此次考察在建站伊始的筹备阶段，其实已经对身处高海拔地区将要面临的后果同样做过充分的考虑和论证。派往的科学家和技术人员都是数次历经南极的老将，且在国内模拟环境中悉数做过训练，而上海宝钢公司的工程建设人员更是个个拥有丰富的施工经验。

难以抵御的寒冷并不能摧垮这群有备而来的建设者。南极昆仑站的建造在紧锣密鼓中进入施工日程，与其他考察站大都建立在南极大陆边缘地区不同，昆仑站将矗立在毫无寸土的内陆冰盖上。

在冰雪地上建科考站，首要环节是夯实地基，以便给日后建设的建筑主体构造一个牢固的基础，施工人员按照计划，先用扬雪机垫高地基，静等一段时间后，再用车辆反复碾压最终构筑一个结实的地面平台。

冰穹A的极低温让施工队面临最大困境，施工期内零下30多℃的低温会造成材料变性。尽管建站所用的电线和电缆全是抗低温硅胶材质特殊制造的，但折断破裂现象还是时有发生。如果在那儿戴了很厚的手套，操作起来会非常的不方便，直接影响建站效率。所以，大家在拧螺栓的时候总是要摘下手套来，在−30℃条件下直接接触金属，几秒钟人的手指头就冻得生疼，再插到手套里暖和一下，然后再接着拧……。队员们很容易就被冻伤了。冻伤是在不知不觉中的，是一个没有感觉的过程。据统计，队员们基本上都发生了不同部位的冻伤，不是手就是鼻子或者脸部，最夸张的是有的队员竟然屁股全部被冻伤。

也许是冰穹A刻骨铭心的寒冷在时刻提醒着施工者，昆仑站的保温工程在所有主体建筑落成后成为重要的一环，所有材料都是抗低温的。

13天，在这里无疑颇显漫长。当昆仑站在冰穹A的冰盖上矗立起来时，首先给施工队员的印象是白茫茫中出现了他们亲手描绘的色彩。沉寂的冰穹A，万千年中了无生机，此时这群灰头黑脸的建设者却已将白色冷漠之地注入温暖的生命色彩。

如今，中国还在每年不断地完善着昆仑站的各项建设，在不久的将来，中国的一批批科学家要到这里有望为人类的深探冰芯，在天文、深冰等领域的科学问题上获得新的发现。

>> 资料卡

珠穆朗玛峰登顶之最

1953年5月29日，新西兰登山者埃德蒙·希拉里作为英国登山队队员与尼泊尔向导丹增·诺尔盖一起登上珠峰，创下人类首次登顶的壮举。

1960年5月25日，中国登山运动员王富洲、贡布、屈银华三人首次从北坡登上珠峰。

1975年，日本人田部井淳子成为世界上首位从南坡登上珠峰的女性；同年，中国人潘多成为世界上第一位从北坡登顶珠峰的女性。

1980年，波兰登山家克日什托夫·维里克斯基第一次在冬天攀登珠峰成功。

1988年，中国、日本、尼泊尔三国联合登山队首次从南北两侧双登珠峰成功。

1990年10月7日，斯洛文尼亚夫妇安德列斯和玛丽亚成为第一对同时登顶的夫妻。

1993年5月5日，中国海峡两岸联合队从北侧攀登珠峰成功。

1996年，这是历史上登顶牺牲人数最多的一年，15名登山者在登顶过程中失去生命。

1998年，失去一条腿的美国人汤姆·惠特克成为世界上第一个登顶的残疾人。

1999年5月27日，中国西藏登山队一行10人登上珠峰，在珠峰顶采集到第六届全国少数民族传统体育运动会火种。

2001年，美国人维亨迈尔成为世界上首个登上珠峰的盲人。

2004年5月20日至21日，多吉·夏尔巴用时8小时10分登上珠峰，刷新人类攀登珠峰最快时间纪录。

2008年5月8日，北京奥运火炬接力珠峰传递登山队成功登顶珠峰。

2008年5月22日，尼泊尔珠穆朗玛峰女子登山队5人从珠峰南坡尼泊尔一侧登顶。这支登山队是历史上首支全部由女性组成的登山队，也是有最多女性参与的珠峰登山队。

2010年5月22日，13岁的美国男孩乔丹·罗米罗成功登顶珠峰，成为世界上登顶珠峰最年轻的人。

2010年5月23日，169人成功登顶珠峰，创下同日登顶珠峰人数最多纪录。

2011年5月11日，尼泊尔登山名将阿帕·谢尔帕第21次成功登顶珠峰，刷新了他自己创造的个人成功登顶珠峰次数的世界纪录。

2012年5月19日，日本73岁的妇女渡边玉枝登顶珠峰，打破了她本人10年前创下的登顶珠峰最年长女性的世界纪录。

2013年5月23日，80岁的日本人三浦雄一郎登顶珠峰，打破了5年前尼泊尔老汉敏·巴哈杜尔·谢尔占76岁时创下的登顶珠峰最年长者纪录。

第一个进入太空的宇航员——加加林

1961年4月12日，苏联宇航员尤里·加加林乘坐4.75吨重的"东方1号"航天飞船进入太空遨游了89分钟，成为世界上第一位进入太空的宇航员。

■ 农民的儿子

加加林出身于农民家庭。1949年，当加加林15岁的时候，他停止了中学的学业，进入工厂工作，以便尽早地从经济上帮助他的父母。加加林在翻砂车间工作，工作比较繁重。翻砂工作不仅需要知识和经验，还需要体力。这对于年仅15岁的加加林来说不是一件轻松的事，加加林工作后，却依然每天坚持去工人夜校学习。

1951年，加加林以优异成绩毕业于柳别尔齐职业中学，成为受训的冶金工人，并继续在萨拉托夫工业技术学校学习。加加林的飞行员生涯就是从萨拉托夫开始的，他加入了萨拉托夫航空俱乐部，业余时间学习飞行。1955年，他以优异成绩从工业技术学校毕业后进入航空学校，开始在奥伦堡航空军事学校学习飞行，1957年参加苏联军队，并成为苏联北海舰队航空军团的一名歼击机飞行员。同年，加加林与瓦莲京娜结婚。

加加林像

■ 层层筛选成为首位航天员

1960年，加加林经过严格的"超级选拔"，被送往莫斯科接受特种训练。首批航天队员的领导之一卡尔诺说，加加林具备如下杰出的品格：坚定的爱国精神、对飞行成功的坚定信念、优秀的体质、乐观主义精神、随机应变的机智、勤劳、好学、勇敢、果断、认真、镇静、纯朴、谦逊和热忱。就这样，加加林被选拔成为第一批候选宇航员。

这次选拔，专家们从2 000多名飞行员的档案中精选出200名候选人，经过严格筛选，有20名飞行员被确定为培训对象。在经过失重、剧烈震荡、耐高温等严格的专门训练后，最终有6人组成了宇航员突击小组，尤里·加加林就是其中的一员。

起初，加加林因为已是两个年幼女儿的父亲，并没有被指定为参加首次载人飞行的宇航员，另一名宇航员季托夫承担了此项重任。直到发射前4天，科罗廖夫才力排众议，选中加加林，因为在他看来，加加林有过人的胆识、机智灵活、吃苦耐劳、谦虚谨慎，而且加加林外表清秀，微笑也很迷人，这同苏联领导人特别强调候选人要能代表国家形象的要求很符合。

加加林能够最终胜出，原因是多方面的，但有一个细节帮了他不小的忙。

原来，在确定人选前的一个星期，主设计师科罗廖夫发现，在进入飞船前，只有加加林一人脱下鞋子，只穿袜子进入座舱。这一举动使加加林一下子赢得了科罗廖夫的好感。科罗廖夫说，他感到这位青年如此懂得规矩，又如此珍爱他为之倾注心血的飞船，于是他更偏爱于加加林。脱鞋虽然是生活和工作的一个小细节，但这个细节却能折射出一个人的严谨和敬业精神。加加林因为这个细节，为他的成功加上了重重的砝码。

■ 出色完成载人宇宙飞船首航

1957年苏联发射第一颗人造卫星后，主设计师科罗廖夫便渴望确立苏联的太空优势。他希望努力实现载人太空飞行，由此在太空竞赛中再次领先美国人。

但是在20世纪60年代，苏联一系列的太空飞行试验表现拙劣，加之发射架有一次发生爆炸，致126人死亡，所以，在当时，安全成了最重要的问题。

由于失重的原因，怕时间长了宇航员吃不消，那次太空之旅被限制只飞行一圈。此外，由于当时还没有软着陆系统，计划让加加林在落地前弹出座舱用降落伞着陆。即便如此，对加加林这次飞行的风险评估仍很高。当时设计部门的高级官员鲍里斯·切尔托克后来在回忆录中写道：按照当代衡量火箭可靠性的标准来判断，我们在1961年4月前没有任何理由持乐观态度。

尽管存在诸多风险，年轻的飞行员们仍为参加首次太空之旅展开了激烈竞争，加加林夺标呼声很高。火箭发射的三天前，加加林被告知，他被选定为太空之旅的航天员。

加加林怀着既惊喜又担忧的心情给妻子瓦莲京娜写了一封信，请求妻子养育他们的女儿，如果太空之行要了他的命，她可自己做主再嫁给别人。

苏联原定于1960年12月进行首次载人航天飞行。但1960年10月，一枚已装填燃料的军用火箭在拜科努尔航天发射场发射时发生爆炸，造成200多人遇难，载人飞船的发射计划被迫推迟。从1960年5月至1961年2月，苏联共发射了4艘无人试验飞船，只有1次获得成功。不少技术人员认为，如此低的概率不足以进行载人航天飞行。但苏联政府和科罗廖夫都不愿再等下去让美国人抢了首航太空的头彩。1961年3月，苏联连续两次发射无人试验飞船，并都获得成功。有了这两次成功的经验，苏联政府和科罗廖夫决定铤而走险。

当时负责监督搭载加加林的"东方1号"载人飞船建设和发射工作的奥列格·伊万诺夫斯基回忆说："当时人们对首次载人飞行极为担心，还担心人会在失重状态下神志不清，无法作出合理判断。"

那次太空之旅全部要靠机器自动进行，但如果失重导致加加林失去理智并取代编程控制系统进行人工操作，那该怎么办呢？工程师们想出了解决办法，加设一个三位数的安全密码，航天员必须收到总指挥给予的密码，才能输入密码操控飞船。

事实证明，没必要那么做。那次太空之旅进行得十分安全。

伊万诺夫斯基说："加加林当时也清楚失重的问题，他也知道此前所有发射都失败了，但他从未表现出害怕或迟疑之情。"

科罗廖夫当时对加加林说："太空舱里的食物有香肠、糖果、果酱和茶，共有63份，你一定会变胖的。"加加林则开玩笑说"最重要的是我可以在月光下吃到香肠"，并询问香肠数量是否足够。

火箭在发射前进行最后一次检查时，加加林神色轻松，不断哼歌吹口哨，表现得乐观而镇定。但其实在发射前还曾出现小差错，在工作人员紧急抢修、拔除32个螺丝后，才得以把舱门关上。一切都显得那么仓促。飞船就这样准备升空，除了加加林，好像无人能够对此保持乐观镇定。

加加林搭乘的火箭按原计划于1961年4月12日上午9点07分升空。加加林在简陋的"东方1号"宇宙飞船中高喊着"我走啦"，并随飞船撞入了太空。

载人宇宙飞船进入离地320千米的地球轨道飞行。加加林在座舱内，从舷窗向外望去，不禁欢呼起来："多么美啊！我看见了陆地、森林、海洋和云彩。"他在失重状态下感觉良好，绕地球一圈。就这样，加加林成为人类历史上第一位太空使者。

这次发射采用SS-6洲际弹道导弹。"东方1号"载人飞船呈球形，由座舱和设备舱两部分组成，重4 750千克，只能容纳一名宇航员。在整个飞行过程中，加加林都被捆在座位上。

飞船的起飞和入轨都很顺利。不过还是出现了一些始料未及的事情，钢笔在无重力条件下出不了水，铅笔不知漂到什么地方去了，录音机不能工作，通信线路也一度中断。

加加林绕地球飞行一周，耗时89分钟。虽然飞行中加加林有种种不适，但总体上还算顺利。不过在返回地球时却又遇到了麻烦。标准的返回程序是：制动火箭点火，座舱与设备舱分离。在座舱降到离地面7 000米时，加加林将连同座椅一起被弹出舱外，并张开降落伞。在4 000米高度时，加加林与座椅分离并用降落伞返回地面。但是当加加林返回时，座舱与设备舱没有及时分离，座舱疯狂地旋转、颠簸。但加加林还是逃了出来，分离过程原计划只需用时10秒，但实际上花了10分钟。上午10时55分，在飞行了108分钟后，加加林最终用降落伞在莫斯科东南方向约720千米的伏尔加河附近一片空地上安全着陆。

加加林在人类历史上首次进入太空绕地球飞行，他代表人类第一次叩开了宇宙之门，开创了人类载人航天的新纪元。就在108分钟的飞行过程中，加加林由上尉荣升为少校。

加加林从地上爬起来，头上已经挂了不少鲜血。科罗廖夫等人乘飞机赶赴降落地点，并在某宾馆与加加林会面。那次聚会一直持续到深夜。4月14日，加加林飞赴莫斯科，受到苏联最高领导人尼基塔·赫鲁晓夫的接见。科罗廖夫的女儿纳塔利娅回忆道："人们纷纷涌上街头，每个人都激动万分，就好像胜利日一般。"

■ **加加林的成功震惊了世界**

加加林是第一个进入太空并从太空看到地球的人。他的成功极大地鼓舞了人们对太空飞行的向往。同时，也留给苏联人一个永远的骄傲。

在苏联大肆庆祝之际，美国人受到了震撼。就在加加林成功的第二天，美国国会议员责问美国航天局官员，一名议员甚至要求美国进入战备状态。

在加加林的太空之行23天后的1961年5月5日，美国人艾伦·谢泼德成了第二个进入太空的人。但是直到1962年2月20日，才由约翰·格伦代表美国人完成了与加加林一样的环绕地球之举。

加加林完成了史无前例的宇宙飞行后，莫斯科以极其隆重的仪式欢迎凯旋的航天英雄：礼炮在轰鸣，欢腾的人群在喊叫，为加加林加冕大大小小的国家勋章。在这次历史性的飞行之后，加加林荣获列宁勋章并被授予"苏联英雄"和"苏联宇航员"称号，他曾多次出国，访问过27个国家，22个城市授予他荣誉市民称号。1962年，加加林当选为第六届苏联最高苏维埃代表。1964年11月任苏联—古巴友好协会理事会主席。

■ 航天灾难发生，加加林罹难

正当加加林对未来充满信心的时候，灾难发生了。1968年3月27日，他和飞行教练员谢廖金在一次例行训练飞行中，因一架双座喷气式飞机坠毁而罹难。灾难发生的这一天，加加林按计划要驾驶米格-15歼击教练机飞行两次，每次半小时。10时19分，飞机升空。10时30分，加加林把空域作业的情况报告飞行指挥，请求准许取航向320返航。此后，无线电通信突然中断，1分钟后，飞机一头栽到地上。

事故发生后，政府成立了事故调查委员会。经过认真分析研究后认为："1968年3月27日飞机飞行准备工作完全是按照现有技术操作规程的要求进行的。"调查委员会查明了飞机与地面相撞时的状态。当时，飞机在两层云带空域里飞行，看不见地平线。返航时，本应从70°航向向320°航向下降转弯，后来一定发生了某种突发事件，使飞机处于临界状态。飞机飞出低层云，航迹倾斜角达到70°到90°，飞机几乎是垂直俯冲下来，加加林和另外一位飞行员密切配合，想尽最大努力使飞机退出俯冲状态，但当时飞行高度只有250~300米，时间也只剩2秒钟了，他们没有成功，年仅34岁的加加林就这样离开了人世，以至于人们都不相信他真的牺牲了。

加加林死后，他在太空之行前写给妻子的信最终送到了她手中。瓦莲京娜此后终身没有再嫁。加加林的骨灰被安葬在克里姆林宫墙壁龛里，他的故乡格扎茨克被命名为加加林城，他训练所在的宇航员训练中心也以他的名字命名。

为纪念加加林首次进入太空的壮举，俄罗斯把每年的4月12日定为宇航节，在这一天举行隆重的纪念活动，缅怀这位英雄人物。国际航空联合会设立了加加林金质奖章。月球背面的一座环形山也是以他的名字命名的。加加林成为宇宙时代的象征。

2011年3月31日，工作人员在位于哈萨克斯坦境内的拜科努尔发射场总装车间对俄罗斯"联盟TMA-21"载人飞船进行总装。俄罗斯"联盟TMA-21"载人飞船4月1日总装完毕。据俄罗斯联邦航天署发布的消息，飞船于当地时间4月5日凌晨发射升空。由于此次发射临近苏联宇航员尤里·加加林实现人类首次太空飞行50周年，飞船被特别命名为"加加林"号。

在太空看到的地球

阿波罗登月

1957年10月4日，苏联成功地发射了世界上第一颗人造卫星。这个消息震惊了世界，也震动了美国。

1958年2月1日，美国也成功地发射了自己的第一颗人造卫星。也是在这一年，美国成立了国家航空航天局（NASA），核心人物就是二战结束前从德国捕获的火箭专家冯·布劳恩。

1959年9月12日，苏联把一颗无人驾驶的探测卫星发射到了月球，这是人类第一次把航天器发到38万千米的另外一颗星球。一枚印着镰刀和铁锤的徽章被苏联人发射到月球表面。发射成功的时候，苏联领导人赫鲁晓夫正在白宫访问，他把早已准备好的一枚相同的徽章送给艾森豪威尔总统。回到苏联，赫鲁晓夫非常高兴地接见了航天主创人员科罗廖夫。

1960年11月21日，肯尼迪总统上任没几天，冯·布劳恩为他精心改良的红石火箭进行了一次不载人的试飞测试。红石火箭和飞船的结合体矗立在发射场，但火箭只上升了4寸就重新落回了发射塔，逃逸塔发挥了作用，准确地将飞船从顶部拽走。发射失败，但是好在没有发生巨大的灾难。但是，对于美国而言，这次发射失败算是一次巨大的耻辱。

但是，满怀耻辱感的美国航天人不知道，就在20多天前，苏联经历了一次真正的航天灾难，它是人类航天史上最大的悲剧。1960年10月24日，一枚即将准备发射的P-16导弹，发生了燃料泄漏，3000℃的火海吞噬了整个发射场，200多名火箭专家和技术人员当场被烧得灰飞烟灭。这场事故被全部封存，直到31年后才被解密公布。但是这次灾难没有影响到科罗廖夫的航天计划。1961年4月12日，苏联宇航员加加林成为第一个进入太空的宇航员。

在航天争霸的战场上，美国人一次又一次地落在苏联之后，他们决定奋起直追。1961年9月12日，美国总统肯尼迪在赖斯大学公开发表"我们选择登月"的著名演讲，他宣称，全世界都放眼太空，我们决定在这个10年里登上月球，并让航天员顺利返回。之后，美国阿波罗计划顺利获批。

阿波罗是古希腊神话中的太阳神，他曾用金剑杀死巨蟒，替母亲报仇雪恨。美国人选用这位能报仇雪恨的太阳神来命名登月计划，心情可想而知。随后，美国的国家机器开始疯狂运转，大量的人力物力开始注入这个巨大工程中。

经过8年无数次的试验，人类第一次登月航行的准备工作就绪，美国佛罗里达州科科瓦奇的发射场上，工作人员正紧张地做最后的检查工作。

首次登月的宇航员是尼尔·阿姆斯特朗、迈克尔·柯林斯和埃德温·奥尔德林，他们三人都是39岁。

1969年7月16日，美国东部夏令时上午9点30分，冯·布劳恩亲自主持研制的土星5号运载火箭高110米，像一座36层高的摩天大楼矗立在发射架上，3名宇航员已进入火箭顶部的阿波罗11号飞船，等待着飞向月球时刻的到来。全世界都通过电视在观看，在等待。现在，倒计时开始了，3、2、1、0！顿时，土星号火箭下方喷射出橘红色的火焰，紧接着，一声声雷鸣般的响声震撼着大地，整个佛罗里达州似乎都在颤抖。

在点火发射后的四分之一秒内，火箭还纹丝不动，待到八台发动机的推力累增到足够大时，火箭升空，时间是9时32分。尽管已消耗了8.5万磅的燃料，火箭还是像不愿离开似地慢吞吞上升。但是，过了不到一分钟，火箭上升的速度已远远超过了音速。然后，火箭尾流的亮光慢慢地在天空暗淡下去，吼声逐渐减弱。不久，人们在东南方向看到一下闪光，第一级火箭已经用完燃料，正向大西洋掉落。

在这段时间内，3名宇航员并排躺在飞船内，收听由地面指挥中心传来的声音，这是他们与这个正在离去的世界之间的唯一联络。奥尔德林后来说："我们没有感到升空运动，与民航班机起飞的感觉没有两样……"升空后11分42秒，第三级火箭停止工作，飞船进入绕地球飞行的轨道。现

阿波罗工程中的土星5号运载火箭

在，宇航员的身体是倒悬着的，但他们仍能通过舷窗来观赏地球。

按照计划，飞船在绕地球第二圈的一半时，土星5号火箭被调整到正对月球方向，并再次发动，把飞船推向月球。这时，宇航员们忙着做奔向月球的准备工作，由于飞船处于失重状态，他们在座舱内飘来飘去地检查航行设备。

下午12点16分，奔月准时开始了，火箭的巨大推力把48吨重的飞船向东推向月球方向，就像一块石子挣脱了地球的引力向月球飞去。接着，柯林斯在太空中做了一个复杂的飞船换位对接动作。他先把以"哥伦比亚"命名的指令舱与火箭脱开，然后飘浮着走开一段距离，拉出裹在火箭舱内，以"鹰"命名的登月舱，最后把两者对接起来。

这样一来，阿波罗11号飞船就简化为两个基本部分：一个是流线型的指令舱，一个是蜘蛛似的登月舱。现在，这两个宇宙飞行器就以每秒7英里的速度向月球奔去，土星5号火箭的残骸则抛弃在太空。地球这时看起来仍近在咫尺，但当它每次在舷窗外再度出现时，就显得越来越小。

飞向月球的第二天，地面指挥中心准确地测出飞船的航向，因此宇航员在中途做了一次细小的航向校正后就安心休息了。在宇宙飞行中，宇航员也像所有闯入未知王国的探险家一样，轮流值班，应付紧急情况。值班时他们戴着耳机与地面保持联系，而指挥中心却尽量减少与他们通话，以便让他们在登月前得到充分的休息。

在这个阶段，飞船不靠自动力飞行，所以它的飞行轨道由太阳、月球和地球三者的引力共同决定。在头两天，地球的引力最大，因此飞船的速度由原来的每秒7英里减到不到1英里。当飞船通过一半航程时，其他两个天体的引力开始占优势，于是，飞船速度又开始增加。这天下午和第二天，地球上的电视观众通过飞船的转播，看到了自己居住的这颗星球的壮丽外观。

在太空中度过第三个晚上后，宇航员又紧张起来。这时月球越来越大，遮住了太阳。宇航员于是把阿波罗飞船的绕月自转停下来，开始对月球作近距离观察。月球这时看起来与其说是美丽的，不如说是骇人的。它表面崎岖不平，四周还有晕圈，是一个朦胧不清的庞然大物，似乎一伸手就可以触到。

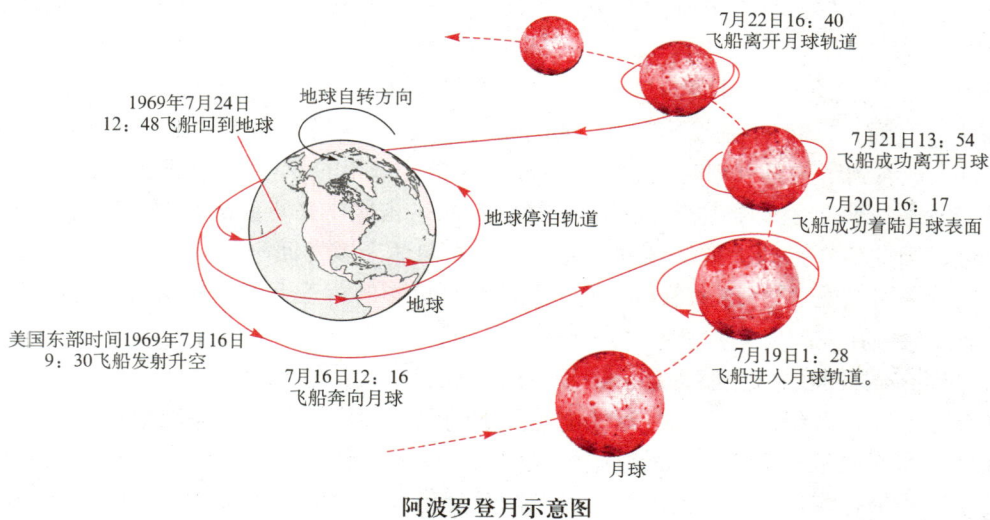

阿波罗登月示意图

飞船这时正在稳定地加速，到下午时，制动火箭将开始工作使飞船减速，以便让月球的引力把飞船纳入绕月轨道。下午1点钟，飞船绕到了月球的左侧，这时传来了指挥中心的声音："阿波罗，绕到月球背面。"飞船按指令绕到月球背面，与地球中断了无线电联系。下午1时22分是制动火箭预定启动的时间，如果启动不成，这三个勇敢的宇航员将永远消失在太空之中，指挥中心也无法加以营救。

不久，火箭启动了，工作6分钟后，飞船进入了一个最低点为71英里、最高点为149.5英里的绕月轨道。不到1小时，飞船成功地绕到了月球的右侧，全世界为此松了一口气。

但宇航员的心弦仍没有放松，因为再过4小时，他们还得再次启动制动火箭，让飞船进入更接近月面的近乎圆形的轨道。火箭要在规定的位置启动，工作时间即使误差2秒钟，飞船就有可能与月球背面相撞。制动火箭最终在规定的时间启动了，工作得十分准确，飞船终于下滑到距离月球表面只有60英里的轨道。宇航员向下看到了布满陨石坑的光秃秃的月球表面。那里没有空气，没有水，甚至没有色调的变化，正等待人类的到来。

7月20日，预定登陆月球的时刻到了。宇航员穿好登月服装，戴上头罩，背上背囊。阿姆斯特朗和奥尔德林通过对接舱门爬进了登月舱，柯林斯则留在指令舱里。一切准备就绪，柯林斯打开一个开关，启动了火箭，登月舱就开始与指令舱分离，并向外飘开1 100英尺的间隔，"鹰展翅飞翔了！"奥尔德林得意地说，这时是下午1时47分。8分钟后，登月舱在下降发动机的推动下，向登陆点静海降落。随着月球引力的增强，宇航员又获得了重量。

下降过程中，阿姆斯特朗忽然发现一只黄色的信号灯闪亮，于是向地面发出告急电码"1202"，地面指挥中心迅速判明故障，电子设备自动排除故障后，指挥中心通知登月可以按计划进行。于是，登月舱的发动机开始工作，一切正常。但当登月舱以每秒129英尺的速度下冲，距离月球表面只有1英里时，阿姆斯特朗又开始紧张起来，因为他看到预定登陆点到处布满巨石，其大如汽车，正向他们撞过来。

当离地只有500英尺时，阿姆斯特朗沉着地操纵飞船向巨石堆前的空地飞去。这时，地面指挥中心提醒他，剩下的燃料只够燃烧60秒钟，如果落地前燃料耗尽，登月舱将摔在巨石堆上撞个粉碎。奥尔德林不断地向地面报告飞船下沉的速度和角度："400英尺，下降二点五，扬起一些月尘。30英尺，下降二点五，淡淡的影子……稍微偏右！"老鹰号登月舱在一片灰色的尘土上翱翔，这时燃料已将用尽，地球上的观众提心吊胆。就在这时，登月舱脚下腾起一片烟尘，登月舱触及了月球表面。阿姆斯特朗关掉了发动机开关，向休斯敦报告："到达静海，鹰已着陆。"这时是美国东部时间7月20日下午4时17分。

两个宇航员拍了一下肩膀表示祝贺，立即开始倒数计算，以便出现意外情况时能够紧急升空脱离。地面指挥中心则全面检查登月舱，如发现危险情况就命令宇航员中断登月任务，重新返回绕月轨道与柯林斯会合。终于，从休斯敦传来了宽慰人心的指令："鹰可歇在月球。"阿姆斯特朗看着即将探测的月球大地。这里有的地方漆黑，有的地方亮得使人不快，像是用明暗对比法绘就的阴森可怕的画面，唯一的中间色调是灰色。

月球上的视野很狭窄，在各个方向上都只能看到4英里。阿姆斯特朗看到了许多半径为5至50英尺的陨石坑，一些山脊和一个远山。在爬出登月舱到月面上活动前，按照规定，宇航员可以休息4小时，但阿姆斯特朗急着出去，因此向指挥中心请求提前3小时开始具有历史意义的月面行走。指挥中心同意了。下午5时51分，阿姆斯特朗放掉了登月舱内的空气，打开了舱门，闯入了真空世界。他小心翼翼走下舷梯，顺便取下了装在登月舱外面的电视摄像机护罩。

地球上的观众还一直没有见过月面的情况，通过登月舱的摄像机，现在他们看到了一个白色身影扶梯而下，踏上了月球表面。阿姆斯特朗在脚下踏上月面的同时，说："这是一个人踏出的一小步，却是人类的一大步。"全世界亿万人观看到了这具有划时代意义的时刻，人类几千年的梦想终于实现了。

月球表面十分松软，但岩石却很坚硬。阿姆斯特朗穿的宇宙服本来重360磅，到这里后由于月球引力小，就变得只有60磅重，因此他在月球上跳跃走动毫无困难。在向休斯敦发回一些有关月球的地质资料后，奥尔德林也下到月面。他后来回忆说："月球上色彩单调，在这毫无色彩的背景下停歇着我们的登月舱，它的黑色、银色和鲜橘黄色的散热涂层在闪闪发光，景象令人吃惊。"

两个宇航员都对布满月面的微尘感兴趣。由于月球上没有空气，他们走路时踢起的尘粒就像子弹似的直直飞出去，然后又直落下来。看到这只有在月球才能见到的情景，阿姆斯特朗高兴地喊："真好玩！"那口气就像一个天真的儿童，而不像是一个处身在最危险环境中的探险家。他们像袋鼠似地在月面上跳来跳去，执行各种任务。他们安放了一个月震仪，一个监测日地距离的激光仪和一个测量太阳风的仪器。此外，他们还收集了一些地质标本，把一面美国国旗插进月面的岩层，庄严地向国旗行礼致意。

两个宇航员在月球上停留了2个小时，尽管月球上引力小，他们还是很快就感到了疲倦。他们最后望了一眼月面的景象和地球这一块正在向他们招手的绿洲，就上了登月舱。第二天下午1时54分，他们按预定时刻准备离开月球，临行前把登月舱的底座留在月面，上面一块饰板上刻着尼克松总统及三个宇航员的姓名，还有一句话：公元1969年7月，来自地球上的人们第一次在这里踏上月球。

返回发动机在预定的时刻启动了，登月舱升上了天空，与指令舱会合。宇航员们会合后，进行了必要的准备工作，然后胜利地返回了地球，到达时间只比预定时间提早了几秒钟，全部登月飞行共用时195小时18分钟。人类的第一次登月行动就这样胜利结束了。

德国火箭专家冯·布劳恩从当年投降美军，到阿波罗登月成功，布劳恩终于实现了自己的梦想。在阿波罗计划中，至少有100多个德国科学家参与其中，他们大多都是在"二战"结束前美国的"回形针计划"中被带到美国的德国专家。

在美国阿波罗计划前，苏联也启动了自己的登月计划，但是主设计师谢尔盖·科罗廖夫于1966年1月14日因病去世。科罗廖夫的去世使苏联的整个登月计划受到重创。科罗廖夫的继任者没能很好地继承科罗廖夫的事业，航天事故一个接着一个。宇航员科马洛夫搭乘联盟号飞船在升空测试时发生故障，返航途中因返回舱爆炸而遇难。不久，加加林在一次空难中也意外死亡。三位重要人物在很短的时间内连续死亡对登月团队的士气打击很大。

在美国阿波罗8号升空期间，苏联的N1火箭进行了不载人的升空测试，N1火箭的30个引擎要在同一时间开动，才能保证升空。结果，火箭以接近核爆炸的力量炸开了，这成为火箭史上威力最大的爆炸。

阿波罗11号登陆月球

这次事故成为苏联的国家机密达20年之久，直到1991年才公布于众。苏联的登月计划在这次爆炸后宣告失败，政府销毁了所有N1火箭以及相关资料，此后，人们以为，苏联从来没有进行过登月计划试验。

阿波罗计划又称阿波罗工程，是美国从1961年到1972年组织实施的一系列载人登月飞行任务。目的是实现载人登月飞行和人类对月球的实地考察，为载人行星飞行和探测进行技术准备。它是世界航天史上具有划时代意义的一项成就。美国阿波罗登月计划至1972年12月第6次登月成功结束，共把12名宇航员送上了月球，前后历时约11年，耗资255亿美元。

本文提供：云南陆良一中　杨波

>> 资料卡

肯尼迪航天中心

肯尼迪航天中心（KSC）位于美国东部佛罗里达州东海岸的卡纳维拉尔角，成立于1962年7月，是美国国家航空航天局（NASA）进行载人与不载人航天器测试、准备和实施发射的最重要场所，其名称是为了纪念美国总统肯尼迪。整个场地长达55千米，宽10千米。

肯尼迪航天中心被人们称为人类通向太空的大门。它濒临大西洋，由于地理条件优越，在1947年辟为火箭试验发射场。这里在美国本土最接近赤道地区，向东发射火箭，可利用地球自转初速度附加速度，有助于卫星入轨。又在美国的边缘，东临浩瀚的大西洋，向东发射后，发射碎片会掉入大海，避免危及陆地上的生命和财产安全。在其东南方向有巴哈马群岛和西印度群岛，适宜于建一系列监控站，监控卫星发射和运行的状态，美国的第一颗人造卫星和举世瞩目的航天飞机，都是从这里启程飞往太空的。肯尼迪航天中心囊括了美国所有向地球同步轨道发射的任务，还发射了"阿波罗"飞船、"天空实验室"及各种行星际探测器，是美国航天发射的重要基地。

肯尼迪航天中心包括技术阵地和发射阵地两大部分。在技术阵地建有火箭及卫星，飞船组装检测厂房。特别引人注目的是装配大楼，其容积360万立方米，高160米，楼内备有各种先进的测试仪器和显示，记录设备。发射阵地建在5千米外，拥有发射控制中心和发射台。整个航天中心有23个发射阵地，其中著名的39号发射阵地，许多大型航天器都从这里飞出地球。

肯尼迪航天中心曾有过不少令人惊叹的成就，同时也经历过若干次震惊全球的航天事故。其中最大的两次事故：一是在1986年1月28日39B发射台上，"挑战者号"航天飞机第10次太空飞行，在发射后仅仅飞行了73秒，航天飞机就爆炸了，7名航天员全部遇难。二是2003年2月1日上午9时，美国"哥伦比亚"号航天飞机完成第28次飞行后，在返航途中的着陆前16分钟时解体，7名航天员全部遇难。"哥伦比亚"号航天飞机是美国航天飞机的第113次太空飞行。两次事故最终导致剩下的"奋进号""发现号""阿特兰蒂斯号"于2011年全部退役。

计划生育四十年

计划生育指有计划地生育子女。根据我国宪法规定，除在人口稀少的少数民族地区和有些地区以外，提倡晚婚和节制生育，采用科学方法，有计划地安排生育。

我国从新中国成立初期的计划经济时代就想把人口生育也纳入计划，但正式执行计划生育是在1973年，正式提出一对夫妇只生一个孩子是在1980年，到今天，计划生育已经实行40多年了。

■ 马寅初和他的《新人口论》

说到我国的计划生育政策不能不说到马寅初。

马寅初(1882-1982年)，中国当代经济学家、教育学家、人口学家。有当代"中国人口学第一人"之誉。也许是巧合，马寅初去世的这一年，我国把"计划生育"作为基本国策写入宪法：国家推行计划生育，使人口的增长同经济和社会发展相适应。

1901年，马寅初考入天津北洋大学，5年后赴美留学。1910年，获得耶鲁大学经济学硕士学位。1914年，获哥伦比亚大学经济学博士学位。

1915年，马寅初回国，在北洋政府财政部任职。1916年，任北京大学经济系教授兼系主任。1928年，马寅初任南京政府立法委员。1948年，当选第一任中央研究院院士。新中国成立后，1951年，马寅初出任北京大学校长。

1953年，我国进行了第一次人口普查，号称"五万万同胞"的中国人，已经突破了6亿，年递增1 200万到1 300万。马寅初经过研究发现，照这个年增长率发展下去，50年后，中国的人口将到达26亿，由于人多地少，恐怕连吃饭都成问题。

1955年9月，周恩来在一次报告中指出："为了保护妇女和儿童，很好地教育后代，以利民族健康和繁荣，我们应该在生育方面加以适当的节制。"马寅初看过报告后非常兴奋，认为可以开始讨论控制人口的问题了。

1957年2月，在最高国务会议第十一次扩大会议上，马寅初就"控制人口"问题发表了自己的主张："我们的社会主义是计划经济，如果不把人口列入计划之内，不能控制人口，不能实行计划生育，那就不成其为计划经济。"马寅初的发言当即受到毛泽东的赞赏。4月，马寅初在北京大学发表人口问题的演讲。6月，马寅初将《新人口论》作为一项提案，提交一届人大四次会议（全文发表于7月5日《人民日报》），这篇文章从10个方面论述了为什么要控制人口和控制人口的重要性与迫切性，以及如何控制人口等问题。

然而，一场由毛泽东亲自发动和组织领导的波澜壮阔的反右斗争，这时已经开始席卷全国。马寅初当然也被波及，有人说他是借人口问题，搞政治阴谋，也有人说《新人口论》是配合右派向党进攻。

实际上，毛泽东对于人口多一些好还是少一些好，内心一直是矛盾的。直到"大跃进"开始，"粮食亩产超万斤"的消息比比皆是，毛泽东的思想才安定下来。毛泽东说："现在看来，搞十几亿人口也不要紧。你不要只看到他有一张口，你还要看到他有一双手，什么人间奇迹都能创造出来。"于是，马寅初的理论就面临向最高领袖的挑战。

于是，陈伯达在北京大学举办60年校庆的大会上，就指名道姓地说："马老要为《新人口论》做检查。"刘少奇在中国共产党八届二次会议上作报告时，也不点名地批判了马寅初。1959年，庐山会议后，周恩来还特意约谈马寅初，让他从大局着眼，还是写个检讨。

周总理的约谈使马寅初仔细地对自己的《新人口论》进行了梳理，看看是否真有什么错误。梳理的结果是，马寅初认为自己没有错。马寅初的倔强是出了名的。马寅初常对人说："言人之所言，那很容易；言人之所欲言，就不太容易；言人之所不敢言，就更难。我就言人之所欲言，言人之所不敢言。"

于是，倔强的马寅初和他《新人口论》遭到了全国铺天盖地的批判。《新人口论》被批为"仇视劳动人民""利用人口问题向党、向人民进攻"。马寅初的个人问题也被"揭露出来"，全国人民都认识到了马寅初的"丑恶嘴脸"。

1960年1月，马寅初请辞北京大学校长职务。3月28日，国务院决定免去马寅初北京大学校长职务。马寅初淡出了人们的视野。

■ 计划生育的"晚、稀、少"

从1962到1973年，中国经历了又一轮生育高峰，总出生人口达3.2亿。70年代后期，我国人口已近10亿，人们普遍感受到"人多了"。

1972年8月21日，卫生部在向国务院写的《计划生育工作调查报告》中，将城市的生育控制经验总结为"晚、稀、少"。所谓"晚"，指男女双方在25岁以后结婚；"稀"，指婚后生育间隔长一些；"少"，指一对夫妇只生育两个孩子。

但是，人口的迅速增长具有很大惯性，靠它自己慢下来已经不现实了。于是国家在1978年提出"提倡一对夫妇生育子女数量最好一个、最多两个"的生育政策，表明要进一步严格控制人口的态度。

虽然如此，但由于马寅初的教训，人口研究仍是长期无人敢于问津的"禁区"。面对这种情形，1979年8月5日，毕业于北京大学的经济学家、国家计生委专家委员田雪原的一篇文章——《为马寅初先生的新人口论翻案》刊登在《光明日报》上，算是从政府层面正式为马寅初平反。

从1979年起，各地在中央要求下陆续出台计划生育的相关规定，对违规生育者给予经济和行政的严厉处罚。

■ 一对夫妇只生一个孩子

1980年3月，北京依然春寒料峭。中南海西楼会议室里，关乎全中国每一个家庭的会议正在召开。参加中南海第一次会议的人员有计委、公安部、民政部、卫生部等相关部委的领导，以及十几位专家学者。中央领导要求，计划生育要快一点见成效。所以会议上，大家集中讨论的问题是：只生一个孩子，到底可行不可行。

会上，与会人员发言热烈，很多人用"失控"一词来评价当时的人口增长势头。上街、逛商场、坐公交，大家都感觉人太多了，但是只让生一个，又嫌太少，这是社会中现实存在的宏观与微观之间的矛盾。

具体讨论的问题主要是三个：第一个是人口素质，会不会导致下一代中国人的智力水平下降？因为当时有普遍看法认为，第一个孩子一般比较憨厚，后面的会更聪明。第二个是生育率城市低、农村高的特点，会不会导致城市人口越来越少，农村人口越来越多，继而影响城市化进程。第三个则是对"四二一"结构（指四个老人，一对年轻的夫妇，还有他们的一个孩子）的论证。

首先，经济学界高度统一的看法认为，纯粹的计划经济搞不下去了，只要发展商品经济，必然带来人们思想观念的变化，那么，夫妻生的第一个孩子，并不一定是第一次怀孕的孩子，应该不会导致智力水平的下降。对于城市化的进程，大家也非常乐观，因为随着改革开放的推进，中国的城市化将不主要依靠城乡人口自然增长的此消彼长，而是靠流动、迁徙。至于"四二一"结构，当时大家经过分析讨论后认为，对于家庭来说是有可能存在的，对于整个社会却不会大面积形成。

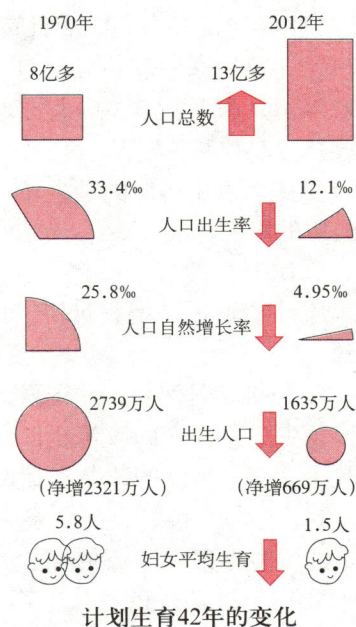

1970年	2012年
8亿多	13亿多
	人口总数
33.4‰	12.1‰
	人口出生率
25.8‰	4.95‰
	人口自然增长率
2739万人	1635万人
	出生人口
（净增2321万人）	（净增669万人）
5.8人	1.5人
	妇女平均生育

计划生育42年的变化

讨论渐渐转为决策过程，"只生一个"就这样定下来了。1980年9月25日，中共中央正式发表了《关于控制我国人口增长问题致全体共产党员、共青团员的公开信》。其中号召"提倡一对夫妇只生育一个孩子"。

在实际的操作过程中，政府采用了强制执行的政策，对官员的考核实行"一票否决制"，即如果计划生育率未达100%，官员其他方面做得再好也要被淘汰。即使是普通工作人员，违反计划生育一胎化政策，也会被淘汰下岗。

在广大的农村，由于人员不能像城市那样通过下岗来处罚，故广泛采用了强制节育措施，如妻子安环，丈夫结扎，发现妇女超指标怀孕强行堕胎等。对漏网出生的孩子，则征收高额罚款。交不出罚款的家庭就采用掠财、扒房等粗暴措施。小品《超生游击队》就是当年采用游击战、迂回战、偷着生、躲着生的农村超生现象的真实写照。

在这种强制一胎化政策执行下，中国的人口生育的确起到了立竿见影的效果。2011年，世界人口达到70亿时，新华社报道：中国实行计划生育30多年来，少生了4亿人，使"世界70亿人口日"推迟了5年到来。新华社援引中国人民大学社会与人口学院院长的话说：如果不实行计划生育，中国目前的人口规模可能会超过17亿，世界总人口在2006年就会达到70亿。

■ 计划生育政策的调整

1982年2月，中共中央、国务院发布指示要求"农村普遍提倡一对夫妇只生育一个孩子，某些群众确有困难要求生二胎的，经过审批可以有计划地安排"。此后，许多省份放开了农村"双独两孩"。但在绝大多数地区绝大多数情况下，仍然严格执行"一对夫妇只生一个孩子"。

1984年4月，中共中央批转的文件中提出"1982年规定了农村有十种情况可以生二胎……我们考虑再增加几项"。此后，各省份陆续推行"双独两孩"政策。1984年，所有直辖市和十余省放开"双独两孩"。截至1992年，只剩下甘肃、内蒙古、湖北、河南四省区未放开"双独两孩"。2002年至2011年间，这四个省区也陆续放开"双独两孩"。

但是，由于当时的独生子女很少，夫妻双方都是独生子女就更是凤毛麟角，所以这个政策对"一胎化"没有实质的影响。

强制实行的"一胎化"政策，使中国大陆迅速地从高生育率转变为低生育率状态。目前，我国人口的主要矛盾已经不再是增长过快，而是人口红利消失、临近超低生育率水平、人口老龄化、出生性别比例失调等问题。

2013年10月26日，中国发展研究基金会发布的《人口形势的变化和人口政策的调整》报告就集纳了20多位我国顶尖人口学者的政策建议。他们提出，我国应实施"生育自主、倡导节制、素质优先、全面发展"的新人口政策。其中涉及的改革包括调整生育政策、投资健康和教育、注重农村地区儿童发展、统筹城乡发展中的人口流动、激发老龄社会的发展活力、促进性别社会平等和加强家庭发展等7个方面。该报告特别提出，近期生育政策的调整方案应该是在全国分步实施放开"二孩"。

2013年11月，我国启动了"单独两孩"政策，即夫妻双方中一方是独生子女的，可以生育两个孩子。2014年年初，浙江率先实施"单独两孩"政策后，江西、安徽、天津、北京等相继跟进。

2015年10月29日，党的十八届五中全会公报提出，促进人口均衡发展，坚持计划生育的基本国策，完善人口发展战略，全面实施一对夫妇可生育两个孩子的政策，持续了整整35年的"一胎化"政策终于从政策层面中止了。

计划生育作为我国人口问题的基本国策会长期坚持实施，使人口增长与社会经济发展相适应，与环境资源相协调。

被拐入中国深山的越南女人

2012年3月，甘肃文县的王金文遭遇到人生最严重的一次打击，一个月前娶的媳妇陶文梅，突然偷偷地跑了。

王金文的家在甘肃文县的大山里，36岁的他是个不折不扣的大龄青年，而36岁时娶到的媳妇只与他过了一个多月就不知去向了。

据王金文的父亲说，陶文梅是云南人，只会讲苗语。由于语言不通，她不爱说话，也不跟邻居有什么来往。如果她听懂了别人说的话，就点一下头，否则就摇头。

陶文梅的突然消失，这让王金文抬不起头来，不仅仅是觉得丢人，还因为王家为了娶这个媳妇四处借钱，前前后后花了10多万元。据王金文讲，女方的彩礼要了七、八万元，介绍人要了1.2万元，算上去云南的食宿费用，王金文带走的10万元现金，回来时一分没有剩下。

对于一个年收入1万多元的家庭来说，10万元意味着什么谁都知道。一连几天，王家人发动了所有的亲戚，找遍了附近的每个地方，却仍然不见陶文梅的身影。走投无路之下，王金文和父亲来到文县公安局，想让警方帮忙寻找陶文梅的下落。

仅有的一份户口本复印件显示：陶文梅，云南省文山壮族苗族自治州，出生日期为1996年12月12日。

这张复印件是王金文到云南后，和陶文梅一起带回来的，他们还没有来得及去领结婚证。王金文原本想在甘肃这边办了酒席再拿着它和陶文梅一起去领证。

>> 资料卡

"剩男"将成为
中国严重的社会问题

到2020年，在我国，预计20到45岁的男性将比女性多3000万人左右。

根据西安交通大学人口所2010年对全国28个省份共计369个行政村的调查，平均每个行政村至少有9个"剩男"，平均年龄41.4岁。2013年之后，我国每年适龄男性过剩人口在10%以上，平均每年有120万"剩男"，平均10人中有1人成为"剩男"。边远贫困的中西部农村山区成为"剩男"的重灾区。

性别失衡会对传统女性行业造成影响，传统女性占优势的岗位可能会被男性挤压，对妇女就业地位的提升造成影响。此外，"剩男"还容易引发社会不稳定，导致性暴力、拐卖人口、买卖婚姻等案件的上升。

王金文手机上仅存的一张照片是陶文梅留在王家唯一的影像。陶文梅刚到王家时，王金文给她买了新衣服穿上了身，王金文用手机给她拍下了这张照片。拍照的目的是想让亲戚们看看新媳妇，没有想到，照片在公安局派上了用场。

民警通过全国人口信息系统进行了查询。结果是云南省有这么个人，但是其照片与王金文提供的照片明显不是同一个人的。户口本上的陶文梅并不是王金文娶回来的女人。那么王金文带回来的女人又是谁呢？

警方初步判断，这是一起骗婚案，属于诈骗案件，以前曾经办过这类案子，属于"放飞鸽"性质，即对方拿了钱，嫁过来的女人找机会逃跑了。但是，王金文不相信警方的判断，为了这桩婚事，王金文去过云南陶文梅的家，也见过陶文梅的家人。而且，在王金文所在的乡，像他一样娶云南媳妇的还有好几个，而且都没有逃走。如果属于骗婚，为什么单单他遇到了呢？

户口问题说明这段婚姻自始至终就有隐情。警方隐隐觉得，案件可能并不像看起来那么简单。

民警通过走访了解，王金文所在的堡子坝乡，这两年像他这样经人介绍从云南娶媳妇的人，还有不少。警方通过全面排查，结果发现，从2010年到2012年，两年间有17个云南女人远嫁到文县，这17个云南女人分布在文县的4个乡，每个乡都处在大山深处。

警方找到了这些女人。在文县公安局里，云南嫁过来的几个女人说的话根本没有人听得懂，而他们都不会说普通话，但是看得出来，这几个女人表情很复杂，还有些拘谨。她们你看我，我看你，好像有话说，但是又不敢说，似乎有什么话说不出口。

说的听不懂，警察就让她们写。结果她们写下来的不是汉字，形状像豆芽一样，有点像汉语拼音，但与汉语拼音又明显不一样。

民警通过文字判断她们可能是越南人，这几个女人先后点头承认她们都是越南人。他们是怎么到达云南，又怎么从云南所谓的"娘家"嫁到甘肃文县的呢？

民警一个个单独地深入询问，终于揭开她们背后那些鲜为人知的复杂经历。

李明艳是17个越南妇女里最小的，但文化程度却好一点，相当于甘肃当地中学初一文化程度的样子。但李明艳更愿意民警称呼她越南的名字"荣"。

荣告诉民警，在越南，她家有8个孩子，其中大部分是女孩，她的家境并不好，兄弟姐妹多，一家人每天都忙碌着，就是为了能够吃饱饭。

2010年初的一天，荣一个人在家里时，来了一个陌生的男人，陌生男人主动跟她说话：敢不敢跟我走，我娶你。

荣没有拒绝这个男人，也没有马上答应他的求婚，事情突然，她甚至还没有来得及跟家人提起这事。荣说，要不你来我们家，我们熟悉后，我再跟你走。

过了三天，那个男人又来了。荣就跟着他走了，没有跟家里任何人说。

按照当地的习俗，即便男女双方并不认识，如果一个男人看上一个女人，就可以邀请女方去他家里。女方如果看上了男方家里，男方再到她家去提亲。

这个男人没有把荣带到他家，而是带到了别的地方。

我国云南和越南接壤的边界线有1 000多千米，两国很多村庄都是相邻的，一些地方的边界线就是一条普通而狭窄的土路，两国边民在一定程度上可以自由往来。

正是利用很多地方边民可以自由通行的特点，那个男人带着荣越过了边境，到了中国，辗转了几个住处，最终来到云南省丘北县，在那里，她见到了一个跟她一样遭遇的女孩，两个人都是从越南被骗到这里的。然后她们被关在家里，被人看管着，不顺从就会挨打，并被恐吓：如果不听话，就把他们带出去卖了。

3年前，只有17岁的荣当时十分害怕，她不想被人卖掉，也不知道留在这里又会遭遇什么，至今，她仍然无法面对那段经历。为了不挨打、不被卖掉，荣选择了表面上的顺从。但是，在内心深处，她已经作出了另一个选择：喝老鼠药自杀，可她并没有死，大概是喝到了假的老鼠药。

自杀未成，荣绝望了。而一个叫张伟平的男人，从千里之外的甘肃文县来到了这里，他和王金平一样，是带着彩礼到云南来相亲的。

张伟平和荣在一个所谓的"娘家"见了面。

42 000元，张伟平以为给的是彩礼，荣却清清楚楚知道那些钱就是买她的钱。

荣不愿意自己这样被卖掉，但在这个全然陌生的地方，她不知道往哪里跑。她没有哭，也没有反抗，顺从地跟着张伟平走了。因为她知道，即使不被卖给这个男人，也会卖给其他男人。而荣感觉，张伟平这个人起码看上去并不坏。

交了钱，吃了饭，张伟平拿到了李明艳的户口本复印件，这就是荣当时的身份证明。张伟平拿到户口复印件，没有一点怀疑，因为那家说户口原件要用，家里有小孩要上学。

荣来到文县不久，张伟平就提出登记结婚，顺便把户口迁过来，可娘家人却一而再，再而三地推托。起初，张伟平并没有在意，反正人在这儿，日子可以先这么过下去。

这时的荣又露出了爱笑的本性。

刚到张家时，荣感到孤独无助，由于语言不通，基本的沟通只能靠猜测。慢慢地，荣感受到了张伟平和他的家人对她的善意，她开始尝试融入这个家庭，来文县不到一年，荣就很快学会了汉语，跟张家人也能进行基本的交流了。

荣学会了汉语，她被拐卖的经历自然也就告诉了身边最亲近的人。

张伟平想过把荣送回越南，但是那时的荣已经怀上了孩子，张伟平只好作罢。

转眼三年过去了，荣改变了从小吃米饭的习惯，熟练地做起了中国北方的面食。

和荣一起被拐卖来的，还有其他16位越南妇女，她们同样有着各自心酸的经历。有的在地里干活，就被人抢了，坐一晚上的摩托车来到中国。有的被人用棍子打闷后带到中国。还有的被请吃饭，下迷药，吃完饭就什么都不知道，醒来已经在中国云南了。

虽然经历的遭遇不同，但是这些妇女也有很多相同之处，那就是她们家都在越南靠近中国边境附近，家里条件大都比较差，很多人甚至一天学都没有上过。

一个疑似骗婚案，一下子变成了跨国拐卖妇女案，而且人数众多，情节恶劣，这事立即引起了公安部的高度重视。公安部协调云南、甘肃两地警方，全力侦破。

考虑到这17名被拐妇女大多数讲的都是越南当地的方言，这种方言跟我国的苗族语言基本相通，所以云南警方在第一时间选派了两名懂苗语的民警从云南到甘肃文县协助调查。

根据当地涉案村民交代，这些被拐妇女大部分是通过一个叫张应平的人从云南"娶"回来的。

张应平也是文县本地农民，农闲了就会去外地打工，警方抓到他的时候，他满脸委屈。

张应平听说这些妇女是从越南拐来的，也很吃惊，他说，他在外出打工时，认识了一个云南人，听说那边娶媳妇容易，才帮助文县当地的大龄青年介绍对象，而且每次都在女孩儿家里见面，在场还有女孩儿很多亲戚，女孩儿看上去不吵也不闹。

是谁从越南诱骗来中国，那些所谓的女孩儿的"娘家人"又是谁呢？

张应平说这个人，大家都叫他老朱。在整个相亲过程中，老朱起着关键的作用，每次都是他充当翻译。

民警通过排查得知，这个老朱名叫朱炳荣，也就是被拐妇女共同知道的一个人，叫"保"。朱炳荣在8个越南媳妇所执协议上均留有签名，他是本案的直接参与者。

几经周折，民警抓获了朱炳荣及其下线团伙。朱炳荣，云南省丘北县人，经过调查，这17名被拐妇女中，通过他介绍的就有15人。

朱炳荣到案后承认，他是通过几个下线，把被拐骗来的越南妇女卖到甘肃文县的。

这时候，王金文总算知道了媳妇出走的真正原因。而事实上，他所寻找的"陶文梅"根本就是个越南女人，没有人知道她的真实名字，警方也正在寻找她的下落。

这次行动，警方在云南省一共抓获参与拐卖妇女的嫌疑人30多名，他们都是当地村民，大部分人在案件中都是扮演女方娘家人的角色，帮着要彩礼。送走了人，他们也会得到相应的好处。

王金文花了10万元彩礼，媳妇也不见了，他和父亲懊悔不已。他们说，当时远赴云南找媳妇实在是无奈之举。甘肃文县处在群山环绕之中，除了县城建在白水江畔，很多村庄都分散在大山里，这里通往外面的路很长很难走，很多女孩外出打工，出去了就再也不愿回来了。在当地，很多大龄男青年找媳妇，都要面临同样的难题，这个地方找媳妇不容易。

案件破了，嫌疑人被抓了，可这些拐卖的妇女怎么办呢？

通过公安部被拐卖越南籍妇女情况一览表，这17名越南妇女中，有6个人已经有了孩子，还有8个人已经怀孕。王金文的媳妇陶文梅，至今下落不明，公安部门仍然在全力寻找她。在去留意愿一栏中，有6个人选择回去，还有8个人选择留下来，还有2个人比较矛盾，拿不定主意。张伟平的媳妇荣就很矛盾：怕回去了另外找的老公对她不好。除了放不下张伟平，让她矛盾的还有一岁多的儿子。虽然她很挂念远在越南的父母和兄弟姐妹，但是她一回去，很可能就再也见不到自己的老公和孩子了。

为了保证留下来的越南媳妇的安全和合法权益，文县公安局组织被拐妇女所在的乡派出所、村委会和家人一起，签订了一

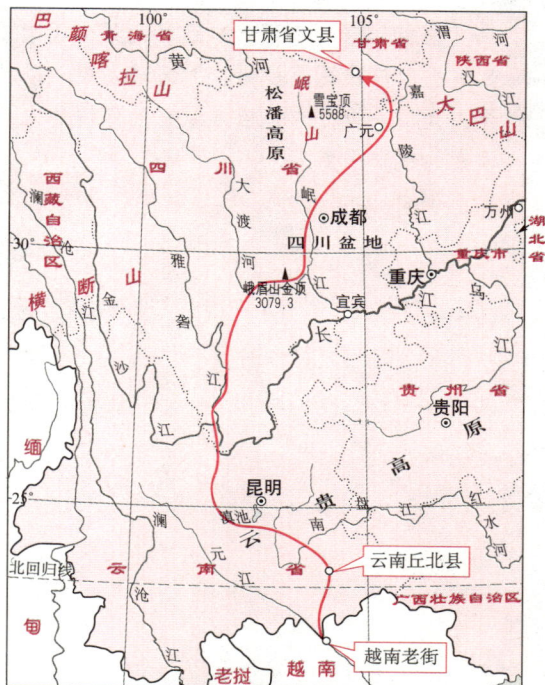

漫长的被拐路线

份责任协议，保证她们在生活上不受歧视，享有在中国的基本人权，以及人身安全和合法权益不受侵害。

荣最后决定不回去了。她写了封信，托一个同乡带给她的父母，告诉家里人她目前的状况，好让家里人放心。

在这张地图上，荣把自己越南的家标记在上面，想着父母看了她写的信，不知是不是能理解她的决定。人留下来了，但相隔万水千山，荣仍然期盼能有亲人重聚的一天。

看着眼前的一座座大山，房屋就像一粒粒白芝麻镶嵌在大山深处的山腰上，荣不知道回家的路有多远，不知道回家的愿望啥时能够实现。

本文根据中央电视台《今日说法》节目改写

>> 知识窗

我国人口发展的未来挑战

到2050年，我国人口预计将达到14.4亿，因此，持续控制人口增长仍将是我国未来人口政策的主基调。此外，我国人口发展未来面临的主要问题有以下几个方面。

1. 男女比例失衡

平衡的两性人口是社会稳定的必要条件。在正常状态下，男女出生性别比例大约是1:1。我国在实行计划生育之后，男多女少的性别比例失衡现象出现。

2010年的第六次人口普查，我国男性人口占51.27%，女性人口占48.73%，总人口性别比为105.20（以女性人口为100.00）。通过人口普查，我国男性人口比女性人口多出3000多万人。大约从1982年起，我国新生婴儿性别比偏高为107.2，之后一路上扬，始终保持在115以上，2004年达到顶峰，为121.2，其中一些省份长期维持在130上下。

2. 人口老化

由于计划生育的人口控制，加上平均寿命的延长，2个父母，4个祖父母。中国人口快速老化，我国人口结构在本世纪初期，开始由成年型渐渐转化为老年型。老化的社会，劳动力减少，劳动人口的比例相对降低。老年人口的增加，加重了劳动人口的负担，医疗卫生与社会福利部门的支出因此增加。

3. 人口分布不均

当前，影响我国人口迁移的最大因素是经济发展状况，反映了区域发展不均的现象。未来我国在经济发展政策上，应该更重视平衡的区域发展，以减少东西间与城乡间迁移的规模。另外，我国各地资源与环境条件差异极大，人口分布也应考量自然环境的人口负载力，避免人口造成生态压力，谋求人口、资源、环境、社会等因素的适当平衡。

台湾老兵高秉涵

从山东的少年高春生，到台湾老兵高秉涵，颠沛流离，长夜痛哭，他心里放不下的就是越过一湾浅浅的海峡——回家。

一个不得不做的判决，折磨了今年已经78岁的高秉涵半个世纪。50多年前，高秉涵担任国民党台湾金门军事法庭审判员时，判决了一个逃兵死刑。而这个逃兵本来不是军人，他是在国民党败退台湾，撤离大陆前，在福建省被抓入伍的，当时他是出门给母亲买药。

被抓入伍后到了台湾，与母亲相隔海峡两岸。在一次轮防到金门岛时，从金门岛上可以远远望见他在厦门的房子，对母亲的强烈思念，使他冒死在一天夜里抱着一个轮胎下水，准备穿越金门海峡，游回福建厦门。但是天亮后，他发觉自己在水中迷失了方向，又游回了金门岛，被抓了回来。按当时的军法，死刑。

判也得判，不判也得判，这折磨着一样思念母亲的审判员高秉涵。枪毙前一两天，那个逃兵对高秉涵说："我知道你要枪毙我，希望能够早一点枪毙，我的肉体已经没有办法活着回去见妈妈，我希望我的灵魂能够尽快见到妈妈。"

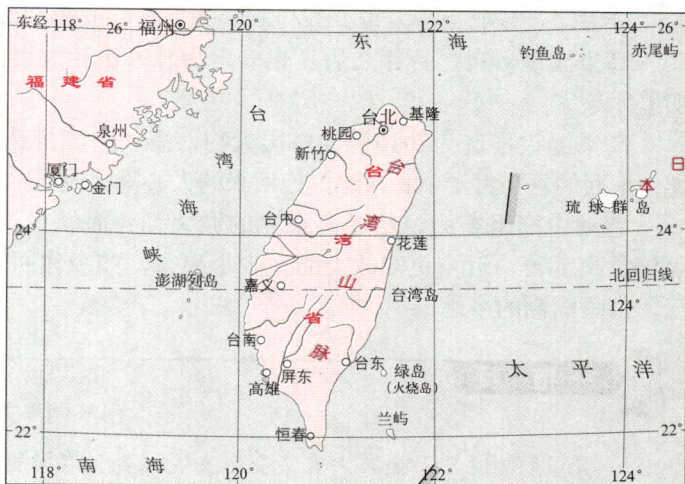
台湾岛与金门的位置图

在宁可丢掉性命也要回到妈妈身边的逃兵身上，高秉涵看到了自己的影子，对逃兵的判决一直深深地折磨着他。

1948年，在那兵荒马乱的年代，高秉涵在战火中随着学校往南撤，从家乡逃奔到了在南京的学校。临行前，妈妈嘱咐他一定要活着回来。在颠沛流离中，13岁的少年，按照母亲说的，跟着人流努力求生，最后来到福建厦门的海滩上，被人流裹着上了最后一班去台湾的船，去往陌生的土地。

在台湾，高秉涵举目无亲，睡在台北火车站，靠捡食别人吃剩的食物维生，跟垃圾场的狗打架，就这么苟延残喘地活着。大年初一的早上，天还没亮，高秉涵就到山上去了，对着大陆痛哭一场，大声喊："娘，我想你！"

在好心人的帮助下，高秉涵凭着在大陆带去的国民党证件继续了学业，后来考上台湾的一所军校。毕业从军后，面对的第一个案件，就是金门士兵为了思念母亲渡海的案件。判决后的高秉涵感觉到，自己当审判员一开始就成了刽子手，杀死了回家探望母亲的士兵。

临刑前，这个士兵把10年前买的药交给高秉涵，希望有一天他能够帮他带给自己的母亲，这些药片几乎已经快成粉末，高秉涵拿着药回到家中，忍不住痛哭流涕。

两岸开放以后，高秉涵第一次到大陆就来到厦门，希望能够找到这位逃兵的母亲，告诉他全部的事实，做他的孩子，替这个逃兵行孝。然而，那位母亲和那座房子都已经早已不在。

高秉涵从未断绝过联系自己的母亲。1979年，两岸还没有通邮，他请同学帮忙，经由美国、英国向大陆投递家书。直到第二年的5月，家书有了回音，高秉涵收到来自故乡的第一封回信。但是，高秉涵的家书到达山东菏泽的那天上午，家人刚刚办完母亲的丧事。下午，高秉涵的家书就到了，全家人都哭了。

后来，高秉涵绕道香港，回到了山东菏泽老家，与失散多年的家人会面，这时他才知道，这些年母亲一直沉浸在等待儿子的思念中，直到最后耗尽了生命。

1981年，一位同乡返回台湾，一百多位同乡前来领取礼品，每户烧饼一个，柿子饼三只，最后分配约3公斤重的山东菏泽泥土。高秉涵最后分到两勺泥土，一勺锁进保险柜，一勺分七次用水壶吞服。高秉涵说："我感觉，这水喝起来好像很甜，水是从我嘴里面进去了，但是，水一刹那之间又从我的眼里面夺眶而出，我掉下的泪，何止七壶啊！"

1998年，一个叫田瑞卿的国民党老兵希望在自己死后，高秉涵能够把自己的骨灰送回山东老家，临终前他找到高秉涵帮忙。

此后10多年间，高秉涵把上百位台湾老兵的骨灰送回大陆，安放于故土。台湾的骨灰罐多为大理石制作，重量十几千克，这位瘦弱的老人总是小心翼翼地呵护着同乡亡灵。

一次，高秉涵把一个老兵的骨灰送回山东菏泽，亲手交给他孙子，然后对着骨灰罐说："岳大哥，我已经为你完成任务了，我把你的骨灰交给你孙子和外甥了，我想你应该安心了，你是一个爱乡的人，我们都是爱乡的人，希望你安息吧。岳大哥，我再和你握握手，我再跟你说声再见。"

高秉涵说，自己百年之后，也一定会想办法让人帮忙把骨灰带回老家山东菏泽，安葬在母亲的身旁，因为那里才是家。

高秉涵被推选为2013感动中国人物，感动中国推选委员会委员阎肃说："这海峡好浅好浅，深不过我的遗憾，抱回的岂止百十个骨灰罐，抱回来的人心啊，成千上万上万，坚信着亲情骨血相连，谁也隔不断隔不断。"

感动中国组委会，给予高秉涵的颁奖词：海峡浅浅，明月弯弯，一封家书，一张船票，一生的想念。相隔倍觉离乱苦，近乡更知故土甜。少小离家，如今你回来了，双手颤抖，你捧着的不是老兵的遗骨，一坛又一坛，都是满满的乡愁。

>> 链 接

海峡两岸关系大事记

1979年1月1日，全国人大常委会发表《告台湾同胞书》，宣布和平统一祖国的方针，是海峡两岸关系由对立走向对话的第一步。

1981年9月，时任全国人大常委会委员长叶剑英发表《关于台湾回归祖国实现和平统一的方针政策》的文章，提出了建议举行两党对等谈判，实行国共第三次合作，双方共同为通邮、通商、通航等提供方便，欢迎台湾工商界人士回祖国大陆投资兴业等九条意见（也称"叶九条"）。

1983年6月25日，邓小平发表"邓六条"，进一步阐述实现台湾和祖国大陆和平统一具体构想。

1987年，台湾当局开放台湾民众赴大陆探亲，两岸人员往来与经济文化交流迅速发展。

1990年11月，海峡交流基金会在台北正式成立，辜振甫任海基会董事长。海基会是台湾当局授权与大陆方面联系、协商"处理涉台公权力的两岸事务的唯一机构"。次年12月，海峡两岸关系协会在北京成立，前中共上海市委书记汪道涵当选会长。

1992年11月，两岸达成"九二共识"，为"汪辜会谈"及此后台湾海基会、大陆海协会举行的20多次不同层级、不同议题的协商谈判奠定了基础，扫清了障碍。

1993年4月，第一次"汪辜会谈"举行，这是1949年以来两岸授权的民间团体最高负责人之间的首次会谈。

1995年1月30日，江泽民根据"一国两制"理论，发表《为促进祖国统一大业的完成而继续奋斗》的文章，提出了发展两岸关系、推进祖国和平统一进程、维护国家主权和领土完整的"八项主张"（即"江八点"）。

1998年10月，第二次"汪辜会谈"，开启两岸政治对话，双方还达成"四项共识"。但此后李登辉抛出"两国论"、陈水扁不承认一个中国原则，不承认"九二共识"，两岸关系陷入僵局。

2005年4月26日至5月3日，国民党主席连战率领国民党访问团展开"破冰之旅"访问大陆，国共两党领导人时隔60年后首次历史性握手。

2008年12月，海峡两岸实现历史性"三通"，两岸形成"一日生活圈"，旅途的便利极大地促进了两岸人员的往来，两岸进入交流、合作的崭新时代。

2010年6月29日，两岸两会在重庆签署《海峡两岸合作框架协议》，标志着两岸经济关系进入制度化合作的新时期，促进两岸经济合作互利双赢。

2014年2月，国台办主任张志军与台湾陆委会王郁琦在南京正式会面，开启两岸政治对话新局，使两岸的沟通协调与处理更为直接便捷。

2015年11月7日，两岸领导人习近平、马英九在新加坡会面，就推进两岸关系和平发展交换意见，成为两岸关系发展的重要里程碑。

真正的大地雕塑——哈尼梯田

"千年古道连天边，白云生处百花开，红河绕山水绕田……"这是一首优美动听的红河民歌，歌声把人们带到享誉世界的红河哈尼梯田。在云雾缭绕的山林间，在错落有致的哈尼村寨"蘑菇房"旁，漫山遍野的稻田，层层重叠，气势磅礴，如登天云梯。梯田春夏碧翠，秋天化成满山黄金，到了冬季，清水盈盈，银光闪闪，如万千明镜。置身其中，犹如进入梦幻之境。哈尼梯田被誉为"真正的大地雕塑"，它是哈尼人民的美丽家园。

人与自然和谐相处的哈尼梯田

哈尼梯田的来历，得从一个遥远的故事说起。传说很久很久以前，勤劳善良的哈尼人曾经居住在一个叫"诺玛阿美"的地方。美丽富饶的诺玛阿美给了哈尼人民幸福安乐的美好生活，但也引来了恶人的垂涎眼红。在一个漆黑的夜晚，恶人们趁哈尼人熟睡，冲进寨子里大肆烧杀。哈尼人没有防备，在守卫家园的战争中，一批一批倒下了，最终被强大的敌人赶出了诺玛阿美。失去家园的哈尼人在头人的带领下，艰难地向南迁移。黑心肠的恶人并没有就此罢休，他们继续追杀哈尼人。哈尼人钻山林、越峡谷，始终无法逃脱追杀。在高高的哀牢山中，仅存的哈尼人最终被恶人围住，无路可退。天神得知，让山峦升起了浓浓的白雾，指引着聪明的哈尼人趁着白雾突出敌人的包围圈，最后找到安全地带，生存下来。

然而，哈尼人原来居住的地方是平坝，如今来到大山深处，面对高山深谷，不会耕种。顽强的哈尼人为了生存，开始了与恶劣环境的艰苦斗争，他们撵走大蟒，吓跑豹子，住进岩洞，跟着猴子摘野果吃，从这山跑到那山，以采摘打猎为生，日子非常艰难。天神于心不忍，又派了三个使者到人间教哈尼人开造梯田。一位使者教他们挖出台地；一位使者教他们修理田埂；还有一位使者教他们开沟引水。使者们带领哈尼人在山上筑窝棚，昼夜与土石相厮搏，直至坡上出现一层一层如天梯一样神奇、壮观的梯田。教会哈尼人开梯田后，三位使者才回到天上。

哈尼人有了梯田，开始过上安居乐业的农耕生活。但是神话归神话，它表达了人们对哈尼梯田的美好想象，哈尼梯田其实是哈尼人一代一代辛勤劳动的结果。

一千多年前，在没有炸药、没有测量仪器、没有水泥甚至没有铁锤的情况下，哈尼人营造出上千层的梯田是非常艰辛的。他们首先观察何处有理想的水源，开渠引水，把河水引到适于开垦梯田的山腰缓坡地带，然后在水渠下方，根据地形地质情况，自上而下，以先易后难的原则开挖梯田。

哈尼人先根据坡度大小，把坡地挖成台地，最初的工作是在坡地两端分别竖直两根竹竿，用长绳水平牵直，紧贴地面，拴在竹竿上，作为一道标尺，以保证挖出的田不至倾斜。之后，他们正式动手开垦，将上面的土一锄一锄地挖下来，直到堆积成一块台地。然后开沟接通上面的水源，放水冲下来，湿润台地上的土，被拌成均匀柔和的泥巴。再用尖锄平整地刮起一层泥巴，堆积在台地边缘围筑成一道田埂，田埂用开挖时的土块层层垒筑，每垒筑一层，便用脚踩牢或用锄捣实。等到泥巴干透，再进一步加固田埂，一块梯田便如此初成规模，再经过日晒雨淋自然沉降，逐渐稳固。如果遇到坡地过于凹陷，上面挖下的土无法将它填平，哈尼人便抬来石头镶嵌在底部，再从山顶放大水，将坡上大片大片的泥土冲下来，使之沉淀在凹处。之后，需多次翻挖和犁耙，以提高土壤的黏结性，增强梯田埂子的防渗性和稳固力。在山梁和坡地上，哈尼人依靠自己的聪明才智，挖出了无数长短不一、宽窄不同、一丘接一丘的梯田，从山脚到山顶连成一片，浑然一体。

2009年秋开始，连续三年的大旱席卷我国西南大地。在旱威肆虐的云南省，很多田地已经龟裂，作物枯萎，甚至没有生活用水。有一个地方却依然林木苍翠、溪水潺潺，人们有水灌溉耕种，有水洗衣做饭，这就是红河哈尼梯田。哈尼梯田大旱不干的奥秘在于，哈尼人成功地建立了森林—村寨—梯田—江河四度同构的人与自然高度协调的生态系统。

哈尼梯田生态系统特色鲜明，每一个村寨的上方，矗立着哈尼人精心保护的茂密森林，这些森林构成了巨大的天然绿色水库，它们涵养的巨量水分在高山上形成了无数条小溪、清泉、瀑布和龙潭。森林中的水流通过自成一体的灌溉网络向下，经过村寨时，哈尼人截流而形成人畜饮用水系和灌溉水系，水流经层层相叠的千百级梯田，最后流向河谷。梯田中的水和河谷中的水蒸发而上，在山腰上受到来自南方的海洋性季风和海拔高低悬殊的气候影响而形成云海，水分被森林充分吸纳，化为云雾贮存于高山丛林，又在林中汇成无数的水潭和溪流。"山有多高，水有多高"，如此循环反复，生生不息。

依靠如此得天独厚的条件，哈尼人终年过着与梯田朝夕相伴的日子。每年的冬季，是开挖、修整梯田的最好时机，之后翻犁、放水。春耕时节，哈尼人将秋收时选留的稻谷种子拿出，经过"晒、泡、捂"等工序，稻芽冒出来之后，即可撒在平整的秧田里，待秧苗长出五片叶子，才能移栽。每年栽种水稻前，由村中祭祀主持者"咪谷"在其家中举行"开秧门"的仪式，并在选好的"神田"里象征性地插上九撮秧苗，之后众人才可以在自家的田里开始插秧。农历三月至四月初，是插秧的最佳时节。

待到农历七八月，金子般的稻谷铺满山坡，哈尼人就要过"尝新节"了。这天，人们要从田里背回一捆连根带穗的单数的稻子，搓下谷粒炸成米花，并做好鸡肉等菜肴，进行祭祀。"尝新节"之后，村村寨寨忙收割。田里，沉甸甸的稻穗把禾秆都压弯了。哈尼人民在波浪一样的稻田里，幸福地收割着。

哈尼梯田规模宏大，气势磅礴，绵延整个红河南岸的红河、元阳、绿春及金平等县，仅元阳县境内就有17万亩梯田，是哈尼梯田的核心区。

2013年6月22日，在柬埔寨金边举行的第37届世界遗产大会上，投票通过了中国云南哈尼梯田列入联合国教科文组织世界遗产名录，云南哈尼梯田成为我国第45处世界遗产。

> **>> 知识窗**
>
> ### 哈尼梯田"四绝"
>
> 一绝：面积大。形状各异的梯田连绵成片，每片面积多达上千亩。
>
> 二绝：地势陡。从15°的缓坡到75°的峭壁上，都能看见梯田。
>
> 三绝：级数多。最多的时候能在一面坡上开出3 000多级台地。
>
> 四绝：海拔高。梯田由河谷一直延伸到海拔2 000多米的山上，可以到达水稻生长的最高极限。

本文提供：云南省蒙自第一高级中学　丁旭媛

天山明珠湖有泪

在那遥远的年代，在那遥远的地方，有一片辽阔的大草原。

朵朵白云飘荡在天边，草原上徜徉着一对蒙古族青年，那是英俊彪悍的薛德克和美丽善良的切丹。他们是一对恋人，两小无猜的恋人。从小，薛德克就像兄长一样关怀着切丹，不会让她受委屈。如果离开了薛德克，切丹就会像丢了魂儿一样。

岁月如梭，两人慢慢长大，两人之间的爱情也在友情的基础上悄悄萌发。这感情怎样表达？俩人放牧的时候，总会在广阔的天底下把歌来唱，把情来诉。

那边厢，薛德克高亢地唱：

我的琴弦凝聚了百鸟的歌声，

拨动了我的喜悦在内心涌动，

那是我对你的一片深情，

充满着咱们美好的向望和憧憬。

这边厢，切丹轻轻地和：

鲜花和清泉是我对你的祝愿，

春雷和松涛是我心里的潮声。

歌声和骏马是我腾飞的翅膀，

我要永远在你感情的海洋里飞腾。

这歌声如此美妙，那是因为爱的深沉；这歌声传到了天边，那是因为爱的力量无边。然而，喜欢听这歌声的不仅有沉醉在爱的海洋里的恋人，还有外出游猎的草原魔王嘎尔玛。

好花不常开，好景不常在，世间总有宵小之辈扰乱人们纯真的情感。草原魔王嘎尔玛召集了一帮随从寻觅着歌声袭来。晴朗的天空骤然风云突变，狂风大作，这代表了魔王的凶残。深知其中厉害的幸福恋人感觉到了迫近的危险，他们飞身上马希望奔向幸福的家园。可是，恶魔的速度总是快过善良人们的骏马。嘎尔玛率领众多恶棍把两人团团围住，看来薛德克和切丹是凶多吉少了。魔王看到沉鱼落雁的切丹，一下子就呆了，然后就花言巧语地劝说美丽的姑娘做他的妻子。不过，嘎尔玛换来的却是严词拒绝。恼羞成怒的魔王下令强抢切丹，众多随从一拥而上。薛德克虽然很勇猛，却难敌魔多势众，被打倒在地。切丹姑娘被魔王裹挟而去。

到了魔宫，嘎尔玛开始逼迫切丹应允婚事。悲怆无比的姑娘大声斥责魔王的不端，誓死不从这逼婚行为。魔王冷笑说，我看你能硬到几时。待到嘎尔玛离去，切丹镇定下来开始寻找逃走的机会。夜深人静的时候，那也是魔鬼们烂醉不醒的时候，连看守都困得直打瞌睡。柔弱的姑娘此时变得强大，磨断了绳索，牵了匹马，悄悄出了宫门。天不佑人啊，那看守忽然惊醒，发现切丹不见了，马上报告给魔王。宫中大乱，呵斥声、嘶鸣声、兵刃碰撞声响成一片，嘎尔玛率领小鬼们冲向大草原。

很快，魔王看见了姑娘，狞笑着举起了屠刀，大喊着加快了速度。有些筋疲力尽的切丹绝望了，但仍然奋力催赶骏马。注定这是一场悲剧，姑娘的眼前没了道路，却现出一片波涛汹涌的潭水。也罢，只能和薛德克哥哥来生再见了，姑娘跳下战马，冲向潭水。看着被深潭吞没的切丹，嘎尔玛气急败坏地仰天大骂。

再说昏迷的薛德克，或是黎明冷风的吹拂，或是切丹的召唤，他醒了。而此时，魔王正在策马狂奔追赶美丽的姑娘。听到恋人的名字，薛德克有了点精神，循着喊声追去。等他跟跟跄跄地来到潭边，魔王的人马已经只剩下背影，从风中传来的议论声知道不久前还青春活力的恋人早已沉尸潭中。有道是"男儿有泪不轻弹"，闻此噩耗，薛德克泪如雨下，纵身跳入深潭追寻爱人去了。又有谁说天道不公，却不知举头三尺有神明！感天动地的真情酿成了潭水的喷涌，薛德克的泪水助涨了水势，铺天盖地的奔向远去的魔王。巨浪吞没了草原魔王嘎尔玛和他恃强凌弱的一切资本，广阔的草原从此化作一片汪洋，形成了今天的赛里木湖。薛德克和切丹这对生死恋人化作两座小岛，并肩立于湖面之上，被人们称为"情人岛"。

赛里木湖位于天山西段，属于博尔塔拉蒙古自治州。清朝文学家洪亮吉更是对该湖赞赏有加，作出了《净海赞》。也就是说，旧时称赛里木湖为"净海"。

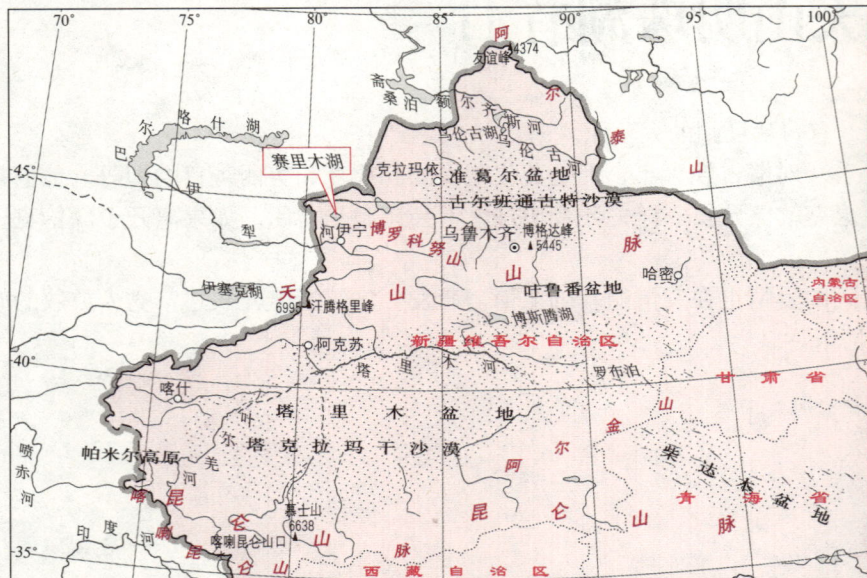

赛里木湖的位置和风光

　　传说是很美丽的，但那不是赛里木湖形成的真正成因。专家们说，赛里木湖盆地是在第三纪上新世到第四纪早更新世的新构造运动中，断裂下陷而成的山间盆地。这湖是七千万年前的喜马拉雅造山运动形成的。地壳运动形成了湖盆，那么湖水是从哪里来呢？

　　高空俯瞰，可以发现赛里木湖西侧有些小河注入，这些小河就是湖泊的主要水源。除了河水，湖泊的另一个主要来源就是地下水。除此之外，降水也补给了湖泊，而水汽来自大西洋，因而有大西洋的最后一滴泪的说法。湖泊向西地势逐渐降低，一直到大西洋再无高大地形的阻挡，而强盛的西风就可以把丰富的水汽带到此处。经过多种水源的聚集，赛里木湖变得烟波浩渺。湖面海拔2 073米，该地区年平均气温为0.5℃，因而这里降雪开始的时间很早，一般在九月中旬就开始初雪，可以用"胡天八月即飞雪"来形容。终雪也晚，一般在五月中上旬，这有李白的诗句作证：五月天山雪，无花只有寒。漫长的冬季让赛里木湖的冰期很长，冰层很厚，可达1米左右。这么厚的冰，别说可以畅快地溜冰，就是跑汽车都没问题。

　　说完了赛里木湖的水，再谈一下湖底的泥。别小看这脏兮兮的泥巴，对科学家来说，它可是隐藏着丰富的地质信息。赛里木湖盆地的第四纪湖泊沉积记录了西天山的地貌发育和古冰川作用的全部历史，反映了我国西北与中亚地区第四纪气候与环境的几个变化阶段，同时也为西北地区冰期与第四纪地层的划分提供了科学证据。

　　从喜马拉雅造山运动起，数千万年弹指一挥间，赛里木湖一直隐居在群山之间。今天，那美丽的传说加上湖泊美丽的风光吸引了无数游客的到来。但愿，这两个美丽能带动旅游经济的发展，让当地居民过上更加美好的生活，也希望当地政府开发旅游资源之余更要保护赛里木湖，让美丽的湖泊拥有灿烂的明天。

>> 资料卡

新疆天山申遗成功

　　2013年6月21日，在柬埔寨金边举行的第37届世界遗产大会上，新疆天山成功入遗，被批准列入联合国教科文组织《世界遗产名录》中的自然遗产目录。

河南平顶山第一中学　卜科凯

秸秆变奏曲

我是"70后"，亲眼目睹了改革开放40年来给农村带来的翻天覆地的变化。

我读小学时正逢吃"大锅饭"的生产队时期，农民没有劳动热情，农业生产不景气，一年到头家家户户连烧饭的柴火都不够用，温饱问题只能勉强解决。

每到放寒假时，我和好朋友相约去田野拾秸秆，说是拾秸秆，其实是用镰刀割玉米秸秆收获后余下的大约10厘米左右的根部。

冬季的松嫩平原，田野里白茫茫一片，秸秆茬在雪地里露出一个个尖尖的小黄脑袋，有的还有"胡须"（露出来的玉米根），仿佛在向我们召唤：快来拿我啊。于是我们就抬起脚，用脚的侧面向它一扫（低温使得它们的身体很脆了），只听"咔"的一声，玉米茬应声而落，拾起来放入筐中，又是"咔咔咔"一阵响，一排"哨兵"收归囊中，真有"秦王扫六合"的气势！在这样的运动中，浑身热血沸腾，"三九严寒何所惧"？把手套摘掉后，手心上能看到冒着白色的水蒸气。

筐子装满了，我们像凯旋的将军一样自豪地回家。寒假结束，院里玉米茬堆得像小山一样。那时候学校条件很艰苦，冬季用土火炉取暖，燃料由学生轮流带，到开学的时候要把玉米茬带到班级一部分。现在回想，那真是我人生经历的第一笔财富。

用镰刀收割后留下的玉米茬

传统玉米脱粒的工具——玉米穿子

上初中后，改革开放的春风吹醒了中国大地，农村实行家庭联产承包责任制。农民分到属于自己的责任田和农具，国家政策承诺这一制度30年不变，农民吃了"定心丸"，"多劳多得、少劳少得、不劳不得"，这样大家劳动的积极性上来了。

"人勤地不赖"，这话可真不假！到了秋天，家家户户院子里都有了大玉米堆，为了防止玉米发霉，用高粱或者向日葵的秸秆围成一个圈，把玉米放到里面，这样的圆柱形玉米堆俗称"玉米站子"。

玉米堆

成堆的玉米芯

玉米穗这么多，秸秆当然更是多得很，家家院子前面都有个比房子还高还宽的"秸秆垛"，挡住外面过路行人的视线，无形中为自家造了一个玉米秸秆"门房"。陈年秸秆没用完，新秸秆又收获了，一年四季燃料用不完，给农民们一个个踏实暖和的冬天。

冬季天寒地冻，虽是农闲时间，但大家都忙着给玉米脱粒。我一边用"玉米穿子"戳下玉米粒，一边听爷爷讲故事。每天准时收听广播里刘兰芳讲的评书，尤其是百听不厌的《岳飞传》。我的脑海里仍经常浮现那欢乐的场面。

玉米棒脱粒后，余下了玉米芯，这是很好的燃料，比秸秆耐燃烧，因为有玉米芯作为冬季燃料替代品，孩子们谁也不用再弄那玉米茬了，田地里的那些"尖嘴猴腮"的秸秆茬可失了宠，孤独地站在田里，守望着"万里雪飘"的田野，遥望着人们的幸福和欢乐。

一年一年这样过，谁也没有想过秸秆作为燃料会对空气造成污染。

离开家乡20多年，现在农村的变化可大了。松嫩平原成了国家现代农业生产示范区，原来以玉米为主的生产格局也变了，成了花生、绿豆等主要经济作物产区。以花生为例，从覆膜、播种到收获，全部实现了机械化，甚至还可以在机械脱粒后直接按颗粒大小分选，真的很神奇。而且地膜覆盖滴灌生产，可以免中耕，解除了"锄禾日当午"的劳苦，农民的业余时间更多了。

更为惊喜的是，二哥前几年从北京回来，自己建了个秸秆煤炭加工厂。对此我非常好奇，做了一下实地考察，哥哥租用了废弃的乡村小学校，工厂里不过才3个人，冬季生产半年，夏季农忙时也没有原料就不生产了，和东北的农时非常匹配。

回来后，我又"百度"了一下关于"秸秆煤炭"的资料。发现秸秆煤炭的原材料可以有很多种，玉米秸秆、小麦秸秆、稻草、稻壳、花生壳、玉米芯甚至连中药渣都可以，经过粉碎后加压、增密成型，即为秸秆煤炭。

秸秆煤炭体积小，比重大，耐燃烧，便于贮存和运输，体积仅相当于原秸秆的1/30，是非常环保的燃料。经过测试，1次加入秸秆煤炭5千克，关闭风门后，可保持4小时以上不熄灭。烟气中的CO、CO_2、SO_2、NO_x等成分指标的测试及烟尘的排放浓度大大低于国家要求的排放标准。秸秆煤炭可以代替木柴、原煤、液化气等，用于生活炉灶、取暖炉、热水锅炉、工业锅炉等。

秸秆煤炭生产机器

玉米秸秆煤炭

秸秆煤炭加工成本低、利润空间大，又远远低于原煤的价格，农民在自己的田间地头，就可以利用农作物秸秆变废为宝，增加收入，创造财富，一次投资，终身受益，环保节能，利国利民。

我国每年生产的农作物秸秆总量约占全世界总量的20%～30%，秸秆经过热压成型达到一定的密度后，再燃烧可提高燃烧温度和热利用率，节省时间，余灰还可作为优质的钾肥直接还田改良土壤，减少环境污染，秸秆煤炭真的是低成本、高热值的环保能源产品。

不同的时代，秸秆的价值也大不相同，秸秆的变奏唱响了中国农村改革的新曲，农民在发展的同时也享受到生活的美好。

正是：小小秸秆本事大，减肥成功提身价；变废为宝做贡献，科技致富兴农家。

本文提供：吉林白城洮北区教师进修学校　郑春艳

因地制宜，科技兴农

东北松嫩平原的西部，科尔沁草原的东部，被誉为"八百里瀚海"，有一首歌《大沁塔拉有座城》："绿色的草原有一颗星，大沁塔拉有座美丽的城，仙鹤绕你展翅飞，一城欢歌一城情。"如果把吉林省的轮廓形状看作一个大人参，那么这里就是人参的头部，位于这里的向海国家级自然保护区有很多珍稀的鸟类，白鹳、灰鹤、大鸨等等，最有名的要数丹顶鹤了，当年央视《人与自然》中赵忠祥的解说萦绕在耳边："仙鹤美丽多情，舞姿翩翩，也许是因为有了她，人们才开始学习语言。"

向海自然保护区的丹顶鹤

欧洲牧草——"绿色的金子"

勤劳勇敢的"鹤乡人"在这片广袤的土地上辛勤劳作，他们发展科技种田，生活发生很大改观，其中也曾因为不懂科学而走了弯路。

1998年本区利用草原优势大力发展养牛业，要求每个公务员拿出五千元购得一头优质奶牛资助农户，被称为"城乡携手共建新农村"。某镇领导去西欧参观，回来后带来了优良的牧草——菊苣种子，菊苣叶肥多汁，貌似菠菜，最厉害的是它可以实现"一次播种，一劳永逸，多次收割，常年不败"，因此被欧洲人称为"绿色的金子"。领导们把"金子"引进来准备大展宏图，亲属近水楼台先得月，积极种植，后来却不甚了了，没有推广开来。

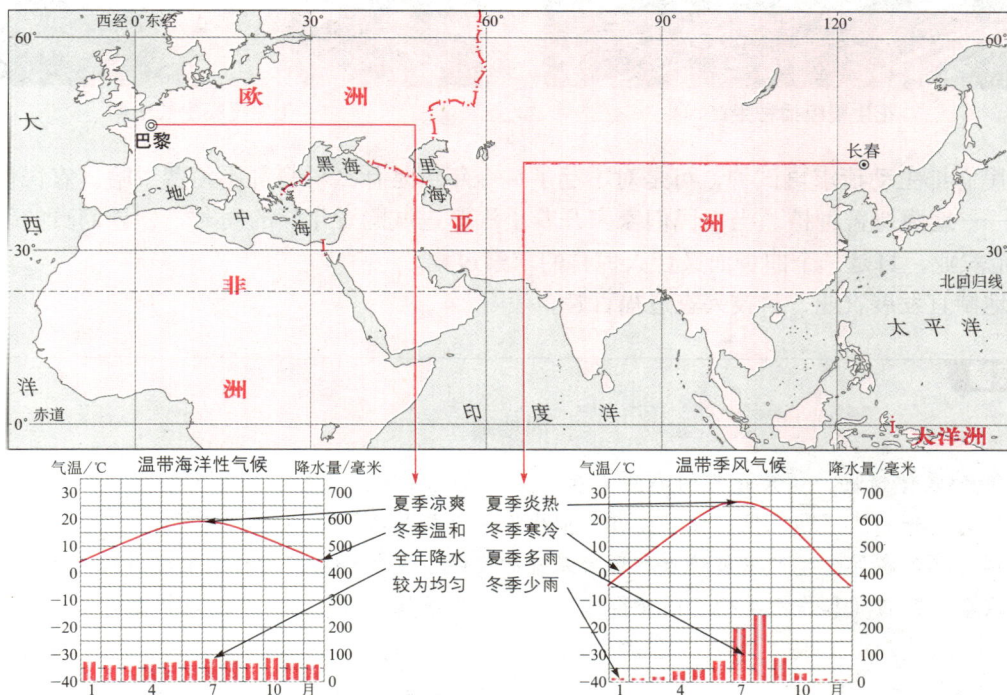

我国东北温带季风气候和西欧温带海洋性气候对比

引种失败的原因，是两地气候差异大。欧洲牧草能够一年四季生长，受惠于温带海洋性气候。而松嫩平原西部为温带大陆性季风气候，每年冬季万物萧条，可谓"千里冰封，万里雪飘"，人都需要在暖气屋里"猫冬"，出门需要穿上厚厚的羽绒服，这牧草娇嫩嫩的身躯如何能抵挡住东北亚冬季的严寒？既然没有种一次常年收获的优势，外国来的牧草种子又价格不菲，年年播种只为牛儿食用，成本岂不是过于高了，农民谁愿意为这买单呢？还是本地的牧草——羊草"皮实"，野火烧不尽，春风吹又生，年年为牛羊而生，不知疲倦，所以欧洲牧草难敌本地"土著"牧草，不战自败。

虽然此次引种失败，但这类事情在发展中不可避免，毕竟与国际接轨也不是那么容易，好事多磨嘛。这次给我们的教训是引种需要因气候条件而宜，这种牧草如果在暖温带湿润地区引用还是可以的。

因为本区处于温带大陆性气候和温带季风气候过渡区，降水的多少制约着这里的农业生产，靠天吃饭的生产模式使得农民的心情随着降水的多少而或喜或忧。在雨水少的年份里，农民们从播种就开始忙活起来，有的用古老的土制灌溉沟渠灌溉，在灌水的过程中，渗到灌溉渠下的水浪费得让人心疼；有的用车拉着水箱浇水，每株苗得到一些水，人随着每一次浇水"弯腰行礼"，一个上午就累得腰酸背痛，效率还不高；还有的用白色塑料粗管灌溉，可以避免渗漏，这样的管被形象地称为"小白龙"。"小白龙"很实用，但是装满水后就实在太沉了，如果没有力气是不能轻易移动的，抱着"小白龙"从这条垄沟到那条垄沟，即便是壮劳力，一天下来也会筋疲力尽。

节水农业势在必行，领导请来了农业专家"坐诊"，决定采用地膜覆盖滴灌保持水土的新技术，在播种的同时灌溉覆膜避免蒸发，这样从根本上可以解决灌溉难的问题。为了推广这项新技术，镇里免费提供地膜和农具，农民在没有别人尝试的情况下，不敢贸然行动。最后镇领导动员几位亲属，一些亲属看面子不得已同意试种。到秋天收获的季节了，覆膜生产的花生籽粒饱满，喜获丰收，而且在花生的生长期间免去了"锄禾日当午"的痛苦，悠悠闲闲一个夏季，秋天平均亩产提高得让没试种的农民后悔不跌，连连顿足。

花生覆膜播种生产

花生覆膜生长中期

第二年农民们都主动请求再试种，可是对不起了，今年可是什么材料都不免费了哈。农民彻底接受这种新型的生产方式——地膜覆盖种植。当农民们家家开着小汽车进城购置年货的同时，领导们真的很欣慰，带领大家致富发展示范农业，真是一个曲折而又让人惊喜的求索过程。

正是：因地制宜发展农业，科技兴农造福百姓。

>> 知识窗

因地制宜

根据各地的具体情况，制定适宜的办法。在人文地理研究中，常把"地"理解为自然、社会和经济条件的统一，或天时、地利、人和三位一体。如在农业生产中，指从各地区的光、热、水、土、生物、劳动力、资金、生产资料等具体条件、生产发展特点和现有基础的实际出发，根据市场和国民经济需要等具体情况，科学合理地调整农业生产布局和作物结构，以获得地尽其利、物尽其用的最大经济效益和保持良好的生态环境。

本文提供：吉林白城洮北区教师进修学校　郑春艳

中俄黑瞎子岛谈判始末

黑瞎子岛位于中华人民共和国版图的最东北角上。2008年10月14日，中俄双方在岛上举行了两国国界东段界碑揭幕仪式。仪式简朴而庄重，奏两国国歌，升两国国旗。一块宽大的仪式背景板伫立在秋天的原野上。碧空如洗，万里无云。仪式结束，中国边防军人登上黑瞎子岛开始执行防务，那里成为中国东部边境第一哨。黑瞎子岛上的界碑是中俄边界上竖立起来的最后几座界碑。

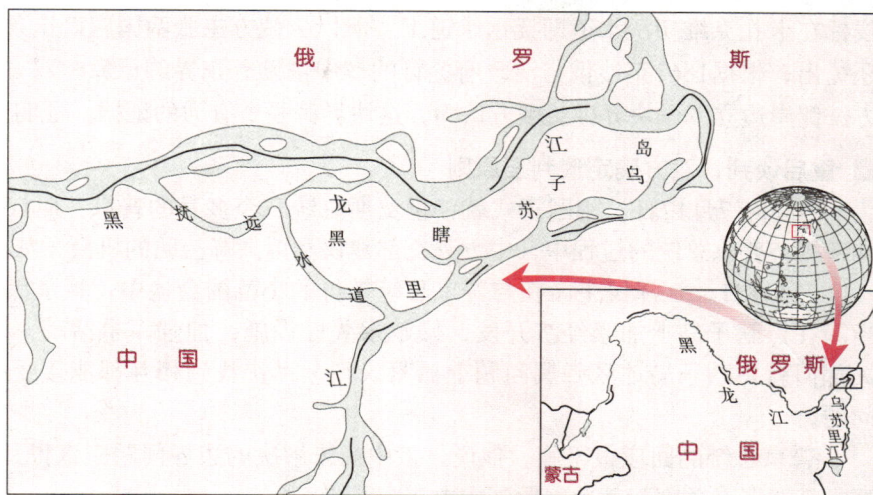
黑瞎子岛示意图

■ 复杂的历史遗留问题

中俄边界是从中苏边界承袭下来的。当年苏联解体后，长达7 600千米的中苏边界被分为中国同俄罗斯、哈萨克斯坦、吉尔吉斯斯坦、塔吉克斯坦四个国家的边界。其中，中俄边界长达4 300多千米，绝大部分已通过谈判划定，黑瞎子岛是唯一一块悬而未决的土地。

按边界长度计算，黑瞎子岛一段只占中俄边界全长的1.4%。边界虽不长，但是多年来双方对此边界各执一词，一直相持不下，成为两国边界谈判中最困难、最敏感的问题之一。

黑瞎子岛，也叫抚远三角洲，位于黑龙江省抚远县城以东，三面环水，北面是黑龙江，东南是乌苏里江，西南是黑龙江与乌苏里江之间的一条水道，称为抚远水道，俄方称为卡扎克维切沃水道。

黑瞎子岛北面的岛岸线长60千米，东南长约40千米，抚远水道长约35千米。黑瞎子岛由两个大岛和大约90个岛屿、沙洲组成，岛屿和沙洲的数量因江水冲刷和水位涨落等自然力量的作用时有增减。全岛面积约335平方千米。岛上地势平缓，杂草、灌木丛生，还生长着一些北方的乔木。周围水域盛产大马哈鱼、鲟鳇鱼等名贵江鱼，鲟鳇鱼子〔黑鱼子〕和马哈鱼子（红鱼子）经常是餐桌上的美味佳肴。

据我国史料记载，汉、赫哲、鄂温克、鄂伦春等民族的居民曾长期在岛上居住，他们有的在那里烧制陶器，有的挂幌子开酒肆，也曾有人种植罂粟。

辛亥革命前后，中国国内局势混乱，沙皇俄国趁机将黑瞎子岛纳入俄国版图。此后历届中国政府同俄（苏）方进行了多次交涉，均无结果。

近40年来，中苏（俄）双方围绕边界问题进行过三次谈判，其中包括黑瞎子岛问题。

第一次谈判在1964年2月至8月期间进行，当时中国政府代表团团长、外交部副部长曾涌泉在谈判中与苏方进行了激烈争论。由于当时中苏关系公开恶化，根本不具备解决边界问题的条件。

第二次中苏边界谈判是1969年10月开始的。这一次中国政府代表团首任团长是时任外交部副部长乔冠华。这次谈判一谈就是十年，中方代表团团长也换了几任。但此时两国关系尖锐对立，谈判前，双方甚至在乌苏里江上的珍宝岛发生过激烈的武装冲突，谈判无任何成果。

第三次边界谈判始于1987年2月，中国政府代表团团长是时任外交部副部长钱其琛。这次谈判的对手先是苏联，后来变成了俄罗斯。也许是特殊的时空提供了历史性的机遇，谈判的结果是，解决的问题最多，成果最大。双方分别于1991年、1994年签署了《中苏国界东段协定》和《中俄国界西段协定》，两国绝大部分边界得以划定。但是，在黑瞎子岛问题上，双方经过多次激烈交锋，未能取得进展。此后，双方多次回到这个问题上来，但由于各自仍固守多年来的立场和论据，坚持对黑瞎子岛拥有全部主权，谈判没有任何进展。

中方主张，根据1860年《中俄北京条约》，中俄两国以黑龙江和乌苏里江为界。既然以江为界，按照公认的国际法准则，就应该以主航道中心线为界，而黑瞎子岛恰恰位于两江主航道中心线中方一侧，应该属于中国。

而俄方依据的是，《中俄北京条约》的条约附图也是《中俄北京条约》的一部分。根据这个附图，划界红线标在卡扎克维切沃水道即抚远水道上。所以，俄方主张两国应以这条水道为界，黑瞎子岛应属于俄方。俄方还提出，根据1861年沙俄与清政府签订的《中俄勘分东界约记》，双方曾经在抚远水道与乌苏里江会合处的中方一侧岸边立了一块界碑。俄方认为，这块界碑是个有力的证据，证明黑瞎子岛属于俄方。

■ 重启谈判，双方确定谈判三原则

2000年7月17日，刚刚正式就任俄罗斯总统三个多月的普京，应江泽民主席邀请对中国进行国事访问。在准备接待普京总统的过程中，中方外交部建议利用高峰会晤的机会，从最高层推动黑瞎子岛问题的解决。

7月18日，江泽民主席在与普京总统进行的小范围会谈中，谈了黑瞎子岛问题。江主席说，中方对俄地方当局在黑瞎子岛上加紧经济开发，修建永久性设施，加强军事活动，表示严重关切。江主席建议责成双方有关部门就黑瞎子岛地区归属问题上抓紧谈判，尽快找到相互都能接受的解决方案，以全面彻底解决中俄边界问题。

普京总统的回应很干脆。他说，俄中尚未解决的边界问题应该得到尽快解决。他补充说，他将下达指示，要求俄罗斯有关部门就此问题同中方进一步磋商。

同年9月，两国领导人在纽约出席联合国千年首脑会议期间再次见面，普京总统又向江主席表示，希望在新世纪的中俄两国关系中，边界问题不再是一个问题。两国元首就解决边界问题都表示了积极的态度。

2001年4月29日，应俄罗斯外长伊万诺夫邀请，外交部部长唐家璇对俄罗斯进行正式访问。根据俄方安排，唐外长同俄外长会谈后，就直接到克里姆林宫会见普京总统。

普京说，两国的边界问题已经解决了98%以上，目前尚未协商一致的地段只有不足2%。尽管剩下的问题有一定复杂性，但俄罗斯方面仍希望双方加紧谈判，早日彻底解决边界问题。这样，双方就可以把精力全部集中到重要合作领域上来。希望在江泽民主席今年7月访俄之前，双方能就剩余边界问题的解决方案达成原则性一致。

唐外长意识到普京总统此番讲话发出的信息明确而重要。马上作出了原则性的积极回应。唐外长说，中俄双方领导人对解决剩余边界问题都非常重视和关心，都给予了积极的指导和推动。中国外交部将根据两国领导人的重要共识，力争尽快解决剩余边界问题。

此后，俄外交当局在解决剩余边界问题上的态度出现一些积极迹象。俄罗斯外交部开始向中方发出种种试探信号，说双方应该换一个思路讨论这个问题，不能再像过去那样，黑瞎子岛"要么全部归俄罗斯，要么全部归中国"。于是，中国外交部立即抓紧研究各种方案。

2001年6月15日，普京总统到上海出席上海合作组织成立大会，又作出了建设性的暗示。他在一个双边场合对江主席说，如果将黑瞎子岛全部划归中国，就像边界线穿过上海市，将浦东划分出去一样，俄方难以接受。普京总统建议与江主席一道，共同指示两国外交部寻求新的、双方都能接受的解决办法。

从俄方发出的一系列信号可以看出，他们处理这一问题的基本脉络越来越清晰了，虽然不会同意将黑瞎子岛全部划归中方，但也不再坚持黑瞎子岛全部属于俄罗斯的原有立场。

经过几轮商谈，双方确定了三条谈判原则，即谈判要"以有关目前中苏（俄）边界的条约为基础；按照公认的国际法准则；公正合理，互谅互让，相互妥协"。

由于两国最高领导层的积极推动，中俄两国关于谈判的三原则很快就确定下来，开始进入实质性的谈判阶段。

■ 边界线上的交锋

2001年11月15日至22日，中俄双方专家组在莫斯科举行磋商。俄方提出可以将黑瞎子岛西部约80平方千米的地方划给中方。

这个方案离中方的目标相差太远，80平方千米还不到黑瞎子岛335平方千米的四分之一，中方不能接受。但是，这80平方千米是具有重要意义的，因为它包括了此前俄方一直坚持拥有的抚远水道。

中方提出可以把黑瞎子岛东部靠近哈巴罗夫斯克市的约60平方千米划给俄方。当然，俄方也不接受。

2002年1月9日至11日，双方专家组在北京举行磋商。俄方提出可以将黑瞎子岛西部约120平方千米划归中方，中方则提出可将该岛东部90平方千米划归俄方。

十几天后，新一轮专家组磋商，俄方提出可以将黑瞎子岛西部135平方千米（约占40%）划给中方，中方提出可将东部105平方千米（约占30%）划给俄方。

2002年3月1日，刘古昌部长助理与俄罗斯副外长在北京举行磋商时，俄方态度骤然强硬起来，竟收回了上一轮谈判中提出的方案。此后，俄方立场进一步强势，甚至提出只能将约60平方千米的土地划给中方。

后来，这位副外长再次到北京来进行磋商时，对上次磋商进行了解释，说上次面临国内其他部门和地方的压力。他说的也许是客观情况，但也不排除是一种谈判策略。

为了推动俄方继续向前走，中央同意这次磋商中，中方打出一个新的方案：将黑瞎子岛"大体平分"。

这次磋商后两周，俄方专家组组长突然造访北京，表示俄方仍然可以考虑将黑瞎子岛40%的土地划给中方，并说双方划界主张线的中间地段还可以继续讨论。俄方的态度出现了松动，谈判重现转机。

2002年11月23日，唐家璇外长在莫斯科出席上海合作组织成员国外长会议，俄方再次安排唐外长单独会见普京总统。普京再次明确表示要尽快解决中俄剩余边界问题。当天下午，唐外长与俄外长伊万诺夫商谈剩余边界问题，统一意见，责成双方代表团和专家继续工作，把达成一致的地方以文本的形式确定下来，并签署一个备忘录，确定边界的具体参数，之后双方在这个备忘录基础上，进一步具体谈判。

俄外长随后说，普京总统希望在他今年12月访华之前解决两国遗留边界问题。唐外长立即意识到，解决边界问题已进入一个非常关键的阶段，因为此时已经快到11月底了。唐外长随后说："今年10月在墨西哥时，我曾向阁下阐明了中方对解决剩余边界问题的态度，即对黑瞎子岛中方主张线和俄方主张线之间的剩余地段予以均衡解决。我的理解是，俄方进行研究后已经同意了。"俄外长伊万诺夫回答说："完全正确。"

唐家璇外长抓住机会再一次把这个意思向伊万诺夫确认，双方在这次会谈中已经就解决剩余边界问题达成一项口头原则协议。两国外长还商定，普京访华期间，两国元首发表的《联合声明》中，将加入一段关于两国剩余边界问题的原则性表述，之后，两国外长可以签订有具体划界参数的备忘录。

俄外长当即表示同意，并且立刻拿出了俄方的备忘录草案。看来，俄方早已准备好了。

2003年2月27日，也就是第二年初春，唐家璇外长和伊万诺夫外长共同签署了《中俄两国外交部长关于彻底解决两国剩余边界问题的备忘录》。虽然还是备忘录，但它是正式的；虽然仅仅是个备忘录，但它是解决黑瞎子岛问题的基础。三个月后，江泽民主席访问俄罗斯，又和普京总统签署了这个备忘录，确认了两国外长签署的备忘录内容。

此后，经过专家组数轮磋商，双方终于在2004年7月26日至8月2日，谈定了剩余地段界线的具体走向。黑瞎子岛总面积335平方千米，其中中方划得171平方千米，俄方划得164平方千米。

2004年10月14日，普京再次访华时，新任中国外长李肇星和新任俄罗斯外长拉夫罗夫签署了《中俄国界东段补充协定》，确定了双方在剩余边界地段的领土划分。至此，中俄两国4 300多千米的边界线全部划定。

>> 知识窗

《中俄睦邻友好合作条约》

中国国家主席江泽民和俄罗斯总统普京于2001年7月16日在莫斯科签署。

条约概括了中俄两国元首20世纪90年代以来发表的一系列宣言和声明的主要原则和精神，在总结历史经验的基础上，将两国和两国人民"世代友好、永不为敌"的和平思想用法律的形式固定下来，确定了在不结盟、不对抗、不针对第三国的基础上，根据互相尊重主权和领土完整、互不侵犯、互不干涉内政、平等互利、和平共处的原则，长期全面地发展两国睦邻、友好、合作和平等信任的战略协作伙伴关系。

条约规定了两国今后在政治、经济、贸易、科技、文化和国际事务中合作的原则和方向。

条约的签署，为两国在新世纪发展健康稳定的双边关系和战略协作伙伴关系提供了政治和法律基础。

击毙本·拉登

　　美国总统奥巴马2011年5月1日在白宫宣布，基地组织领导人奥萨马·本·拉登已经被美国军方击毙在巴基斯坦喜马拉雅山脚下，首都伊斯兰堡以北大约50千米处的一座住宅内，终年54岁。奥巴马说他是在美国当地时间5月1日下令实施正式的逮捕行动的，过程中有开火，但没有美国方面的人员受伤。现在美方已经控制了本·拉登的尸体。

■ 本·拉登是如何被击毙的？

　　马克·欧文，曾服役于美国海军特战队海豹六队，多年来曾参与过几百次全球范围的行动。2011年5月1日，在巴基斯坦阿伯塔巴德，欧文任"海王星之矛"行动负责人。这次行动击毙了本·拉登。海豹突击队员关于此行动的新书《艰难一日》中，"马克·欧文"及其他几位海豹突击队队员的姓名都采用了化名。

　　原计划从天而降，但是执行任务的黑鹰隐形直升机操控失灵，坠落院中。直升机摔进院子之后，海豹突击队员迅速从飞机中冲了出来，从院子里自下而上展开攻击。首先，在楼外面房子里，他们击毙了这所房子的主人，也就是本·拉登的那名贴身信使，名字叫艾哈迈德，是他把美国人引到这里来的。

　　第一次交火以后，海豹突击队员迅速破门而入，在一楼，他们击毙了艾哈迈德的哥哥巴尔。紧接着冲上了二楼，经过了一次非常短暂的交火，海豹突击队员击毙了本·拉登的一个成年儿子哈立德。紧接着，海豹突击队员顺着楼梯冲上三楼，在楼道的一个房间门口，冒出一个男人的身影，海豹突击队员下意识地一个点射，这个人就倒了下去。此后，他们开始逐屋搜索，在搜索到一个主要房间的时候，看到了一个身材颀长的人，倒在地上，满头是血，一群妇女儿童围在他身边，这个人是谁呢？

　　控制了现场的海豹突击队找来屋子里年龄最小的小女孩，问出这人就是本·拉登。又经过了现场本·拉登的几名妻儿的确认，这个人正是美军此次"海王星之矛"行动的首要目标。本·拉登死了，但不知是被打死的还是自杀的。

　　闻名世界的恐怖大亨，奥萨马·本·拉登就这样被击毙了。行动过后，海豹突击队员把本·拉登的尸体运走，拿回去做进一步鉴定，而且还把执行任务摔坏的黑鹰隐形直升机就地炸掉，然后撤离。

　　据美国《洛杉矶时报》报道说，抓捕行动结束后，本·拉登的尸体被带到停泊在阿拉伯海的美国卡尔文森号航空母舰上，并在美国东部时间周一，也就是击毙本·拉登两天后的凌晨1点左右被海葬。报道援引美国国防部官员的话说，由于没有国家愿意让本·拉登葬在自己的国土，所以只能对他进行海葬。但报道也说，美国看来显然不愿把本·拉登埋葬在陆地，因为担心他的埋葬地有可能成为其支持者的一处圣地。

■ 本·拉登身犯何罪？

　　本·拉登是沙特阿拉伯王国利雅得行省人，是基地组织的首领，该组织被认为是全球恐怖组织。

　　1957年3月10日，本·拉登出生于沙特阿拉伯首都利雅得一个建筑业富商家庭，家中排行17。1976—1979年就学于阿卜杜拉·阿齐兹国王大学。1979—1989年放弃学业离开家庭，参加阿富汗反抗苏联侵略的组织。1988年建立基地组织。1989年苏联从阿富汗撤军后，本·拉登及其追随者返回家乡沙特阿拉伯。1991年，由于与沙特政府发生矛盾，逃亡到苏丹重建基地组织。1996年，本·拉登被要求离开苏丹，他辗转返回阿富汗。1998年组织轰炸美国驻肯尼亚和坦桑尼亚大使馆。2001年9月11日，组织了"9·11"恐怖袭击行动，造成2 900多人伤亡。

　　"9·11"事件后，本·拉登被列为联邦调查局十大通缉要犯。本·拉登的亡命生涯于是开始，本·拉登本人虽强烈否认他参与"9·11"事件，但2002年在阿富汗找到的一卷录像带显示他在讲话中谈到攻击这个词，该录像带强烈暗示他至少是"9·11"袭击的主要策划者之一。

　　2004年3月18日，美国众议院一致通过一项法案，将提供线索导致本·拉登被捕的赏金从2 500万美元增加到5 000万美元。虽然普遍认为本·拉登藏身于阿富汗与巴基斯坦边境一带，实际上外界没有人知道本·拉登身在何处，直到他被击毙在巴基斯坦。

■本·拉登是怎么被美情报人员发现的？

从阿富汗南部的洞穴到巴基斯坦东部没有法律约束的省份，十年来追寻本·拉登的历程让美国备受挫折。

经过很长时间的搜寻，美国情报人员盯上了位于巴基斯坦阿伯塔巴德一座壁垒森严的综合体建筑，它是为隐蔽某位不希望外人看到的人而修建的，它成了美国情报机构的兴趣焦点。

到2010年秋天，美国已经知道这幢建筑内的22位居民大都是本·拉登最信任的一位信使的亲属。"信使"是本·拉登的心腹，专门负责在基地组织领袖和基地组织的全球"朋友"间传递信息。

但在这幢三层高的建筑里也住着另外一家人，其身份一直是个谜。情报官员知道楼里住着一个成年男性，但始终无法见到他的身影，因为他从不露面。

2002年，就在本·拉登在阿富汗密布洞穴的托拉搏拉山区逃脱追捕一年后，通过审讯被中情局扣留的基地组织成员，美国得知了本·拉登一名信使的假名。这名信使是2001年"9·11"恐怖袭击事件的幕后策划者哈立德谢赫穆罕默德的门徒，也是此前被捕获的基地组织三号人物阿布法拉杰利比的忠实助手。

此后又花了数年时间，美国才知道这名信使的真名。2007年，中情局的分析人员终于知道了此人的名字，并开始寻找他。尽管如此，此人却踪迹难寻。2009年2月，帕内塔就任中情局局长后首次关于本·拉登的情况通报会令人失望。2010年8月下旬，情况有了重大突破，发现了那位信使的行踪，中情局得以跟踪这位信使径直到达了他的居住地，也就是位于阿伯塔巴德的那处建筑。

本·拉登9·11事件后的逃亡路线

本·拉登藏身的住宅

情报人员曾假扮防疫人员以打预防针的名义想敲开该建筑的门，但里面始终不开门，只从门缝里蹦出一句冷冰冰的话："不打针。"情报人员也曾想过从该建筑倒出的垃圾来分析，看是否能够得到一些有价值的线索，但是发现从里面倒出的垃圾都是经过焚烧处理的。情报人员曾通过卫星和直升机等从高空俯视建筑里的情况，发现里面有一位穿白衣服的男人，偶尔也出来晒一下太阳，见见阳光，但是他始终贴着高高围墙根走，警惕性特别高，从高处都很难看到他的全貌。

这座建筑里的人是不是本·拉登，证据仍不充分，但中情局局长帕内塔在2010年12月认定，已掌握的情报已经具备足够的说服力，可以采取行动。他和国会议员举行了一次秘密会议，希望获得数千万美元的资金来实施一个对那处建筑群展开大规模情报搜集的宏大计划。

帕内塔于2010年12月从国会拿到钱后，中情局分析师对于本·拉登住在那里的可能性仍然没有统一意见。一些人认为可能性有60%，其他人说是80%。一位官员说，这种不确定性让帕内塔很为难，但他认定，即使本·拉登住在那里的可能性只有一半，美国民众也会对展开行动持支持态度。

于是，经过总统批准，美国军方采取了这次冒险行动，果然击毙了本·拉登。

"瓦良格"号历经曲折到大连

苏联解体后，在分家时出于"因地制宜的考虑"，"瓦良格"号由今天的乌克兰共和国获得（在最初的几年之内名义上仍归属俄黑海舰队）。但由于乌克兰经济状况不佳，无力继续建造，工程于1992年1月停工，就此半途而废。

据说，乌克兰前任总统克拉夫丘克在1991年竞选第一届总统时，曾面对黑海造船厂的工人们满怀信心地说："乌克兰需要'瓦良格'号，我们一定能建成它！"在场的所有人谁也不愿意将倾注了成千上万人心血的航母从此废弃。

然而，即使克拉夫丘克连任了两届总统，"瓦良格"号航母依旧在码头上任凭风吹日晒，没有得到拨款。

1993年，俄罗斯总理切尔诺梅尔金、海军司令格鲁莫夫在乌克兰总理库奇马的陪同下来到黑海造船厂，研究把"瓦良格"号航母建造完毕，并移交给俄罗斯的可能性。这条航母本来是苏联政府拨款建造的，乌克兰方面要求俄方付出全部造价，即以一条完整的军舰出售，而不是俄方认为的未付的30%。厂长马卡罗夫此时报告道："'瓦良格'号不可能再完工了……"。所有在场的人终于明白了：在国家解体的情况下，再要将"瓦良格"号建成已经没有可能。

1995年，"瓦良格"号正式退出俄罗斯海军的编制，并以偿还债务为由送给了乌克兰。乌克兰迅速地找到了出售"瓦良格"的潜在对象——中国。但美国进行了粗暴干涉：若向中国出售，必须将舰载武器装备全部拆除；否则，将采取经济制裁。在美国的压力下，"瓦良格"的舰载武器装备被拆卸一空。除保留上层建筑外，几乎成了一个空壳子。

1995年12月，已经成为乌克兰总统的库奇马访问了北京。1996年1月，国际媒体引述随总统出访的副总理阿那托利·基纳赫的话说，中乌正在为乌克兰未完成的航空母舰"瓦良格"号运往中国造船厂一事进行谈判，他表示"瓦良格"号最终有可能在中国进行解体作业。

1998年，澳门创律旅游娱乐公司通过竞标，以2 000万美元（实际总共花了一亿美元）的代价买下"瓦良格"（筹款过程可谓艰难，曾先后两次向乌国申请延期付款，当然代价是要罚息，又是一笔额外的支出。之后因为欠债又与国内公司打了多年官司），声称要将其改造成一个大型海上综合旅游设施——包括迪斯科舞厅、旅馆和博彩设备等，日后将其停泊于澳门附近海域。

当时有人质疑，说澳门附近海水浅，停不了这种大船，除非以后还要深挖航道。而澳葡当局则明确表示，拒绝"瓦良格"号未来在澳门停泊。

1999年，乌克兰终于与澳门这家旅游公司签下协议，以2 000万美元的价格出售。

1999年，在下水11年和停建8年之后，"瓦良格"号航母准备移居中国。同时，乌克兰与中国方面为其拟定了穿越黑海、博斯普鲁斯海峡、达达尼尔海峡和地中海的航线。

不料，当该船驶抵土耳其北部黑海水域，准备通过土耳其控制的博斯普鲁斯海峡时，在第三国的提醒下，土耳其政府加以拦阻，强行命令"瓦良格"号退回黑海。

随后在8月，"瓦良格"号又试图通过海峡，再次遭到土政府的拦阻。"瓦良格"号被阻挡在黑海中，漂荡了很长时间后，又返回原海港。土耳其方面以"船体过大、影响博斯普鲁斯海峡其他船只正常航行"等为理由，拒绝"瓦良格"号通过。西方媒体也借机纷纷大肆炒作"中国航母威胁论"。

中国与土耳其从此开始了长达一年半之久的谈判。"瓦良格"号受困黑海期间，创律公司每天支付拖船公司8 500美元，每个月还必须向乌克兰港口当局缴付1.7万美元的停泊费。拖船船员因为长期无法脱身而深为不满，创律公司徐增平总裁更是因此损失惨重。徐增平后来回忆说，当时可谓是内外交困，屋漏偏逢连阴雨。因为当时恰好是金融风暴之后，"香港困难重重，内地的东西还得维持住，我们采取了很多措施，以降低成本和费用。"当时，土耳其总理府和外交部都倾向放行，但主管海洋事务的国务部长米尔扎欧鲁坚决反对。

1999年12月19日，美国由幕后转到台前，驻土耳其大使皮尔森会见了米尔扎欧鲁，表达了美国政府对"瓦良格"号的关切。2000年3月3日，米尔扎欧鲁应美国政府的邀请访美两周。临行前，他向总理艾西费特呈交报告，详述"瓦良格"号通过博斯普鲁斯海峡可能发生的技术问题，建议拒绝中国的要求，禁止让"瓦良格"号通过海峡。

拖船公司的塔摩曼先生据理力争，他说将"瓦良格"号拖过海峡其实比驾驶一艘15万吨油轮穿越海峡更容易也更安全。但米尔扎欧鲁则说，要么你让这艘船自身拥有动力，要么你把它拆成碎块运走，否则别想通过海峡。

在此前后，中国与土耳其之间一直进行外交接触。中国承诺，将完全负担"瓦良格"号通过海峡的安全保险以及可能造成损失的赔偿责任，并且将从中国派遣几艘大马力的拖船，协助拖行"瓦良格"号，以保证通过海峡的航行安全。

2001年7月，原本站在米尔扎欧鲁一边的土耳其军方，态度开始转变。总参谋长凯维芮柯鲁应邀访问北京，受到中国领导人的接见，军方立场改变，并在8月初照会总理府"建议放行"。而土耳其政府也提出，要求中国开放对土耳其的旅游，争取每年有200万人次中国观光客到土耳其，可为土耳其创造20亿美元的外汇。

2001年8月25日，土耳其国家安全委员会作出决议，同意让"瓦良格"号通过其海峡。土耳其国务部长兼政府发言人居瑞勒代表总理艾西费特，当天启程前往北京，向中国政府告知这项结果。

另一方面，土耳其海洋署向中国提出"瓦良格"号通行海峡时必须具备的20项安全条件，其中包括一项交纳10亿美元的"风险保证金"。

2001年9月，中国政府派出一个由交通部官员和航运专家组成的代表团访问土耳其，就"瓦良格"号通过海峡问题进行具体磋商，并作出了全面的安全承诺。在此期间，中国备妥了土耳其当局要求的多项安全措施：租用了世界上最大马力的希腊籍拖船；同意给予"国家担保"，负责可能涉及的赔偿问题。

中国在"瓦良格"号上装设了小型雷达、全球卫星定位系统、VHF无线电通信设备、电子罗盘及发电机等航行安全设施，土耳其政府对此表示满意。

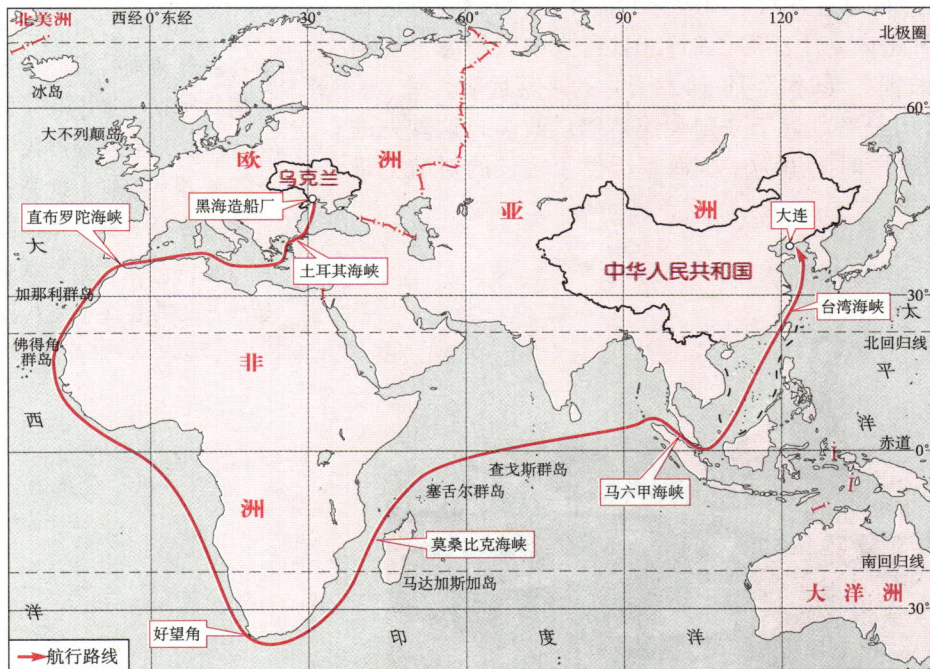

瓦良格号历经曲折从乌克兰到达中国大连

"瓦良格"号原定10月25日起航通过土耳其海峡，不料风浪突起，拖带"瓦良格"号的拖船缆绳也因风浪太大而断裂。"瓦良格"号将要通过土耳其海峡的第一关——博斯普鲁斯海峡，自24日起也阵雨不断，视野狭窄的坎德里弯角、弯度80度，暗流汹涌，不适合庞大且无动力的"瓦良格"号通行。土耳其海洋署下令停航，等待天气好时再说。

为了确保"瓦良格"号在"最低危险程度"下通过海峡，中方多次组织拖船在黑海口演习拖带"瓦良格"号的作业。

11月1日，土耳其天气晴朗，博斯普鲁斯海峡风平浪静。土耳其有关当局从凌晨起暂时关闭了世界上最繁忙的水道之一的海峡，以便让"瓦良格"号船体通过。上午8时，晨雾散尽，这艘没有动力的庞然大物，在11艘拖船和12艘救难、消防船的前呼后拥、护航拖带下，进入曲折狭长的博斯普鲁斯海峡。"瓦良格"号以4节航速缓缓前进，到下午2时30分，终于安全驶过海峡最后一个危险的湾角，顺利通过了这一狭窄的水道，进入宽广的马尔马拉海。船队继续在夜晚时间通过，2日早晨进入狭长但曲折较少的达达尼尔海峡，当天下午进入爱琴海。

11月3日，由6艘拖船拖曳的"瓦良格"号航母在爱琴海斯基罗斯岛附近的国际海域遭遇前所未有的风暴，它与拖船连接的拖缆相继被刮断。这个庞然大物就像一匹脱缰的野马，在海上失去了控制，横冲直撞。"瓦良格"号脱离拖船之后漂向埃维亚岛，距该岛岸边只有80千米。不过，希腊商业海运部表示，这艘航母并无沉没或搁浅的危险。救援人员竭尽全力挽救，花费了很长时间，基本控制了船只。

11月7日，3艘拖船和1艘希腊船用拖缆固定住"瓦良格"号，最终将其控制住。

这艘航空母舰船体从风暴中脱险后，经地中海，穿直布罗陀海峡（苏伊士运河不允许其通过），出大西洋，经加那利群岛的拉斯帕尔马斯。

2001年12月11日绕过非洲好望角进入印度洋，经莫桑比克的马普托。2002年2月5日通过马六甲海峡。2002年2月11日晚抵达新加坡外海。2月12日进入南中国海。2月20日进入中国领海，胜利结束了15 200海里航程、耗时4个月（123天）的艰难远航。

"瓦良格"号历经磨难终于来到大连造船厂改装，这艘先进的未完工的航母在这段时间里为中国海军提供了极佳的对航空母舰研究演练的平台。

"辽宁舰"在大连港改装现场

>> 链 接

辽宁舰

"辽宁号"航空母舰，简称"辽宁舰"，舷号16，是中国人民解放军海军第一艘可以搭载固定翼飞机的航空母舰。前身是苏联海军的库兹涅佐夫元帅级航空母舰次舰"瓦良格"号，改装后中国将其称为001型航空母舰。

80年代中后期，"瓦良格"号于乌克兰建造时遭逢苏联解体，建造工程中断，完成度68%。1999年，中国购买了"瓦良格"号，于2002年3月4日抵达大连港。2005年4月26日，开始由中国海军继续建造改进。中国海军的目标是对此艘未完成建造的航空母舰进行更改制造，及将其用于科研、实验及训练用途。2012年9月25日，正式更名"辽宁号"航空母舰，交付予中国人民解放军海军。

2013年11月，辽宁舰从青岛赴中国南海展开为期47天的海上综合演练，期间中国海军以"辽宁号"航空母舰为主编组了大型远洋航空母舰战斗群，战斗群编列近20艘各类舰艇。这是自冷战结束以来除美国海军外西太平洋地区最大的单国海上兵力集结演练，亦标志着"辽宁号"航空母舰开始具备海上编队战斗群能力。

世界杯重回足球王国

2014年巴西世界杯足球赛是第20届世界杯足球赛，于2014年6月12日至7月13日在巴西12座城市中的12座球场举行。这是继1950年巴西世界杯后，世界杯足球赛第二次在巴西举行，也是继1978年阿根廷世界杯后南美洲第五次举办世界杯足球赛。

决赛阶段的32支队伍共计进行了64场角逐，德国最终获得了冠军，第2到4名依次是阿根廷、荷兰和巴西。

■ 世界杯预选赛

2014年世界杯预选赛共产生31个出线名额，参加2014年世界杯足球赛。主办国巴西已直接取得决赛参赛资格，其余31个参赛资格按照国际足联分配名额分配给六个大洲：亚洲球队共有4.5个名额，非洲球队共有5个名额，北美洲球队共有3.5个名额，南美洲球队共有3.5个名额，大洋洲球队共有0.5个名额，欧洲球队共有13个名额。

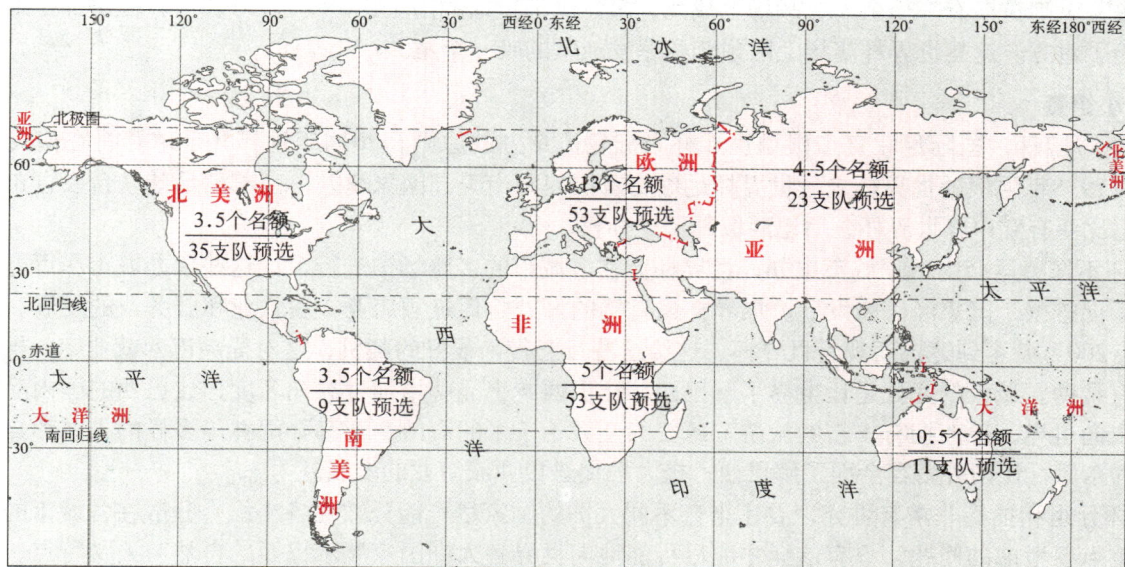

2014年巴西世界杯足球赛各大洲参赛名额(东道主除外)

在31个名额中，25个为直接晋级，其余6个为附加赛名额，其中包括欧洲4个、跨洲2个。

亚洲队中，日本、伊朗、韩国、澳大利亚依次获得晋级资格，约旦获得附加赛资格。

欧洲队中，预选赛分9个小组，每个小组头名直接晋级，9个小组中8个得分最多的小组第二名8个队按世界排名分成两档后抽签成四组，两两进行两轮附加赛，决出4个名额。比利时、意大利、德国、荷兰、瑞士、俄罗斯、波黑、英格兰、西班牙依次获得各小组头名直接晋级，法国、克罗地亚、希腊、葡萄牙四队在附加赛中晋级。

非洲队中，尼日利亚、科特迪瓦、阿尔及利亚、喀麦隆、加纳依次获得晋级资格。

北美洲队中，美国、哥斯达黎加、洪都拉斯三队依次取得晋级资格，墨西哥获附加赛资格。

南美洲队中，阿根廷、哥伦比亚、智利、厄瓜多尔依次取得晋级资格，乌拉圭取得洲际附加赛资格。

在大洋洲队中，澳大利亚"叛变"到亚洲足联，参加亚洲队比赛，新西兰获得大洋洲头名，取得了大洋洲仅有的0.5个名额，参加附加赛。

在洲际附加赛中，新西兰被北美洲球队墨西哥淘汰，亚洲球队约旦被南美洲球队乌拉圭淘汰。

至此，参加2014年第20届世界杯足球赛的队伍全部确定，巴西作为东道主是最早确定参赛的球队，乌拉圭在淘汰了约旦后成为最后一支参加巴西世界杯的球队。

在这32支球队中，波黑是第一次参加世界杯足球赛的球队。此外，乌克兰是被淘汰的世界排名最高的球队，当时的世界排名第19位。

这样，在以往共20届世界杯决赛阶段比赛中，巴西参加了20届，德国、意大利参加了18届，接下来是阿根廷、墨西哥等。

球队经过预选赛，就该参加决赛阶段的比赛，这是天经地义的。但是，在世界杯历史上居然出现过经过了预选却没有能参加决赛阶段的比赛，这一幕出现在1950年巴西世界杯上，它的理由是国际足联不允许印度队队员光脚参赛。这样，印度在第4届世界杯赛上三战不战而败。

从1930年世界杯以来，作为现代足球发源地的英国一直没有投身到世界杯的大家庭，国际足联感到十分尴尬。1946年7月25日，国际足联在卢森堡召开历史性会议，给英国说好话，争取到了英联邦四个足协的加入，这四个足协是英格兰、苏格兰、威尔士和北爱尔兰，而且特许他们可以按照各自足协组队参加世界杯，这就出现了一国四队均可参赛的局面，而且这四个队都曾经通过欧洲预选而参加世界杯决赛阶段的比赛。1950年起，世界杯终于有了英国球队的身影。

足球就是一种游戏，但有国家就因为这一游戏爆发了战争。萨尔瓦多和洪都拉斯在1970年墨西哥世界杯中北美及加勒比海地区预选赛上进行了三场比赛。第一场在洪都拉斯主场1∶0胜，第二场，萨瓦尔多主场3∶0还以颜色，蓄积已久的火药味在比赛场上终于爆发了，双方大打出手，萨尔瓦多拉拉队鲜血满地撤出场外，此后洪都拉斯人开始屠杀住在自己国家的萨瓦尔多侨民。第三场是在第三国墨西哥进行的，90分钟内2∶2平，萨尔瓦多在加时赛破门制胜，淘汰了洪都拉斯。20天以后，即1969年7月13日，萨瓦尔多向洪都拉斯宣战，经过数天的战争，洪都拉斯有三千余人在战场上战死。虽然洪都拉斯的国土比萨瓦尔多大8倍，但洪都拉斯在球场、战场都输给了对方。这是世界杯赛场上因预选赛爆发战争的唯一个案。

■ 世界杯小组赛

2003年3月7日，国际足联宣布根据世界杯大洲轮流举办的原则，2014年世界杯足球赛将在南美洲国家举行，这是自1978年阿根廷世界杯之后世界杯足球赛首次回到南美洲国家举办。南美洲足球联合会宣布阿根廷、巴西和哥伦比亚有意申办世界杯。后巴西取得了申办权。

世界杯不像奥运会由单一城市申办，世界杯会在多城市的多座场馆进行，让这些承办城市尽可能分散在全国，有利于促进整个国家经济的发展。世界杯最直接的好处是促进酒店业、餐饮业和服务业的发展。巴西世界杯期间约有200万游客到达巴西观看世界杯，这给这些行业带来很好的契机，这对提高巴西就业率，推动巴西经济发展大有帮助。最大的好处是让世界了解巴西，让巴西本土品牌增加世界知名度，让巴西的国内品牌更多更好更快地走向世界。巴西拥有丰富的旅游资源，绵延数千千米的海滩，亚马孙雨林等多样的人文和自然景观，借世界杯的东风，让国外游客全面了解巴西，极大地促进巴西旅游业的发展。

世界杯分组和抽签非常有讲究，要让来自不同大洲的国家尽可能分散在各小组，分散在各城市的场馆，这是举办国重点要考虑的问题。只有这样才能尽可能地向世界各大洲国家展示巴西的自然与人文特点。巴西也要借机向世界展示其最好的足球技术、最优秀的足球队员和最具特色的足球文化氛围。

抽签先把参赛的32队分成四档。根据国际足联公布的巴西世界杯分组抽签规则，第一档球队共计有8支，由东道主以及2013年10月世界排名最高球队组成，称为种子队，要让这些队分散在各小组，而不是提前火拼。第二档为南美和非洲队，第三档为亚洲和北美洲队，第四档为欧洲队。

抽签大致按照：①将第四档中的一支队抽入第二档（意大利被抽中），以使四档数量相当。②东道主为A组，其余被随机抽签入B到H组。③从第一档的南美洲队中抽出一队，使其和第二档的意大利同组。④依次抽取二档球队进入A到H的剩余位置。⑤再在第三、第四档中各抽取一队。这样保证了各小组最多出现两支欧洲队。

抽签结果：2010年南非世界杯两支决赛球队西班牙队和荷兰队被分到一起；D组英格

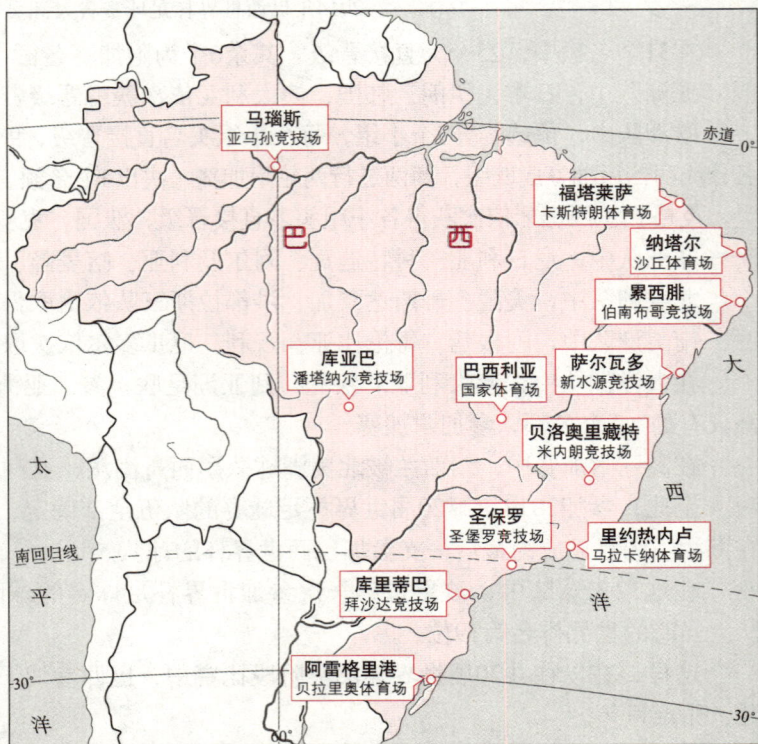

巴西世界杯承办比赛的12个城市

兰队、意大利队则需要和上届世界杯第四名乌拉圭队争夺出线资格，三支前世界冠军球队组成死亡之组；德国队小组赛将遭遇葡萄牙；东道主巴西队和法国队则抽到好签。

　　巴西世界杯于当地时间2014年6月12日拉开大幕，巴西世界杯小组赛有4个开球时间，分别是当地时间13时、16时、19时和22时，每个时段间隔三个小时。其中最后一个开球时段，比赛踢完基本已到第二天凌晨，这将是世界杯决赛圈历史上最晚的开球安排。进入淘汰赛后，开球时间将集中在两个时段，分别是当地时间13时和17时，而决赛安排在16时开球。

抽签仪式

巴西世界杯小组赛以前流程

　　上届冠军西班牙队，没有延续上届的好运，在小组赛即被淘汰。死亡之组的D组，两支世界冠军队意大利队和英格兰队在小组赛遭遇了西班牙队一样的命运。

　　入围决赛圈的哥斯达黎加队可以说是巴西世界杯最大的黑马，分在死亡之组，晋级前景堪忧。不过小组赛意外的连克乌拉圭队和意大利队，最后一轮又逼平英格兰队。让所有人刮目相看，24年后晋级16强。在八分之一决赛中，哥斯达黎加队以点球大战淘汰希腊队，历史上首次挺进世界杯8强。四分之一决赛中，120分钟内哥斯达黎加队与荷兰队0∶0战平。点球大战中，遗憾地负于荷兰队，止步八强。

　　世界杯历史上经典的死亡之组许多值得回味。1958年瑞典世界杯中，奥地利、巴西、英格兰、苏联四支强队在一组，巴西和苏联携手出线。1966年英格兰世界杯，阿根廷、西德、西班牙、瑞士同组，德国、阿根廷出线。1970年墨西哥世界杯，巴西、捷克斯洛伐克、英格兰、罗马尼亚同组，巴西、英格兰出线。1978年阿根廷世界杯，阿根廷、法国、匈牙利和意大利同组，阿根廷和意大利出线。1994年美国世界杯，意大利、墨西哥、挪威、爱尔兰同组，意大利、墨西哥、爱尔兰三队出线。1998年法国世界杯，保加利亚、尼日利亚、巴拉圭、西班牙同组，尼日利亚和巴拉圭出线。2002年韩日世界杯，阿根廷、英格兰、尼日利亚、瑞典同组，英格兰和瑞典出线。

■ 淘汰赛

　　2014年6月29日0点起，巴西世界杯进入淘汰赛阶段，由各小组赛头名对阵邻组第二名。巧合的是，各小组头名都取得了胜利，于是八分之一决赛后，进入八强的分别是八个小组的第一名。

　　东道主巴西队与B组第二名智利进行的首场淘汰赛就打得难分难解，120分钟战成1∶1，只有通过点球决胜，巴西队幸运的点球淘汰了智利队。但是这一场比赛后，大部分观众都不再看好巴西队的夺冠前景。连八分之一决赛都打得这么艰难，怎么可能进入最后的决赛夺冠。冠军一定有稳定的战斗力。同样点球制胜的还有哥斯达黎加队点球淘汰希腊队。

　　谁都知道国际足联并不希望东道主过早地被淘汰，因为东道主被淘汰了会大大影响收入，影响收入也会间接影响裁判员的收入。所以裁判员在比赛时照顾东道主是可以理解的。但是，让人纠结的是，如果过分照顾东道主，吹出黑哨，又影响国际足联的长远利益，也会影响裁判员的长远利益。毕竟比赛是在众多的观众和摄像机下进行的，比赛的过程可以无限制放慢来推敲，这就使得裁判员想照顾东道主变得越来越困难。

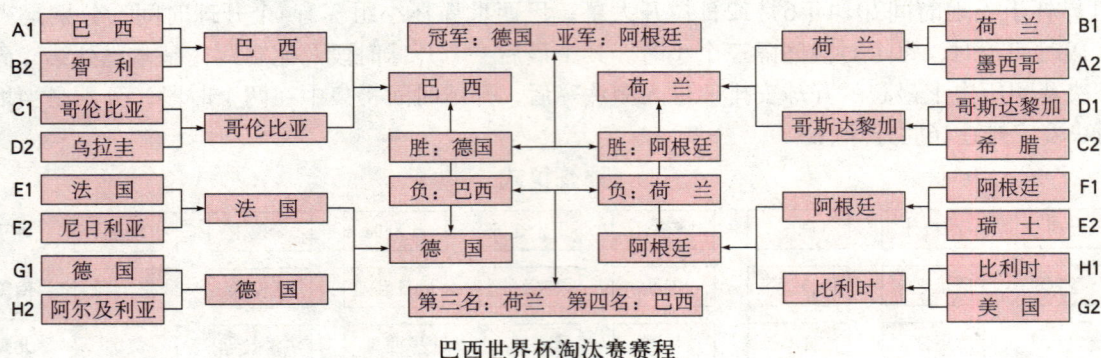

A1 巴西 / B2 智利 → 巴西
C1 哥伦比亚 / D2 乌拉圭 → 哥伦比亚
巴西
冠军：德国　亚军：阿根廷
胜：德国 ←→ 胜：阿根廷
负：巴西 ←→ 负：荷兰
E1 法国 / F2 尼日利亚 → 法国
G1 德国 / H2 阿尔及利亚 → 德国
德国
第三名：荷兰　第四名：巴西

荷兰 ← B1 荷兰 / A2 墨西哥
哥斯达黎加 ← D1 哥斯达黎加 / C2 希腊
荷兰
阿根廷 ← F1 阿根廷 / E2 瑞士
比利时 ← H1 比利时 / G2 美国
阿根廷

巴西世界杯淘汰赛赛程

　　巴西世界杯，除了首场比赛裁判员有照顾东道主的嫌疑外，其他比赛，巴西没有得到裁判员的青睐。加之这一届巴西队不是最强的巴西队，缺乏天才型进攻队员。所以，当艰难淘汰智利队后，巴西队已经筋疲力尽了。

　　也许国际足联对巴西的承办工作心中有些不快，决定建的12座赛场，多数赛场工程遭遇严重工期延误。这可能影响了国际足联官员的情绪和兴致，照顾主队也就变得很艰难了。

　　在接下来的四分之一决赛中，巴西队顺利的淘汰了哥伦比亚队，让巴西队队员的神经又稍微松弛了一下。但是谁也没有想到，巴西队在进入四强后的半决赛中，以1∶7的大比分被德国队血洗，开赛仅仅30分钟就0∶5落后，巴西队队员在比赛中，生不如死，备受煎熬。

　　在另一场半决赛中，阿根廷队艰难的点球淘汰了荷兰队，为南美洲球队在南美洲夺冠留下最后一线希望。

　　在三四名决赛中，东道主巴西队仍然没有从惨败的阴影中走出来，0∶3败给荷兰队，取得了第四的成绩。

　　在决赛中，德国队在加时赛中进了一球，以1∶0战胜了阿根廷，获得了巴西世界杯冠军。这是德国队第四次获得世界杯的冠军，与五星巴西队的差距缩小为一星。

前20届世界杯球队参赛次数和夺冠次数最多排序

		巴西	德国	意大利	阿根廷	墨西哥	英格兰	法国	西班牙	比利时	乌拉圭	瑞典
1	1930乌拉圭	✓			✓	✓		✓		✓	✓☆	
2	1934意大利	✓	✓	✓☆	✓			✓	✓	✓		✓
3	1938法　国	✓	✓	✓☆				✓		✓		✓
4	1950德　国	✓		✓		✓	✓		✓		✓☆	✓
5	1954瑞　士	✓	✓☆	✓		✓	✓	✓		✓	✓	
6	1958瑞　典	✓☆	✓		✓	✓	✓	✓				✓
7	1962智　利	✓☆	✓	✓	✓	✓	✓		✓		✓	
8	1966英格兰	✓	✓	✓	✓	✓	✓☆	✓	✓		✓	
9	1970墨西哥	✓☆	✓	✓		✓	✓			✓	✓	✓
10	1974西　德	✓	✓☆	✓	✓						✓	✓
11	1978阿根廷	✓	✓	✓	✓☆	✓		✓	✓			✓
12	1982西班牙	✓	✓	✓☆	✓		✓	✓	✓	✓		
13	1986墨西哥	✓	✓	✓	✓☆	✓	✓	✓	✓	✓	✓	
14	1990意大利	✓	✓☆	✓	✓		✓		✓	✓	✓	✓
15	1994美　国	✓☆	✓	✓	✓	✓			✓	✓		✓
16	1998法　国	✓	✓	✓	✓	✓	✓	✓☆	✓	✓		
17	2002日　韩	✓☆	✓	✓	✓	✓	✓	✓	✓	✓	✓	✓
18	2006德　国	✓	✓	✓☆	✓	✓	✓	✓	✓			✓
19	2010南　非	✓	✓	✓	✓	✓	✓	✓	✓☆		✓	
20	2014巴　西	✓	✓☆	✓	✓	✓	✓	✓	✓	✓	✓	
	参赛次数(✓)	20次	18次	18次	16次	15次	14次	14次	14次	12次	12次	11次
	夺冠次数(☆)	5冠	4冠	4冠	2冠		1冠	1冠	1冠		2冠	

至此，巴西世界杯的所有比赛全部结束，各队名次最终排定。冠军除获得奖杯外，还可获得3 500万美元奖励。亚军、季军和第四名将分别获得2 500万美元、2 200万美元和2 000万美元的奖金。在四分之一决赛被淘汰的四支球队获得1 400万美元奖金，八分之一决赛被淘汰的八支球队获得900万美元奖金，未能进入淘汰赛的16支球队也有800万美元入账。

■ 世界杯的小常识

球迷经常半夜三更看直播，这不是球员在半夜三更踢球，这是因为踢球处正值下午或晚上，而看直播的地点由于时差的关系，在那个时刻是在凌晨。要想有效避免这种情况，那就自己国家申办世界杯，就不需要半夜三更看球赛了，而让那些与你时差相差较大地区看直播变成半夜三更成为可能。

巴西是南美洲国家，领土绝大部分在南半球，承办比赛的12座城市全在南半球。南北半球季节相反，这是实事。巴西虽大部分地处南半球，但是纬度不高，即便在北半球夏季，他们也不像是冬季，特别是像马瑙斯这种在赤道附近的城市。即便是巴西纬度最高的地方，也只相当于中国的淮河一线。所以，在巴西世界杯期间，气温较全年偏低。但是，六月温度在20～25℃，也是较热的。

足球队到世界杯赛场，一般是坐飞机，除非你很近。但也不绝对，曾出现过坐船去比赛的球队，那就是1950年意大利坐船出地中海，跨大西洋到巴西，一路上花了几周的时间。1949年5月4日，当都灵"神之队"在葡萄牙队打完与本菲卡队的拉丁杯比赛回国时，发生了震惊世界足坛的"苏佩加空难"。这场空难使都灵队全军覆没，而意大利队在空难前的两场对西班牙、葡萄牙的比赛中，首发11人有10人来自都灵队。所以，这次空难让意大利队几乎全军覆没。空难使意大利队的球员怕坐飞机。很长一段时间，意大利队一直没能恢复元气。1950年世界杯上早早就被淘汰。此后，意大利国家队进入了"黑暗的时代"，主教练输了就换，换了还输，最后到了越换越输的地步。

只有两个国家曾成功卫冕世界杯冠军，即1934年、1938年蝉联冠军的意大利和1958年、1962年蝉联冠军的巴西。卫冕冠军往往成为众矢之的，成绩往往不好。比如第19届世界杯冠军西班牙到了第20届巴西世界杯，小组未出线。第18届冠军意大利到了第19届南非世界杯，小组未出线。第16届冠军法国到了第17届韩日世界杯，一场未胜。等等。

裁判一般是要关照东道主球队的，这一点大家都懂的。2002年世界杯，东道主之一的韩国队闯入四强，创下亚洲球队最佳战绩。在1/8决赛韩国对意大利时，主裁判莫雷诺先是吹掉了托马西的进球，继而又将意大利的王牌托蒂罚下。对西班牙的1/4决赛，主裁判抹杀了斗牛士的2个进球，使得韩国再度过关。连续的几场比赛，东道主都颇受裁判"关照"，这就是世界杯黑哨。

政治也可能影响体育。在第8届英格兰世界杯中，在英格兰和阿根廷比赛结束后，英队主帅拉姆塞冲入球场，禁止自己的球员与对方握手，他公开解释说不能让队员与"野兽"握手，这也引发了两国在足球上长达几十年的宿怨。后来，拉姆塞在国际足联的压力下不得不为自己的言论道了歉。英国和阿根廷一直因为马岛争端关系紧张。

国际足联就相当于一家巨型企业，而他们的拳头产品就是世界杯这个平台。所以，国际足联始终把赚钱作为举办世界杯的第一目的。2014年巴西世界杯国际足联的收益约43亿美元，而此前两届世界杯国际足联的收入分别为20亿美元和36.7亿美元。

国际足联的收益账本中，转播收益占6到7成，广告和赞助2到3成，从球迷手里通过门票和官方纪念品收益约1成。巴西世界杯国际足联转播收益就超过了25亿美元，其中17亿来自欧洲电视网。国际足联花钱也是十分豪爽的，最大的一笔开销是支付5.76亿美元奖金，这比南非世界杯高出了70%。此次世界杯，国际足联运行总成本约为20亿美元，利润超过20亿，利润率超过50%。国际足联的确是一帮营销大师的杰作：设计一个平台，大家争着拿去做，国际足联来视察一下，然后你们自己弄，经费交到国际足联来，四年利润超过20亿美元，利润率超过50%。哇噻，真行。

世界杯是体育舞台，它就是广告的舞台，商家要通过这个舞台来展示自己的商品。国际足联赞助商主要有三类：一是国际足联的长期合作伙伴阿迪达斯、可口可乐、现代汽车、索尼、VISA、阿联酋航空等；二是一些在全球各地都有业务的世界级品牌，如百威啤酒、嘉实多润滑油、麦当劳、马牌轮胎、约翰森医药等；三是巴西本土的产业巨人，如伊塔乌银行(ITAU)、国家出口与投资促进局、巴西最大的保险公司LIBERTY SEGUROS、嘉乐多巧克力等。

死亡航空，安全何在？

■ 一周三难

2014年7月17日，马航客机MH17在靠近俄罗斯的乌克兰边境坠毁，飞机载有298人。这架客机原定由荷兰阿姆斯特丹飞往马来西亚首都吉隆坡。据报道，飞机是被击落坠毁的，乌克兰方面确认机上无一人生还。

7月23日下午17时43分，台湾复兴航空1架GE222班机从高雄小港机场飞往澎湖马公机场，突然迫降重摔。机上共58人，包括54名乘客(50名大人、4名孩童)及4名机组员。目前已致48死10伤。

7月24日，阿尔及利亚航空公司宣布，该公司一架飞机24日从布基纳法索首都瓦加杜古起飞50分钟后失去联系，这架飞机原定从瓦加杜古飞往阿尔及利亚首都阿尔及尔。后确认在尼日尔首都尼亚美坠毁。机上有110名乘客，6名机组人员。

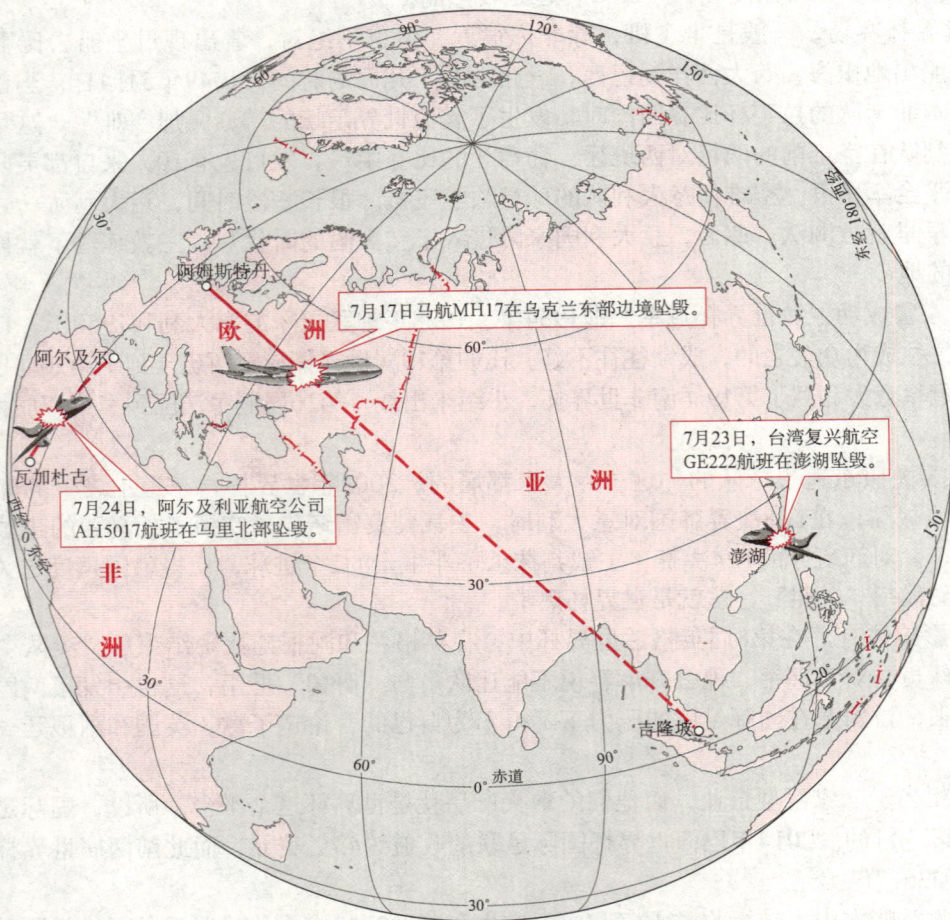

2014年7月，连续8天三个空难事件发生的位置示意图

8天，3架，462人。2014年7月，人类航空史上最黑暗的一个月。如果再加上3月24日失联的马航MH370航班，239人杳无音信，在2014年，较大的空难，已经夺去701人的生命。这四次较大空难，共有乘客711人，死亡701人，致死率98.6%，这个致死率还是太高了。

台湾复兴航空GE222航班上生还者有10人，海军女上士颜婉茹与海军中士蔡佩儒被送到台军高雄总医院治疗，海军官员透露，颜的颈椎位移，双手挫伤；蔡身体多处挫伤，幸好2人都没有生命危险。颜婉茹说在班机上就感觉飞机在空中盘旋约有1个多小时，准备降落时好像起落架出了问题，随即就发生坠机，等她从惊吓中回过神来，只看到整架机舱已经损毁，她立即与同事蔡佩儒从机舱破洞爬出，逃过一劫。27岁的蔡佩儒爬出机舱，还打电话回家向母亲报平安，说自己仅是额头受轻伤。

■ 复兴航空的10位幸存者在飞机中的位置

本次台湾复兴航空GE222航班生还者的座位集中在左侧中后段，其具体位置如图所示。

格林尼治大学与城市飞行专家曾经发布过一项调查研究，试图寻找出飞机座位与事故安全率之间的微妙联系。在研究人员调查了105起空难事故中的2 000名生还者之后，他们得出了座椅位置与失事飞机中存活率之间的联系：乘坐在靠近飞机机首的前三排位置的乘客存活率最高，存活几率在65%左右。其次，坐在机翼内侧座位上的乘客存活几率近64%。如果实在买不到头等舱或经济舱靠近机翼位置的票，选择坐在机尾三排，其存活率也远高于机舱里剩下的其他座位。和大部分人想象的不同，靠近安全门的三个区域里——机首、机翼和机尾，其座位安全性反而更大。很多人在乘坐飞机时，都会喜欢选择"视野"更好的靠窗座位。飞行专家可不建议人们这么选。根据他们的调查，坐在靠走道位置上的乘客，存活下来的机会可比靠窗位置上的乘客更大。

如果把上述理论与台湾复兴航空GE222航班上的幸存者的座位位置进行比对，好像绝大部分都不靠谱。机首前三排存活率最高，而这次前三排无一生还。机翼内侧的存活率也很高，但这次机翼内侧的幸存者是1人。机尾后三排存活率远高于其他剩下的座位，而这次后三排也仅有一名幸存者。

由于飞机不能太重才能飞得高飞得远，所以它的坚固程度不能寄予太大希望，一旦发生空难，飞机和乘客重重地摔向地面，其结果无异于以卵击石，要生还，只能寄希望幸运。

但是有一点是肯定的，空难发生事故几率最大的时间段，超过一半是发生在着陆阶段，就是飞机重重地摔向地面的阶段，这就完全要靠驾驶员凭借经验和技术才能避免灾难的发生。

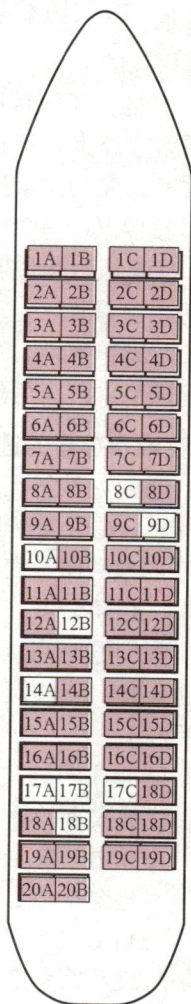

航班幸存者的座位（白色）

■ 为什么说航空是最安全的交通方式

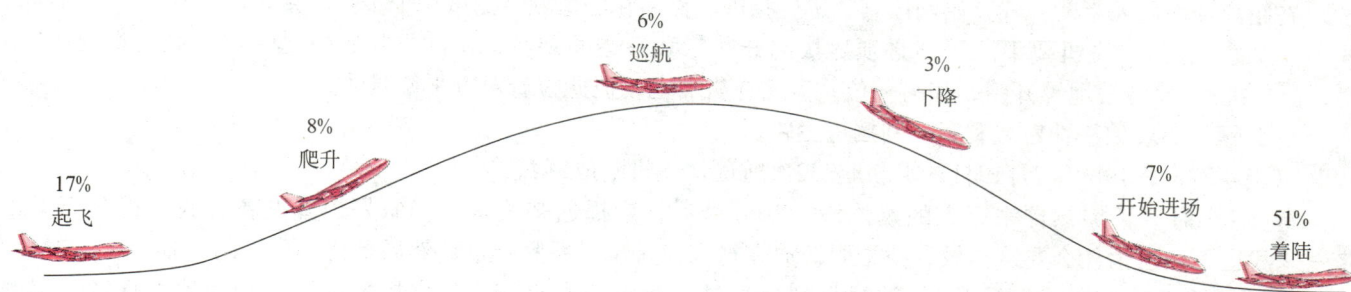

乘飞机各阶段事故率统计

一直以来，都说飞机是最安全的现代交通方式。民航业最权威的国际民航组织（ICAO）公布的资料显示，2000年全世界执行定期航班的公司有807家，拥有19 469架飞机，比10年前的14 308架增加了36%。其中喷气式飞机16 045架，占82%；螺旋桨飞机3 267架，占17%；活塞式飞机157架，不足1%。

现代飞机一般可以服役20年以上，各家航空公司由于财力情况不同，其机队的平均年龄也不同，有些公司飞机很新，平均机龄4～5年，有些公司的飞机则比较老旧，平均机龄达10多年。

2001年，全世界共发生有人员死亡的空难事故33起，共死亡778人。其中定期航班5起，死亡540人；包机等非定期航班6起，死亡82人；支线航班13起，死亡126人；非客运飞机9起，死亡30人。2001年是之前10年（1992-2001）中空难事故次数最少的一年，其空难死亡人数只比1999年的死亡人数730人少48人，比这10年中安全情况最差的1996年死亡1 840人减少了一半多。

按每百万次飞行发生的有人员死亡的空难事故的次数计算，1991年是1.7次，1999年首次降到1次以下，2000年再次下降到0.85次。按2000年的概率算，也就是117.65万次飞行才发生一次死亡性空难。换句话说，如果有人每天坐一次飞机，要3223年才遇上一次空难。这似乎也能说明空难几率真的是最小的。经过几十年的发展进步，西方民航客机已经形成波音和空客两大集团的垄断，它们的产品从技术水平看不相上下，在安全上都是有保障的。

但是，还应该说明的是，交通工具偶尔出现点故障、事故是情有可原的，比如车在途中因故障抛锚了，旅客被留在路上，迟迟不能回家。耽搁点时间、让旅客纠结一下是可以的，别动不动一出事故就把全部旅客的小命收了。像2014年接二连三的空难，加上MH370，四起空难的死亡率超过了98%。

按照2005—2012年，每1亿旅客死亡率计算，飞机死亡了25.15人，汽车死亡了18 095人，火车死亡了1.38人，从这组数据说明汽车死亡率最高，火车最低。

也就是说，一旦发生事故，坐飞机生还的可能性最小，火车最大。所以，在老百姓心目中，火车在铁轨上运行，脚踏实地，有轨道限制，不容易出轨，感觉更加安全。而飞机在天上，比较飘，一旦出现事故想回到地面就悬了。汽车虽然也在地上，但是由于没有像铁轨这样的限制，事故的可能性就大大增加了。

■ 空难幸存者的逃生要诀

遇到灾难怎么死里逃生是人们自然的求生意识，那么看看下面这些在空难中逃生的乘客，听听他们的心得体会吧。在生死一瞬间，掌握一点逃生的要诀，也许就真与死神擦肩而过了。

多米尼加·麦高：向前俯身，双手抱头。

（当年57岁，1989年1月8日，英国米德兰航空92航班，该空难死亡47人。）

我们刚吃完饭，就听到机舱广播说遇到一点麻烦。接着，机长宣布，让我们做好迫降准备。我一开始以为只是会有一点颠簸，从没想过飞机会坠毁。我不记得飞机是如何着陆的，只记得一片黑暗，我当时向前俯身，双手抱头。

刚醒来时，飞机已经停下，我解开安全带，爬向安全出口，我遇到了前来营救的消防队员，他们救我出去，我被安置的冰冷的地上，医护人员给我挂点滴。

皮尔兹与家人：要冷静，熟悉逃生指南。

（当年39岁，2009年1月15日，美联航1549航班，飞机迫降在纽约哈得孙河，机上155人全部生还）

飞机起飞后几分钟，突然传来一声巨大的爆炸声，我想："我们完了。"机长通过广播告诉我们做好迫降准备。我开始考虑我该做什么。

在距离地面约90米时，我开始阅读紧急逃生指南，然后在心里默默测试每个步骤。接着，飞机撞到了河面，我第一个念头是："飞机要下沉了，必须尽快离开。"我旁边的乘客试图向里拉紧急逃生门，我告诉他："不对，向外推！"我冷静地推开门，和另一位乘客站在机翼上，彼此拉着对方平衡身体。

厄普顿·瑞恩伯格：着装利索，别挡逃生路。

（当年72岁，1989年7月19日，美联航232次航班，飞机断成5截。）

起飞1小时后，突然传来巨大的爆炸声。30分钟后，广播通知要求我们做好迫降准备。我记得摘下了领带——我也不知道为什么要这样做。我把眼镜放在衬衣口袋里，系紧鞋带，然后等待那一刻的来临。

随后，飞机坠地断成5截，我们被甩得到处都是。我解开安全带，爬出机舱顶棚，和其他幸存者一起逃出去。我意识到，要让他们不停向前走，才不会堵塞逃生道路。现在每次坐飞机，我都穿纯天然纤维做成的服装。

拉米瑞兹·约翰逊：坐对位置，护住头。

（当年34岁，1995年12月20日，美联航哥伦比亚布加空难，机上仅4名幸存者。）

那天是我的生日，父母和我乘飞机前往卡利（哥伦比亚西部城市）和祖父母过圣诞节。飞机还有15分钟就要着陆了，突然毫无征兆地猛然向上拉起。

妈妈坐在前排，我和父亲坐在机翼旁边的逃生出口旁，我记得妈妈不停地祈祷。我紧紧抓住父亲的手，将头埋在膝盖之间，闭上眼睛。当我醒来时，四周都是碎片，我躺在机舱过道上，右大腿从中间的地方折断。整个飞机仅有4人幸存。

（后续：2014年8月10日，伊朗一架客机坠毁，机上共有48名乘客和机组人员，至少造成38人死亡。2015年2月4日，台湾复兴航空公司GE235航班发生坠机事故，43人死亡，15人受伤。2015年3月24日，德国之翼航空公司4U9525航班坠机，机上144名乘客和6名机组人员无人生还。）

盘点近年来世界重大空难 (截至2013年)

■ 2013年：韩亚航空坠机事故

2013年7月6日，韩亚航空214号班机，在美国旧金山国际机场降落过程中发生事故，燃起大火。该班机由上海起飞，机上乘客和机组人员共307人，其中乘客291人，包括141名中国公民。此次事件中，共有2名中国学生在本次空难中遇难。

■ 2010年：伊春空难

2010年8月24日20时45分，河南航空一架巴西产E-190支线飞机，从哈尔滨太平机场起飞。近50分钟后，搭乘96人的飞机开始在伊春机场降落。约21时36分，飞机降落时提前触地，经过多次剧烈颠簸后断为两截，机身起火，数分钟后发生连续爆炸。

此次事故造成42人遇难，54名幸存者均不同程度受伤，其中7人重伤。五名机组人员中，机长齐全军和机组安全员廉世坚幸存，另三人遇难。2013年11月28日，机长齐全军因涉嫌重大飞行事故罪在伊春当地法院开庭受审。这是中国民航空难史上首次刑事追责当事人。

■ 2009年：法航447空难

2009年6月1日，一架航班号为AF447的法航客机，在从巴西里约热内卢飞往巴黎的途中，在大西洋上空失事。该机于格林尼治时间早6时从雷达显示屏上消失。机上228人全部遇难，其中包括九名中国乘客。

■ 2002年：中华航空澎湖空难

2002年5月25日，台湾中华航空公司一架编号CI611的班机波音747-200客机在从台北飞往香港的途中在澎湖马公外海的万米高空解体后坠落，机上乘客连同机组人员共225人全部遇难。

■ 2002年：北方航空大连空难

2002年5月7日晚9时24分，中国北方航空公司一架执飞CJ6136次航班的麦道A82型客机在大连机场东侧约20千米海面失事，造成112人死亡。该航班自北京飞往大连，原定当日21：40降落大连周水子机场。

当日晚21：20，地面塔台接到机长报告称："后舱起火。"21：24，该飞机与空管部门失去联系，此后坠海。官方调查认定，这起空难系机上一名为张丕林的乘客故意纵火所致。经查明，张丕林乘机前共购买了7份保险，保险价值100余万元，被疑有骗保故意。

■ 2002年：国航"4·15"韩国釜山空难

2002年4月15日上午10时40分左右，中国国际航空公司一架波音767客机在韩国釜山机场附近坠毁。这架编号为B2552号的客机于该日8时37分从北京首都国际机场起飞，预计飞行2小时后到达釜山机场。当时釜山机场大雾，能见度低。约10时40分左右，这架飞机在釜山机场附近坠毁。机上有飞行员3人，乘务员8人，旅客155人，其中死亡人数为122人，失踪6人，幸存者38人。

■ 2001年："9·11恐怖袭击"

2001年9月11日早晨，19名基地组织恐怖分子劫持了四架民航客机，这四架飞机分属美国航空和美国联合航空公司。劫持者迫使其中两架飞机分别冲撞纽约世界贸易中心双塔，两座建筑均在两小时内倒塌，并导致临近的其他建筑被摧毁或损坏。

同时，劫机者迫使第三架飞机撞向位于弗吉尼亚州阿灵顿县的五角大楼。此袭击地点临近华盛顿特区。在劫机者控制第四架飞机飞向华盛顿特区后，部分乘客和机组人员试图夺回飞机控制权。最终第四架飞机于宾夕法尼亚州索美塞特县的乡村尚克斯维尔附近坠毁。四架飞机上均无人生还。共造成近3000人死亡。

9·11恐怖袭击事件

■ 1988年：泛美航空洛克比空难

1988年12月21日，美国泛美航空公司的一架波音747客机在苏格兰小镇洛克比上空爆炸坠毁，造成机上259人和地面11人丧生，其中包括189名美国人。

空难发生后，美英两国情报机构组成的调查组对空难展开调查，并最终认定这次空难系利比亚航空公司驻马耳他办事处经理费希迈和利比亚特工阿卜杜勒·迈格拉希所为。此事为利比亚原最高领导人卡扎菲授意并策划。事后，利比亚被美国制裁11年，直至卡扎菲被推翻。

■ 1987年：大韩航空858号班机空难

1987年11月29日，机型为波音707的大韩航空858号班机于下午2时5分在马来西亚附近的安达曼海上空突然发生爆炸，机上104名乘客和11名机组人员全部遇难。

美国政府视这次事件为恐怖袭击。据空难后被抓的一名26岁的女性嫌犯朝鲜人金贤姬供述，她和她的搭档，持伪造的日本护照，分别化名为"蜂谷真由美"及"蜂谷真一"登上飞机，将一颗定时炸弹放置于这架飞机的行李架内，爆炸时间定为九小时后。随后，这两位嫌疑人在中途下了飞机。

三峡工程建设

三峡大坝

1994年12月14日，世界上最大的水利枢纽工程——长江三峡工程正式开工，国务院开工典礼在湖北省宜昌市三斗坪举行，国务院总理李鹏在开工典礼上宣布"三峡工程开工"。

■ 国民政府的三峡梦

三峡工程的论证建设牵动了几代人的心。1919年，孙中山先生在《建国方略》中谈及对长江上游水路的改良，最早提出建设三峡工程的设想。1932年，国民政府建设委员会派出的一支长江上游水力发电勘测队在三峡进行了为期约两个月的勘查和测量，编写了一份《扬子江上游水力发电测勘报告》，拟定了葛洲坝、黄陵庙两处低坝方案。这是我国专为开发三峡水力资源进行的第一次勘测和设计工作。

20世纪40年代，在中国战时生产局内任专家的美国人潘绥写了一份《利用美贷款筹建中国水力发电厂与清偿贷款方法》的报告。1944年，美国垦务局设计总工程师萨凡奇到三峡实地勘查后，提出了《扬子江三峡计划初步报告》，即著名的"萨凡奇计划"。1945年，国民政府资源委员会成立三峡水力发电计划技术研究委员会、全国水力发电工程总处及三峡勘测处。

1946年，国民政府资源委员会与美国垦务局正式签订合约，由该局代为进行三峡大坝的设计；中国派遣技术人员前往美国参加设计工作。有关部门初步进行了坝址及库区测量、地质调查与钻探、经济调查、规划及设计工作等。1947年5月，面临崩溃的国民政府，中止了三峡水力发电计划的实施，撤回在美的全部技术人员。

■ 共和国政府的三峡梦

1949年，长江流域遭遇大洪水，荆江大堤险象环生。长江中下游特别是荆江河段的防洪问题，从新中国成立伊始就引起了重视。

1950年初，国务院长江水利委员会正式在武汉成立。三年后兴建了荆江分洪工程。

1953年，毛泽东在听取长江干流及主要支流修建水库规划的介绍时，提出希望在三峡修建水库，以"毕其功于一役"。他指着地图上的三峡说："费了那么大的力量修支流水库，还达不到控制洪水的目的，为什么不在这个总口子上卡起来？""先修那个三峡大坝怎么样？！"

1955年起，在中共中央、国务院领导下，有关部门和各方面人士通力合作，全面开展长江流域规划和三峡工程勘测、科研、设计与论证工作。同年12月，周恩来在北京主持会议，正式提出三峡水利枢纽有着"对上可以调蓄、对下可以补偿"的独特作用，三峡工程是长江流域规划的主体。

1956年，毛泽东在武汉畅游长江后写下了"更立西江石壁，截断巫山云雨，高峡出平湖"的著名诗句，表明了主席对兴建三峡工程的雄心壮志。

1958年3月，周恩来总理在中共中央成都会议上作了关于长江流域和三峡工程的报告，会议通过了《中共中央关于三峡水利枢纽和长江流域规划的意见》，明确提出："从国家长远的经济发展和技术条件两个方面考虑，三峡水利枢纽是需要修建而且可能修建的，应当采取积极准备、充分可靠的方针进行工作。"

1958年3月30日，毛泽东视察葛洲坝坝址。6月，长江三峡水利枢纽第一次科研会议在武汉召开，82个相关单位的268人参加，会后向中央报送了《关于三峡水利枢纽科学技术研究会议的报告》。8月，周恩来在北戴河主持长江三峡会议，更具体地研究了进一步加快三峡设计及准备工作的有关问题，要求1958年底完成三峡初设要点报告。

1959年5月，在武昌对该报告进行了为期10天的讨论，一致通过选用三斗坪坝址，大坝可按正常水位200米设计。

1960年4月，水电部组织了水电系统的苏联专家18人及国内有关单位的专家100余人在三峡查勘，研究选择坝址。同月，中共中央中南局在广州召开经济协作会，讨论在"二五"期间投资4亿元、准备1961年三峡工程开工的问题。

但是，由于暂时经济困难和国际形势变化的影响，三峡建设步伐被迫调整。1960年8月苏联政府撤回了在中国的有关专家。

■ 葛洲坝工程开工，三峡工程定调

1970年，中央决定先建作为三峡总体工程一部分的葛洲坝工程，一方面解决华中用电供应问题，另一方面为三峡工程作准备。12月30日，葛洲坝工程开工。

1979年，水利部向国务院报告关于三峡水利枢纽的建议，建议中央尽早决策。

1980年7月，邓小平副总理从重庆乘船视察三峡坝址、葛洲坝工地和荆江大堤，听取了三峡工程的汇报。

1982年，邓小平在听取三峡工程的汇报时，果断表态："看准了就下决心，不要动摇。"

1984年4月，国务院原则批准由长江流域规划办公室组织编制的《三峡水利枢纽可行性研究报告》，初步确定三峡工程实施蓄水位为150米的低坝方案。

为了慎重起见，1986年6月，中央和国务院决定进一步扩大论证，责成水利部重新提出三峡工程可行性报告，以钱正英为组长的三峡工程论证领导小组成立了14个专家组，进行了长达2年8个月的论证。

1989年，长江流域规划办公室重新编制了《长江三峡水利枢纽可行性研究报告》，认为建比不建好，早建比晚建有利。报告推荐的建设方案是"一级开发，一次建成，分期蓄水，连续移民"，三峡工程的实施方案确定坝高为185米，蓄水位为175米。

1989年7月，中共中央总书记江泽民来到湖北宜昌，考察了三斗坪坝址。

1990年7月，以邹家华为主任的国务院三峡工程审查委员会成立；至1991年8月，委员会通过了可行性研究报告，报请国务院审批，并提请第七届全国人大审议。

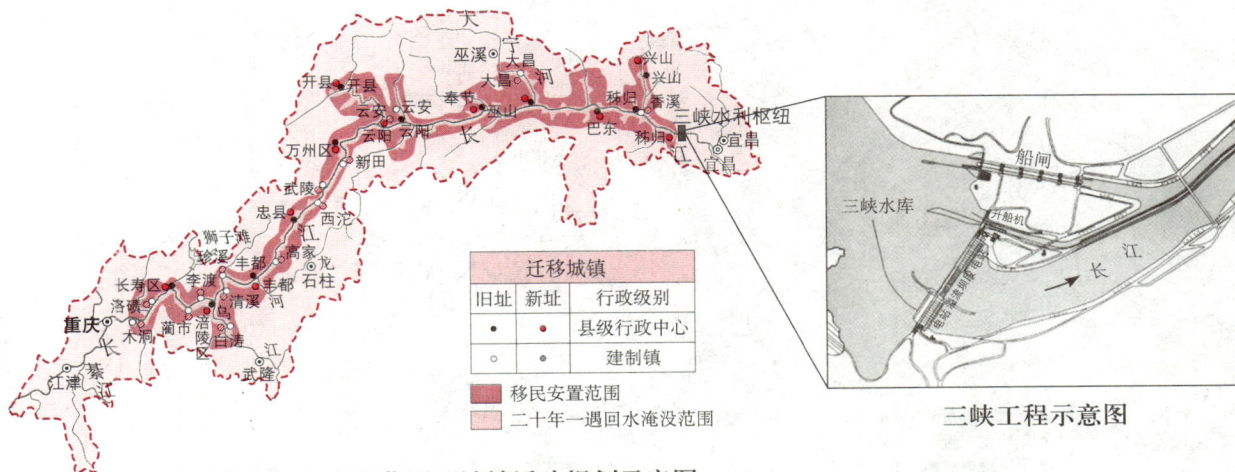

三峡淹没、移民安置范围及城镇迁建规划示意图

三峡工程示意图

1992年4月3日，七届全国人大第五次会议以1 767票赞成、177票反对、664票弃权、25人未按表决器通过了《关于兴建长江三峡工程的决议》，决定将兴建三峡工程列入国民经济和社会发展十年规划，由国务院根据国民经济发展的实际情况和国家财力、物力的可能，选择适当时机组织实施。三峡工程水库淹没涉及湖北省、重庆市的20个区县、270多个乡镇、1 500多家企业，以及3 400多万平方米的房屋。从开始实施移民工程的1993年到2005年，平均每年移民近10万人左右，累计有110多万移民告别故土。

1993年1月，国务院三峡工程建设委员会成立，李鹏总理兼任建设委员会主任。

1994年12月14日，国务院总理李鹏在宜昌三斗坪举行的三峡工程开工典礼上宣布三峡工程正式开工。

■ 三峡工程三步走

三峡工程全称为"长江三峡水利枢纽工程"，整个工程包括一座混凝土式重力大坝、泄水闸、一座低后式水电站、一座永久性船闸和一架升船机。三峡工程建筑由大坝、水电站厂房和通航建筑物三大部分组成。大坝坝顶总长3 035米，坝高185米，正常蓄水位175米。水电站布置在大坝的后侧，共安装26台水轮发电机组，左岸14台，右岸12台，总装机容量1 820万千瓦，年发电量847亿度。通航建筑物位于左岸，永久通航建筑物为双线5级连续级船闸和1级垂直升船机。

三峡工程分三期建成，总工期18年。一期5年，1992年到1997年，主要工程除准备工程外，主要进行一期围堰填注，导流明渠开挖，修筑混凝土纵向围堰，以及修建左岸120米高临时船闸，并开始修建左岸永久船闸、升船机，以及左岸部分石坝的施工。一期工程在1997年11月大江截流后完成，长江水位从原来的68米提高到88米，已建成的导流明渠可以承受的最大水量为2万米³/秒，长江水运不会受到很大影响，保证第一期工程期间不断航。

二期工程6年，1997年到2003年。工程主要任务是，修筑二期围堰，左岸的电站设施建设及机组安装，并继续进行并完成永久船闸、升船机的施工。2003年6月，蓄水位至135米，尾水至重庆万县市境内，全部淹没长江三峡的激流险滩，水面平缓，无上下水之分，永久通航船闸建成起用。同年，左岸第一台发电机组开始发电。

三期工程6年，2003年到2009年。主要进行右岸大坝和电站的施工，并继续完成全部机组安装，届时三峡水库将是一个长达600千米，最宽处达2 000米，面积达1平方千米，水面平静的峡谷型水库，水库平均水深将增加10到100米，最终冬季正常蓄水位海拔175米，夏季考虑防洪，蓄水位海拔可以在145米左右，每年将有30米的升降变化。

■ 三峡工程代价和效益

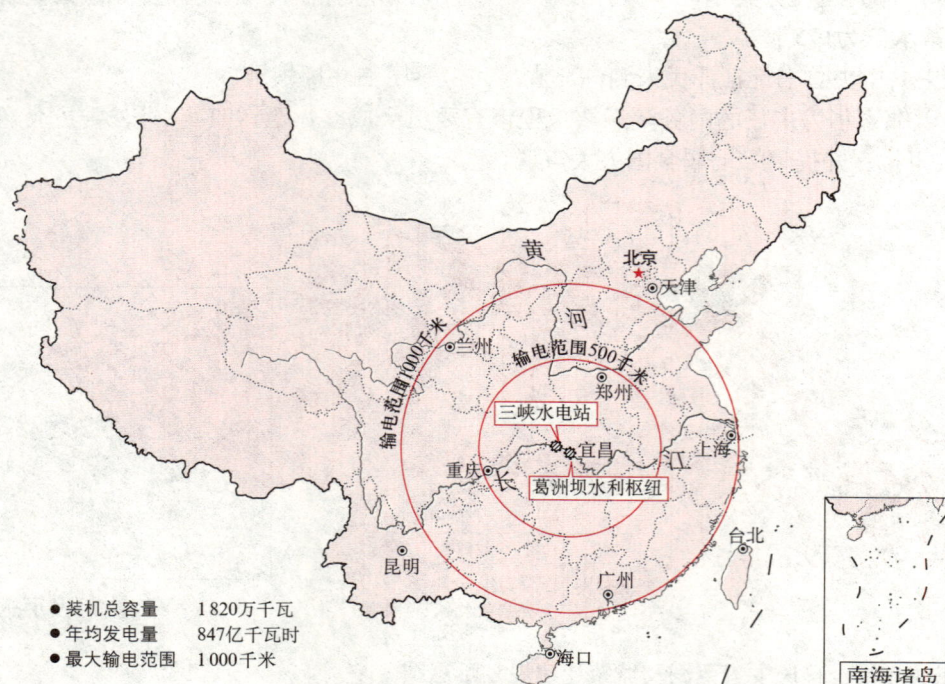

- 装机总容量　　1 820万千瓦
- 年均发电量　　847亿千瓦时
- 最大输电范围　1 000千米

三峡工程的发电效益

三峡工程所需投资，静态按1993年5月末价格，大约为900.9亿元人民币，其中枢纽工程500.9亿元，移民安置400亿元。动态预计物价上涨和利息等因素，估计将可能到达2039亿元。其中800亿元靠施工期间发电收入补充。

三峡工程移民工作，从1985年开始经过8年试点到1993年，随着三峡工程开工而全面展开。

三峡工程175米蓄水线将淹没陆地面积632平方千米，涉及湖北、重庆20个县市，涉及城市2座，县城11座，集镇114个。水库淹没线以下，共有耕地面积2.45万公顷。三峡移民安置的总人口将达到113万。由于国务院采取正确的移民政策，三峡库区移民工作进展顺利，截至2004年8月，累计投入移民动态资金427.6亿元，折合静态投资328.4亿元，占总静态投资的82.1%，累计搬迁93.3万人，占规划移民的82.6%。接收三峡移民的各省市，对迁入的移民进行了妥善安置，绝大多数移民都住上了新房子，并在当地政府和人民的帮助下，迅速走上致富之路。

三峡工程是集防洪、发电、航运于一身的综合效益工程。

防洪方面，荆江流经的江汉平原和洞庭湖平原沃土千里，是粮库、棉山、油海的鱼米之乡，是长江流域最为富饶的地区之一。荆江防洪问题是长江防洪问题中最突出、最严重的问题。三峡水库正常蓄水位175米，水库总库容393亿立方米，其中防洪库容221.5亿立方米，这就为荆江的防洪提供了有效的保障，可大大提高长江中下游的防洪能力，抵御百年不遇的特大洪水。

发电方面，三峡装机总容量为1 820万千瓦，年均发电量847亿千瓦时，三峡电站电价如果按0.18~0.21元／千瓦时计算，总收入可达181亿~219亿元，除可偿还贷款本息外，还可向国家缴纳大量所得税。

航运方面，三峡水库建成后，库容加大，川江急流险滩尽数淹没，通航能力从2 000万吨提高到5 000万吨，万吨级船队可直达重庆，同时运输成本将降低35%，长江航运效益将日益显著。

万里长江奔腾不息，三峡大坝巍然屹立。2009年，三峡工程全面完工，老一辈革命家"高峡出平湖"的梦想已经实现。

>> 资料卡

三峡工程大事记

■ 1994年12月，三峡工程正式开工。

■ 1997年11月，三峡工程顺利实现大江截流。

■ 2003年6月，三峡工程实现135米蓄水、双线五级船闸试通航、首批机组发电三大目标。三峡至常州直流输电工程投入运行。

■ 2005年9月，三峡左岸电站14台机组全部投产发电。

■ 2006年10月，三峡水库实现156米水位初期蓄水目标。

■ 2009年12月底，三峡工程初步设计建设任务如期完成。

本文提供：广东湛江一中培才学校　朱有来

"神五"飞天

1992年，中国载人航天工程正式立项，包括航天员、飞船运用、运载火箭、航天发射场、航天测控通信和着陆场等七大系统。同年1月8日，中央专门委员会作出决定，中国载人航天以飞船起步，

1992年9月21日，中共中央作出一项重大决策，我国航天工程分三步走：第一步，发射两艘无人飞船和一艘载人飞船，建立初步配套的试验性载人工程，开展空间应用研究，这项工程正式立项时，简称"921工程"；第二步，

神舟五号发射升空

在第一艘载人飞船发射成功后，突破载人飞船和空间飞行器的空间交会对接技术，发射一个空间实验室，解决一定规模的、短期有人照料的空间应用问题；第三步，建造20吨级的空间站，解决有较大规模的、长期有人照料的空间运用问题。同日，四位科学家被正式任命为工程负责人，他们是总指挥丁恒高，副总指挥沈荣俊、刘进元，工程总设计师王勇智。

载人航天工程是迄今为止我国航天史上规模最大、系统最为复杂、技术难度最高的国家重点工程，全国约有110个研究所、3000多个协作单位、上万名人员承担了研究和建设任务。中国航天科技集团公司负责航天飞船和运载火箭系统的研制，中国科学院负责飞船运用系统的研制，信息产业部负责测控系统的研制。经过了11年的艰辛努力，到2003年10月，神舟五号上天，共耗资180亿元。

1999年11月20日，我国成功地发射第一艘载人实验飞船神舟一号。飞行21小时后，飞船在内蒙古中部地区着陆。2001年1月10日，我国成功发射第一艘载人实验飞船神舟二号，于1月16日在内蒙古中部地区准确着陆。2002年3月25日，我国成功发射神舟三号飞船，搭载了人体代谢模拟装置，拟人生命信号设备，以及形体假人，于4月1日准确降落在内蒙古中部地区。2002年12月30日，我国又成功发射神舟四号飞船，经历了无人状态下最全面的飞行实验，创造了中国航天史上低温发射的新纪录。

经过4次成功的飞船发射着陆试验，我国的载人航天工程取得了重要的阶段性成果，一个具有配套齐全、适合载人航天、高安全、高可靠性要求的研制实验体系已基本建成。

2003年10月15日，这是中国人永远值得骄傲的日子，中国人的飞天梦想在这一天终于变成了现实。我国自主研制的神舟五号载人飞船，在酒泉卫星发射中心，用长征二号F型运载火箭发射升空。在苏联人和美国人飞出地球40年之后，中国又成为第三个有能力把航天员送出地球的国家。

2003年10月15日凌晨5时，中国大漠戈壁深处的酒泉卫星发生中心，晨曦微露，航天中心公寓广场上站满了前来送行的人们。国家主席胡锦涛在发射中心亲切会见了首飞发射梯队的3名航天员。胡锦涛说："神舟五号马上就要发射升空了，这是你们盼望已久的庄严时刻，也是全国人民盼望已久的发射时刻，一会儿，杨利伟同志就会成为我国第一个载人航天发射的勇士出征，就要肩负祖国和人民的重托，去实现中华民族的千年梦想。我相信，你一定会沉着、冷静、坚毅、果敢，圆满完成这一光荣而神圣的使命，我们等待着你胜利归来。"

5时28分，身着乳白色航天服的中国第一位航天员杨利伟迈着稳健的步伐，穿过航天员专用通道。伴随着《歌唱祖国》的旋律，人们情不自禁地挥动着手中的彩旗。5时30分，杨利伟微笑着向专车走去。

在北京的指挥大厅，4块面积48平方米的巨幅液晶显示屏显示着从西北沙漠传来的载人航天发射场的壮观画面。8时59分，神舟五号进入最后读秒时刻，指控大厅里的气氛顿时变得紧张起来。10、9、8、…、3、2、1，扬声器里发出最后的读秒声。

9时整，火箭点火，巨型运载火箭喷出一团橘红色的烈焰，托起了神舟五号载人飞船，在巨大的轰鸣声中，"神五"拔地而起，直指苍穹。

9时9分50秒，"神五"准确进入预定轨道，将我国第一位航天员成功送上了太空。

9时42分，载人航天工程总指挥李继耐宣布："飞船已进入预定轨道，发射取得成功。"顷刻间，指挥大厅一片欢腾。在热烈的掌声中，胡锦涛主席发表了热情洋溢的讲话。

飞船发射升空后，进入近地点高度约200千米、远地点约350千米的椭圆形轨道。15时54分，飞船变轨程序开始启动，飞船尾部喷出橘黄色火焰加速飞行。15时57分，神舟五号变轨成功。

15日17时26分，中央军委副主席兼国防部长曹刚川在北京航天指控中心与正在天空飞行的航天员杨利伟进行了实时通话。18时37分，航天员杨利伟在天空展示了中华人民共和国国旗和联合国国旗，向全世界表达了和平开发宇宙的美好愿望，他用中英文两种语言说："和平利用太空，造福全人类。"

杨利伟在太空展示我国国旗和联合国旗

10月16日凌晨5时30分，温家宝总理等国家领导人来到北京航天指控中心，和指控中心的工程技术人员一起等待航天英雄的归航。5时33分，远望三号测量船准确地向飞船发出了返回的指令。

5时36分，航天飞船在绕地球运行14圈、21个多小时后，返回舱与轨道舱分离。6时04分，返回舱穿过大气层。6时23分，北京航天指控中心传来返回舱安然着陆的喜讯。6时31分，温家宝总理与杨利伟通电话，向他胜利返航表示祝贺。6时36分，地面搜索人员找到神舟五号返回舱，杨利伟走出了返回舱。在北京指挥大厅，温家宝总理宣读了中共中央、国务院、中央军委的贺电。6时54分，总指挥李继耐宣布：我国首次载人航天飞行获得圆满成功。

10月17日，首都北京载歌载舞，神舟五号返回舱开舱仪式在北京举行，神舟五号舱内搭载物品一一亮相，其中包括一面中国国旗、一面北京2008年奥运会会徽旗、一面联合国国旗、人民币主币票样、首次载人航天飞行纪念邮票、来自台湾的农作物种子等。

继神舟五号载人航天飞船发射成功后，酒泉卫星发射中心又积极备战神舟六号的发射工作。神舟六号飞船的飞行时间将由神舟五号的1天增加到6天，航天员由1名增加到2名，飞行过程中，航天员首次进入轨道舱生活，开展科学实验活动。

神舟五号发射两年后，2005年10月12日9时整，神舟六号又在酒泉发射中心发射升空，将航天员聂海胜、费俊龙送上太空。与神舟五号运载火箭相比，神舟六号运载火箭作了75项技术改进。9时02分，火箭成功抛掉逃逸塔。9时10分，飞船与火箭成功分离。9时12分，航天员报告，身体状况良好，太阳能电池翻板展开。随即，北京航天控制中心宣布飞船正常入轨。神舟六号经过115小时32分、绕地球77圈、行程325万千米后成功降落在内蒙古中部草原。担负飞船回收任务的西安卫星测控中心即时发现目标，迅速赶往着陆地点接应航天员安全出舱。

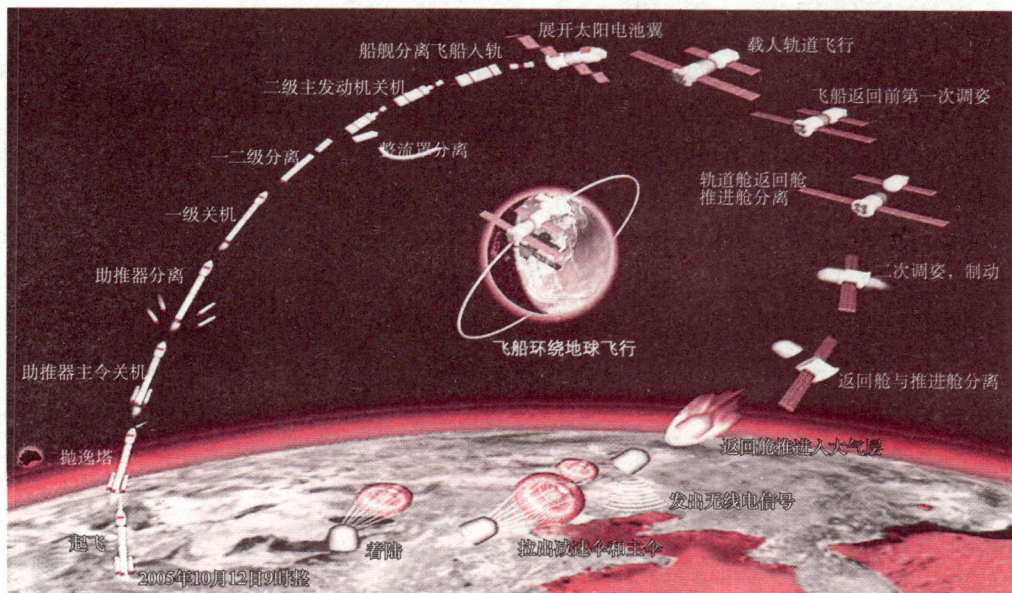

神舟六号从发射到入轨的工作流程

从神舟五号到神舟六号，我国载人航天工程获得了重要的成功，实现了中华民族的飞天梦想，这是中国人民在攀登世界科技高峰征程上的一个又一个伟大壮举，这一令世界瞩目的辉煌成就，显示了中华民族的非凡智慧和伟大创造力，这一成就对于推进我国科学技术的发展，增强我国的科技实力、经济实力、国防实力和民族凝聚力具有重大的现实意义和深远的历史意义。

	发射时间	返回时间	搭载人员	意义
神舟一号	1999.11.20.06:30	1999.11.21.03:41	/	我国第一艘模拟飞船
神舟二号	2001.01.10.01:00	2001.01.16.19:22	/	我国第一艘正式飞船
神舟三号	2002.12.30.00:40	2002.04.01.16:54	模拟人	我国第一艘搭载模拟人员的飞船
神舟四号	2003.10.15.09:00	2003.01.05.19:16	模拟人	我国第一艘搭载模拟载人飞行飞船
神舟五号	2003.10.12.09:00	2003.10.16.06:28	杨利伟	我国第一次载人飞行
神舟六号	2005.10.12.09:00	2005.10.17.04:32	费俊龙、聂海胜	我国第一次多人多天载人飞行
神舟七号	2008.09.25.21:10	2008.09.28.17:37	翟志刚、刘伯明、景海鹏	我国第一次太空行走
神舟八号	2011.11.01.05:58	2011.11.17.19:32	模拟人	我国第一次太空对接
神舟九号	2012.06.16.18:37	2012.06.29.10:07	景海鹏、刘旺、刘洋	我国第一次载人交会对接，第一次手动交会对接
神舟十号	2013.06.11.17:38	2013.06.26.08:07	聂海胜、张晓光、王亚平	我国第一艘应用型飞船

本文提供：广东湛江一中培才学校　朱有来

>> 知识窗

载人航天的三大技术性难题

载人航天是集国家政治、军事、科技实力为一体的高难度系统工程，要真正把人送入太空乃至使人长时期在太空生活，必须突破三大技术难题。

第一个难题是，研制出推力足够大，可靠性极端好的运载工具。原苏联发射东方号、上升号、联盟号等载人飞船的运载火箭都是运载能力超过5吨以上，而且在发射中极少发生事故的优秀运载工具。为了确保发射万无一失，运载火箭及飞船的关键部件必须是双备份或三备份。火箭、飞船在上天前，必须经过一系列极严格的地面测试和模拟飞行，直到没有一丝隐患才能放行上天。

第二个难题是，获得空间环境对人体影响的足够信息，了解人体所能承受的极限条件并找到防护措施。空间环境与陆地环境有着天壤之别。太空中高度真空，没有氧气和水，如果没有任何保护，人体暴露在这样环境里，不消一分钟，就会由于身体内外的巨大气压差而爆炸，体液会迅速沸腾汽化。太空中温差极大，航天器朝阳面温度超过100℃，背阴面低于−100℃，在远离地球的深空中，温度可达−273℃。太空中还充满着有害的宇宙辐射，失重环境，特别是飞船上升、返回的加速度和减速度阶段会使身体发生功能紊乱、肌肉萎缩等病变。

第三个难题是，可靠的救生技术及安全返回技术。载人航天与不载人航天最大的区别就在于救生技术的应用和安全返回的绝对可靠。载人航天的救生装置有弹射座椅、逃逸塔、分离座舱和载人机动装置等。它们在飞行的不同高度发挥各自的作用。一般来说，飞行高度在10千米左右时，宇航员可以采用弹射座椅的方式弹出发生危险的航天器，跳伞救生。也可以启动逃逸塔，让逃逸塔拉着飞船，甩掉出毛病的火箭另行降落救生。如果火箭高空发生问题，逃逸塔已经抛掉，只有采取分离飞船座舱的办法，让飞船座舱自己返回救生。飞船入轨后，一旦自身损坏或宇航员生病，需营救时，就只有暂时采用船上救生装置等待地面发射飞船救生的办法。飞船的安全返回也不容易，它需要启动反推火箭减速、调姿、进入返回轨道等技术，还要闯过三道险关：一是飞船高速撞入稠密大气层；二是飞船与大气摩擦产生几千摄氏度的高温；三是高速降落，尽管有降落伞，但是速度仍达14米/秒的高速。

南水北调梦想成真

据新华社消息，2014年12月27日，经过半个月的长途跋涉，来自丹江口水库的一渠清水终于抵达北京、天津，这标志着在2015年元旦、春节，北京和天津的广大市民就可喝上甘甜的来自长江流域的水。

■ 世纪梦想

2012年7月，一支由十几人组成的考察队伍，正沿着古老的川藏线，向青藏高原进发。为了摸清中国江河源头的水文情况，半个多世纪以来，这些水利工程专家第32次深入到这片浩渺苍茫的雪域荒原。缓缓流过玛曲草原的黄河，在这里拐了一个180度的弯，留下了天下黄河"九曲十八弯"的第一弯。这片神秘宁静的高原湿地，正是英雄的格萨尔王用生命书写壮美史诗的地方。玛曲，在藏语里就是黄河的意思，这条横贯中国北方的母亲河，防洪抗旱一直是它亘古不变的主题。南水北调的论证工作，最早就是在半个世纪之前，从这里开始的。

南水北调分别从中国的西部、中部和东部以三条线路，将中华文明的两大母亲河——长江和黄河连通起来。跨越崇山峻岭、广袤平原，经过众多城市和乡村，中国南部丰沛的长江水，源源不断地输送到缺水的北方。

然而，从设想到规划，从规划到实施，就像中国治水，是一个漫长的历史过程。南水北调这个人类历史上从未有过的大规模跨流域调水工程，这个汇聚了几代中国人智慧和心血的世纪工程，注定要走过一段漫漫征程。

1919年夏天，在上海香山路七号，53岁的孙中山正在这里勾画一幅造福中国的宏伟计划，在厚厚的《实业计划》中，孙中山为中国的近代化开列着庞大的"药方"，其中就包括要在长江上筑坝发电以及调水灌溉的设想。然而，在那个风雨飘摇、战乱频繁的年代，这些恢弘的规划只能被束之高阁，成为一代空想。

■ 西线方案

1952年深秋，59岁的毛泽东乘专列离开北京，开始了他新中国成立后的第一次外出视察，他此行的第一站来到河南开封的黄河岸边。面对眼前的这条滔滔大河，熟读历史的毛泽东陷入了沉思。陪同毛泽东考察的有水利委员会主任王化云。让王化云没有想到的是，毛泽东没有和他讨论如何治理黄河的问题，却出人意料地提出了一个更为宏大的战略构想：南方水多，北方水少，如有可能，借点水来也是可以的。毛泽东希望用这个改天换地连通南北的方式，能够从根本上解决困扰中国几千年南涝北旱的大问题。

就在三个月前，王化云已经选派了一支黄河河源踏勘队，翻过巴颜喀拉山，深入到长江的上游通天河一带，对中国大江大河的水源情况作一次摸底考察。几个月后，王化云把这次实地考察的结果向毛泽东作了汇报，提出了从通天河引水到黄河上游的初步设想。毛泽东问：从通天河引水有多大的工程，能引多少水？王化云回答：据目前的资料，每年能够引水100亿立方米。毛泽东答：100亿太少了，如果能够引1000亿就好了。

就是从那时起，我国几代水利人员，30多次深入不毛之地，获得了大量珍贵的地形、水文、气象等一手基础资料。然而，在如此复杂险恶的高海拔自然条件下，要想完成如此浩大的水利工程，无论从国家实力，还是从工程技术方面，对于当时的中国来说都是一件很难完成的任务。即使如此，从长江上游调水的设想还是明确了下来，几十年后，它成为南水北调西线工程的一个基本思路。

■ 中线工程

1953年，我国开始进入第一个五年计划，这一年是新中国进入大规模建设的第一年。也正是在这一年，南水北调中线工程在毛泽东的又一次考察中被提了出来。1953年2月，毛泽东乘坐"长江号"军舰沿江考察，同行的还有时任水利部长江水利委员会主任林一山。南涝北旱的现实，让毛泽东想起去年他与王化云谈到的借水问题。于是，他问身边这位"长江王"：南方水多，北方水少，能不能借点水给北方？这个问题你研究过没有？林一山说他没有研究过。毛泽东说：你回去抓紧研究，如有可能就向我报告。从此，林一山他们开始研究引汉济黄的问题，即从汉江引水补济黄河。

汉江是长江最大的支流，自古以来就是长江上游通往中原地区的一条重要水路。引汉济黄，首先需要修建一个用来蓄水的水坝，为此，水利专家多次沿江考察，几经比对，最后确定在丹江汇入汉江的江口处，这个水库就叫做丹江口水库，丹江口水库也被确定为南水北调中线的起点。

1958年8月，中共中央政治局扩大会议上，通过了《中共中央关于水利工作的指示》，第一次正式提出南水北调规划，同时决定动工兴建丹江口水库，作为向北方调水的水源地。这是新中国成立以来投入建设的第一个大型水利枢纽工程，设计蓄水位170米，库容290.5亿立方米。不过，由于国家情况的变化，最终没有按照这个设计去实施，只修到162米。

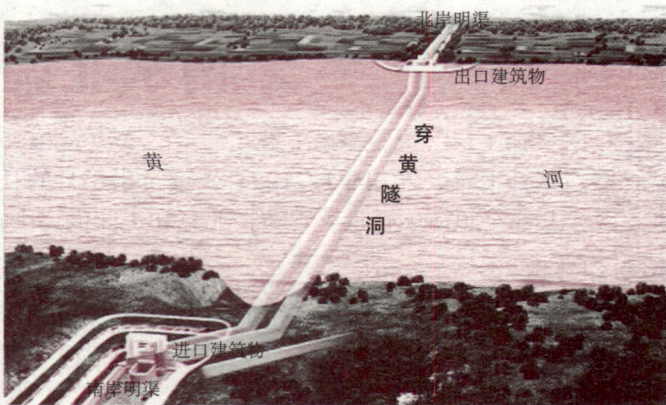

南水北调中线穿越黄河隧洞示意图

1974年，历经16年终于竣工的丹江口水库，蓄积起了100多亿立方米的巨量水体。按照规划，将从丹江口开挖一条渠道，一路输水，直至北京，这就是南水北调的中线。南水北调规划终于迈出了走向现实的第一步。

■ 东线工程

江苏省江都水利枢纽位于京杭运河和新通扬运河交汇处，1961年12月开始动工兴建，历时16年完成。这个拥有4座电力抽水站，12座水闸的庞大水利工程，可以以每秒400多立方米的提水速度向北方抽引长江水，这里被确定为南水北调东线的起点。

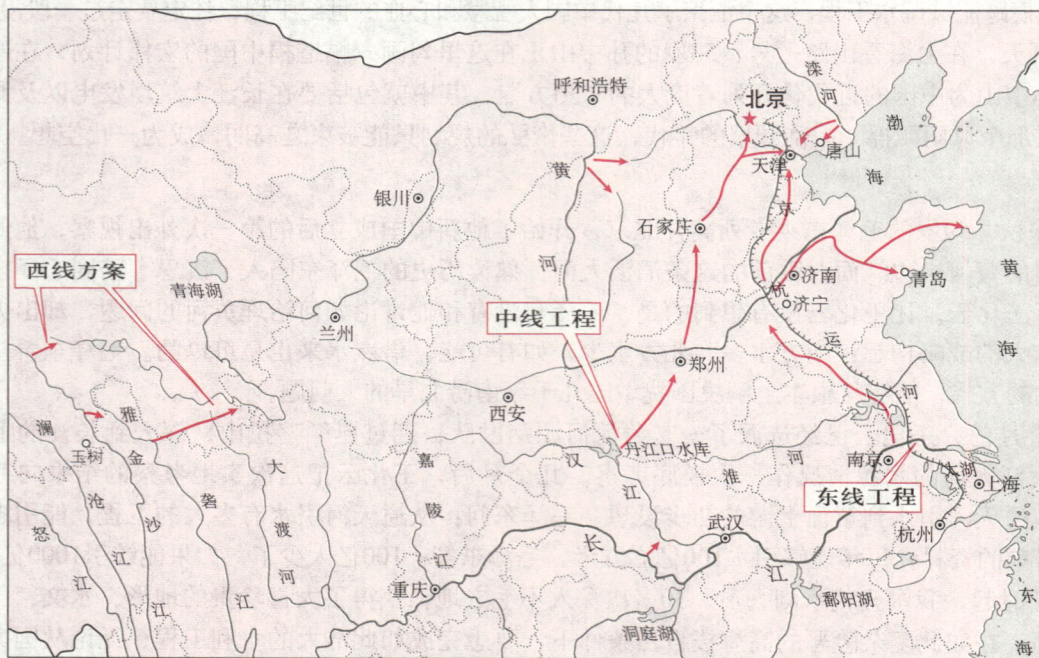

南水北调工程线路示意图

至此，南水北调西线、中线和东线三条引水线路逐渐明晰。然而，对于南水北调而言，它绝对不仅仅是从长江上中下游修建三条水路直至北方那么简单，南水北调注定是一个更为复杂、光照千秋的世纪工程。然而，要把蓝图变为现实，不仅仅需要解决一系列难以克服的世界性技术难题，更需要有足够大的国力支撑。

■ 东线、中线，谁先上？

1980年7月，被誉为我国改革开放总设计师的邓小平从重庆沿江到达丹江口水利枢纽视察，他十分关心南水北调的进展情况，详细了解了丹江口水库大坝加高加固工程。因为这个问题关系到南水北调中线工程的成败。从一期工程的162米重新加高到176.6米，需要在使用了十几年的大坝上再浇筑十几米高的混凝土，使水库的蓄水容量达到290.5亿立方米，这其中要克服的工程技术难题，超乎想象。

中线工程的实施，还必须面对一个更为复杂的移民问题。根据设计规划，中线工程需要搬迁库区移民35万人，如何能够让他们同熟悉的家乡、熟悉的生活告别，到一个陌生的地方，重新开始一段完全未知的生活，这一切已经超出了经济学的范畴，成为一个复杂的社会学问题。

20世纪80年代初，中国人均国民生产总值只有290美元，相当于中等收入国家平均水平的1/5，仅就当时的国力而言，还不允许中线和东线同时上马，东线和中线只能选其一，谁先谁后，这道选择题整整困扰了中国十多年之久。

一些专家认为，先上东线，后上中线。因为中线整个工程全部渠道要开挖，1 500千米的渠道全部需要新挖，仅占地就达40万亩。另外，丹江口水库大坝要加高，要搬迁35万人。而东线是大运河，利用这个现成的河道，不占地，也不需移民。

但是，另一些专家，特别是饱受缺水之苦的天津专家明确表示：东线那个水不可用，污染得很厉害，因为沿岸都是化肥、农药等乡镇企业。要"搞"就"搞"中线或西线，这两个地方引到的水都是很干净的水。

两种意见到了专家那里也形成了两种立场，针锋相对。到了决策层，论证工作陷入僵局。

即使在东线和中线论证陷入僵局的时间里，南水北调规划设计和论证工作仍然在艰难地向前推进着。1992年10月，中国共产党十四大召开，在这次会议上，南水北调被列入中国跨世纪的骨干工程。从1994年起，丹江口水库大坝加高和总干渠工程的设计方案逐渐明晰。与此同时，东部发达地区的环境整治工程也相继展开，国家和各省份纷纷出台一系列严厉的法律法规，关停并转了一批污染型企业。

起始20世纪70年代末的改革开放，让中国的东部和南部焕发了勃勃生机。而在这一过程中，南北方的格局也在发生着悄然的变化。昔日的"南粮北运"转变为"北粮南运"，位于中国北方的黄淮海地区成为中国粮食主产区，产量占全国的一半以上，而这里正是水资源短缺最突出地区，这个问题不解决，将直接影响到中国未来的粮食安全。

北京，中国政治、文化中心，这个中国北方最重要、最具活力的城市，一直承受着人口快速膨胀的巨大压力。伴随着北京城市的迅速扩张，北京缺水的严重程度也在逐年加剧。当地表水逐年短缺，北京三分之二的用水不得不靠超采地下水来维持，致使城区地下水位下降了40米。不仅北京，天津、保定、石家庄、邢台、邯郸、新乡、安阳整个这一线，每个城市下面都有一个超采地下水形成的大漏斗，这些大漏斗彼此连接成一线，成为超采地下水形成的大壕沟，地下水位下降至60米。

在严峻的现实面前，南水北调已经成为全社会的共识。

■ 东线、中线，一起上

苏州河是黄浦江最大的支流，也是上海第二大河。但是苏州河受到了严重的污染，变成了一河死水、臭水。1988年，上海开始对苏州河进行大规模的综合整治，通过兴建污水处理厂和污水截流工程，实施河泥疏浚，到21世纪初，基本消除了苏州河的黑臭现象。苏州河污水治理为我国东部水污染治理提供了经验。

2000年9月，党中央、国务院确定了先节水后调水、先治污后通水、先环保后用水的原则，明确强调输水沿线的水体污染治理是工程成败的关键。

在经历了近30年的改革开放后，我国国民生产总值已突破一万亿美元，成为世界第六大经济体，有了雄厚的物质基础，具备了建造南水北调这一巨型工程的国家实力和科技实力。

2002年11月，中国共产党十六大召开，这次会议明确指出，要抓紧解决部分地区水资源短缺问题，兴建南水北调工程。南水北调这一世纪工程终于迎来崭新的历史节点。2002年12月23日，国务院正式批准《南水北调工程总体规划》。2002年12月27日，南水北调东线和中线正式动工兴建，国务院总理朱镕基用豪迈的声音说："现在，我宣布，南水北调工程——开工！"

《南水北调工程总体规划》最终确定，东、中、西三条调水线路，分别从长江流域的下游、中游、上游向北方地区调水，规划调水总规模为448亿立方米，其中，东线148亿立方米，中线130亿立方米，西线170亿立方米。

南水北调东线，从江苏扬州附近抽取长江水，利用京杭运河及其平行的河道，逐级提水北送，并连接起调蓄作用的洪泽湖、骆马湖、南四湖和东平湖，出东平湖后一路向北，穿过黄河输水到河北、天津，另一路向东，经济南输水到烟台、威海，整条线路惠及江苏、安徽、山东、河北、天津五省市。

南水北调中线以湖北丹江口水库为水源地，通过开挖渠道，经过长江流域，与淮河流域的分水岭方城垭口，然后在郑州以西穿过黄河，沿京广铁路西侧自流向北，沿途向河南、河北、北京、天津供水。

南水北调西线调水，在长江上游通天河，支流雅砻江和大渡河上游，筑坝蓄水，通过隧洞穿过巴颜喀拉山，向黄河上游补水。

南水北调三条引水线路，从长江流域向广袤的北方腹地延伸，沟通长江、淮河、黄河、海河四大水系，构成四横三纵，南北调配、东西互济的总体格局，为中国构筑起水资源合理配置的庞大水网。

■ 梦想成真

丹江口水库大坝

2010年4月，丹江口水库大坝成功地由162米加高到176.6米的设计高程。2011年5月31日，时任中共中央总书记胡锦涛来到丹江口水库，他登上水库大坝，俯瞰上下游水情，听取南水北调工程建设和丹江口水库运行管理情况汇报。仅仅几天后，时任国务院总理温家宝也再次来到丹江口。这个凝聚了全国人民热切期盼的世纪工程，也终于一步步地从构想成为现实。

湖北省为确保水源地的生态环境，在库区实行退耕还林，建设生态公益林，治理石漠化，保护湿地等一系列措施，确保清水北上、清水长流。2012年春天，库区农民辛喜玉在去北京参加"两会"前，特意采集了一瓶丹江口水库的水，会议间隙，她把这瓶水送给了李克强总理。李克强总理说："清清一瓶水，礼轻意重，喝了会心甜的。"辛喜玉希望能用这样一瓶水，传达让全国人民放心、库区老百姓永远呵护这一湖清水的用意。

2012年12月30日，南水北调中线穿黄隧洞主体工程完工。2013年5月，南水北调中线源头丹江口水库大坝加高工程全面完工。2013年6月，南水北调东线一期工程试验性通水。2013年12月8日，南水北调东线正式通水，国家主席习近平向为工程作出贡献的全体同志表示慰问和祝贺，强调南水北调工程是事关国计民生的战略性基础设施，希望大家再接再厉，确保工程运行平稳，优质高效完成后续工程任务，造福人民群众。

青山遮不住，江水北流去。经过半个多世纪的艰难论证，经过几代人的艰苦努力，这个连通长江、黄河两大文明之河的人类水利工程奇迹，这个将造福中国北方亿万人口的世纪工程，终于在21世纪初从梦想变成了现实。

 >> 资料卡

南水北调大事记

- 1991年4月，七届全国人大四次会议将"南水北调"列入"八五"计划和十年规划。
- 1995年12月，南水北调工程开始全面论证。
- 2000年6月5日，南水北调工程总体格局定为西、中、东三条线路，分别从长江流域上、中、下游调水。
- 2002年12月27日，南水北调工程正式开工。
- 2003年12月30日，南水北调中线京石段应急供水工程动工，南水北调中线一期工程正式启动。
- 2009年2月26日，南水北调中线兴隆水利枢纽工程开工，标志着南水北调七省市全部开工。
- 2013年12月10日，南水北调一期工程顺利通水。
- 2014年12月27日，南水北调中线工程顺利通水。

本文根据中央电视台纪录片《水脉》第二集改写